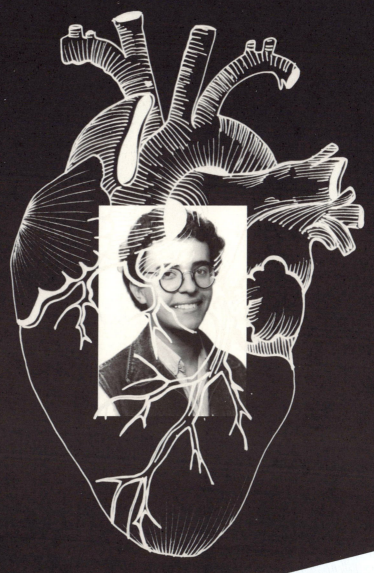

síntese

história
significado
propósito

        passado
        presente
        futuro

cultura
tradição
inovação

        narrativas
        emoção
        ativista de coração

visionário
brasileiríssimo
profundo profano
conhecedor

        mestre do agora

ser humano de qualidade
questão de procedência
transformando mentes
vidas e territórios

        plural circular

generoso afetivo sonhador
provocador
inspiração

isso é ronaldo fraga

muito além da moda, sensíveis percepções, ronaldo toca e se deixa tocar,
afeta e se deixa afetar, emociona – nas relações, no desenho, na criação,
na visão de mundos, outros mundos, outras realidades.

Paulo Borges

Ronaldo, além de ser mineiro, é um artista gigante que eu admiro há muitos anos. Daí veio a vontade de que ele produzisse o figurino para a minha despedida dos palcos. E, sem dúvidas, esse foi um dos grandes acertos e marcas desse projeto tão especial na minha carreira.

Milton Nascimento

Nada nem ninguém permanece igual após um encontro com Ronaldo Fraga. Assim acontecerá com você também após a leitura destas páginas. Um dos maiores artistas do nosso tempo é brasileiro. Sua pulsão de vida é o encantamento pela nossa cultura e a certeza de que sempre podemos ser menos caretas e miseráveis. Em tudo. Sou aprendiz e recomendo beberem dessa fonte.

Bianca Ramoneda

Estilista, artista, escritor, poeta, ilustrador, pensador, contador de histórias – Ronaldo Fraga é uma das pessoas mais atentas e cheias de energia que já conheci. Navegar por suas coleções é como caminhar por inúmeras histórias, reais e inventadas – como ele gosta de dizer –, sem limites geográficos ou criativos. Ronaldo é um desbravador da moda e da cultura, sempre em busca da próxima expedição. E eu estarei sempre a bordo de seus navios, pronta para embarcar em mais uma de suas jornadas.

Camila Yahn

umosa inebriante
corações de dois
te como o
tuam ebriante
erfum de do
os te como
mutuam
perfumosa inebria
os corações de
tamente co

Ronaldo Fraga

Memórias de um estilista de ~~coração~~ galinha

com Sabrina Abreu

autêntica

Copyright © 2023 Ronaldo Fraga e Sabrina Abreu
Copyright desta edição © 2023 Autêntica Editora

Todos os direitos reservados pela Autêntica Editora Ltda. Nenhuma parte desta publicação poderá ser reproduzida, seja por meios mecânicos, eletrônicos, seja via cópia xerográfica, sem a autorização prévia da Editora.

EDITORAS RESPONSÁVEIS
Rejane Dias
Cecília Martins

PREPARAÇÃO DE TEXTO
Sonia Junqueira

REVISÃO
Lorrany Silva
Marina Guedes

PROJETO GRÁFICO
Diogo Droschi

ILUSTRAÇÃO DE CAPA
Felipe Macedo

DIAGRAMAÇÃO
Guilherme Fagundes

COORDENADOR DE
ACERVO RONALDO FRAGA
Geraldo Silva

ASSESSORA DE
IMPRENSA RONALDO FRAGA
Márcia Fonseca

Dados Internacionais de Catalogação na Publicação (CIP)
(Câmara Brasileira do Livro, SP, Brasil)

Fraga, Ronaldo
   Memórias de um estilista coração de galinha / Ronaldo Fraga, Sabrina Abreu. -- 1. ed. -- Belo Horizonte : Autêntica, 2023.

   ISBN 978-65-5928-317-0

   1. Entrevistas - Personalidades 2. Estilistas de moda - Biografia 3. Memórias 4. Moda - Brasil - História I. Abreu, Sabrina. II. Título.

23-164635
CDD-746.92092

Índice para catálogo sistemático:
1. Designer de moda : Biografia   746.92092

Eliane de Freitas Leite - Bibliotecária - CRB 8/841

Belo Horizonte
Rua Carlos Turner, 420
Silveira . 31140-520
Belo Horizonte . MG
Tel.: (55 31) 3465 4500

São Paulo
Av. Paulista, 2.073 . Conjunto Nacional
Horsa I . Sala 309 . Bela Vista
01311-940 . São Paulo . SP
Tel.: (55 11) 3034 4468

www.grupoautentica.com.br
SAC: atendimentoleitor@grupoautentica.com.br

APRESENTAÇÃO
Ronaldo Fraga, intérprete do Brasil | *Heloisa Murgel Starling* p. 27

Abertura | *Sabrina Abreu* p. 29

O aprendiz *p. 35*

Eu amo coração de galinha (INVERNO 1996) *p. 67*

Álbum de família (VERÃO 1996/1997) *p. 75*

Em nome do Bispo (INVERNO 1997) *p. 79*

O império do falso na bacia das almas (VERÃO 1997/1998) *p. 91*

O jantar (INVERNO 1998) *p. 95*

O vendedor de milagres (VERÃO 1998/1999) *p. 97*

A roupa (INVERNO 1999) *p. 101*

Bibelôs (VERÃO 1999/2000) *p. 107*

Células de Louise (INVERNO 2000) *p. 110*

A carta (VERÃO 2000/2001) *p. 115*

Rute Salomão (INVERNO 2001) *p. 121*

Quem matou Zuzu Angel? (VERÃO 2001/2002) *p. 129*

Corpo cru (INVERNO 2002) *p. 138*

Cordeiro de Deus (VERÃO 2002/2003) *p. 145*

As viagens de Gulliver (INVERNO 2003) *p. 155*

Costela de Adão (VERÃO 2003/2004) *p. 163*

Quantas noites não durmo (INVERNO 2004) *p. 171*

São Zé (VERÃO 2004/2005) *p. 179*

Todo mundo e ninguém (INVERNO 2005) *p. 187*

Descosturando Nilza (VERÃO 2005/2006) *p. 192*

Festa no céu (INVERNO 2006) *p. 201*

A cobra ri (VERÃO 2006/2007) *p. 205*

A China de Ronaldo Fraga (INVERNO 2007) *p. 211*

Nara Leão ilustrada por Ronaldo Fraga (VERÃO 2007/2008) *p. 219*

Loja de tecidos (INVERNO 2008) *p. 223*

Rio São (VERÃO 2008/2009) *p. 229*

Tudo é risco de giz (INVERNO 2009) *p. 234*

Disneylândia (VERÃO 2009/2010) *p. 241*

Pina Bausch (INVERNO 2010) *p. 251*

O turista aprendiz (VERÃO 2010/2011) *p. 256*

Athos do início ao fim (INVERNO 2011) *p. 267*

O cronista do Brasil (VERÃO 2011/2012) *p. 275*

Pausa (ou "a moda acabou") (INVERNO 2012) *p. 280*

O turista aprendiz na terra do Grão-Pará (VERÃO 2012/2013) *p. 289*

O fim do cem fim (INVERNO 2013) *p. 302*

Futebol (VERÃO 2013/2014) *p. 310*

Carne seca (INVERNO 2014) *p. 327*

O caderno secreto de Candido Portinari (VERÃO 2014/2015) *p. 333*

Cidade sonâmbula (INVERNO 2015) *p. 339*

A fúria da sereia (VERÃO 2015/2016) *p. 352*

E por falar em amor (INVERNO 2016) *p. 369*

Re-existência (VERÃO 2016/2017) *p. 372*

El día que me quieras (2017) *p. 376*

As praias desertas continuam esperando por nós dois (2017/2018) *p. 397*

As mudas para um verão que virá (2019) *p. 402*

Colina da primavera (2019) *p. 409*

Guerra e paz (2019) *p. 415*

Zuzu vive! (2020) *p. 433*

APRESENTAÇÃO

Ronaldo Fraga, intérprete do Brasil

Heloisa Murgel Starling

"Nada a dizer. Só a mostrar", escreveu o pensador Walter Benjamin. O fragmento, que já ocupou um lugar de destaque na estética barroca e foi consagrado pelos primeiros românticos alemães como um gênero estilístico, constitui uma forma própria de escrita da história. E, na obra de Ronaldo Fraga, mostrar através de fragmentos narrativos permite realizar uma escrita de natureza visual e espacial. Por meio dessa escrita, ele criou um modo próprio de narrar o Brasil, a partir do lugar onde se constitui a fronteira entre os diferentes territórios da cultura que formam a imaginação brasileira. Suas coleções abrem uma via característica de diálogo com a imaginação cultural e insistem em dar conta da aventura de interpretação do Brasil na profundidade de sua imaginação histórica, social e política.

É o caso de conferir. Em "Todo mundo e ninguém" – a coleção que traz como ponto de partida a versão de Carlos Drummond de Andrade para *Auto da Lusitânia*, do dramaturgo português Gil Vicente –, Ronaldo Fraga retoma as relações entre prosa e poesia, narrativa e lírica no interior da poesia de Drummond para abrir inesperadas possibilidades de acesso ao que a história da sociedade e do país significa; de quebra, ainda fornece protagonismo ao brasileiro comum, em seu cotidiano. Já em outra coleção, intitulada "A cobra ri" (uma história de Guimarães Rosa), o Sertão não significa apenas um ponto extremo do mapa ou a indicação de um espaço geográfico vazio. Na escrita de Ronaldo Fraga, Sertão é, ao mesmo tempo, o abismo do desconhecido e a fronteira aberta; o potencial de liberdade e o risco da barbárie.

O Sertão não se vê a olho nu. Só se revela re-inventado. Como o Brasil que o abriga, Sertão são muitos.

São diversos modos de reler o Brasil. Na coleção "Nara Leão ilustrada por Ronaldo Fraga", duas formas poéticas – a escrita e a cantada – se sustentam e se potencializam reciprocamente para colocar em cena a intérprete, mas também a excepcional pensadora da música popular brasileira. Uma das primeiras artistas a se manifestar publicamente contra a ditadura militar – e a única artista mulher brasileira obrigada a se exilar –, Nara Leão sabia que seu trabalho como uma intérprete disposta a pensar a canção popular demandaria coragem. E sabia também que simplesmente declarar uma opinião não seria suficiente. A música, para ela, era uma linguagem que lhe permitia expressar uma visão de mundo e, idealmente, contribuiria para as reflexões de quem ouvisse.

Então, talvez se possa dizer que coleções de Ronaldo Fraga elaboram uma visada própria sobre o Brasil – e sobre as escolhas, os limites e as possibilidades da formação social brasileira. Elas retomam algo desse emaranhado de raízes onde a memória do Brasil se agasalha e reportam incansáveis ao esforço de *não se esquecer de lembrar*: lembrar-se da brasileira e do brasileiro que um dia já fomos; não se esquecer daquilo que deveríamos ou ainda poderíamos ser, em um país que tem um passado e precisa indubitavelmente ser melhor do que o Brasil que temos hoje. Afinal, história não é destino e não está escrita nas estrelas. E, como já alertou o compositor Candeia, "Mudo é quem só se comunica com palavras".

Memórias de um estilista coração de galinha

Abertura

Sabrina Abreu

A primeira entrevista deste livro foi em 2014. Eu já havia encontrado Ronaldo Fraga três vezes, em Belo Horizonte, e escrito o seu perfil para uma revista, mas estávamos longe de ser amigos. Nem sabia se ele ainda se lembrava de mim quando tomei coragem e escrevi um e-mail contando da minha ideia de um livro de entrevistas que cobrisse todas as suas coleções de moda.

Famoso desde os 20 e poucos anos, tendo seu trabalho celebrado em passarelas, museus e páginas da imprensa do Brasil e do mundo por três décadas, era de se esperar que Ronaldo já estivesse comprometido a fazer um livro do tipo com outro jornalista – alguém célebre como ele, eu pensava, depois de enviar o e-mail. Mas a agonia da minha espera durou pouco. Minutos depois ele me respondeu, com uma mensagem curta: "Vamos fazer".

A ideia do projeto veio do livro *Conversas com Woody Allen* (Cosac Naify, 2008), em que o escritor americano Eric Lax entrevista, ao longo de anos, o cineasta sobre todos os filmes de sua carreira. O que começou entre eles como uma parceria estritamente profissional acabou se transformando também em algum tipo de amizade ou intimidade, pelo menos o suficiente para que o conteúdo das entrevistas passasse a extrapolar a obra cinematográfica e alcançasse a vida familiar, as idiossincrasias e o jazz.

Era parte secreta da minha expectativa que, de encontro em encontro, depois de dezenas de horas de gravações de perguntas e respostas, eu e Ronaldo nos tornássemos amigos também. Mas nem nos meus sonhos mais ousados – ou ingênuos – eu imaginaria a proporção que nosso convívio teria em minha vida. Muitas pessoas usam o adjetivo "genial" displicentemente, mas essa é uma característica rara. Como jornalista, conversei com muitas pessoas excepcionais. Mas Ronaldo me deu a chance de conviver com um gênio.

A confiança estabelecida durante os anos de entrevistas serviu ao livro, ampliando nossos temas, que abarcam a vida privada, a militância política, o otimismo por um fio, o início e o fim de relacionamentos, a paixão pelo Brasil, que ele conhece tão bem, a conturbada ligação de amor, ódio, sonho e crítica com a moda.

Este livro é o retrato em longa exposição de um artista e pensador. Nenhuma pergunta foi evitada, não houve nome poupado, nem existiu tabu, bem ao estilo Ronaldo Fraga.

Este livro é o documento do nascimento e amadurecimento de uma amizade, o que em nada facilitou minha vida como entrevistadora. Quanto mais nos conhecíamos, mais Ronaldo me desafiava e surpreendia, então também me esforcei para aprofundar questões e explorar suas contradições.

Como estilista, ele apreende e reflete sobre o espírito de seu tempo. Muitas vezes parece também se antecipar a ele, um visionário na contramão do mundo da moda, que costuma reafirmar o status quo em vez de desafiá-lo. Ronaldo apostou na diversidade física nas suas passarelas, muitas vezes misturando pessoas de diferentes idades e silhuetas aos modelos, desde suas primeiras coleções. Quando, finalmente, por demandas da sociedade, outras marcas começaram a fazer o mesmo, na segunda década dos anos 2000, ele acrescentava a seu repertório novas ousadias. Sob os holofotes, colocou um casting de refugiados, um cenário vivo composto por mulheres reais – algumas na faixa dos 60 e 70 anos – com seios à mostra e um desfile todo feito por mulheres trans.

Sua atenção às pautas sociais e a curiosidade pelo Brasil como seu principal tema já foram vistos como folclore, mau gosto, demagogia e oportunismo. "Mas falar disso vende?", ele me perguntou certa vez. Não saberia responder exatamente, mas posso concluir, depois de acompanhar parte de sua trajetória, que não é o caminho mais fácil ou rentável. Talvez o preço do pioneirismo seja ter que lidar com polêmicas e mal-entendidos, mas eles passarão. Ronaldo, passarinho.

Nos anos em que trabalhei em redações, sempre me frustrou o fato de haver pouco espaço para a fala dos entrevistados. O jornalismo costuma ser focado em algo "quente", o último lançamento do cinema, da indústria fonográfica, das passarelas, e esses são os temas das matérias com grandes personalidades, sobrando pouco espaço para o que não se relaciona diretamente a um filme, música ou coleção nova. Além disso, há o limite de espaço, número de páginas, quantidades de caracteres. Com um livro, eu queria que leitores tivessem a chance de ter contato com as próprias palavras de um criador sobre sua vida e obra, detalhes contados sem pressa, reflexões que não precisam ser cortadas para caber no formato de um veículo de periodicidade semanal ou mensal. Depois de nove anos, este livro é um sonho realizado. Espero que seja a chance de mais pessoas conhecerem melhor Ronaldo Fraga.

"Eu pensava o fazer moda como se pensa um

enredo de escola de samba, como se pensa o teatro."

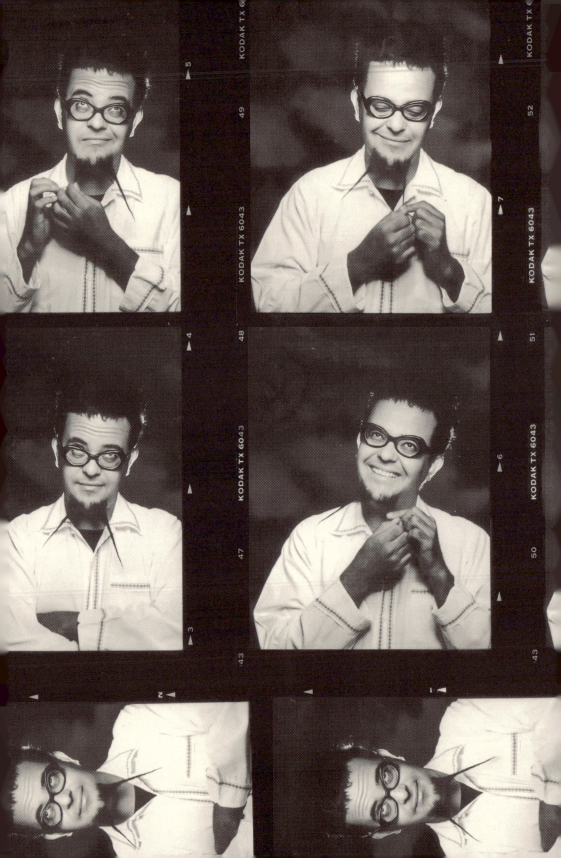

O aprendiz

Foi por gostar de desenhar que Ronaldo Fraga se viu, meio por acaso, envolvido com moldes e roupas, depois de se matricular num curso técnico. Ele se formou na faculdade de moda da UFMG, ganhou bolsa para se especializar na Parsons School of Design, de Nova York, e complementou os estudos na Central Saint Martins, em Londres. Mas em nenhum lugar aprendeu tanto quanto na loja de tecidos onde desenhava modelos para mulheres de Belo Horizonte.

Existe uma história muito boa, de quando você desenhou uma roupa pela primeira vez. — Na verdade, é a minha primeira lembrança com o desenho. Estudei a minha vida inteira em escola pública. Na época, eram escolas de qualidade, com construções dos anos 1940. Minha escola tinha teatro, grande pátio, dois andares. O primeiro registro que tenho é de quando eu estava no primeiro ano, em 1974, aquela velha coisa de você ir a um teatro, voltar para casa e ter que ilustrar o que viu. Foi apresentado um slide do Patinho Feio, e eu ilustrei esse pato vestido. Pato de gravata, terno, cartola e em pé. Talvez influenciado pelo Walt Disney, claro. Aquilo causou um impacto muito grande na professora, ela perguntou: "De onde você tirou que o pato estava vestido?". Falei: "Ele colocou uma roupa nova e se transformou em cisne". Pelo burburinho que causou na escola – fui a outra classe mostrar, colocaram o desenho na porta da minha sala – foi, sem dúvida, o meu primeiro grande estímulo.

Quando isso aconteceu, eu tinha sete anos. Minha mãe tinha morrido no ano anterior. Somos uma família de cinco irmãos e toda a infância nós vivemos com roupas doadas, ganhávamos roupas dos outros, elas chegavam em todos os tamanhos. A infância toda foi vestindo peças que eram muitos números acima do meu. Colocavam pences, faziam barras imensas, a roupa foi um incômodo nesse sentido. Nunca era feita para mim. Eventualmente, ganhava-se uma roupa nova no Natal. Aí, sim, comprada. No resto do ano, era só doada.

Quando foi que você começou a ter roupas compradas? —— Já adulto.

Tinha um gosto especial você se vestir com a roupa que escolheu? —— Acho que a escolha da roupa é algo transformador na vida das pessoas. Nessa época em que o *prêt-à-porter* estava começando no Brasil, era muito raro e caro comprar uma roupa pronta. A maioria das pessoas comprava uma peça de tecido, ia a uma costureira ou a um alfaiate e mandava fazer. As pessoas se presenteavam com corte de tecido, presenteavam com um corte de calça e camisa. Valia para todas as idades e sexos. Foi há pouquíssimo tempo isso. Até a metade dos anos 1980, dar um corte de fazenda era como se presenteava. Era uma época em que as pessoas, de alguma forma, tinham um domínio maior sobre o próprio personagem.

As pessoas não se vestiam de forma tão parecida. —— Acho ainda hoje mágico imaginar que a mulher ganhava o tecido, tinha o processo da escolha do modelo, arrancava a folha da revista, chegava até a costureira e falava assim "olha, eu quero um modelo exatamente igual a esse, só que em vez do decote em V, um decote redondo, em vez da saia rodada, para não engordar, uma saia justa. Mas é exatamente o mesmo". E inventava um decote nas costas. Quando não levavam a foto das costas, as doninhas tinham que suar para criar. Isso era uma relação mais poética com o vestir. É muito comum, numa determinada faixa etária, a pessoa ter na ponta da língua qual era sua roupa de sua vida. Isso, na nova geração, vai ser preciso pensar um pouco. Ou pensar muito, aliás, e vai mencionar muitas roupas.

E qual foi a roupa da sua vida? —— Tem fases em que você fala "para o personagem dessa época, era essa roupa". Na infância, tinha uma roupa de festa que foi minha primeira nova, comprada. Uma calça de tergal salmão e uma camisa de fundo branco e xadrez de dois tons de azul, um escuro e um claro. Não combinava nada. O meu irmão Rodrigo, que é dois anos mais novo, tinha a mesma roupa, com as cores diferentes – calça vinho e o xadrez também vinho de dois tons. Toda vez que tinha uma festa, todo mundo já sabia que íamos aparecer vestidos assim. E íamos mesmo. Você ia crescendo, as bainhas iam sendo desfeitas para você não perder a roupa, nunca se cortava a perna da calça. E era isso, da infância, essa foi uma roupa que marcou.

Fiz o segundo grau na escola estadual e, em paralelo, fiz um curso técnico de contabilidade. Alguém disse para eu fazer o curso técnico na escola que tinha dentro do Parque Municipal, o Imaco. Uma tia minha falou "vai ser mais fácil para você achar um emprego no banco". Era o sonho de toda uma geração, o sonho da estabilidade.

Qual era essa tia? — Tia Lia, que faleceu há pouco tempo, no ano passado [2013]. Ela que tentava organizar a vida de todo mundo da família.

Tia Lia e tio Vantuil. Você citou os dois nos agradecimentos do livro *Caderno de roupas, memórias e croquis*. — Sim. Basicamente, passamos a infância muito na casa deles. Ela era irmã da minha mãe. Os dois eram grandes contadores de histórias. Comecei a cursar Contabilidade, mas meu negócio era fazer curso de desenho. Só queria desenhar. Cursos de desenho, em geral, eram raros e caros. Eu já tinha feito uns gratuitos, oficinas para escrever faixa e outras coisas. Ensinavam, e o aluno já ia trabalhar no próprio local, também acontecia de ter aulas numa agência de desenho e propaganda, que já absorvia "o figura" como funcionário. Numa dessas surgiu a vizinha, que falou do curso de figurinista. Ela estava no ponto de ônibus quando me mostrou o caderno dela. Achei aquilo muito lindo. Falou que estudava no Senac, na rua Tupinambás, e era gratuito. Fui fazer esse curso. Se, ainda hoje, o prédio do Senac está na chamada boca do lixo do Centro de Belo Horizonte, imagina nos anos 1980. Você tinha que passar por um bando de travestis e prostitutas para chegar lá – era uma turma ótima, aliás.

Quando cheguei, a turma era formada por senhorinhas de cabelos lilás – que eram essas tais costureiras que sofriam para decifrar o modelo da madame – e a outra parte formada por travestis que queriam fazer suas fantasias de Carnaval. As aulas eram ótimas. Entre as senhorinhas, uma levava bolo, outra o pão de queijo. Travestis levavam, a cada noite, uma fita cassete para dublar e davam um show. Eu já tinha ali um esmero com o desenho e o curso foi relativamente fácil. Por outro lado, nem o grupo das costureiras, nem o outro aprendeu a desenhar. Era só mais umas aulas de desenho que eu queria frequentar – tanto que fiz isso escondido dos meus amigos.

Em paralelo, eu era um adolescente que vivia nos últimos anos da ditadura. Nessa época, comprava saco de açúcar no Mercado Central e fazia minhas roupas. Era um hippie tardio, vai. Mas era o que tinha em mãos e assim eu me resolvia. Terminado o curso, um dia eu recebo um telefonema oferecendo um emprego numa loja de tecidos e lembro que a primeira coisa que perguntei foi quanto eu teria que pagar. "Como pagar? É um emprego", explicaram. Nem acreditei. "Vou desenhar e vou receber por isso?"

Qual era o lugar certinho dessa loja? Temos que ajudar seus biógrafos. — Ficava na avenida Paraná, entre as ruas Tupinambás e Carijós. Não existe mais a loja. Ela era linda. E chamava… Cada dia eu invento um nome, tá?

Que absurdo. — Costumo não lembrar. Mas era Tecidos Luciana ou Luciana Tecidos. De um grupo de uma família que teve lojas multimarcas famosas em BH, que surgiram depois. Mais tarde, eu viria a trabalhar com eles.

Voltando à infância, sua mãe morreu quando você tinha 6 anos e seu pai, quando você tinha 11. Como era sua organização familiar antes disso? Qual é a lembrança desse tempo? Incomoda falar? — Não incomoda. Era uma família normal de classe média. Meu pai trabalhava na fundição da Central do Brasil, minha mãe era dona de casa. Então eu tenho muito viva para mim esta imagem: eu brincando no quintal, depois minha mãe me preparando para ir à escola, para o pré-primário, mas essa fase foi muito rápida, porque por acaso ela descobre um câncer em julho e morre em novembro. Então, foi uma loucura, meu pai ficou vivendo em função da doença dela. Se hoje ainda é difícil curar certos cânceres de mama, imagina em 1973. Foi muito rápido, estava em estágio avançado. Depois da morte dela, meu pai viveu para os filhos. Nossa, eu lembro que todo fim de semana ele levava a gente para passear, em um domingo no Parque Municipal, no outro era no Zoológico. A gente nem queria mais ir, às vezes, a gente estava cansado, mas não queria contar para ele. E ele fazia piquenique, ia de ônibus, as filas de ônibus eram quilométricas.

E a Pampulha [onde fica o zoológico da cidade] devia dar a sensação de ser bem mais longe nessa época. — Muito mais. Quando meus filhos falam que é longe, eu falo "você não sabe o que é longe". Na hora de ir embora, a fila dava a volta na lagoa inteira. No sábado, era o passeio na casa dos amigos dele, o pessoal do futebol, casas com quintal. Não eram jardins, tinham mangueiras e jabuticabeiras, a gente passeava assim. Eu tive um colega de escola que foi muito próximo e o pai dele tinha morrido, eu e ele combinamos de armar um casamento do meu pai com a mãe dele. E se tinha uma coisa que deixava meu pai furioso era esse assunto. Ficava furioso com a gente ou com tios nossos que falavam que ele tinha que casar, porque estava muito novo – quando ficou viúvo, tinha 38 anos. Falava que mulher pra ele só tinha a minha mãe. E ele morreu no mesmo dia que ela, quatro anos depois. Dia de Finados, 2 de novembro (ela em 2 de novembro de 1973 e ele em 1977).

É uma data especialmente triste para você? — Hoje não, o tempo se esvaiu. Às vezes o dia até passa e eu nem lembro. Hoje eles são muito mais presentes, sobretudo meu pai, quando incorporo e me vejo falando como ele com meus filhos e contando histórias como ele me contava. A história se repete sempre.

As partes que a gente quer e as que não quer. — Você não escolhe o que tem para vir e o que não tem.

Conta o começo na loja de tecidos. — Eu me lembro até hoje como foi o primeiro dia. Cheguei naquela loja onde era tudo lindo. Ela era toda de madeira, limpíssima e com cheiro de tecido. Uma época em que o pobre e o rico compravam no mesmo lugar.

Você também fala isso sobre a escola pública, que tinha pessoas de diferentes classes sociais. — Não tinha esse rombo social que existe no Brasil hoje. Isso daí é uma conta que estamos pagando e pagaremos por muitos e muitos anos se isso não for rompido. E você pensa: na [avenida] Paraná [no Centro de Belo Horizonte] tinha uma loja dessas? Tinha. As pessoas iam para lá. A madame comprava os tecidos do fundo da loja, o tafetá de seda pura, o linho da Braspérola, o linho acetinado. E o mais pobre comprava o tecido da banca. Mas tanto para um quanto para o outro, eu tinha que desenhar.

Num piscar de olhos, tinha trinta mulheres com tecidos debaixo do braço esperando eu desenhar. Os vendedores se vestiam com camisas impecáveis, até em cima de manga comprida, todos passadinhos com a calça frisada, muito elegantes, e eu um menino ali que só sabia desenhar, não tinha repertório de moda, vocabulário. O que eu fazia? Ficava tão ansioso que na hora do almoço, em vez de almoçar, eu ia para os pontos de ônibus e ficava olhando as golas, os pulsos, as costas. Foi daí que, depois com a maturidade, eu fui entender que o mais importante da minha formação, o mais determinante, não foi a UFMG, a Parsons de Nova York ou a Saint Martins de Londres, foi a loja de tecidos onde eu desenhava roupas, ali eu ouvia a história, era como um confessionário, eu escutava a história da pessoa para transformar aquilo em vestidos. Nas entrelinhas da história que contava, ela falava, sem saber, da roupa que queria.

Você tinha que decodificar. — Tinha que tirar dela, imaginar como ela se entendia naquela situação. Depois quando vi a Fernanda Montenegro escrevendo cartas no filme *Central do Brasil* achei que era mais ou menos aquilo que eu fazia. Eu ia pra casa no final de semana e pensava "será que deu certo? E a fulana?". Havia mulheres que iam comprar tecidos no Centro de bobes no cabelo, de rolinho. E eu uma vez perguntei a uma delas: "Em que momento você tira o rolinho?". "À noite para o meu marido, depois eu ponho de novo", ela disse.

A história da roupa como conquista amorosa do outro, do seu corpo, seu tempo e, principalmente, uma conquista amorosa com esse personagem que você está criando é e sempre será uma referência. A roupa tem essa mágica e espero que não perca nunca.

Foi ali também que eu aprendi sobre tecidos. Hoje em dia, recebo formandos que estudaram fora e não sabem a composição de um tecido. Eu sei a composição de um tecido pelo cheiro.

Já ouvi falar disso e sempre quis saber se era verdade ou mito. — Sei mesmo. Na escola não se ensina composição de tecido. Ao rasgar o linho, o cheiro que ele emana, o rasgar da seda, do tafetá, o barulho de um tafetá de seda pura ao ser desenrolado.

Volto a dizer, eu considerava aquilo algo passageiro, não via valor. O tempo é que veio me dizer. Um dia, apareceu uma figura que comprava tecidos para eu desenhar e disse que precisava de alguém para desenhar pra ela. Perguntou quanto eu recebia e me ofereceu o dobro para trabalhar pra ela. Então aceitei e, ao mesmo tempo, fui fazer moda na UFMG.

Foi virando uma carreira. — Pagava as minhas contas, foi meu primeiro emprego.

Você já disse em entrevistas que não vão ouvir de você a história do estilista que desde criança ficava fascinado pelas roupas das mulheres da família e sempre quis ter essa profissão. Qual era o seu sonho, ser desenhista? — Hoje, com a distância, agora que tenho a vivência, vejo que o que eu gosto é de escrita, a escrita não é a da letra, pode ser a partir do desenho, da história pessoal de alguém. Na moda, não deixa de ser fascinante. Você pode me perguntar "por que você não escolheu a arquitetura, não escolheu as Belas-Artes, já que estava dentro da Faculdade de Belas-Artes?". Acho que foi pela coisa do corpo, das circunstâncias, de alguém que não tem seda, mas arranca uma cortina e faz.

E o espírito do tempo? — O tempo, a transformação do personagem, a transformação daquela pessoa em alguém que ela não era.

A moda juntou duas coisas que você gosta: a escrita e a história das pessoas. — A moda hoje é um vetor poderosíssimo. Primeiro porque é um dos únicos que dialoga com muita desenvoltura em outras frentes. Ela se assenta para conversar à mesma altura com a filosofia, a arquitetura, a antropologia, com tudo sem o menor problema porque a primeira mídia da qual a pessoa tem controle é o corpo. Continua assim, mesmo hoje tendo ficado um pouco sem graça, porque ela pode procurar uma roupa, mas se não tiver o quadril x e o busto y, não vai achar. Essa construção do personagem pela roupa é uma coisa fascinante. E entender a moda é fascinante. Pra mim, é como um filme marcante que não tem como não lembrar, *O Baile*, do Ettore Scola, um filme de dança, roupa e música, no qual as coisas falam, as roupas falam, isso é muito sedutor.

Eu me levei pelas circunstâncias. Sabia desenhar e com isso pagava minhas contas, já tinha a minha independência, e fui me aprofundando e lendo sobre isso. Fui lendo moda em tudo. Vi a moda em Machado de Assis e em Guimarães Rosa.

Em que momento isso começou? — Para a geração de 1970 e 1980, por tudo o que o país estava passando, a grande muleta, o grande afago era a cultura. A literatura e as artes plásticas eram onde você podia desfazer nós na garganta do tempo em que estava passando. Então, eu vim de uma geração que lia muito, e como meu grupo de amigos era de militantes, a literatura política era muito presente na minha vida – se não fosse, você sentava para conversar e não tinha assunto. Era literatura e música brasileira e isso vai ser uma referência para o meu trabalho a vida inteira, naturalmente veio, meus olhos brilham para esse lado, segui isso.

Depois fui estudar estilismo na escola pública num curso que era novo, as pessoas não entendiam, não valorizavam – lembrando que o primeiro curso de moda no Brasil foi na UFMG, muito antes de existir em São Paulo.

Quanto tempo ficou no ateliê de noiva? Como você encarou a mudança, alguém se dispondo a pagar o dobro pelo seu trabalho? — Foi um passo à frente. Continuo muito amigo da dona desse ateliê, era uma casa de dois andares, no [bairro] Santo Antônio. Foi um upgrade. No ateliê, aprendi realmente a técnica, eu acompanhava o processo todo, do desenho até a roupa sair pronta na mão da cliente. Na loja de tecidos, eu devo ter estragado vários cortes, não sabia nada. Nisso eu sofria, morrendo de medo de estragar o tecido da dona, de ela voltar para reclamar depois, mas nunca voltou. Agora o acabamento, a construção da roupa, o entendimento do corpo, do volume, da modelagem, começou no ateliê.

No lançamento da coleção sobre o Rio São Francisco ["Rio São", 2008] e depois na inauguração da exposição [Rio São Francisco navegado por Ronaldo Fraga, 2010], recorrentemente você falava do seu pai, para quem o lugar mais lindo do mundo estava às margens do rio, que quando ele voltava de viagem era uma festa, e foi uma homenagem a ele. E a loja de tecidos até com esse próprio nome ["Loja de tecidos", 2007] foi tema de outra coleção. Que mais dessa infância e formação foi para a passarela de modo mais perceptível? — Muita coisa foi. Esse primeiro momento tem a construção de um conceito, de um pensamento, eu não tinha noção de que estava aprendendo isso. Não havia coleções na minha vida e nem mesmo a moda. Tem uma coisa engraçada. Existia um estilista em Belo Horizonte que era o mais famoso de todos, conhecido apenas como Evaldo. Ele era uma figura e o único que fazia um *prêt-à-porter* de luxo aqui. Os desfiles dele eram muito concorridos. Só que duravam uma hora, duas horas. E tinha uma coisa muito engraçada que o cara era fascinado com o Charles Aznavour, então, a trilha sonora era sempre a mesma – toda vez que eu ouço "She", eu me lembro dele. A dona do ateliê onde eu trabalhava tinha muita preguiça de ir aos eventos, ela comprava o convite para os desfiles e eu ia. As apresentações eram em locações diferentes, como o Automóvel Clube ou um casarão lindo na [avenida] Bias fortes. A passarela era alta como as de concursos de miss. Várias modelos que viriam a ser da geração dos anos 1990 começaram ali: uma negra que marcou época, a Neneca Moreira, a Claudia Romano, a Bianca Lage, a Cristiane Pinheiro. Esse cara acontece bem antes do Grupo Mineiro de Moda, um outro movimento que rompia com isso — uma turma que se reuniu e viajava para fora, a Sonia Pinto ia para o Japão, outros iam para não sei onde. Parece que ele foi uma das primeiras vítimas da aids, descobriu e morreu de angústia. O Evaldo usava uma gravata-borboleta e desfilava a roupa pronta, igualzinha à que a mulher iria vestir. O Grupo Mineiro, não. Eles vieram com a roupa de passarela, desejo de criação. Mas esse cara tem mais a ver com o universo da loja de tecido.

Uma certa cafonice, não no pejorativo? — Claro, mas quando você imaginaria que aqueles desfiles dos anos 1960 em que as modelos desfilavam sem música e com uma plaquinha na mão iriam acabar virando algo cafona? Esse desfile de moda dele ainda era no auge do concurso de miss, a passarela era mais estreita que essa mesa e mais alta. Ao redor, estavam as cadeias e, no meio, muita luz. E roupa – quanto mais roupa, melhor. E todo o repertório do Charles Aznavour pra tocar. Mas era uma marca. Primeiro, porque cada edição acontecia num lugar – a música era a mesma, nunca vi isso –, mas tinha o fator surpresa do local. E uma atmosfera francesa – o desejo popular, a referência era francesa e isso ele conseguia.

Você começou, então, a ver e a ser visto? — Espera que eu acho que eu estou indo muito rápido, estou confundindo as datas. Para tudo. Na loja de tecidos da avenida Paraná, na verdade, fiquei lá três meses ao todo, após o curso do Senac. Primeiro, um mês cobrindo férias de um funcionário, mas, quando ele voltou, não quiseram me dispensar. Como saí de lá? Um dia apareceu uma pessoa – isso eu tinha apagado totalmente da minha cabeça – que veio a Belo Horizonte. Era de Linhares, no norte do Espírito Santo. Veio até Belo Horizonte atrás de um desenhista. Ele tinha a loja de tecidos mais finos dessa cidade. Não tinha internet, Google nem nada, mas me informei para saber o que era essa Linhares e soube que era uma das cidades mais violentas do Espírito Santo, às margens do Rio Doce. Falei assim "eu vou, mas tenho que ganhar x mais do que aqui para poder ir". Fui para o Espírito Santo. Foi a primeira vez que saí de Minas Gerais.

Nunca li isso em nenhuma entrevista. — É porque apaguei isso da minha mente, é coisa sem muita importância, eu acho.

Tudo tem importância. Foi a primeira vez que você foi morar fora de BH a trabalho. Foi sua primeira vez como turista aprendiz? — É. Foi a primeira vez que saí de casa, tinha 16 ou 17 anos e fui morar no Espírito Santo. Por sair e por tudo, negociei o salário baixo. Fui para o Espírito Santo, e quando cheguei lá a cidade de Linhares era tipo, pra mim na minha cabeça, na época estava no auge a novela *Roque Santeiro*, então lá era Asa Branca. Tinha a costureira do rico, o padre, tinha todos os personagens, eles compravam na loja de tecido e todos ficaram esperando o desenhista. Só que tinha aquela coisa, o desenhista anterior desenhava muito bem e tinha se mudado para São Paulo.

Que equivalia a ganhar na loto, na época? — Que era o máximo. O desenho dele era desses extremamente realistas, tinha dedo, tinha boca, tinha dente. Tipo desenhos clássicos de moda, como dos anos 1920, uma coisa muito linda. E eu chego com o meu desenho, que eram as minhas mulheres toscas. É muito engraçado ver as misturas que vamos fazendo ao longo da vida, nossa formação. Nessa loja, Passarela Tecidos, caí direto na passarela, eu tinha que fazer como obrigação do trabalho, uma vez por ano, um desfile no clube da cidade, à beira da piscina. O primeiro desfile que eu vi, eu que fiz – antes mesmo do desfile do cara de Belo Horizonte. Fui lá e falei "como vai fazer o desfile?". Tinha uma vendedora que ajudava o outro desenhista na organização, ela explicou: "A gente pega as peças de tecido e enrola no corpo das meninas, mas não pode cortar". Você tinha que pegar seis metros de tecido e, com fita crepe, barbante e alfinete, montar no corpo das meninas. Com tecidos caríssimos, eram metros e metros de paetê, tafetá de seda pura. Eu ali um adolescente com as meninas lindas e nuas, eu nem olhava para o peito delas enquanto enrolava, porque tinha uma coisa muito mais urgente. Foram tempos sofridos. Pra mim, era muito difícil ficar longe da minha família, longe de Belo Horizonte, numa realidade totalmente diferente. Mas nesse ficar longe foi a primeira vez – e viria a acontecer de novo em Londres e em Nova York – que vi que você precisa sair para estabelecer outra relação de afeto com os seus e com o seu lugar. Com a música daqui, os movimentos daqui, com o que acontecia na minha cidade e esse amor por Minas.

Quanto tempo você passou em Linhares? — Fiquei lá por dois anos no máximo, uma cidade muito quente. Morava numa república de professores e alunos da escola pública, era divertido, esse universo não tinha nada a ver com a loja de tecidos. As pessoas com quem eu mais convivia, os meus amigos não eram o pessoal do trabalho – hoje em dia, reapareceu muita gente, com o Facebook. Fui muito bem recebido, muito bem tratado lá. Acho que as pessoas tinham muita pena de mim, então muitas famílias me adotaram para o almoço de domingo, me chamavam para comer na casa delas. Depois eu saí de lá, porque uma pessoa que conheci – ela já tinha trabalhado na mesma loja de tecidos, em Linhares, muito antes de mim e brigou com o dono – estava montando um escritório em Vitória e me chamou para trabalhar com ela. Tive uma experiência em Vitória de cerca de um ano.

Você não voltou a BH por todo esse tempo? —— Voltava no Natal e tudo, mas sentia muita saudade. Nunca fui de esperar pelo melhor emprego. Quando voltei, poderia ter ido atrás de uma confecção, mas pensei "vou atrás de uma loja de tecidos, que é muito mais agradável". Fui até uma loja de tecidos na Savassi, que tinha o primeiro andar muito popular, pedrada mesmo, só retalho, e o segundo eram os tecidos caros. Bati e perguntei "vocês não estão precisando de alguém aí para desenhar?". "Olha, a menina que desenhava pra gente saiu na semana passada e estamos precisando, sim." Comecei a trabalhar no dia seguinte. Era o Varejão das Fábricas, em frente à Casa do Whisky, onde hoje é o [shopping] Pátio Savassi. Com o tempo, apareceu a dona do ateliê de noivas e me catou. Foi assim que acabou a minha história de loja de tecidos. Por causa da dona do ateliê, eu ia ver os desfiles.

E voltamos aos desfiles ao som de Aznavour. —— Aquele estilista era um cara que ficou muito rico com moda. Ele colocava a alta sociedade mineira para ouvir durante duas horas suas músicas favoritas, em seus desfiles, durante a segunda metade dos anos 1980. Em paralelo tinha o Grupo Mineiro de Moda que era a elite da elite. As pessoas não vestiam Grupo Mineiro no meio da rua. E tinha uma sociedade mais velha que ainda era vigente, das tradicionais famílias do [bairro] Cidade Jardim. O Grupo Mineiro era dos modernos ricos da época. A Savassi era outra cidade, era o único centro de moda da cidade – lembrando que não havia a força dos shoppings ainda – a Savassi tinha um cheiro, um perfume de magnólia. Ivana [Neves, ex-mulher de Ronaldo] fala isso, quando ela vinha de Montes Claros e sentia o cheiro de Belo Horizonte, era esse cheiro. Tem gente que fala, em relação às marcas da época: "Ah, mas eles viajavam para fora e depois copiavam". Não interessa, porque copiavam muito bem, cada um queria fazer melhor. A loja da ArtMan, na Savassi, era uma loja de japonês. Belo Horizonte tinha uma ousadia e o Grupo Mineiro foi superimportante numa sociedade que ainda era muito fechada entre as montanhas. Talvez para a geração de hoje seja difícil entender isso, porque era uma época sem internet, a informação custava a chegar.

Tudo diferente, com as passagens de avião caríssimas. —— Você custava a comprar uma revista de moda estrangeira, ela chegava ao Brasil seis meses depois de ser lançada. As pessoas não tinham muita informação. Era bom, por um lado, porque você tinha que se virar com o que tinha. Aquele foi o auge das feiras de tecido de São Paulo. Tinha feira, como a FeiraTec, exclusivamente de tecido. Era uma festa.

Você chegou a ir nessas feiras? —— Cheguei. A loja do Espírito Santo comprava nela, então fui até lá. Foi a primeira vez que fui a São Paulo.

E como foi estar em São Paulo pela primeira vez? —— Cheguei à feira e era tudo muito grande, muito gigante, a primeira coisa que aconteceu, quando entrei na Brasilev, foi dar de cara com a Luiza Brunet. E ela estava no auge, era a Luiza Brunet e não existia outra. Eu não tinha esse conhecimento de quem era quem na moda de São Paulo, era muito distante, mas todo mundo sabia quem era ela. Eu me hospedava num hotel do Centro e ia lá a trabalho, comprava o melhor tecido, levava e pronto. Nunca tive paciência de olhar vitrine, desde a loja de tecido que eu gostava mesmo era de olhar as pessoas na rua. Como a criança extremamente tímida que eu fui e o adolescente também – muito sério, muito "caxião", não tinha ninguém para olhar o meu boletim, para ver se eu estava bem na escola –, no trabalho, também sabia que eu que tinha que me dedicar.

Voltando ao ateliê. —— Foi na época do ateliê que entrei na faculdade.

E você escolheu um curso de moda. Não houve alguém, o seu irmão, por exemplo, que é seis anos mais velho, que dissesse: vai fazer faculdade justo de moda? —— Meu irmão casou muito cedo, precisava cuidar das coisas dele. Eu não tinha essa pessoa para me falar isso, nunca tive.

Não tenho um caminho meu que possa dizer que foi imposto, nada foi imposto, todas as escolhas foram minhas. Não tinha cobrança.

Como era a Escola de Belas-Artes nessa época? —— Tem uma coisa que acho boa e outra que é ruim. Outro dia estava até comentando com uma pessoa de lá, perguntando como estava o curso de estilismo. Na minha época, a Singer se ofereceu para montar um ateliê de costura, no Campus. O pessoal da Belas-Artes, professores e alunos, fez campanha contra. "Máquina de costura dentro da faculdade, aí já é demais. Já tinha que aturar aquele povo da moda andando pelos corredores, aquele povo com aqueles perfumes", diziam. Eu era a terceira turma, já devia ser diferente da primeira. O curso era de teoria, o que era bom na formação, porque você era educado para pensar. Primeiro, porque a maioria dos professores era da Belas-Artes. Tinha aula de forma e cor com a professora Wanda Tófani – importante falar dela, porque ela é famosa em ensinar isso –, a Julia Melo que dava aula de modelagem era uma modelista e costureira que dava aula no ateliê dela e na escola, o professor de alfaiataria era um senhorzinho que era o alfaiate que tinha, quase não tinha professores específicos de estilismo, o restante era de outros cursos da Belas-Artes mesmo.

De imediato, entrei no curso e tive aula com uma figura que veio a ser determinante na minha formação, que foi o Décio Noviello. Vivo até hoje, ele é uma figura que é um poço de cultura e era carnavalesco e cenógrafo de teatro em Belo Horizonte, a didática dele era uma loucura. Às vezes, você chegava, ele colocava um vídeo e falava "pauseee", e explicava a roupa que fazia parte da cena. Ele mesmo não desenhava, mas cobrava o desenho de todo mundo. A maioria da sala era de meninas, e elas jogavam o cabelo para esconder. Ele pedia para ver e falava: "Que lindo. Posso te ajudar?". Aí embolava a folha toda e falava: "Começa de novo que isso está um lixo". Aí elas choravam, ele não estava nem aí. Muitas pegavam a bolsa e iam embora, ou trancavam a matrícula e não apareciam mais. Eu achava isso o máximo.

Qual a reação dele ao seu desenho? —— Tem um desenho meu, que guardei até há pouco tempo, mas, no meio de tanta mudança, não sei onde está. Pode ser que um dia ele caia do buraco negro. Fiz esse desenho depois de discutirmos o filme *Cleópatra*. Tinha que fazer um croqui, fiz na linha do cara da loja de tecidos, que trabalhou antes de mim, com dente, dedos e tudo. O Noviello falou "posso te ajudar?" e fez um círculo de caneta bem na cara do desenho e puxou uma seta, escrevendo: "Você acha que isso está bom? Me responde daqui a 20 anos". Parei na hora e falei, "não vou esperar 20 anos, posso falar agora: tá péssimo".

Foi aí que você começou o traço como a gente conhece? — Comecei a desconstruir. Pensei "então tá, deixa eu colocar tudo o que as pessoas geralmente querem esconder num desenho de moda". Esse professor deu aula de indumentária I e depois indumentária II. Mais tarde, ele começou a gostar dos meus desenhos.

E você quis impressioná-lo? — Claro, primeiro porque pra mim ele era o melhor professor da escola.

Não é curioso o fato de o melhor professor para você ter sido um carnavalesco e cenógrafo, não um alfaiate ou modelista? — [Gargalhada.] É muito curioso isso. Há não tanto tempo, citei o nome dele numa entrevista e ele apareceu na loja. Depois perdi o contato dele. Tempos depois encontrei com ele numa exposição, e ele falou "não lembro bem dessa história, mas devo ter falado mesmo porque o seu desenho era um assombro de tão perfeito, mas o mundo não estava precisando dessa perfeição toda". Então, quem sabe fazer perfeito deve desconstruí-lo. E vice-versa. Na verdade, existem características da moda que ela não pode perder, se não vai virar nada, vai virar só roupa. E esse caráter político, ou de espetáculo, ou de cultura não pode se perder, se não vai perder a magia. Mas a moda que vemos hoje está indo por esse caminho.

Tem uma frase boa sua, que diz que, se pararmos de fabricar roupa hoje, ainda teremos roupa por muito tempo. — Não precisamos de roupa, não. Os chineses fazem isso muito bem, sem precisar ir para a escola, sem precisar de um Décio Noviello, sem precisar saber o que está por trás das coisas ou estar aqui contando histórias para você. Precisa não.

Ainda sobre sua vida de universitário, era divertido? Apesar de muito caxias, você aproveitou? — Aproveitei. Nessa época, comecei a me rebelar, no sentido de que eu já era dono do meu nariz – não que não fosse antes, mas não tinha dinheiro. Então, comecei a pensar "quero ter uma calça vermelha, vou fazer uma calça vermelha", "quero raspar a cabeça, vou raspar a cabeça". Mesmo assim, era um mauricinho magrinho, todo bonitinho e tal. A Suzana Matana, supercolega, que conheci no curso, era dona de um Opala, e como a Federal era muito longe, ela enfiava umas 15 pessoas para dar carona até a aula. Todas as pessoas que vinham da Belas-Artes não tinham a técnica que a moda pedia, mas tinham a formação cultural e artística que é muito importante para uma narrativa de moda. Um dia, lançou-se no Brasil um concurso da Smirnoff, o concurso de estilismo da vodca já existia fora e teria a versão brasileira.

Como funcionava? — Você mandava um croqui que falasse da moda como um instrumento de cultura – o povo não entendia nada. Aí eu falei, vou fazer sobre Carnaval, influenciado pelo Décio. E minha peça ficou entre as quinze selecionadas. Na turma, éramos três mineiros na final. Foi a primeira vez que fui a São Paulo para uma coisa grandiosa, no Museu Brasileiro da Escultura. Você vê o vídeo e reconhece na plateia as pessoas chegando. O Alexandre Herchcovitch – não participou, mas estava na plateia, como estudante de moda –, a Clô Orozco, a Regina Guerreiro, a Cristina Franco, que foi quem apresentou o prêmio.

Eu, ainda muito tímido, falava "já fui longe demais só de ter chegado para essa premiação". Nós quinze ficamos num hotel no Itaim. Até hoje sei qual que é, ele se chama Victória Plaza e era novo naquela época, tinha um conceito de *apart-hotel*, quartos com cozinha, muito novo naquele tempo. Eu não queria saber da imprensa, do burburinho. Houve um almoço em que ficaram numa mesa os estilistas e na outra a imprensa e os famosos. Os paulistas sabiam quem era quem e pularam para a outra mesa, mas eu só queria saber dos colegas, fiz amizade com eles. Até hoje sou amigo da Rosanna Naccarato, uma estilista carioca. Eu me lembro que ela pegou uma lata parecendo de sardinha no final do almoço, tirou um cigarrinho de maconha e perguntou: "Alguém aceita um digestivo?". Achava aquilo um absurdo. Ao final da etapa brasileira, quem ganhou foi um paulista, o Caio da Rocha, que iria para a final em Londres. O tema dele foi futebol. O segundo lugar foi da Rosanna, inspirado num drinque, o modelo era uma coisa de acrílico e a cabeça era uma coisa vermelha, como se fosse uma cereja.

Minha roupa foi horrível. Tinha uns fios dourados que eram usados na decoração, na época, e eu quis colocar na roupa. Fui cortando, formando bolinhas e fiz um maiô. A Águeda Chaves era uma estilista muito querida de Belo Horizonte, linda, suas criações estavam na novela, nas revistas. Liguei para a Águeda, e ela me recebeu muito bem, por isso até hoje quando estudantes me ligam eu, com muito esforço, tento fazer o mesmo. Foi maravilhoso ter sido recebido por ela. Quando cheguei, expliquei o que queria fazer e ela me indicou sua melhor bordadeira. E assim foi feito.

Foi seu primeiro trabalho com uma bordadeira? — Foi. Hoje, quando você olha o modelo, tem muita coisa de Gaultier para Madonna, mas tinha essa coisa do bordado, do feito à mão, de pegar o material feito para uma coisa e colocá-lo em outra – mais tarde, ganhei outro concurso com isso. Voltei para casa muito feliz, estava finalizando o curso de estilismo na UFMG. Um dia, chego à sala de aula e na porta tinha um cartaz pregado, anunciando um concurso da Santista. Muito esperado, em sua segunda edição. Era um concurso de dois anos de eliminatórias. Embora fosse uma empresa de jeans, o cartaz tinha a imagem de uma mulher nua sendo puxada por uma malha roxa. A silhueta dela era de malha. "Se fabricavam jeans, por que colocaram a malha no cartaz?", eu pensava. Estava escrito "procura-se Chanel, Kenzo, Gaultier e Lacroix". Tinha que criar uma coleção, então criei a minha primeira história ao final daquele concurso. Eles receberam quase 2 mil projetos e selecionaram 600. Então, mandaram o telegrama avisando que eu tinha passado de fase. "Você está entre os 600, parabéns. Mande uma nova coleção."

Não havia continuidade de uma fase para a outra? — Não, tinha que ser inédita. Tinha que ter diferentes estações. Acho que era "faça uma coleção de verão com o artigo tal", "faça uma coleção de inverno com o artigo outro". Depois recebi um telegrama "parabéns, você está entre os 50. Você vai receber um telefonema para coordenar sua vinda para São Paulo". A terceira fase era feita presencialmente, a coleção era criada durante quatro dias. Eles ligaram e fui para São Paulo. Também dessa

O aprendiz

vez, achei que já estava bom demais. Ficamos de novo no Itaim, era a região dos *aparts*, eles colocaram dois estilistas em cada apartamento. O rapaz que ficou comigo no quarto era a coisa mais engraçada. Ele levou uma mala só com a revista *Collezioni*, uma revista que o povo copiava na época, com aquele tanto de foto. Eram pilhas. Logo no início, ele falou assim: "Já gostei de você, então vou dividir com você essas revistas". Eu perguntei para que servia aquilo, e ele disse que era para a gente estudar, para fazer a coleção.

Quem era ele? — Não posso falar porque ele é de Belo Horizonte. Foi um dos estilistas da Graça Ottoni e depois desfilou três vezes no Fashion Rio. E era um menino cuja mãe era uma costureira do interior, depois veio e morou aqui com ele, e tinha uma costura impecável. Ele também tinha muito conhecimento. Só que era uma figura muito travada. Ele com essa pilha de revistas ficava lá estudando, enquanto uns colegas falavam "tem uma boate que abriu aqui, vamos para o Rose Bom Bom". Eu ia para a boate, ele ficava lendo as revistas. E essa boate era numa galeria ali na [rua] Oscar Freire que saía na Haddock Lobo, à noite eles fechavam as lojas, cobriam a galeria e iluminavam. Você chegava lá e não acreditava. Tanto que voltei num outro dia, de dia, e não achei. O Alex Atala era DJ lá, foi uma boate que marcou época. Durante o dia, eu pegava uma mesinha pequenininha e levava meu material de desenho. Aí eu já sabia o que queria fazer. Pensei "vou ficar aqui uns dias e quero contar uma história, que é a história da terceira visão".

Terceira visão era o nome da coleção? — Ela se chamava "O olho do mundo", era sobre ver o mundo de um jeito diferente. E era uma coleção toda feita com os vinte por cento de material que uma fábrica desperdiça. A matéria-prima era só de restos.

Pelo que você diz, poderia ser uma criação sua de hoje. — Poderia, sim. Não tinha estas canetinhas maravilhosas que tenho hoje, mas queria desenhar com as que eu tinha. Levei papel craft – um papel barato de molde, absorvia bem a tinta, realçava bem o preto e a cara branca do meu croqui – e fui fazendo. E o que fazia? Desenhava com nanquim e pena fina. Desenhávamos de segunda a quinta, para na sexta de manhã falarem os cinco que iam para a final. Tinha uma carioca sentada perto de mim que me contou que passou por todas as etapas, mas que quem desenhava era seu irmão mais novo. Ela não sabia que ia ter essa etapa presencial.

Parece um reality show sem câmera. —— Era igual um reality, eles trancavam a porta, você não podia sair. E eles passavam de lá pra cá como numa prova mesmo. Levei vassoura piaçava e uma pilha de coisas absurdas que eu poderia usar ou não, estava muito ligado em materiais naturais.

De 50 participantes, 10 eram mineiros – Minas sempre teve essa coisa com o desenho. E um daqui me viu colocando esse material e perguntou alto para todo mundo: "Ô gente, tem alguma ponta de mesa aí sobrando? Porque eu estou precisando para colocar no meu trabalho!".

Que desespero. —— Aquela menina que estava sentada perto de mim estava muito nervosa porque o tempo passava e ela não conseguia desenhar. No que ela se virou, os vidros de nanquim foram todos derrubados. A mesa era pequena, com uma prancheta, os vidros foram em câmera lenta manchando todos os meus desenhos. Eu parei, olhei, respirei fundo e pensei "você já foi longe demais", em todas as etapas pensava nisso "já foi longe demais", estava num local improvável, tinha ficado num hotel em que era improvável que eu ficasse, então fui refazer tudo.

Quanto tinha feito até então? —— Sempre fui de produção de desenho muito rápida, vamos supor que eu tivesse 50 pranchas, depois refiz 10, 12 no máximo. E mandei. No dia seguinte, a coordenadora disse que revelaria para os 50 participantes o nome dos cinco finalistas. Ela começou a falar por ordem alfabética, igual concurso de miss. Aí o último foi: "Ronaldo Moreira Fraga está na final. Agora peço a todos que não foram selecionados para irem aos seus quartos, pegarem suas coisas, porque a van vai passar para buscá-los. E vamos conversar com esses cinco sobre a próxima etapa".

Então, tinha que fazer a coleção para apresentar, tinha que virar roupa. Nesse ponto, podia ser o desdobramento da etapa anterior, então, seguiu sendo "O olho do mundo". Eles falavam que cada um teria um certo número de metros quadrados de araras e de cabides para colocar as roupas, mas eu quis fazer um cenário. Tinha uma TV velha lá em casa, eu quebrei, arranquei a moldura da TV e coloquei na parede.

Mas então já não era mais confinamento? — Não, cada um recebia o tecido para fazer a coleção e voltava para casa para produzir. E tinha cerca de seis meses para fazer. O tecido era o refugo, por exemplo: se na época estava usando azul, davam o mostarda pra gente.

E na época tinha muito mais isso de uma cor mandar na estação. — Mandavam coisas horríveis. Pegávamos esses tecidos e podíamos fazer como quiséssemos, a única exigência era de usar um produto que era um fio de tricô feito de índigo. Tinha que ter uma peça usando esse fio Indifio – faziam a peça de tricô depois, mandavam nadar e ela ficava com cara de jeans. Hoje é comum, mas na época era uma grande novidade. Eu trabalhava numa confecção de uma marca que se chamava Ultraje, e o dono era compadre do Renato Loureiro. Ele já era o Renato Loureiro, famoso, início dos anos 1990. Era 1992. Quando falei para o meu patrão sobre o que eu queria fazer no concurso, ele sugeriu: "Vai lá no Renato, ligo para ele e ele te recebe". Liguei para o Renato, esperei trezentas horas, ele foi superseco, me recebeu supermal. Mas fiquei tão fascinado, na minha cabeça, nunca pensei "o Renato me recebeu mal porque ele é chato e ele é isso. Ele me recebeu mal porque ele é muito ocupado". A confecção dele era a mais linda que já entrei na minha vida.

O espaço físico? — É. Ela ficava na avenida Pedro II. Supermoderna. A sala dele tinha os melhores livros de moda que você imagina e que ninguém tinha, havia uma luz baixa na mesa e ele falou que me passaria para o tecelão para trabalhar comigo. Nunca viu a peça. Depois, quando reencontrei com ele, eu já havia ganhado o concurso e ele falou "menino, você ganhou". Fiz um vestido com um bojo – um trem, né, que a gente inventa –, eu queria com textura, então peguei o pó da erva-mate, aquele que a gente faz o chá mesmo, e fiz em resina com esse material, era todo "casquerento", fiz com a resina e a borra do chá. Peguei o bojo, fiz em resina, depois quase secando colocava o pó e por último passava o spray impermeabilizante, então ficava aquela coisa bem parecendo um pé de moleque, uma cocada baiana, e ele era o ponto de partida de todo o desfile. Depois todo o vestido foi tricotado com o Indifio. Fez o maior sucesso.

Você tem isso? — Não.

Pensa em refazer isso? — Quem sabe um dia.

Mas você, que pensa tanto em memória, devia preservar isso. — Não tenho tempo, tenho tanto lote pra capinar, tanta laje pra bater, nem sei como tenho tempo pra conversar fiado aqui com você. O que estou fazendo aqui? Tenho que resolver um desfile do Lupicínio Rodrigues neste mês [julho de 2014] em Porto Alegre.

Mas sério: também acho que, pelo menos em desenho, tenho que fazer isso. E com as especificações técnicas nos croquis, caso alguém algum dia queira refazer. Tem um outro vestido que coloquei numa prancha e fiz uma tela de bucha, então foi feito de bucha curtinho com a manga de malha.

Era preciso fazer quantos modelos? — Lembro que eram, no mínimo, quinze peças. Claro que eu devo ter levado umas 40. Então, peguei essa TV pé palito velha lá de casa e que já não funcionava muito bem, pendurei na parede, coloquei todas as minhas referências caindo e emendando uma na outra e indo pelo chão do estande afora. Todo mundo entrava e já via aquilo, dentro do estande da Santista na tal feira Fenatec, que é gigante. Eu era da cultura da televisão. O que vinha, vinha pela televisão. Essa era a referência. O trabalho ficava exposto de segunda-feira, pela manhã, até sexta à tarde.

Então, você voltou à Fenatec, não mais como desenhista da loja de tecidos, mas como um estilista iniciante. Em outra situação totalmente diferente. — Voltei com quatro estilistas. Cada um tinha um estande, mas só eu e uma carioca fizemos um cenário. Os outros três, não. E falaram "ninguém falou que era para fazer isso". Para os botões, comprei na Galeria do Ouvidor olhos de boneca, grandes e com cílios. Tinha azul e tinha castanho. Eles piscavam na roupa. Foi bonito, eu gostei de ter feito.

Eles avisaram que os jurados não iriam se identificar. E eu não conhecia ninguém, não sabia quem era a Costanza Pascolato, quem era a Regina Guerreiro. Então veio o Tufi Duek e eu apresentava tudo. Depois que eu soube quem era quem e fiquei lembrando o que cada um fez dentro do estande.

Fala de todos. — Regina Guerreiro chegou de lenço, mal-humorada. Provavelmente, os jurados estavam ali como convidados, tiveram que despencar lá no Anhembi. Ela chegou e nem sentou, eu comecei a falar da glândula pineal, que nós todos temos aqui [aponta para a cabeça] e é queimada, fica cega nos primeiros anos de vida, mas é o ponto da criatividade. Ela me interrompeu [imita a voz da Regina]: "Menino, deixa de blá-blá-blá e para com essa conversa". Aí eu pensei: "Ixi, essa bruxa é jurada" [gargalhadas]. "Ah que conversa fiada, mostra esses trapos logo." Depois veio outro, esse sentou, cruzou as pernas, ficou calado o tempo todo enquanto eu falava. Tinha umas sobrancelhas que até me assustavam, eu fiquei com um pouco de medo dele, porque já tinha levado umas lambadas da Regina. Era o Renato Kherlakian. Ele disse: "Posso falar uma coisa? Você ainda vai ser um grande nome na moda nacional". E saiu. Depois veio o Tufi, muito simpático também. Lembro que ele era o máximo da modernidade, com uma calça dessa de gavião caído, que ninguém usava, suspensórios caídos, as meninas já suspiravam, falavam "ah, é o nome de uma marca de jeans que está aparecendo aí". Foi jornalista da *Elle*, que não lembro quem era, a Costanza Pascolato, delicada desde sempre. A única que eu conhecia, pelo concurso da Smirnoff e pela televisão, era a Cristina Franco. Ela era uma grande personalidade da moda, porque o único acesso aos estilistas que as pessoas tinham era o Ponto de Vista, coluna eletrônica que ela apresentava, no *Jornal Hoje*, aos sábados. Era muito moderno e a voz dela era a voz da moda, a Cristina era linda. Ela foi ao estande logo no início e ficava voltando. Dizia [imita a voz de Cristina, com sotaque carioca]: "Isto daqui está lindo demais, demais. Olha, não sei se é você quem vai ganhar, mas posso dizer que vou fazer um Ponto de Vista com você." Eu pensei "vai, nada".

Você falou que no primeiro concurso da Smirnoff você já tinha percebido que os colegas paulistas sabiam quem eram as pessoas importantes.

Em nenhum momento você quis comprar umas revistas e pesquisar quem era quem antes do concurso da Santista? Sua pesquisa não passou por aí? — Não. Primeiro porque isso era muito caro e eu queria gastar dinheiro com outras coisas, queria ir a outros lugares. E também achava que tudo aquilo era passageiro, que não era pra mim. São Paulo era muito distante, a *Folha de S.Paulo* eu nem lia.

Quando chegou a hora da entrega do prêmio, na sexta-feira à tarde, fomos para o grande salão, o dono da Santista, que era americano, com um supersotaque, chamou todo mundo, os jornalistas, os clientes e a gente, e falou: "Agora vamos ver quem vai ser o nosso novo Kenzo, nosso novo Gaultier". E ele falava isso olhando pra mim, eu pensava "para de olhar pra mim, que não sou eu." Ele disse "o estilista escolhido depois dessa maratona foi Ronaldo Fraga". E foi isso, ganhei o primeiro prêmio que era uma pós-graduação na Parsons ou uma viagem de dois meses por um circuito de moda pela Europa.

Como foi escolher? — Para fazer a pós-graduação, você precisava ter cadeiras mínimas na área de formação de artes visuais no Brasil. Isso eu tinha. Mas também precisava ter 500 pontos no [exame de proficiência de inglês] TOEFL. Uma prova dificílima e não tinha tido aulas de inglês na escola pública. Não tinha familiaridade com a língua, só fazia uns cursinhos aí, mas não era como hoje, como o inglês hoje que entra na casa das pessoas, com internet etc., era difícil alguém que falasse.

Eu quis escolher a viagem, porque tinha um termo no concurso estipulando que, se eu optasse pelo curso, a prova de inglês seria aplicada em Nova York. Se eu não obtivesse a pontuação, o prêmio era tido como entregue, e eu voltaria para cá. Quando falei para amigos próximos que ia escolher e viagem, eles falavam: "Você está louco? Que dia você vai ter outra chance de estudar fora?". Imagina, era a Parsons. Naquela época com tudo pago e de primeira. Para você ter uma ideia, com o dinheiro da mesada que eu recebia, economizei e depois vivi um ano em Londres. Então, cheguei num lugar improvável para mim. Tudo era improvável.

Meu irmão Rodrigo já estava há um ano em Londres e falou para eu ir morar com ele e fazer um curso de inglês na cidade. "Três meses em Londres equivale a dois anos de estudos no Brasil", ele aconselhou. Só que é mais ou menos assim. Cheguei lá e era festa todos os dias, confusão todo dia. Inverno rigorosíssimo. Eu tinha pesadelo todas as noites com a mulher da Santista falando "você vai voltar de Nova York".

Quem era essa mulher? ⸺ Uma bruxa que estava lá e que tratava comigo da viagem. Ela era seca, era péssima. Ao contrário dela, tinha a Yeda Amaral, que era coordenadora de moda da Santista e é minha grande amiga até hoje. E me apoiou na decisão, depois me apoiou quando voltei ao Brasil, durante meu ingresso no Phytoervas. Ela vai estar eternamente na primeira fila dos meus desfiles. Anteriormente, ela havia sido secretária da Regina Guerreiro, as duas romperam, a Yeda ficou sabendo que a Santista estava precisando de uma coordenadora de moda e, como tinha aprendido vendo a Regina fazer, mandou um projeto e ficou lá por 25 anos. A Regina Guerreiro a odeia porque disse que ela roubou um projeto dela. E a Yeda, por sua vez, diz que a única pessoa que realmente entendia de moda no Brasil e que tinha que conhecer o meu trabalho era a Regina Guerreiro. Então, ela fala bem da Regina e a Regina fala mal dela. A Regina dá outro livro. Amo.

Nessa história, você conseguiu não tomar partido de um jeito que é difícil de equilibrar e bem mineiro. ⸺ Amo a Regina também. Claro que há exceções, mas acho que, no Brasil, deixa a desejar o que a gente tem de editor de moda para um país que já teve uma Regina Guerreiro.

Então, você resolveu seguir o conselho do seu irmão. ⸺ E nos primeiros dias de Londres, eu parecia o coitadinho do terceiro mundo, minhas roupas, minha cara, meu tudo. E eu tendo pesadelos com aquela mulher. Então falei: "Ronaldo [estala os dedos], hora de mudar o personagem, esse tadinho está por fora, esse personagem bom moço está por fora, a história é outra". Peguei uma panela, na cozinha de casa, meu irmão raspou minha cabeça inteira, fiquei com uma boina de cabelo, deixei a barbicha crescer lá, passei por todas as cores de cabelo, porque isso era anos 1990. Essa coisa de brincar com o personagem começou em Londres. Corrente no nariz ligada à orelha, uma calça que era tipo

Memórias de um estilista coração de galinha

uma saia, criei um estilo, que talvez hoje não desse tão certo, porque era árabe pra danar, com essa cara de árabe que eu tenho. Aí chegou o dia de ir para Nova York.

Você estava seguro no inglês? —— Claro que não, você está louca? Acho que nunca se está seguro numa outra língua. Eu tinha pedido à Santista para mandar a passagem de Londres para Nova York, mas essa mulher falou que não, porque como eu corria o risco de voltar para o Brasil, era melhor eu partir daqui, para poder voltar pra cá com a mesma passagem. Voltei para o Brasil e fiquei por duas semanas. Lembro de quando andei na Savassi com essa estampa. Eu estava lendo a biografia do Gustav Klimt, ele gostava de pintar sempre com aqueles camisolões – tem até uma foto bem bonita dele pintando vestido desse jeito, com um gatinho, sem cueca nem nada – e eu estava também com um camisolão, mas de cueca. Comprei num brechó umas camisolas dos anos 1920, pijamas masculinos que eram camisolas, pareciam vestidos e era com isso que eu andava aqui.

Imagino o choque da tradicional família mineira. —— Até hoje tem gente que vem falar que não se esquece de como eu voltei de Londres. Muito depois um conhecido me disse que estava com os filhos no McDonald's que tinha aberto há pouco tempo, ali na Praça da Savassi, quando passei. Era o lugar aonde todo mundo ia, eu desci do ônibus e diz ele que todo mundo olhou "que figura é essa". Ele falou: "Ronaldo, de repente, todo mundo olhou para o mesmo lado, parecia que tinha havido um acidente de carro ou alguma coisa, mas era você atravessando a rua". Eu assombrei e fui para Nova York.

A Santista estava pagando o top do top. Era um full time por dois anos, tinha aula de 8 horas da manhã às 4 horas da tarde. Eu podia escolher onde iria me hospedar, entre o campus novo ou o campus antigo, que era na Union Square a uma quadra da escola e onde o Andy Warhol teve um apartamento onde fazia uns filmes. Lá, os apartamentos com pé-direito alto, prédios do século passado. Pensei "como que o pessoal ainda vai para o outro, tendo a opção de ficar aqui?". Cheguei no auge do inverno e eu dividia a moradia com estudantes americanos que faziam fotografia e arquitetura na Parsons, moda era só eu. Enquanto tinha quatro estudantes por quarto, o meu era só pra mim. Top mesmo. Todo mundo que via isso pensava "esse cara deve ser muito rico no Brasil". E a diretora da Parsons me recebeu lá fora na entrada, falou "bem-vindo", única palavra em português que ela sabia falar. Com aquela estampa, criei uma estratégia "o que eu não entender de inglês, vou fingir que não quero responder, fazia uma cara blasé". E assim foi feito. Combinava com o personagem. Você acha que alguém ia ter coragem de aplicar um teste numa figura dessas?

Você nunca fez o teste? — Nunca fiz [gargalhadas]. Só que fiquei dois anos lá, e por dois anos tive pesadelos "é amanhã que vão aplicar esse teste".

Porque você continuou sendo certinho. — Continuei e até hoje sou. Eu saía da escola e ia para a biblioteca pública, para decorar o meu dia seguinte. Aprendi inglês assim, decorando. Lembro que foi sorteado um país para cada aluno num trabalho e tive que apresentar o Zimbábue, tinha dois dias para pesquisar e apresentar, se alguém perguntava eu falava "depois", e nesse depois a pessoa se esquecia de perguntar de novo e eu me livrava.

Então, ajudou o fato de você ser estudioso. — Foi muita dedicação. Acho que somou tudo isso. A formação da Belas-Artes. Na Parsons, você montava a própria grade. Tinham as obrigatórias, mas podia escolher outras, então escolhi fotografia, cenografia, nisso daí eu continuava me relacionando com gente que não tinha nada a ver com o núcleo de moda.

Seus melhores amigos não estudavam moda? — Não.

Londres na sua biografia é muito marcante como uma transformação, você chegou como uma pessoa de BH, que tende a se vestir de forma mais tradicional, e virou um personagem ousado. Qual é o papel de Nova York? — Na escola inglesa – hoje em dia não tem muita diferença, os americanos sucatearam o ensino de moda no mundo inteiro, agora é tudo parecido – aprendia-se conceito, o intangível da moda, em Nova

York aprendia-se produto, mercado, vender o produto, o marketing, o quanto o produto deveria seduzir. Tanto que os dois anos foram legais e tudo, mas eu sabia que tinha muito mais a ver com Londres do que com Nova York. Curiosamente, porém, a primeira vez que me emocionei com uma loja e vi que por moda também se chora foi em Nova York. Eu estava andando no SoHo, tinha um conhecimento extremamente superficial dos nomes dos estilistas e de marcas. De repente, vi aquela loja toda de vidro, com uma portinha. E esse espaço era lotado de manequins infláveis transparentes vestidos com a roupa da coleção, flutuando a uns vinte centímetros do chão. Então, para você entrar na loja tinha que nadar entre os bonecos para ir ao interior da loja.

Como uma instalação. — Super. Ainda mais com as lojinhas que a gente tinha aqui, cair num lugar daquele. Fui entrando e estava tocando na loja "Bandeira branca".

Que depois você usou no desfile da Zuzu Angel [de 2001]. — E era o que minha mãe cantava no tanque, em casa. Abrindo um parêntese: minha mãe cantava superbem, nas festas de família todo mundo pedia para ela cantar. Era ela a voz. E trabalhou com a Clara Nunes na fábrica de tecidos da Renascença. Então, quando a Clara Nunes morreu, foi como se tivesse morrido alguém da família. Até falo sobre isso no livro *Aprendi com minha mãe* [organizado por Cristina Ramalho].
Estava tocando "As pastorinhas". Era uma loja em concreto aparente, aço inox, toda verde-água, grafite e prata e na escadaria que ia para baixo, na marca dos degraus, fizeram um desgaste no concreto, como as soleiras de Ouro Preto, desgastadas pelo tempo. Por dentro desse concreto era terracota, tijolo. Isso me emocionou: a arquitetura, a música, a roupa e, quando assustei, eu estava do outro lado da rua, sentado na calçada e chorando muito. Era a loja da Comme des Garçons. Quando vi aquilo pensei "no Brasil, toca só Charles Aznavour nos desfiles". Eu nem sabia dar nome para aquilo. Hoje eu digo que era mais do que roupa. Foi esse o momento que eu lembro, mas é claro que foi uma sucessão desde Londres que me levou a pensar: os estrangeiros fazem e é lindo, por que nós não podemos fazer? Comecei

O aprendiz

a estudar os japoneses e os belgas. Eu tinha descoberto a escola belga da moda. Essas duas escolas eram feitas por grupos de pessoas que faziam algo extremamente moderno, mas que tinham como base sua tradição cultural. Comecei a ler muito sobre isso. Hoje, quando você olha o design dos países nórdicos, percebe que é calcado na história deles mesmos. A gente tinha o Grupo Mineiro de Moda, que trazia algo moderno, mas não havia a cultura mineira. No Brasil, isso não existia, era até um pecado falar de referência brasileira num trabalho de moda. Eu olhei para aquilo e disse, peraí: o que faz os meus olhos brilharem, o que eu quero e o que eu faço e me trouxe aqui é esse o caminho. Ali eu tive a certeza de que estava num lugar, estava pavimentando uma estrada que era a minha.

Conta sobre sua vida social em Nova York. —— Eram os colegas de escola, as festas da escola, mas era muito estudo, não tinha tempo. Tinha que decorar o dia seguinte para a aula. Dentro do apartamento, às vezes, rolava uma ou outra festa, mas todo mundo estudava muito e tinha que escrever muito à mão, não tinha computador. Quando assustei, os dois anos voaram. Então, arrumei um emprego numa loja chamada Interjeans que era na Quinta Avenida com 14th Street. Como já tinha arrumado emprego, falei "posso gastar dinheiro". Fui passar o feriado da Páscoa em Londres, meu irmão estava indo para a Escócia, fui para a Escócia, voltei para Londres e fui caminhar pela cidade. Caminhei até passar em frente à Saint Martins e vi o anúncio de uma série de cursos que eu não tinha feito em Nova York. Dentre outros, o de chapelaria. Pensei "por que alguém faz um curso de chapelaria hoje?". No Brasil, eu jamais faria, se fosse para eu fazer, teria que ser lá. Entrei, fiz a inscrição e nunca mais voltei em Nova York. Deixei lá minhas coisas, roupas, livros.

Mas claro que você voltou depois de algum jeito? —— Nunca mais voltei a Nova York.

Por quê? —— Porque uma vez eu ia a Nova York, e o meu visto foi negado, estavam carimbando e negando a torto e a direito, fui ao Rio e negaram. Aí falei "nunca mais eu vou, vou conhecer outros lugares".

Memórias de um estilista coração de galinha

E nunca mais irá? — Agora passou, pode ser que eu vá, tenho amigos lá. Mas, na época, eu deixei Nova York, porque o que eu queria estava em Londres. Duas semanas depois de aprender a fazer chapéus, comprei uma máquina de costura e falei com meu irmão "vamos fazer chapéus para vender". Então, numa semana, um saía para comprar material e o outro costurava, na outra trocava, e aos fins de semana os dois vendiam na feira.

Numa entrevista, o Rodrigo me disse que você passava em claro as noites, revistando o que viria a ser "Eu amo coração de galinha" [primeira coleção como profissional]. Como foi isso? — Desde o início eu tinha muito claro que minha vida era o Brasil. Era a época Collor e muita gente foi embora para nunca mais, mas eu queria voltar. Comecei a me comunicar com uma amiga, que foi minha colega na UFMG, e começamos a namorar por carta. Quis voltar para namorar.

Segunda vez que você volta para casa por causa de uma menina. — Foi por causa dela, em 1996. E também já estava tudo ficando fácil demais em Londres. Eu já tinha dinheiro para viajar, ia para a Turquia, para a Alemanha. E alguma coisa em mim dizia "se você não voltar agora, não volta nunca mais". Tenho amigos daquela época que não voltaram e muitos se arrependem, acho. Eu estava morando melhor, era hora de ficar ou partir. Meu irmão ficou e voltou um ano depois. Voltei e o que estava acontecendo? O Paulo Borges tinha criado o Phytoervas Fashion, seria a primeira grande edição na Bienal [prédio do Ibirapuera]. Eles estavam recebendo projetos. Alguém falou "manda para o Phytoervas". Essa coleção, a "Eu amo coração de galinha", pensei em fazer para vender em Londres, quando cheguei aqui e vi esse concurso, mandei os desenhos. Foram selecionados. Depois, mais tarde, soube que as únicas pessoas na banca que votaram a favor foram a Erika Palomino e o Giovanni Bianco, porque os dois falaram "é disso que a moda precisa, de um pouco de fantasia". E os outros falaram "isso é figurino". Então eu soube que tinha sido aceito.

Muita gente ao voltar, depois de morar fora, é recebido com essa pergunta: mas você vai voltar para BH? Você passou por isso? — Sim, e eu tinha uma resposta na ponta da língua: Belo Horizonte está para o Brasil como a Bélgica está para a Europa. As pessoas riam. Mas eu achava isso mesmo. Uma cidade, entre duas culturas dominantes, mas que já tem seu jeito próprio de ser e de fazer as coisas. Se você vai para o Rio ou São Paulo, é engolido por elas. Logo depois quando veio a segunda edição do Phytoervas, quando ganho estilista revelação, as grandes empresas, grandes marcas, começaram a me chamar para ir a São Paulo.

Mas com um nome você já não iria como mais um para ser engolido. — Iria para trabalhar numa marca, estaria numa equipe de dez estilistas nesses lugares, mas pensava "estou tão feliz aqui". Foi muito difícil no início, foi um exercício de resistência. Mas de dez anos pra cá, ficou fácil. A primeira década da volta para o Brasil, de 1996 a 2006, foi muito difícil.

E em Belo Horizonte você fez uma opção pelo bairro Floresta, que fica na mesma Zona Leste da sua infância. — Eu sempre tive uma visão poética nessa história, talvez até pelos lugares que morei em Londres. Uma vez, fui a Bruxelas, eu adorava o [Martin] Margiela – aquela figura cujo trabalho estava acima da discussão se a roupa é feia ou bonita – discussão que acho muito rasa. A loja dele era aberta só em periferias da cidade, longe das elites. Fui visitar uma loja e cheguei num lugar onde tinha uma feira de rua, com frutas, galinha etc. Eu não estava acreditando. Um feirante apontou uma esquina. Era uma loja toda branca com um monte de lápis e carvão no chão. A loja toda desenhada nas paredes. No final da estação, quando vinha uma nova coleção, começava tudo de novo, ele pintava de branco.

Que é um pouco o que você faz na sua loja em BH [antiga loja, na rua Fernandes Tourinho, na Savassi], não com os desenhos, mas a cada troca de coleção a fachada é plotada de um jeito diferente. — Tem a ver, porque acho que a loja tem que falar. Mas nunca tinha pensado nessa semelhança.

Sua loja é um ponto de peregrinação turística, numa cidade que não é turística. — O curioso é que é independente de moda. Sábado de

Carnaval, feriado prolongado, lojas às moscas, é quando mais vendemos. De vez em quando, uns desavisados querem aproveitar dois programas, ir à loja e passear em Tiradentes [a 196 km de Belo Horizonte], achando que é perto. Pessoas vão ao Inhotim, Mercado Central e à loja do Ronaldo Fraga. E o fato de ter acabado o endereço de São Paulo contribui ainda mais pra isso.

Você pensa em reabrir a loja em São Paulo? — Eu penso. Quero menos trabalho, mas em algum momento vamos voltar.

Ainda tenho que falar mais de Londres. Foi ali que tudo se fez, talvez.

Como era sua rotina na cidade? — Eu vendia informação para a Santista, fotografava as ruas, as vitrines. Foi nessa época que a rua passou a ser a grande tendência da moda, pela primeira vez na história, e não mais os desfiles. Ainda não tinha internet. Então, esse papel de fotografar diariamente as pessoas, o jeito como elas se vestiam, o que usavam, era isso que pagava minhas contas. E eu continuava estudando, complementando os cursos que não tinha feito em Nova York. Com a história do chapéu, a gente vendia na feira de Portobello e na feira de Camden Town, eu e meu irmão. O que era chapéu passou para bolsa, de bolsa para camiseta, começamos a dar o truque e a fazer roupa. Eu fiz uma viagem a Istambul e, em todos os lugares, até mesmo em função desse trabalho de fotografar moda de rua, eu tinha um imenso prazer em sentar num lugar e ficar horas e horas observando uma praça e vendo as pessoas passando. Istambul vinte anos atrás era muito mais fechada, não era tão ocidentalizada como agora.

Mulheres todas cobertas, só com o pedaço da roupa aparecendo por baixo. Uma vez estava na praça em frente à mesquita de Santa Sofia, parou um ônibus e, de repente, desceu um cara com várias mulheres, todas de burca. Um amigo disse que eram pessoas do interior, que ainda tinham o costume de ter várias esposas. O homem ficava de braço dado com a mais nova e a mais velha ia no final da fila, vigiando todas contra uma possível fuga. Depois eu vi todas de preto andando – acho que eu já tinha tomado uns bons drinques –, vi um monte de galinhas, andavam como um monte de galinhas. E comecei a prestar atenção em galinhas pretas, galinhas brancas, essa coisa do coração de galinha era uma metáfora. Nunca gostei de comer coração de galinha. Hoje menos, mas antes qualquer lugar em que eu chegasse as pessoas me ofereciam coração de galinha. Pelo amor de Deus! E eu fiquei tão traumatizado com essa história de galinhas. Que galinha sou eu? Que galinha quero ser? Galinha de granja, galinha para o corte, que galinha é essa? E nasceu a coleção, o coração como uma coisa única de identidade, aquele ponto onde você desata todos os seus nós, onde está a memória, o afeto, tudo o que você quer esconder. E daí nasceu a coleção.

Quanto tempo isso ficou na sua cabeça? ⎯ Fiquei cozinhando a coleção na minha cabeça por seis meses. Aí vim passear no Brasil, eu tinha que fazer essa coleção aqui, no tempo que ia ficar no Brasil, eram uns três meses, verão de lá e inverno daqui. Mandei e foi selecionado, então foi a primeira vez que apresentei para o grande público um trabalho que era extremamente autoral.

Com uma estrutura diferente da primeira coleção, "O olho do mundo". ⎯ Com uma estrutura profissional, o que era muito novo para o Brasil. Era um momento muito fértil, aquelas que viriam a ser top models, como a Gisele Bündchen, estavam ali como new faces, os estilistas que viriam a ser de alguma forma daí a dez, quinze anos, referência na moda brasileira, estavam ali como novos designers, os jornalistas que iriam ocupar cargos importantes em grandes jornais e grandes revistas também estavam começando a escrever. Era todo um setor que começava a se fazer ali. O Phytoervas, mais tarde, viria a se tornar o que hoje é a São Paulo Fashion Week. A forma de pensar o desfile, tudo se organizou a partir dali.

Eu amo coração de galinha

INVERNO 1996 | *Phytoervas Fashion*

Em 1996, Ronaldo, ainda morando em Londres, veio ao Brasil para participar da sétima edição do Phytoervas Fashion, semana de moda pioneira no Brasil, que mais tarde se transformaria na São Paulo Fashion Week. A coleção causou estranhamento pelo nome, pela profusão de cores e pelos acessórios em forma de galinhas de borracha. Seu nome foi um dos mais comentados da temporada.

O seu desfile foi muito diferente dos outros da mesma edição. — O Brasil tinha descoberto a palavra "clean". Tudo tinha que ser clean. Não sabia que isso estava acontecendo aqui, eu estava fora. Londres, naquela época, tinha uma cara, o que se fazia de moda em Londres tinha uma cara muito própria – o mesmo acontecia em Paris e Nova York. E a referência aqui era a moda americana, o must dos anos 1990, Donna Karan, Calvin Klein. Então era o gelo, cinza, quando muito uma pitada de amarelo. Aí aparece a minha coleção com aquele tanto de volume, tanto de fantasia. Que conversa é essa? Aquilo também foi a primeira vez que um desfile de moda entrou ao vivo na casa das pessoas. Virou novela. Aquela história de esperar toda noite por desfiles de um estilista para entrar na televisão, isso era muito novo, não existia na década de 1980. A disseminação da informação de moda, na segunda metade dos anos 1990, teve esse epicentro que foi o Phytoervas.

Alguns detalhes do seu desfile chamavam a atenção, a começar pela própria galinha de borracha na mão. — Tinha uma série de coisas. Eu pensava o fazer moda como se pensa um enredo de escola de samba,

Eu amo
coração de
galinha

como se pensa o teatro. E ainda hoje continuo pensando assim… Mas naquela época carregava muito na mão.

Hoje em dia você acha isso? — Ah, eu acho. Por causa da idade também, eu não tinha o compromisso com esse monte de funcionários, esse monte de produção, e, na época, eu fazia as peças nem que fossem únicas – e quase eram, o máximo que eu fazia de cada peça eram quatro, cinco – sempre me preparei para que aquilo não desse certo. "Coração de galinha" foi uma surpresa, porque não era o que eu, as pessoas ou o mercado esperavam. Quando estou falando com uma geração mais nova, digo "errem". "Tudo o que vocês podem errar, surpreender e ousar, é nessa idade, é nessa fase." Vira uma lata de tinta na cabeça, se você quiser assim.

Buscar referência daquilo que já está pronto não faz a roda girar, não faz o mundo andar. Lembro de um monte de estilistas que apareceram naquela época e viraram nada, ninguém tem notícias – estilistas que eram aclamados pela crítica, mas o que faziam era a roupa que já estava na vitrine de outras marcas. Hoje também vejo que eu era uma figura com dreadlocks, aquela barbicha, vindo de Minas – mas radicado em Londres, como faziam questão de lembrar, o que salvaguardava, servia como referência, como alcunha. O tal "radicado em Londres" era usado tanto em São Paulo quanto na província que era Belo Horizonte.

E perdurou por muitos anos. Mesmo consagrado, ainda era, no jornal, "o mineiro radicado em Londres". — Continuou por muito tempo. São Paulo gostava disso, me aceitava dessa forma. Como o desfile foi um sucesso – e foi, hoje eu vejo –, a imprensa usava o "radicado em Londres" o tempo todo.

Como foi a escolha da trilha sonora? — Eu dizia "quero ter uma galinha na trilha". Falavam pra mim: "Vamos ali procurar um som de galinha eletrônica". "Não, tem que ser uma galinha de verdade." Eu estava na casa de uma amiga que me ajudou muito, a Yeda Amaral, curadora de moda da Santista. Na época desses desfiles, eu saía de Belo Horizonte com uma turma de ônibus e enfiava todo mundo na casa dela. A Yeda já era uma senhora, e mobilizava tudo para o desfile. Falei que precisava comprar uma galinha viva. Ela disse assim [imita a voz da senhora]: "Tem um motorista de táxi aqui que me atende, vou pedir para ele ir atrás disso para você". Era a época em que quase ninguém tinha telefone celular, e ela tinha. O taxista levou o telefone emprestado para ligar, caso tivesse algum problema. Ele ligou e falou: "Dona Yeda, não estou sabendo que galinha eu compro". Ela respondeu: "Ah, meu querido, escolhe aí uma galinha animada, que é para um desfile". O motorista falava para a pessoa ao lado: "Você tem galinha que desfila?" e voltava a conversar com a Yeda ao telefone. "Estão rindo aqui e dizendo que não tem, não". Então, ele pegou uma que considerou animada e colocou ao telefone. Como ela estava cacarejando, levou essa mesmo. Era uma galinha ruiva, coincidentemente. Quando ele chegou, eu me lembrei de uma história da infância.

Eu tinha uma madrinha que morava na Colônia Santa Isabel, eram primos distantes da minha mãe que tiveram lepra. Nos anos 1960 e 1970, quando descobriam a doença, as pessoas eram levadas para uma colônia. Lá, eles se conheceram e se casaram, construíram uma casa, um sítio, e no tempo dos militares só era permitido entrar visitantes na época do Natal. Para passar pela barreira e entrar lá, meu avô cobria a carroceria e entrava na casa dela. Os vizinhos não podiam ver que havia crianças ali, se não iriam denunciar. Eu ficava no quintal, que parecia gigantesco, e quando ia embora ela me dava de presente uma galinha – para criar, não para comer – e uma vez ela me deu uma galinha ruiva. Noutra ocasião, aos 5 ou 6 anos, eu não queria fazer nada, nem comer, porque a porca tinha tido filhotinhos e eu só queria ficar vendo os filhotinhos no chiqueiro. Na hora de ir embora, a madrinha me falou "escolhe um filhotinho". Escolhi um porquinho que era castanho, preto e branco. Voltei com esse porquinho no colo e ele foi criado igual cachorro, dentro de casa.

O nome dele era Palito. O porquinho cresceu e, claro, virou um leitão gigantesco. Foi numa época em que a prefeitura estava impondo uma lei de vigilância sanitária extremamente rigorosa. Dentro da cidade – primeiro no perímetro urbano, depois expandiu para os bairros vizinhos – as pessoas não podiam mais criar bichos como porcos, vacas e cavalos – algo que era muito comum na Sagrada Família. Então o porco ficava no quintal.

Meio escondido. —— Meio escondido. Mas um vizinho denunciou, a prefeitura foi lá e, um dia, cheguei da aula, ele não estava em casa, meu pai disse que ele estava doente e tinha sido levado para um veterinário. E teve feijoada na semana seguinte. Depois meu irmão falou "sabe aquela feijoada da semana passada? Era o Palito". Como sofri com a história desse porco.

E a galinha ruiva, em São Paulo, lembrou sua infância. —— Ela me lembrou de tudo, foi tratada a pão de ló. Peguei no colo, entrei no táxi e ela foi comigo para a Bienal. Chegando lá, o Felipe Venâncio, que estava fazendo a trilha do desfile inteiro, me ouviu dizendo "tinha pensado em misturar galinha com circo". Então, ele propôs uma trilha do Cirque du Soleil, que não era popular como agora – "Alegria", a música que eles cantam tinha tudo a ver com minha entrada, com aquele momento, sabe quando tudo casa? E nisso ele gravou a conversa da galinha. Depois ele pegou a galinha pra ele. Colocamos até seguranças pra vigiar essa galinha, pra cima e pra baixo.

Nessa coleção todos os calçados eram Kichute, talvez a última leva que se produziu no Brasil. Consegui com as Alpargatas e me lembravam a infância e foram todos rebordados com grama sintética e milho moído. Era uma história.

Tinha perucas imensas e coloridas. —— Aí você pergunta de onde tirei isso. Eu queria crinas e virou um black power colorido. E queria que essa imagem da galinha, num mundo que era quase monocolor, trouxesse um movimento. Eu falava "minhas galinhas não são brancas e não são para corte. As minhas galinhas são outras". Foi um sucesso tão grande que, no Phytoervas, cada estilista poderia participar por três vezes e eles pediram que eu já mandasse imediatamente o projeto para a segunda participação. As pessoas ficaram um pouco assustadas, mas pensaram "se tiver que ter um engraçado, um doido, um excêntrico, que seja ele".

Fala desse sucesso. Como a repercussão lhe alcançou? —— Das coleções desfiladas na temporada, foi a que teve maior retorno de imprensa, era capa do *Globo*, o [caderno]. Ela me levou para uma granja em São Paulo para me fotografar em meio às galinhas, galinha na cabeça, galinha no ombro. E falou-se muito, principalmente aqui [em BH], porque era o estilista que veio de Londres e que ganhou um concurso. Foi tudo muito rápido.

Aquelas galinhas de plástico eram bem inusitadas. — Eram. Mas eu achava normal. Tinha umas bolsas que fiz, não sobrou uma, bolsas de tela. Comprei várias em brechós de Londres, tirei a parte de cima, coloquei telas e enchi todas de balões, elas ficavam parecendo penas, e tinha pernas feitas de crochê. Essas coisas eu trouxe de viagem, o Brasil não tinha isso, não. Era coisa que se comprava lá fora, nem era a indústria da China que se tem hoje. Comprava em loja de artigos para cozinha. E eu comprei imitações de ovos fritos, que em Londres as pessoas usavam para enfeitar a geladeira, e apliquei em outra bolsa. O que eu não achava para comprar, eu mesmo fazia em resina. Por exemplo, todos os botões eram corações pendurados. Uma amiga fez em gesso uma fôrma do coração de galinha de verdade e depois colocamos um a um. Todas as roupas eram muito bem-feitas, tinha esse contraponto. O avesso era todo de tecido estampado em seda pura.

Álbum de família

VERÃO 1996/1997 | *Phytoervas Fashion*

Em sua segunda participação no Phytoervas Fashion, foi revelada a vocação de contador de histórias que acompanhou Ronaldo em toda sua carreira. Num processo criativo que também se repetiria no futuro, ele buscou em sua infância a trilha sonora que embalou as modelos vestidas como membros de uma família que envelheciam gradativamente ao longo do desfile.

Como veio a próxima ideia? ___ No "Eu amo coração de galinha", eu estava falando do público e do privado, também daquela galinha que, se você risca o círculo no chão, não sai de dentro dele. E tem tanta gente assim, a maioria das pessoas. Depois, quis falar sobre o indivíduo entre o privado e o privado. Era o "Álbum de família". O hábito de contar uma história vem desde sempre comigo e está muito ligado à literatura também. Foi uma época em que comprei uma coleção do Nelson Rodrigues e comecei a ler muito. Pensei o quanto as roupas poderiam revelar e esconder as relações familiares. Nessa coisa do revela e esconde, esconde e revela, criei o "Álbum", uma coleção que gostei de fazer. Até ali, o que eu tinha de fantasma e de dor familiar resolvi tudo com esse desfile. Voltei para Londres, depois de "Eu amo coração de galinha", e depois resolvi regressar ao Brasil.

Você disse que ou voltava nessa hora ou não voltava mais. ___ É. Desde a primeira vez em que fui, eu já sabia que a saída do Brasil seria pra voltar, meu lugar é aqui. Lá já estava ficando bom pra mim, eu morava muito melhor do que quando cheguei, tinha trabalho no Brasil e lá, tinha um certo domínio da língua, e pensei que, se a coisa melhorasse mais ainda, eu não voltaria nunca. Mas eu pensava "preciso do Brasil, e o que eu aprendi, tenho que aplicar lá". No "Álbum de família", as cabeças iam envelhecendo ao longo da entrada das modelos. O desfile era longo, com cerca de 20 minutos, que era a marca da época.

O tempo de duração dos desfiles foi diminuindo com o passar dos anos. O que você acha disso? — Acho que tem que ser assim mesmo. Acho que tem que ser mais rápido, é igual novela. Daqui a pouco vamos nos lembrar de como a Janete Clair escrevia 185, 200 capítulos e não vamos nem acreditar. Não existe isso mais. Hoje você é estimulado de todos os lados. Não discuto se isso é bom ou ruim, mas é o nosso tempo. E você tem que aprender a se comunicar por essa via. Nos anos 1980, um desfile durava uma hora inteira. Depois caiu para 30, 20 minutos, início dos anos 2000, na SPFW a média era de 15 minutos. E hoje 10 minutos é um desfile longo. Acho isso bom. A pessoa tem que ser pega de sobressalto e levar aquilo consigo. Não pode descobrir o truque da mágica. E do mágico.

Como chegou à história de "Álbum de família"? — Pensei em tipos, aquela pessoa que ia sobreviver a tudo – todas as fotos e álbuns iam sobrar no colo dela –, aquela que era a louca e tinha seus códigos, fui pensando em códigos para cada personagem. E eles iam envelhecendo ao longo do desfile. O *Estadão* fez uma matéria linda e foi a primeira vez que eu abro um jornal e tinha uma manchete inteira falando de um desfile meu, que era "Fraga rouba a cena com coleção teatral".

A Lilian Pacce disse sobre um desfile seu: "Moda não é teatro e passarela não é palco". — Eu achava que passarela é palco, sim, e moda é teatro, sim. Você precisa transportar as pessoas para outro lugar. Ali, eu me redimi com um monte de coisas.

A trilha era Nelson Gonçalves. — Na minha infância, eu tinha horror ao Nelson Gonçalves, primeiro porque meu pai amava. Nelson Gonçalves significava pra mim aquela hora do domingo à tarde em que escurecia e meu pai ficava ouvindo música no escuro, sem deixar a gente acender a luz. Depois, mais pra frente, a gente descobriu que ele chorava nessas horas e era por isso que preferia ficar no escuro. Era um disco específico, *O tango na voz de Nelson Gonçalves*, em que ele canta as versões do Herivelto Martins para Carlos Gardel. É lindo. O disco todo é maravilhoso. Aquele vozeirão do Nelson Gonçalves cantava, enquanto as pessoas envelheciam na passarela. Passamos um spray branco no cabelo e, no fim, estavam todos os modelos grisalhos. Hoje eu entendo que para as pessoas, a audiência, a crítica, aquilo era diferente de tudo o que tinha aparecido. As roupas eram lindas. Mas era um figurino e "não posso gostar de figurino, estou aqui para ver moda, tenho que gostar de moda". Tinha essa história.

Os tons eram mais sóbrios, diferentes dos de "Eu amo coração de galinha". Imagino que você tenha tomado o cuidado de surpreender. ⸺ Na verdade, acho que, se você entra numa história, as cores certas pedem para entrar também. Até hoje, só fecho cartelas de cores por último, tudo depende do objeto observado. Só fecho quando não tem jeito, elas vão pedindo. É como se eu fosse à escola de desenho e fosse colorindo. Até hoje ponho isso tudo aqui na mesa [um monte de lápis de cor Caran d'Ache] e vou colorindo. As cores vão pedindo para existir. Ou não. Tinha vestidos de jersey roxo, lembro de uma modelo que entrou, a Isabella Fiorentino, novinha na época, estava com um vestido de jersey e colar de flores de plástico e atrás uma tira também roxa de chamalote, característica de coroas de flores, escrito "saudade eterna". Eu pensei "essa é a morte da minha mãe".

Naquele dia, fazia um mês, acho, da morte do irmão da Isabella. E ela, ao passar pela passarela, foi chorando de verdade. Ela fala comigo até hoje dessa história. Quando saiu, me pediu mil desculpas, porque modelo não podia fazer isso. Eu disse "nossa, menina, eu queria era agradecer esse choro". O choro, a poesia e a bizarrice, amor e dor, festa e solidão, saudade, ingredientes de um álbum de família estavam ali, eu não podia abrir mão. Eles desenham o universo familiar. E a roupa como suporte de um álbum de família é muito forte, ela ilustra muito bem o personagem. Ali fica muito fácil entender, se a pessoa quiser entender, qual a função da moda, que é documento de um tempo e suporte para a construção de um personagem diário. "Álbum de família" é uma coleção que talvez até hoje eu faça, com as personagens, com as figuras. Ele ainda está vivo nesse pensamento.

Nas duas primeiras edições você apareceu como um nome muito forte. A primeira poderia ser uma sorte de principiante, na segunda já fica mais sério. Quanto à terceira, o que viria a seguir, havia grande expectativa para saber do seu desempenho. ⸺ A expectativa da terceira foi muito maior.

Você sentiu esse peso? ⸺ Sabe aquela coisa lá do concurso, que eu achava que já tinha ido longe demais? Eu pensava nisso também no Phytoervas. Já fui longe demais. Ah, se terminar aqui, terminou e está ótimo. Talvez eu tenha isso até hoje na minha vida. Se der certo, está ótimo, se não der, está tudo certo também. Se precisar mudar toda a história e o personagem agora, eu mudo. Foi um aprendizado para a minha vida, que veio da falta. Faltava tudo, e tinha que fazer. O prazer do fazer motivava.

Em nome do Bispo

INVERNO 1997 | *Phytoervas Fashion*

Ronaldo chegou como principal candidato a estilista-revelação ao Phytoervas Fashion Awards e foi mesmo o vencedor da categoria pela coleção dedicada ao artista plástico Arthur Bispo do Rosário (1909-1989). Numa entrevista à *Folha*, antes do desfile, ele explicou que não faria uma homenagem literal, mas que queria "olhar as coisas e pensar o que o Bispo faria".

Como foi a criação da terceira coleção, tão aguardada? —— Gostei da loucura do "Álbum de família". Falei "agora vou fazer sobre aquele cara que vi numa exposição em 1989, lá no Museu de Arte da Pampulha, que me deixou engasgado até hoje". Era o Arthur Bispo do Rosário.

Começam as coleções dedicadas a personagens. —— As coleções biográficas começaram, sim, com ele. Você está me chamando atenção agora pra isso, nunca parei pra pensar. Quando abro o "Álbum de família" e aparece aquele tanto de personagem, tomo prazer pela história deles.

Conta da exposição que viu em BH. —— A exposição estava revelando o Bispo para o público das artes também. Como acontece até hoje, eu vi e fiquei engasgado, então sabia que "uma hora sai, não sei para que lado, não sei de que jeito, mas sai algo sobre ele". Analisando o processo de criação do "Álbum de família", talvez tenha desencadeado em mim um surto que viria a definir todo o meu processo de criação daí pra frente. Como se eu tivesse tirado uma tampa de uma garrafa, toda a forma de pensar o meu trabalho surgiu ali. Você está certíssima.

Qual a diferença: em "Eu amo coração de galinha" você contou uma história com grande sucesso, houve uma narrativa por meio da roupa. Em "Álbum de família", também. Por que a segunda coleção foi um ponto de virada? Por ser mais autoral? Mais a sua história? __ Porque "Coração de galinha" era muito hermético, muito "o Ronaldo pelo Ronaldo". "Álbum" era o Ronaldo com a tia, o pai, a mãe, as circunstâncias, com tudo. E também tem uma coisa que hoje vejo muito, as pessoas se sentiam dentro daquele universo. Era familiar. Tinha um tio Clark Gable, tinha a tia solteirona. Foi um aprendizado, uma bússola, uma referência. As pessoas diziam "já vi qual é o playground desse menino". Quando esse menino começa a se revelar para as pessoas. Nessa história toda. O "Álbum de família" tinha uma cartela de festa e de dor.

E quanto a "Em nome do Bispo"? __ Já fui olhar para a criação do outro e, a partir disso, fazer meu ofício com os olhos dele. Tenho uma superamiga que sempre me deu suporte para tudo isso, ela é psicanalista, por acaso – ou não por acaso –, a Monica Godoy. Falei que estava fazendo uma coleção sobre o Bispo e perguntei o que era a esquizofrenia paranoide, doença dele, pedi "explica de um jeito que eu entenda". Ela explicou de uma forma brilhante: "Imagina um círculo pontilhado sendo o ego. Quando o que você tem ali dentro você tenta colocar pra fora isso bate na parede e, com um filtro, isso sai. Então, você tem domínio do personagem. Em quem tem esquizofrenia paranoide, esse círculo tem pontilhados muito espaçados. Quando passa entre um ponto e outro, sai sem filtro. É o momento da loucura". Por isso que essa doença que, durante muito tempo, tinha como única forma de tratamento a camisa de força, hoje é considerada estímulo à criação. Além dele, acreditam que o Van Gogh, a Camille Claudel e outros podem ter sofrido isso e expressaram pela arte. Eu também peguei um suspeito e projetei em outra coisa. Eu era o esquizofrênico ali, e essa relação com a moda e a criação, trago até hoje. O Bispo está vivo até hoje. Como por exemplo, agora estou fazendo isso aqui com uma investigação de tricô e crochê à base de fita de VHS [para "Cidade sonâmbula", desfilada em outubro de 2014]. Isso é totalmente Bispo do Rosário, o princípio dele de tricotar, fazer, transformar em outra coisa.

Então, você não só usou a obra dele como tema de um desfile, como a técnica passou a ser útil em trabalhos posteriores. — Eu acredito que toda coleção fica. Ela não vai. A que não fica não era nem para ter sido feita. Acho que fica como uma história que você constrói e fica para você, isso é a criação.

Não só a obra, como a vida dele, a doença como era marginalizada serviu para a história que você iria contar. — Uma das coisas que eu pensei foi "para tudo". Como vou fazer para contar essa história com new faces de 13 anos. Foi assim que tive a ideia de colocar uma máscara do meu próprio rosto em todas as modelos. Esse seria o meu último Phytoervas, mas foi um sucesso tão grande, eu ganhei o prêmio [estilista revelação] e resolveram abrir uma exceção. Convidaram para ficar mais tempo. Mas eu disse "agora já deu, deixa eu sair fora disso também". Quando quis sair do Phytoervas, estava começando a Casa de Criadores [Ronaldo desfilou suas coleções na CC, até "A carta", em 2000, posteriormente passando a apresentar suas criações na São Paulo Fashion Week]. E isso também vai se repetir na minha trajetória, o saber quando algo já caducou, não me apegar. Nunca fui de me apegar e pensar "isso é para sempre". Nada é. A própria moda explica isso pra gente o tempo inteiro, se tem algo que dá uma lição pra gente é isso. Hoje você é o estilista da vez, e amanhã não é mais. A roupa que você quer é esta hoje, mas amanhã já vai ser outra.

Mas desde que estreou você nunca experimentou decadência. — Talvez porque eu nunca tenha me preocupado em ficar para sempre. Não sei, é você quem está falando.

Mas você concorda comigo que nunca experimentou ostracismo? — Mas é você quem está falando, eu não vou falar isso.

Ok, bem mineiro isso. — Mas ainda não. Acho que as pessoas ainda estão esperando a história da vez. Tem isto: qual a história que ele vai contar agora?

E tem outra interrogação: qual será o personagem? — O tempo inteiro. Na literatura, o que recebo de sugestões. Gente perguntando, quando é que você vai nos dar de presente a coleção Manoel de Barros? E amo Manoel de Barros. Quando vai falar sobre Mario Quintana, quando vai fazer sobre o estado da Bahia. Aí alguém fala "você fala do Nordeste e não fala do Sul, faz alguma coisa sobre Santa Catarina".

Música eles falam: "Quando vai fazer do Pixinguinha?".

Algum desses tem chance? —— Claro que todos esses têm.

Como foi o processo de criação da coleção sobre o Bispo? —— Se a gente presta atenção, vê que não tem uma estampa nem nada da obra do Bispo. O Bispo ali sou eu. Isso que é uma coisa que acho deliciosa. Entrar no universo do Guimarães Rosa e ver uma roupa como acho que ele veria, fazer uma roupa pensando em como o Drummond a faria. É a alma mesmo. Simplesmente pegar e estampar a obra do cara é o caminho mais fácil, qualquer um faz. Também, claro, houve coleções em que o que eu quis foi isso. Por exemplo, a do Athos Bulcão [2011], se eu fosse mulher eu adoraria ter um vestido com os azulejos dele. Então, decidi fazer um jacquard com essa estampa.

De qualquer forma, você também teve esse lado de ser ele, porque falou com suas costureiras como ele falava com seus auxiliares, "você faz o que quiser com esses azulejos, mas não os feche". —— Isso. Falei o mesmo para as costureiras. O Athos aí era eu. Foi só um jacquard que eu não podia ignorar, mesmo porque precisava levar para uma nova geração, um público que não conhece e em outro suporte.

No "Bispo", as referências ao trabalho dele eram menos literais, mais ligadas aos materiais usados. —— Tem um exercício delicioso que é o que a moda brasileira faz, o desafio de fazer o máximo com o mínimo. Bordar em cobertor de mendigo, misturar o chiffon de seda com um tecido reciclado, tudo isso eu fiz com o "Bispo". Comprar aquelas fitas de veludo que estavam em promoção porque manchavam e não tinham fixação de cor e falar "é essa que eu quero". E fazer o vestido de seda branco, bordar com ela, depois lavar e deixar o vermelho escorrer, adoro isso nessa coleção.

Nesta edição do Phytoervas Fashion, você ganhou o prêmio de estilista revelação. —— Eu não sabia de nada, mas o Paulo Borges rompeu com o Phytoervas e criou o Morumbi Fashion. Fui fazendo isso e disseram que ia sair da Bienal e acontecer no ginásio do Ibirapuera, mudaria de mil pessoas para 5 mil pessoas. E seria transmitido ao vivo, com premiação do Phytoervas Fashion Awards. Eu concorria como estilista revelação pelas coleções do ano anterior, "Coração" e "Álbum". Pensei que era uma possibilidade remotíssima eu ganhar, porque tinha essa coisa de o mineiro achar que só paulista que ganha, que "é tudo armado".

Uma baixa autoestima [risos]? —— Claro, o mineiro tem isso em relação a São Paulo como os paulistanos têm em relação às outras metrópoles do exterior. Então, tem uma coisa assim. Pensei "trambique isso" [Ludovico (filho) entra na sala e Ronaldo fala "olha, estou contando um monte de histórias que você não conhece, se você ficar aqui vai ouvir tudo"].

Como escolheu a trilha? —— A trilha foi do Grupo Galpão, que tinha estreado *A rua da amargura*, adorei as músicas e peguei. Imagina aquela coisa de desfile, de modelão, meu desfile encerrava um dos dias. Então quando começou "o que levou meu bom José" [canta], e as meninas com aquelas máscaras enormes, com a cara do estilista. Lembro que na época o Nizan Guanaes tinha uma coluna na *Folha de S. Paulo* e ele foi escrever sobre moda, afirmando que os estilistas estavam se preparando mais, procurando o suporte de agências de publicidade. Citou o meu desfile como um *case*, algo assim "vê-se claramente que ele teve o suporte de alguém de marketing, porque aproveitou que estava sendo televisionado para colocar sua própria cara ali e os óculos, sua etiqueta". E eu pensei "o quê?". Aí no último dia, foram entregar o prêmio. Éramos quatro estilistas concorrendo como revelação, eu venci.

Como foi ganhar o prêmio? —— As pessoas ligavam pra mim, porque foi ao vivo. Eu tinha aquela coisa de "tudo pode acabar depois daqui e se cheguei aqui já foi bom demais", e isso é muito do mineiro, fica feliz, mas não fica muito, não.

Demonstra não [risos]. — Fica eufórico, mas não tanto. Eu fiquei feliz na hora, mas pensei "não vou comentar muito". A repercussão foi uma coisa maravilhosa no fim daquele primeiro ciclo do meu trabalho de desfile-espetáculo do Phytoervas, e meu trabalho foi muito associado ao do Bispo por muitos anos. Hoje já vieram muitas outras referências, mas ele ainda surge. Dei palestras sobre o Bispo em congressos de psicologia. Aqui em BH, as peças ficaram expostas no Instituto Raul Soares [especializado em psiquiatria], quando inauguraram um centro cultural nele. Adorei quando tive essa oportunidade, e pensei "não quero fazer desfile, não, quero fazer isso".

Você começou a dar palestras por causa dessa coleção? — Imagino que sim. E declino muitos convites. Na verdade, começou com o Phytoervas, porque, de repente, surgiu um estilista que falava e explicava o processo. O Brasil ainda hoje é carente de registro de metodologia e processo, você pode imaginar o que era isso na década de 1990? Eu vinha da primeira geração de estilistas saídos do meio acadêmico brasileiro, conseguia traçar uma discussão a partir de um processo de criação que eu explicava, você via na roupa o que foi mostrado. E isso começou a chamar a atenção do Brasil inteiro, ao mesmo tempo em que acontecia a democratização da informação, que é um marco dos anos 1990. Chegava imediatamente na casa das pessoas.

Para você ter uma ideia do tanto que fiquei sem-noção, andava de camisola por Belo Horizonte, ia para o cinema, ao restaurante, pegava ônibus, descia na Savassi, tenho fotos. Cabeça toda raspada, barbicha imensa e de vestido, camisolões listrados, branco e andava por aí afora. Parecia que tinha descido um ET. Depois, no ano seguinte, começou essa onda de música eletrônica, as pessoas começaram a pintar o cabelo. Até então, o que tinha de mais moderno era a mochila da Company, calça Ellus e Zoomp como código de modernidade na cidade.

Em seguida, veio "O império do falso na bacia das almas". Ele me lembra muito da "Coração de galinha", a alegria, o jeito mesmo de os modelos se portarem na passarela. — O desfile traz um elemento que ainda não tinha aparecido, mas que se repete em outras coleções a seguir:

"O império" é uma coleção extremamente política, irônica. Eu falava de política ali, mas com muita ironia.

Os donos da moda de BH eram irmãos, os maiores compradores de Forum no país, os maiores compradores das maiores marcas brasileiras. Eles também tinham as melhores lojas de Belo Horizonte, eram bem-vindos em qualquer lugar, as confecções onde eles chegavam colocavam um tapete vermelho, eles faziam história. Eram quatro irmãos que quando sentavam juntos numa mesa tinha um tiroteio entre eles, uma história de empreendedorismo que quem começou foi o pai.

Naquela loja de tecido onde você trabalhou primeiro, no Centro da cidade. — Trabalhei várias vezes com essas pestes, mas eles nunca se lembraram de mim dessa primeira fase. Mas, nessa loja de tecido, eles já eram muito espertos. Perceberam que as pessoas estavam começando a comprar roupa pronta, então, alugaram a loja ao lado e montaram uma multimarcas. Fizeram uma porta. As pessoas que iam comprar tecidos transitavam dos dois lados. Quem cuidava da loja moderna era o caçula. Ele parecia o Evandro Mesquita, com aqueles mullets.

Os irmãos eram o poder na cidade. Também muito inteligentes, do mesmo modo como migraram do tecido para as multimarcas, eles já vislumbraram que o futuro seria ter uma marca, então lançaram uma – até o nome é uma coisa engraçada, porque misturava a marca internacional de jeans mais copiada, a Diesel, e a marca brasileira mais copiada, a Forum. Nunca me contaram, mas óbvio que era isso. Só que continuando nessa esperteza, também perceberam que, além da monomarca, precisavam de uma assinatura – até tenho vontade de saber se eles percebiam isso, ou se era só intuitivo, porque chegaria a hora em que, mais que roupa, as pessoas iriam querer comprar nomes. Eles estavam sempre um passo à frente. O líder deles, o que tinha de inteligência, tinha de arrogância. Numa época em que se usava isso: chegar na fábrica e todos os funcionários tremerem, ele tinha esse perfil. Os irmãos foram atrás daquele menino radicado em Londres e que ganhou prêmios, para dar uma decolada na marca. Era uma fábrica. Fui trabalhar com eles, assinando para a marca deles, eu ganharia uma porcentagem das vendas.

Até então, como você vendia as coleções? — Eu tinha uma costureira, a Dona Nilza, que está comigo até hoje. Ela produzia muito junto ao filho Demétrius, e eu tinha uma ou outra costureira além dos dois. Ela amava se envolver com a coleção, fazia cinco peças de cada modelo. Quando eu anunciava em Belo Horizonte que haveria venda, todo mundo queria. Por exemplo, as meninas da Santo Ofício tinham uma casa linda na rua Ceará e um dia anunciei que faria lá a venda do "Coração de galinha". Não sobrou nada, nem peça de acervo. As pessoas chegavam e compravam mesmo. Foi então que eu vi "gente, esse negócio pode vender mesmo, tem gente que compra" [gargalhadas]. Os meus amigos chamam de "Ronaldetes" aquelas que sempre compram, e tem Ronaldetes que vêm desde essa época, hoje vestem os filhos e elas mesmas.

As três primeiras coleções foram vendidas desse jeito? — Sim, nesse esquema.

Quando fui para os irmãos, eles tinham um prédio na rua dos Guaranis e tinham uma confecção que, para a época, era maravilhosa, toda montada, imensa. Ali eu ia fazer a coleção Ronaldo Fraga para a marca deles, até então eu não tinha os óculos como marca, as roupas nem tinham etiqueta para falar a verdade. Na coleção do Arthur Bispo do Rosário, a capa do caderno era de feltro vermelho e a mãe de uma namorada minha na época bordou Ronaldo Fraga e usou os óculos. Eu usava uns óculos comprados em Londres, dos anos 1940, retrô, tão pequeninhos de aro preto, pesado, comprado numa feira de muçulmanos em Londres, só levei porque era tão engraçada a situação em que ele estava: uma banca com um tecido estendido na rua e, lado a lado, os óculos e uma dentadura. Fotografei aquilo na minha memória. Como não ia levar a dentadura, fiquei com os óculos. O meu irmão [Rodrigo Fraga] comprou e me deu. Coloquei o grau e chamava muita atenção. Ela bordou o Ronaldo Fraga na capa do caderno, quando sentamos com a agência contratada para atender a marca, que era a How, as meninas usaram os óculos e a grafia, que não era minha, mas da mãe dessa ex-namorada. Uma dessas designers era a Paola Menezes, que trabalha comigo até hoje.

E permaneceu a marca. — O escrito é a mesma coisa até hoje. Os óculos eu mudo, às vezes. Na época, a ilustração era dos que eu usava.

Para aprovar essa marca foi difícil, porque os irmãos achavam que meu nome aparecia mais do que o da marca – o que era verdade. Só que mexe daqui, mexe dali, não tinha mais jeito de mexer, falaram "bom, deixa assim, é uma galinha que vai botar ovos de ouro", como aconteceu. Mas eu nunca recebi o que foi combinado. Eu ficava lá no Centro da cidade, nunca fui da noite, nunca fui da cena eletrônica, ainda continuava no universo de família, bairro Sagrada Família, Serra do Cipó, uma história à parte.

Então você não tinha noção do sucesso comercial que estava fazendo? — Não tinha. Não andava pelos lugares, não sabia. Mas a roupa também não sobrava. E tinha a mídia em cima. E paralelo a isso, a Ivana morava em Montes Claros. Na primeira vez que ela me viu, estava assistindo o *Jornal Hoje*, foi quando a Cristina Franco falou de "Eu amo coração de galinha", na coluna Ponto de Vista. A Ivana [que depois se casou com Ronaldo] ficou louca com isso. E surgiu uma mítica de que eu só vendia para amigos, que não vendia para quem não fosse meu amigo, era uma coisa que minha roupa só podia ser encontrada lá no Centro da cidade. Quando ela descobriu onde vendia, quis. Ela tinha um namorado, que sempre vinha a BH, e o presente que ela gostava de receber eram roupas minhas. A Ivana tinha um ateliê lá em Montes Claros, copiava meus modelos e vendia para a cidade inteira. Falava que, quando vinha comprar a roupa em Belo Horizonte, as peças esgotavam rápido. Com certeza, porque era mais barata do que as peças de outras roupas da multimarcas, por ser produzida por eles, ao mesmo tempo era de um novo estilista que estava nos jornais e ainda trazia uma história. O que era bom nessa época era que eu pude fazer tudo o que eu queria, só não recebi.

Recebia quanto? — Hoje [2014] seriam uns mil reais e os 10% que eu deveria receber pelas vendas, falavam que estavam sempre no vermelho. E nessa história, quando eu saí de lá, o irmão que foi o mesmo da loja de tecidos, quando fui fazer o acerto, pagou pouquinho, um décimo do combinado.

Quando resolvi deixá-los, sentei com ele, que falou: "O que tenho para lhe pagar são 13 mil reais". Agora, imagina 13 mil reais em 1997.

Foi o que ele falou da cabeça dele e deveria ser muito mais. Nunca me pagou nem esses 13 mil, porque não tinha nada assinado. Aí eles já estavam descendo a serra. Depois também não quis mais saber de mexida com essa turma, mas caí na mão do outro. Fiz com eles a coleção "Império do falso" e "O jantar". Se me perguntar o que houve de bom ou se eu faria de novo, faria. Aquilo lá era a minha assinatura, a tag do "Jantar" era um porco cor-de-rosa. Imagina entrar numa loja e ter um monte de porcos pendurados nas roupas? Eu achava aquilo normal. O catálogo do "Jantar" é lindo e só chamei para esse catálogo pessoas amigas – desde a Celene, uma amiga minha de 60 anos, até Martha Neves –, depois fizemos essas figuras em papelão grande e colocamos nas lojas deles. Valeu.

Como você ganhava dinheiro nessa época, já que não era com eles? —
Fazia pouca coisa por fora, trabalhava igual um cachorro, mas vivia bem sem nada.

O império do falso na bacia das almas

VERÃO 1997/1998 | *Casa dos Criadores e Belo Horizonte Fashion Week*

A logomania do fim dos anos 1990, que criava desejo por grifes de luxo e gerava falsificações vendidas por camelôs Brasil afora, foi o ponto de partida para este desfile, com casting diverso, trilha sonora de rádio e beleza irreverente – modelos tinham seus rostos encaixados em capas de revista. Ronaldo chegou à temporada como um dos nomes mais festejados do *line-up*.

"O império do falso" foi desfilado em Belo Horizonte e em São Paulo. — O mesmo desfile que eu fazia na semana de moda da Casa dos Criadores eu desfilava em Belo Horizonte. "Vendedor de milagres" também foi assim. Foi uma coisa. Os shoppings começaram a descobrir esse filão de desfiles, já que o Paulo Borges havia lançado o Morumbi Fashion. E aí o BH Shopping, que é da mesma rede [Multiplan], viu que estava dando supercerto, fez a Belo Horizonte Fashion Week, usando o nome, mas fora do shopping, na Serraria Souza Pinto. A imprensa de São Paulo vinha e amava, porque era diferente de São Paulo, os desfiles eram de manhã, superconfortáveis.

Nesta edição do evento, você foi apontado pela imprensa mineira como a principal atração. No *MGTV*, foi dito sobre sua participação "O mais consagrado estilista de Minas Gerais encerra a Belo Horizonte Fashion Week". Sei que você já falou que sempre pensava "se acabar aqui, está bom", mas, em algum momento, o prestígio chegou a pesar? — Eu nunca parei para prestar atenção nisso, não. E nem me considerava assim. As marcas do Grupo Mineiro ainda desfilavam. Tinha ArtMan, tinha Artimanha, o próprio Renato Loureiro desfilava, e sempre tive muito respeito por eles. Por mais que [os jornalistas] falassem "ah o Ronaldo", eu pensava "não, peraí, respeito é bom, porque existem essas marcas que estão aqui e são referências". A própria Vide Bula. Marcas que para mim sempre foram grande sucesso, inclusive comercial. Achava que isso era conversa fiada.

"O império do falso" tinha a ironia com as logomarcas. — O ateliê era na rua dos Guaranis, um luxo, naquela época, lotada de camelôs. E começava a chegar ao Brasil os produtos chineses que entravam pelo Paraguai. Um dia, chegando para trabalhar, vi camisas Calvin Klein nas bancas de rua, Dolce & Gabbana também. Fiquei olhando aquilo e disse "gente, o que é que esse mundo vai virar?". O que é falso e verdadeiro nesse tempo em que estamos vivendo?

Viajar para o Paraguai era moda, todo mundo tinha uma amiga sacoleira. — E as marcas de fora, que o Brasil nem entendia muito bem o que eram, chegaram assim. Mas eu já conhecia. Sabia que se alguém pusesse aquele Calvin Klein ou Dolce & Gabbana na loja Metrópole, na Savassi, com certeza, muita gente compraria. Fiquei fantasiando isso e comecei essa coleção, porque onde eu trabalhava e desenhava era na "bacia das almas". Onde eu pensava.

Foi um desfile divertido. — As modelos já entravam com o rosto na capa das revistas, a trilha era feita com versões como a da Perla.

Tinha o som de um rádio. — Que eram os próprios camelôs falando [imita uma voz fanhosa]: "Calcinha comestível".

Tinha até horóscopo. — Fiz um figurino para o Veludo Cotelê, uma banda que fazia muito sucesso aqui, e gravaram essa trilha do desfile.

Foi você que a idealizou? — Desde o início do meu trabalho, nunca consegui desassociar a roupa da música. Nunca. O meu cenário era a música, ainda não era dono de um espaço [no Phytoervas, na Casa de Criadores e na BH Fashion Week, a sala de desfiles era compartilhada por várias marcas], ainda não havia uma cenografia. Então, a trilha era fundamental para contar a história.

O casting desse desfile foi interessante, as modelos não eram todas meninas magrinhas. — Tinha a Celene, que era mais velha, tinha um senhor que era pai de uma namorada minha da época. Eu estava falando da vida real. E também uma coisa da qual também começo a me apropriar em todas as coleções que é o absurdo do homem comum. Como falo de "bacia das almas" sem pensar também na diversidade de material humano? Lembro que a Dolce & Gabbana tinha lançado uma estampa toda de folhinhas e cerejinhas, e eu pensei "que peste, isso vai ser supercopiado". O que fiz? Fui à rua 25 de Março, comprei folhagens como as da Dolce & Gabbana e fiz ela sair de um casaco em 3D. Eu olhava o que tinha sido lançado lá fora e usava sob outra lente aqui. Aí as marcas mudavam de nome: Prada virava Praga, Gucci virava Guçi.

Miu Miu era Miau Miau. — Zoomp era Zump, e tinha outras. Anos depois, outras marcas fizeram isso no Brasil.

A Cavalera, por exemplo. — A Cavalera fez, muito tempo depois.

Além da diversidade das modelos, tem uma coisa sobre o jeito de desfilar, distribuir coisinhas, uma interação. — Jogavam bala para o público. Houve até uma coisa engraçada com a Ida Feldman, que é doida até hoje, ela entrou com um monte de balas e mandou de uma vez. A Costanza e a Dona Gabriella Pascolato fizeram assim [coloca as palmas das mãos viradas para frente, protegendo o rosto] "aaaaahhhh".

[Gargalhadas] No desfile daqui? — É. Elas sempre foram tão chiques e a Ida era underground. Pegava e mandava as balas na porrada.

Como era sair de um desfile e começar a pensar em outro? — Lembro que antes de terminar um desfile eu já sabia qual seria o próximo. E eu não era tão ocupado quanto hoje, vivia em função disso. A vitrine era o desfile, vivia para desenhar, fazer as estampas, fazer tudo.

O jantar

INVERNO 1998 | *Phytoervas Fashion*

Estilistas só podiam participar do Phytoervas por no máximo três edições. Mas Ronaldo foi convidado a desfilar pela quarta vez na semana de moda paulistana. Novamente, família e a passagem do tempo são temas aos quais ele se dedica. Dessa vez, os modelos aparecem como comensais de um banquete.

"O jantar", que veio logo em seguida, era mais sóbrio. — Depois que terminou o desfile de "O império do falso", vi que era camelô demais, tudo comprado em banca de camelô. Saí disso e pensei que queria fazer uma coisa mais densa, mais roupa de festa. Vou fazer uma coisa dramática no "Jantar". Tinha um filme que adorei na época e que ficou para mim, *O cozinheiro, o ladrão, sua mulher e o amante*, dirigido por Peter Greenaway, e que tinha uma trilha maravilhosa – trilha de filme sempre chamou minha atenção. Fantasiei uma família que está num jantar, que enquanto o banquete vai sendo servido e eles vão comendo e bebendo, os esqueletos vão caindo.

Assim como em "Álbum de família", dá para ver uma cronologia nesse desfile. — Isso. O começo do jantar é mais tranquilo e, depois, o ritmo dos comensais vai se intensificando. Tem o personagem da família que vive trancado, mas consegue pular a janela e aparecer para jantar. As modelos entravam comendo, o espaguete entornava. Começa mais educado e depois devora a comida, deixa escorrer. Adoro esse desfile. E a roupa foi um sucesso, com a cartela com cores de flan, rosas do clarinho até o pink, roxo e preto.

Fala dessa roupa. —— Como uma família é uma mistura de pessoas diferentes, a coleção tinha muitos códigos, mais esportivo e jovem, com roupa de noite, mais sexy. Também havia sobreposição e mistura de elementos masculinos e femininos.

O casting diverso já estava ali, no fim dos anos 1990. —— Era preciso diversidade para contar a história da família que se sentou à mesa de um jantar que se transforma em uma festa. Os membros da família tinham que ser pessoas com idades e silhuetas diferentes. E assim foi feito.

Depois que você se separou daqueles irmãos como passou a ser seu processo de venda? —— Foi justamente nessa época que comecei a ter noção de que eu era uma marca. Até então, Ronaldo Fraga era o meu nome, mas não sabia que era uma marca. Achava que a marca era muito mais importante que o meu nome. Quando aparece o Francesco Pavoni – vou chamá-lo assim – e ele faz a proposta da sociedade, eu já estava cansado daquele povo com o qual eu trabalhava, trabalhava mas não recebia nada. Aí, uma telefonista dos irmãos me ligou e perguntou "Ronaldo, você já tem sua marca registrada?". Eu falei que não, e ela disse "corre, porque eles vão registrar". Aí eu corri para registrar, mas tinha que ter uma empresa e eu não tinha. Então, registro no nome da empresa da mãe da namorada, que tinha uma fábrica de uniformes em Lagoa Santa [Região Metropolitana de Belo Horizonte]. Era a única empresa com a qual eu podia contar, chamava-se Avental. Ela entrou com o pedido de registro rápido. Tempos depois, vai ser o Francesco Pavoni que vai tentar roubar a marca, achando que era minha. Até eu tinha esquecido que estava no nome de outra empresa. E foi por isso que eu não a perdi, porque não estava no meu nome.

O vendedor de milagres

VERÃO 1998/1999 | *Casa de Criadores*

A sala de ex-votos de uma igreja em São Cristóvão, em Sergipe, foi ponto de partida para esta coleção. Muletas, mechas de cabelo e velas que costumam fazer parte desses espaços de fé receberam a interpretação de Ronaldo na passarela, reforçando seu interesse por chamar a atenção para a cultura popular e o interior do país.

Fala de "Vendedor de milagres", depois do registro do nome. — Pela primeira vez a marca aparece sozinha, só meu nome com os óculos. Fui apresentar o desfile do Bispo em Sergipe, ele era sergipano. O pessoal da Secretaria de Cultura me convidou para levar até lá esse desfile. Fui com um bando de amigos e ainda não conhecia o Sergipe, pensei "vou adorar conhecer o Brasil com essas coleções".

Foi aí que deu esse estalo? — Hoje, que passou o tempo, acho que sim. Vi cidades lindas no Sergipe: Laranjeiras era onde havia um mercado de venda de escravizados para os europeus, então você entra em galpões e acha que está vendo uma pintura de Debret, as pessoas são muito negras, é lindo. E outra é São Cristóvão, que foi a primeira capital do estado. Cidade colonial com ruas bem largas e pedras gigantescas. Fomos visitar uma igreja e, ao lado dela, tinha uma sala de ex-votos. Eu já gostava disso, porque, quando criança, ia com meu pai em Roça Grande e tinha uma salinha. Mas no Sergipe era um andar inteiro, com corredores onde você via ex-votos esculpidos em madeira, em velas. Achei maravilhoso, quadros pintados. Entrei numa sala que era só cabelo.

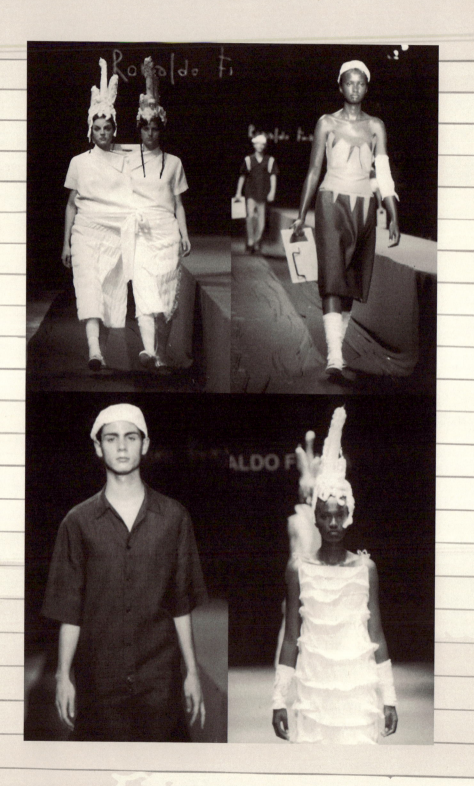

E quando criança isso não dava medo em você? — Dava, mas era um temor que me atraía. Eu sempre sonhava com aquilo e adorava me lembrar daquilo, até do cheiro da sala de ex-votos eu gostava de lembrar.

No Sergipe, qual foi sua impressão ao entrar nesse lugar de novo? — Eu pensei "essas coisas são artes plásticas". Aqueles tons de cabelo. Era tipo um final de tarde e os cabelos começaram a mexer. Estavam mexendo e mexendo. Quando fui ver, era infestado de barata marrom, cascuda, deste tamanho. Elas é que se moviam. E começou a aparecer barata, o chão coberto. Saí voando de lá. Mas aquilo ficou muito vivo na minha mente. Pensei "isso dá uma coleção".

É interessante você ter tido a ideia de "O vendedor de milagres" enquanto viajava para exibir a coleção do Bispo, porque acho que são dois trabalhos que se comunicam. — Hoje também acho, mas, na época, não fazia ideia disso. Fiz roupas com cores de velas, lembro que tinha um interruptor que acendia a vela.

É uma história muito bem fundamentada. — Ela é muito perceptível. Algumas histórias são bem ilustradas, outras são mais herméticas ou de um universo muito distante do nosso.

Fiz um catálogo que era lindo, um jornal de notícias populares – vou achar para te mostrar. Eu era muito cara de pau, parava tudo para fazer. Consegui quem rodasse pra mim esse jornal e reuni Mama Noise, do Marilyn Não Morreu, o Nico Continentino, fotógrafo de Belo Horizonte que infelizmente veio a falecer. Então, você vê em "Vendedor de milagres" um jornal de notícias populares que poderia ter sido do "Império do falso".

Hoje tinha uma estudante de jornalismo na palestra [Graciliano na narrativa de moda, na Biblioteca Pública de Belo Horizonte, em setembro de 2014] e ela perguntou se os estilistas brasileiros estão projetando a cultura nacional em suas criações. Você disse: "Não, a moda brasileira ainda faz muito xerox desfocado do que é visto lá fora". Fico imaginando: quando uma pessoa como você diz alguma coisa em público, seja numa palestra ou para a imprensa, deve acabar chegando aos ouvidos dos seus pares. Que tipo de consequência tem essa sua sinceridade? — Seria até bom se você perguntasse para eles.

A roupa

INVERNO 1999 | *Casa de Criadores*

Desfilando num prédio público de difícil acesso em BH, Ronaldo Fraga colocou como trilha sonora o Hino da Marinha do Brasil e criou roupas-estandartes, bordadas com palavras de ordem. Numa das peças lia-se "roupa para comer, beber e até para vestir".

Como surgiu a ideia da coleção "A roupa"? —— Em meio a tantas coleções, tenho umas três que não precisaria ter feito. "A roupa" é uma delas, acho que não precisava ter criado aquilo. Foi quando comecei um ritmo de trabalho e viagem como eu tenho hoje. E eu vinha de uma época em que eu tinha muito tempo para pensar exclusivamente na coleção. Fez muito sucesso, vendeu, o desfile foi muito bonito, desfilei em São Paulo e num lugar onde eu era doido para desfilar, no prédio da Secretaria do Estado da Educação, na Praça da Liberdade, em Belo Horizonte.

Esses prédios eram intocáveis por causa da burocracia, mas eu falei assim "quero trazer esse desfile pra cá, esse lugar é do povo". Na maior cara de pau, bati e disse que queria fazer um desfile ali. Falei: "Sou doido para entrar neste prédio e quero que as pessoas tenham essa oportunidade de vir aqui". Lembro que antes de o desfile começar – fui muito abusado – pendurei do lado de fora uma bandeira vermelha estampada com os óculos em preto. Olhei aquilo e vou dizer que tive muito orgulho. Era como se eu tivesse fincado uma bandeira num lugar inalcançável para a maioria das pessoas e num lugar improvável pra mim. Quando a diretora da Secretaria de Educação me recebeu, era uma professora dessas, tipo diretora de escola, todas foram me mostrar o prédio e falaram "existe ainda uma única sala com as características originais da sua fundação". Por que só uma? Todas as vezes que um governador sai, já se sabe que vão começar as reformas na praça, começam a pintar e fazer obras que não tem justificativa. E mais: no caso do Newton Cardoso, era para ele ter levado maçanetas das portas, lustres etc. Mas as funcionárias trancavam essa sala mantida como original. Quando alguém chegava perguntando pela chave, elas diziam que estava com outra pessoa, que essa pessoa estava doente e iam enrolando, enrolando até que, mais uma vez, por mais um mandato, conseguiam salvar a sala. Fiquei muito impressionado com isso.

Fiz as fotos da coleção com o Márcio Rodrigues no prédio. As funcionárias viram as roupas e ficaram apaixonadas, então eu quis fazer o desfile lá. Como não cabia todo mundo, fiz um desfile de manhã, como uma matinê, depois outro desfile às dez da noite.

À medida que você foi ficando mais famoso, e até hoje, as pessoas quiseram mais e mais ver seus desfiles. Como você lida com isso? ＿ Até hoje eu tento ficar à parte dessa confusão, não me envolvo nessa história. Na abertura da exposição do Portinari [Recosturando Portinari, Casa Fiat de Cultura, agosto de 2014], as meninas da Namídia [Marcia Fonseca e Mercedes Tristão] ficavam cobrando minha lista de convidados. Tinha que mandar por e-mail. A loja passou, mas eu não passei. No dia, eu precisava de convites e pedia "põe o nome do fulano na lista, põe o outro nome". E acabou tendo pessoas muito próximas que acabaram não sendo convidadas.

Acho que já se acostumaram comigo. Se alguém quer ir para o meu caderninho é encher o saco por causa de lugar em desfile. Deixei até parente no meu caderninho há um tempão e congelado, porque achava que tinha que ficar na primeira fila. Ou então ficava lá atrás olhando quem estava na primeira fila e achando que era quem deveria estar. Ou os amigos pensam assim "é o grau de importância que ele dá para as pessoas", ou o parceiro que fez o sapato, fez a bolsa e chega lá o lugar dele não é na primeira fila e vem falar comigo. Por que tinha que ser? Você não é jornalista, não é a celebridade da revista, que, infelizmente, movimenta aquele momento do circo ali na hora. Acho que as pessoas são muito mal-educadas nesse sentido.

Acontece, mas não esquento a cabeça e não sofro com isso. Também tenho uma assessoria de imprensa extremamente eficiente e elas é que sofrem com isso, coitadas.

Você começou a ter esse ritmo frenético na época em que estava trabalhando na coleção "A roupa"? — Eu comecei a fazer outras coisas e a tomar gosto por outras coisas que não eram só o desfile de moda. Então, gostei muito de fazer o "Vendedor de milagres" – queria ter tido mais tempo pra fazer, mas tudo bem, saiu. "A roupa" foi aquela história que eu pensava assim, quero falar da roupa "em si". Como um parangolé mesmo, ou como deveria ser. Uma alegoria.

De algumas coisas, gosto. Tinha um bloco de linho branco, as últimas produções, os últimos linhos de pesquisas especiais da Braspérola, fizeram acetinado, siliconado branco. Mas lá no meio do desfile em diante eu dei uma pirada [risadas].

Tem uma coisa um pouco panfletária, até literalmente, porque as palavras estavam escritas. — Era panfletária, sim, e digo que não deveria ter feito, porque ela ficou no meio do caminho. Não foi onde eu queria ter ido com o conceito, que era a questão da roupa como parangolé. Por exemplo, quando fiz a "Células de Louise" [1999], sobre a Louise Bourgeois, fiz uma malha cor da pele e as meninas iguais a bonecas de pano, as roupas eu colei na frente delas com fita crepe, não era vestida, porque acho que a Louise faria aquilo. Tinha uma metáfora com a ovelha e coisas bonitas.

Aquela estampa de ovelha foi um sucesso. Acho que, no seu começo de carreira, foi um marco. Criava um desejo no público. — Foi um ícone. Todo mundo queria aquilo. Tinha a saia com as ovelhinhas bordadas, ela tinha uma coisa irônica. Provocou o que tinha que ser provocado. Essa foi a primeira coleção com o sócio italiano.

Que era uma tentativa de maior profissionalização. — Taí, talvez eu não goste dessa coleção porque achei que ela estava tentando ser vendida para todo mundo, eu poderia ter levado para um grau acima, mas eu estava tentando ser comercial com a nova sociedade.

E não é um novo começo, quando a pessoa se estabelece como criadora e, depois, resolve ser, além de criador, uma empresa sólida? __ É um desafio. É como se falasse assim: fui reconhecido, me colocaram nesse lugar por isso, agora vou fazer algo para outro mercado. Como não abrir mão do que foi o canto da sereia? Então foi um exercício superválido, uma experiência. Talvez eu não goste, porque me lembra daquela época. Lembra o sócio, lembra a mulher do sócio vestida com as roupas que não tinham nada a ver com ela. Ele vestia aquele casaco de ovelhinha com as orelhas penduradas.

Fala do que estava escrito numa das peças: "roupa para comer, beber e até para vestir". __ É engraçado isso, porque, quando sou homenageado numa escola de samba no Rio de Janeiro [Porto da Pedra, em 2010, com o enredo *Com que roupa eu vou? Pro samba que você me convidou*], a ala que vestia Ronaldo Fraga tinha esse estandarte.

[Ronaldo procura fotos desse Carnaval no computador, até encontrá-las.] __ O tema era moda e uma ala homenageava quatro estilistas. Parte da ala era destinada à comunidade e outra parte estava à venda. Eram 250 fantasias. Meus amigos compraram tudo e faltou pra quem decidiu na última hora. Teve até briga, porque uma pessoa que trabalhava com a gente, uma amiga nossa, ficou por conta de ajudar, passou a conta do depósito para quem quisesse a fantasia, muita gente depois não conseguiu, porque ela contou o número da ala inteira, mas não pegou a informação de que eram só 250. Teve que devolver dinheiro pras pessoas, que ficaram furiosas, brigaram, deram escândalo. Nós fomos, eu e Ivana, preparados para ir a um show com os amigos. Ivana foi convencida por um desses amigos a colocar um saltão deste tamanho de sambista. Colocaram a Ivana no guincho, olhamos para baixo. E o carro era para os homenageados, a ala inteira aplaudindo, mas era tudo amigo, então, o Jum [Nakao] virava e falava "nossa, você já conhecia o pessoal da ala?". Eu falei "não, são meus amigos, você não chamou seus amigos?". E ele não tinha chamado. Foi gente do Brasil inteiro, de Pernambuco, do Rio. A roupa é uma que está pendurada lá fora, roupas para "comer, beber, até para vestir".

O pessoal usou uma máscara que era meu rosto de barbicha e óculos. Tem essa foto, é muito legal. Um dia eu estava falando com a Ivana, olha quanta coisa a gente já viveu, até em desfile de escola de samba a gente já foi. Foi muito animado e foi legal perceber o quanto, ao mesmo tempo, aquilo tudo é técnico, tem que encher a ala. No calor infernal, o pessoal com aquela roupa e máscara. Depois, fizemos um baile na casa da [artista plástica] Adriana Tavares, ela mora num apartamento dos anos 1950, tipo um loft. O pessoal chegou morto e pensei que a festa tinha ido pro saco, mas que nada. Todo mundo trocou de fantasia e a festa foi até as oito da manhã.

Quais são as outras que você não gostaria de ter feito? — Na verdade, eu faria de outro jeito... Se fosse voltar no tempo, faria "Império do falso" melhor.

A trilha de "A roupa" tinha o Hino da Marinha. Por quê? — Foi para agradar as diretoras do prédio da Secretaria de Educação.

De verdade? — Não, eu sempre adorei dois hinos, desde criança, na escola pública estadual. Gostava deste e do da Bandeira. [Cantando] "Salve lindo pendão da esperança! / Salve símbolo augusto da paz!". Pensei que as doninhas fossem gostar, porque minhas professoras colocavam os hinos para tocar na escola, vou colocar essas músicas – estou brincando. Agora sério: desfilei primeiro em São Paulo e depois aqui. Tinha um manifesto de alguma forma ali. A história da roupa aí tinha uma coisa de postura política, que era o caminho que eu queria seguir, mas não fiz, por causa daquele meu sócio.

Ele saiu de cena quando? — Foi até "Células de Louise".

Bibelôs

VERÃO 1999/2000 | *Casa de Criadores*

Ronaldo apresentou suas criações ao som de uma trilha que mesclava música experimental e ópera, buscando um efeito de ruído proposital. A locação, pela primeira vez, foi o Palácio das Artes, símbolo da cultura em Minas Gerais, um espaço que não era identificado com a moda nessa época e onde ele voltou a ocupar, com outro desfile e com uma exposição.

Depois de "A roupa" veio "Bibelôs". ⸺ "Bibelôs" era como se eu quisesse quebrar toda aquela angústia que eu estava vivendo, aquele caminho no qual eu estava entrando e percebia "tem ruído demais nesta cristaleira aqui". "Bibelôs" era isso, falava de ruídos e de peças preciosas quebradas e coladas com Super Bonder. Não tinha consciência que era aquilo que eu estava vivendo. Lascava um pedaço do copo e eu colava. "Bibelôs" é lindo. Foi um desfile desconfortável porque as roupas eram todas brancas, as meninas com a bochecha rosa.

Cisne na cabeça, bem kitsch. ⸺ Elas todas eram bibelôs, peças de porcelana. Só que a trilha era um cantor de ópera cantando músicas infantis como se fosse ópera. Com um arranjo do Grivo – duo de música experimental daqui. Eles pegam um aspirador de pó para fazer uma música, fazem os instrumentos e sempre foram underground. Nunca se sabe onde ouvir o Grivo, não é para ouvir em casa. Hoje em dia eles fazem muito trilha de cinema. Peguei o cantor de ópera, levei na casa dos meninos do Grivo, que gravaram com os instrumentos deles. Quando começou o desfile o pessoal começou achando que era

uma musiquinha e depois fazia assim [careta como a de quem ouve um som que incomoda].

Você gerou o desconforto propositalmente. —— Tinha que ter ruído, eu estava vivendo de ruídos. A vida para mim "nunca não teve" ruídos. E me incomoda muito tempos sem ruídos.

Fala dessa coleção. —— Nessa coleção eu pensei: "Já que a moda fincou uma bandeira na Secretaria de Educação, agora vou para outro lugar; o Palácio das Artes". E o desfile foi no foyer do Palácio das Artes. Eu batia na porta e perguntava: "Quem é o responsável aqui? Quero fazer um desfile neste lugar". Numa época em que isso não era comum, não tinha desfile nenhum em prédio público aqui. O mineiro até aquela época considerava intocável "o foyer do Palácio das Artes de mármore branco" [imita uma voz cerimoniosa].

Nesse momento, 1999, causou o que, além de surpresa? —— Eu era a figura de dreadlock e barbicha, mas o radicado em Londres ajudou bastante também nisso. Em BH, colegas à boca miúda falavam "ele faz porque é íntimo do poder".

Era? —— Claro que não. Imagina. Não sou até hoje, por mais que transite por diversas áreas e aconteça muito de pessoas se fazerem de íntimas de mim. Na época, de jeito nenhum. Eu só era abusado.

Células de Louise

INVERNO 2000 | *Casa de Criadores*

A obra da artista plástica Louise Bourgeois é mote para as criações dessa temporada. Experimentando as possibilidades do corpo como suporte, as roupas não eram vestidas, mas fixadas nas modelos, ignorando o fato de analisar o caimento das peças em movimento ser considerado um dos principais motivos de um desfile de moda.

Em "Células de Louise", a roupa não era vestida, foi a primeira vez que você usou o recurso de exibir a roupa sem que a modelo a usasse, o que aconteceria mais tarde com os cabides de "Corpo cru" [de 2002]. — Era a roupa pela roupa. E a música. Não existia cenografia ainda, porque dividia a sala de desfiles, eram três desfiles por dia. A primeira vez que vou ter sala exclusiva é em "Rute Salomão". Antes, era roupa e música. Pensei "preciso de mais, preciso de mais" e veio a cenografia. Depois, roupa, música e cenografia, mas voltei a pensar "preciso de mais, preciso de mais" e vieram as exposições. Pode ser que continue "preciso de mais, preciso de mais" e eu vá para o cinema ou faça uma minissérie.

E a música desse desfile? — Ainda hoje tenho um eco do meu pai com aquelas lições para a criança "olha, quem faz tudo não faz nada". [Repete com voz fantasmagórica] "quem faz tudo não faz na-daaaaaa". Antes, eu fazia tudo, porque não tinha dinheiro e tinha que fazer. Até queria fazer com o fulano da moda, mas não tinha dinheiro, então tinha que fazer eu mesmo – e tem uma coisa que reforça isso na minha personalidade, que é o fato de eu ser extremamente tímido. Como grudou a máscara, finjo que não sou, porque odiava ser tímido.

Odiava ser triste como a criança que eu fui. Um dos DJs da moda era o Felipe Venâncio, que gravou a galinha lá atrás, como eu tinha um sócio falei "agora, Ronaldo, você não precisa fazer tudo". Liguei para o Felipe fazer a trilha de "Louise" e ele fez, gostei, mas como ele era um nome também nem sei se eu gostei, mas também não ia falar que não tinha gostado. Ouvi pelo telefone, não tinha e-transfer, não tinha e-mail. Aí escutei a trilha.

Ele fez sob a sua supervisão? — Não, ele fez tudo. Ficou bonita, mas não é uma trilha que fica. Eu mesmo não lembro. Ela era uma compilação. Claro que o Felipe é extremamente sensível, sabia para quem estava falando, não colocou um bate-estaca, que era o que se ouvia muito na época. Mas não tem uma assinatura do estilista, era uma trilha linda, mas encomendada. Depois disso, eu nunca mais quis desfilar com uma trilha cuja criação não fosse minha.

Qual a importância de criar a trilha? — Ela é a voz da roupa, ela direciona o meu trabalho. Preciso ter a música antes da roupa, no início da coleção. Eu acho minha roupa musical, nesse sentido. Como ela tem uma escrita, ela tem som. Eu preciso ser autor da trilha que vai aparecer. Por exemplo, no futuro, o "Cordeiro de Deus", com músicas da Fernanda Takai, todas as canções foram escolhidas por mim. "Nara Leão" também. Vou ter parceiros. Durante grande parte dessas coleções, as músicas eram montadas pelo Ronaldo Gino, mas não eram do Ronaldo Gino, eram minhas.

É aquilo que você já disse em palestras e entrevistas "a pessoa pode fazer o que ela quiser, contanto que seja do jeito que eu quero". Tem uma característica centralizadora sua nisso. — E também meu pai falando "quem faz tudo não faz nada". Vou ter uma relação com essa história, que me levou a dar autoria para muita gente, sendo que o autor fui eu. E fiz sem o menor problema por muitas e muitas coleções.

Fala da ideia de usar a modelo como um suporte para exibir a roupa na passarela, mas sem vesti-la. — A Louise Bourgeois tem uma obra emocionante. Desde "Coração de galinha", todo mundo falava "nossa, lá vem ele com essa conversa de Brasil, lá vem ele com o regional". Aí falei "ah, é? Vou mostrar para esse povo que para ler o mundo é preciso olhá-lo do seu lugar". Eles adoram a França, vou olhar para a obra de uma francesa, que é a Louise Bourgeois. Tanto que a obra de bonecas de pano dela vira um tanto de Emílias, com aquele cabelo de linhas soltas. Teve um amigo que foi ao desfile no Teatro das Artes e disse: "Você é louco demais, como você faz essa beleza terminal?". Talvez tenha sido mesmo, ela morreu de câncer. Era um desfile do fio, do falo, da aranha. As modelos vêm com a roupa, parecendo estar vestidas, mas quando viram, dá para ver que a peça está colada em seus corpos. Estava ali bunda, perna, a roupa cor da pele.

Como sua equipe reage a suas ideias? Foi o início de muitas estripulias.
— Primeiro, eu sempre finjo que é tudo normal. Segundo, sabe aquela coisa do professor que falou que era muito difícil fazer moda no Brasil, ainda mais falando de cultura, e que perguntou se eu estava preparado para não dar certo? Então me preparei para não dar certo. Como pode ser o meu último desfile, vou fazer o que eu quiser.

Num desfile, vê-se o caimento da roupa, mas se ela está grudada, claro que não dá para jornalistas, por exemplo, observarem isso. — Não me coloco nessa posição de roupa de vitrine, então foda-se. O que eu estou criando e o que estou fazendo é outra coisa.

A carta

VERÃO 2000/2001 | *Casa dos Criadores*

Jovens designers, Ronaldo Fraga e Jum Nakao dividiram a passarela ao apresentar duas coleções independentes, mas sobre as quais compartilham angústias e prazeres da criação. O título "A carta" foca justamente a troca de impressões entre os dois. Foi a única vez que Ronaldo fez um desfile com outro estilista.

O desfile seguinte, "A carta", foi uma parceria com o Jum Nakao. Como isso se deu? — Nessa época, fiquei muito próximo do Jum. Frequentava a casa dele. Ele era uma angústia nipônica, sofria, enfiava a faca no peito. E eu vim de uma escola de mestiço brasileiro de fazer o máximo com o mínimo, de fazer com o que tinha nas mãos. E como mestiço, é o que tem pra hoje. Mas ele sofria: "Ai, o patrocinador; ai, a moda brasileira; ai, o sistema, ahhhhh" [dá um gemido alto]. Ele veio passar a Semana Santa com a mulher e o filho aqui com a gente e, nessa época eu tinha um Ford Ka, ele comprou Bichinho inteira [cidade do interior mineiro conhecida pela produção e comércio de artesanato]. A gente colocou os bonequinhos todos em cima do Ka com fita crepe porque não cabia no bagageiro. Falei com ele que se não desse certo de um jeito, daria de outro. "Vamos fazer o seguinte: um desfile juntos. Eu me inspiro em você e você se inspira em mim."

Qual era o motivo da angústia dele? — Tudo era problema, uma faca no peito gigantesca. Ele topou. Depois, ligava às dez horas da noite e ia, se deixasse, até as duas horas da manhã. Chamei para uma festa e olha o peso que virou. A ideia era fazer uma festa mesmo, entrarmos juntos – como fizemos – e embaralhar a cabeça das pessoas, fazer com que apostassem, isso é Ronaldo, isso é Jum. Chegamos em São Paulo com a coleção, estava aquele Jum tenso, não tinha feito a trilha, porque estava tenso. Na véspera do desfile, às onze horas da noite, estávamos no estúdio fazendo a trilha. Pensei "tenho que resolver esse trem logo". Eu já tinha comprado um CD do filme do Almodóvar durante uma viagem. Não levei para São Paulo para ser trilha, mas como o negócio começou a não andar, arranquei esse disco da bolsa e falei "é ele". Nossa, ele me deu uma surra, só que eu falei "o meu papel é esse". E teve a prova de maquiagem na casa do Jum. O [maquiador Carlos] Carrasco fazia a maquiagem pra ele e fez também durante muito tempo pra mim, ele é uma pessoa extremamente bem-humorada. No meu, eu sabia o que queria, cabeça com umas telinhas e bolas brancas, o do Jum teve que lavar a cara daquelas modelos umas dez vezes. No fim ficaram todas com cara de vaca brava.

Como chegaram ao conceito da carta, da correspondência? — Era pra gente se comunicar até sobre a angústia mesmo. O desfile foi lindo, de manhã, num galpão na Barra Funda e era uma fila única, só tinha a primeira fila.

Foi a primeira e única vez que você dividiu o conceito do desfile com outro estilista – não foi uma coautoria na coleção, porque eram criações separadas, mas foi no desfile. — Eu adoro ter feito esse desfile. Sempre me incomodou essa coisa do carão, da alfinetada, sempre achei isso uma coisa muito antiga. Gostei de ter feito o desfile com um colega. A turma da SPFW é que é muito careta.

Com quem você gostaria de fazer, tem que ter uma afinidade para fazer isso? — Não tem que ter afinidade. Minha vontade agora era fazer o seguinte: ligar para um colega e dizer "desfila a minha coleção, eu desfilo a sua, mas ninguém pode saber, só pode contar depois, vamos ver como vai ser a crítica". Adoraria, por exemplo, trocar com o Herchcovitch. Sei lá, Reinaldo Lourenço. Ou talvez até com alguém de fast fashion. Com a Raia de Goeye – taí, trocar com a Raia de Goeye. Põe aí.

Como foi a repercussão de "A carta"? — Trouxe um frescor para a temporada. As pessoas sentiram o meu carinho pelo Jum e o dele por mim também. As pessoas saíram felizes do desfile, foi uma festa aquilo. Eu estava passando por um momento difícil, tinha me separado do sócio e ele me processou de tudo quanto é jeito. Nem tinha o meu nome, em tese, mas foi libertário. Quando fui desfilar essa coleção em Belo Horizonte, durante a BH Fashion Week, fiz a passarela toda estampada de rato. E coloquei embaixo das cadeiras umas camisetas com estampas de anúncio dos anos 1930 de veneno de rato. Ele me processou por isso também.

O rato era o ex-sócio? — Era ele mesmo. Mas na Justiça falei "que é isso? Não coloquei o nome dele lá. E se ele se acha um rato, o que eu posso fazer?". Ele jurava que era mesmo o rato.

De onde veio a ideia? — O momento era muito difícil, eu não tinha uma máquina de costura, eu não tinha nada – falava isso com o Jum: "Olha minha situação comparada à sua, você é dono do seu nome". O anúncio era "caça aos ratos, porque a alma não tem preço". Aí, as pessoas vestiram as camisetas, sem saber pelo que eu estava passando, exibindo esses dizeres.

Mas qual foi a logística para conseguir fazer a coleção, já que não tinha nada? — Eu me prostituí para fazer as minhas coisas. Trabalhava para uma marca de jeans lá em Colatina. Com o que eu recebia, pagava as minhas costureiras aqui. A grande Dona Nilza, virando noite com o filho Demétrius, fazendo toda a coleção. Ela é maravilhosa. Sempre trabalhou da casa dela, em Venda Nova. Melhor pão de queijo e o melhor bolo são os da casa dela.

Aí o Morumbi Fashion passou a se chamar São Paulo Fashion Week. — Eu estava dando uma aula em Porto Alegre, quando o telefone tocou, e era o Paulo Borges. Sabia quem era, mas nunca tinha conversado com o Paulo. Antes disso: quando deflagrou essa história de sociedade, eu morava no bairro Santo Antônio e sempre passava e via uma placa de aluga-se num casarão antigo. Minha ex-mulher era muito mal-humorada, embora uma artista, ela é uma pessoa muito áspera, dura e realista. Uma vez eu passei e falei "nossa essa casa daria uma loja linda". Ela falou "não viaja, não". Decidi viajar. Fui pra casa silenciosamente e, no dia seguinte, aluguei o imóvel. Ao mesmo tempo, a Ivana, com quem eu me casaria mais tarde, saiu de Montes Claros, descobriu o endereço do sócio e bateu lá, dizendo que queria trabalhar na marca. Mas ela queria trabalhar comigo, não com ele. Quando conseguiu chegar até mim, eu disse que não tinha como pagá-la, estava abrindo a loja. Mas ela insistiu que se fosse só o dinheiro do condomínio, ela já ficaria. Isso foi no início dos anos 2000. O ateliê ficava em cima, loja na parte de baixo. Depois cresceu mais e colocamos a loja nos dois andares e o ateliê nos fundos. Depois, cresceu mais e alugamos a casa ao lado. Só saímos de lá porque o imóvel foi vendido para a construção de um prédio horroroso.

Fez sucesso na cidade essa loja. —— Ela era do outro lado da avenida do Contorno, quando tudo acontecia na Savassi. Estampei a loja inteira de beijos, na coleção do Lupicínio Rodrigues, era uma fortuna para pintar tudo a cada troca de coleção.

Que é algo que você mantém na sua loja. —— Continuo a embrulhar e desembrulhar a loja.

Depois que eu caí noutra enrascada: a Ivana viu o meu advogado saindo, durante a madrugada, do escritório do ex-sócio que estava contra mim na Justiça, os dois na maior amizade, tomando juntos um "uíscão".

O melhor especialista em direitos autorais era o Hildebrando Pontes Neto, advogado do Milton Nascimento e de um monte de gente. Fui até ele. Foi o Hildebrando quem me salvou. Eu disse "amiguinho, preciso desenroscar uma". Ele cobrou quase nada, foi muito pouco. E brigava tanto no tribunal. Era engraçado, o meu ex-sócio e o meu ex-advogado de terno e eu vestindo uma camisa da Família Addams. Ele falava: "O meu caso foi o de um empresário de origem italiana, querendo investir num criador brasileiro. Mas eles não estão preparados para empreender, artistas, né?". Eu não era bravo assim. Hoje não pensaria desse jeito, mas na época imaginava "vai terminar tudo aqui". O Hildebrando falava, a juíza xingava. E, como o negócio se estendeu muito, a audiência foi logo depois da "Zuzu Angel" [em 2001]. Ele chegava com cinco advogados, incluindo uma senhorinha, quando a juíza deu uma sessão por encerrada, a senhorinha advogada disse "todo mundo em casa é seu fã, cada desfile maravilhoso, principalmente o da "Zuzu". Você nessa situação é constrangedor para mim". O escrivão falou "vi sua matéria na Rede Minas". Não tinha internet na época.

Quando aluguei a loja, ela era de sanca de gesso e luzinha, quebrei tudo, deixei o tijolo aparente. Eu estava em Porto Alegre e recebi o telefonema "olha, estou te ligando porque sua marca foi uma das escolhidas para participar da São Paulo Fashion Week". Era o Paulo Borges. Imediatamente fui ligar pra casa, pra contar sobre o convite. Minha mulher na época disse: "Claro que você não aceitou, né?". E foi aí que eu decidi dar a linha nela.

Foi determinante para vocês se separarem? — Já estávamos num processo, mas ela foi muito seca e quando falou "claro que não aceitou", eu disse "aceitei e vou estrear na São Paulo Fashion Week, com um desfilão". Aí é que muda tudo. Pensa em alguém que tinha um salário de 2 mil reais, que trabalhava na Lei Básica, no Espírito Santo, e pagava as costureiras, o aluguel, com esse ordenado, muito contido. Não tinha gordura nenhuma para poder estrear lá.

Tem que ter uma maluquice para empreender assim? — Tem que ter a paixão. Você não pode gostar, tem que ser enlouquecido, tem que querer o tempo inteiro. É importante, nenhuma transformação na história veio de alguém que quisesse ficar quieto no canto dele.

[Julho de 2014. Ronaldo está se preparando para a próxima coleção.] Você me disse que tem que fazer a coleção toda ("Cidade sonâmbula") nesta semana. Você vai desenhar todos os modelos? — Vou desenhar todos os modelos, escolher todos os materiais, definir todos os bordados e soltar para a turma correr atrás. Aí começo a aprovar pelo WhatsApp.

Você já tem quantos prontos? — Tenho um sexto do caderno pronto.

E um sexto do caderno é um sexto da coleção também? —— Não. No caderno, tenho que andar mais.

Sabe que um dia o Niemeyer foi dar uma palestra na Escola de Arquitetura e rabiscava e jogava fora, rabiscava e jogava fora. Um amigo meu disse que estava só esperando ele sair de lá para correr até a lixeira e pegar os rascunhos. Na hora em que esse homem virar as costas, vou pegar os rabiscos dele. —— E pegou?

Não, ele disse que todo mundo teve a mesma ideia dele. —— [Risos.]

É muito legal mesmo ver a pessoa desenhado. O que é isso? —— É o trabalho de um argentino que é maravilhoso e faz objeto com as telas dessas de construção e alumínio e é fantasma, solta no meio da rua. Já vi uma obra dessas que parece um gaveteiro, ele solta no meio do nada.

Tudo a ver com as cidades desmemoriadas de que você falou. —— Sim, cidades sem passado, sem memória.

No último encontro, a gente estava no momento em que o Paulo Borges liga e convida você para desfilar na primeira SPFW. —— Quando nasce a primeira São Paulo Fashion Week, aceitei participar, mas não sabia de onde ia tirar dinheiro para fazer o desfile. Até então, quando desfilava, eu não precisava de patrocinador – só de tecido –, mas verba para uma coisa grande que era tocar um desfile, eu não tinha.

Porque os outros desfiles que você tinha feito eram compartilhados. —— As salas eram compartilhadas com outros estilistas, o casting era do evento.

Rute Salomão

INVERNO 2001 | *São Paulo Fashion Week*

Ronaldo participou da primeira edição da São Paulo Fashion Week, com a coleção que contava a história fictícia de um casal de judeus israelenses, Rute e Salomão, que tinha um relacionamento tumultuado, pelo fato de ele ser religioso e ela não. A cenografia teve um muro das lamentações feito com tijolos furados brasileiros e a trilha sonora teve releituras de canções tradicionais judaicas.

Desde o telefonema do Paulo Borges até entrar na passarela com "Rute Salomão", você teve quanto tempo? — Seis meses. "Rute Salomão" desfilou em 2000, um ano em que mudou tudo na minha vida. Eu me separei, comecei a namorar a Ivana, e, no meio de tudo, "Rute Salomão" foi uma coleção desenhada num momento de muita paixão na minha vida pessoal. Avassaladora, como eu nunca tinha tido. E um pouco de improvável nessa história toda. Quando aceitei não sabia de onde ia tirar dinheiro para fazer isso. Aconteceram duas coisas bem marcantes: uma pessoa, que era a Bernadete Vieira, estava me ligando e não falava nada, "preciso conversar com você, sou do Espírito Santo, tenho uma marca e queria que você fizesse alguma coisa para mim". E eu perguntei o que ela queria e ela disse que queria que eu trabalhasse pra ela. Perguntei onde era e era em Colatina. Aí eu falei "é longe demais, não posso" – eu nem imaginava as viagens que eu faria a trabalho. Pra ela terminar a conversa e desligar o telefone, eu falei que aceitava conversar. Recebi a Bernadete na minha casa, uma pessoa muito tímida, ficou na minha frente e falou que queria que eu fizesse um trabalho de coordenação de estilo para a marca Lei

Básica. "Não tenho condições, nem tempo, é longe." "Mas eu quero que você vá." "Mas eu não tenho condições." "Mas eu quero que você vá", "eu não tenho condições", "mas eu quero que você vá". "Então, eu vou". E isso pra mim foi maravilhoso. Primeiro, porque não usava, não tinha o histórico de marcas grandes contratarem estilistas como diretor criativo, não se fazia isso. Despenquei em Colatina, era uma marca gigantesca de jeans, estabelecemos uma relação de afeto que dura até hoje e comecei um trabalho com eles que permaneceu por sete ou oito anos. Isso foi muito bacana, porque o que eles me pagavam era o que eu gastava com estrutura. Minhas costureiras e tudo eram pagas com o que eles me pagavam. Eles me davam liberdade total de criar, pensar, sugerir. Foi um aprendizado, uma via de mão dupla, uma relação muito bacana.

Um belo dia também recebo o telefonema de uma coordenadora de estilo da Tecelagem São José. Era a Regina Andreazzi me chamando para uma reunião. Isso tudo rápido. Ela pegou e falou "olha, vimos uma nota contando que você vai desfilar na SPFW e a São José é uma empresa tradicional de algodão de Minas, estamos investindo em produtos novos e precisamos de uma vitrine. Queremos patrocinar você. Você já tem patrocinador?". Assinei com eles para três edições, durou um ano e meio. Eles bancaram "Rute Salomão", "Zuzu Angel" e "Corpo cru". Foi maravilhoso, eu tinha o tecido, o aporte financeiro deles pagava todo o circo – modelo, beleza, transporte –, todo o custo de um desfile da SPFW. Aí a história foi essa. Foi o grande oxigênio que eu precisava e tudo veio atrás de mim, não tive que correr atrás de nada.

Mas teve coragem de aceitar. —— E de pensar e de propor. Porque não tinha referência. Como até hoje é um setor totalmente desarticulado. Se um estilista recebe uma proposta e liga para o outro e pergunta: "Quanto posso cobrar por isso?". É raro alguém responder. Sempre falei sem o menor problema para quem me perguntou, mas não é algo que as pessoas falem.

"Rute Salomão" foi um marco como "Eu amo coração de galinha", porque foi o primeiro na SPFW, que estava em sua primeira edição. —— Foi uma ruptura, porque, quando resolvi fazer essa coleção, estava numa fase

de conflito entre israelenses e palestinos, como recrudesceu a violência por lá agora [julho de 2014]. Talvez tenha sido uma grande tensão, mas, como agora, estava tendo esse ápice.

A Segunda Intifada. —— Um dia eu estava vendo notícias sobre esse conflito na televisão, e eu me lembrei da primeira vez que vi na minha vida um judeu ortodoxo. Quando fui estudar em Nova York, na Parsons, desci no JFK, aquele aeroporto branco gigantesco, e vi um monte de judeus ortodoxos, aquele contraste da roupa preta deles e o branco do saguão. Coincidentemente, era a semana de moda da cidade, e um monte de jornalistas de moda também descia no JFK. Aquela mistura ali: todos de preto, mas com religiões diferentes. A moda e a outra crença. Eu fiquei sentado, pensei "que diferença teria entre um grupo ou outro, se colocá-los na passarela?". Fiquei pensando nos códigos de vestir, os formatos. Ainda era a moda de os bacanas e modernos se vestirem como os japoneses, como Yohji Yamamoto, e para um desavisado poderia parecer todos a mesma coisa. Provavelmente "Rute Salomão" nasceu ali. Essa imagem foi muito forte e ficou. Falei "em algum momento eu faço alguma coisa com isso".

Demorou muito tempo. —— Muito tempo, isso foi em 1992 e virou uma coleção quase dez anos depois. Pela primeira vez eu teria uma passarela pra mim. Teria que pensar no cenário. Eu já pensava na música e, de novo, comecei pela trilha. Foram as Barry Sisters, duas gêmeas que cantavam em iídiche com arranjos do que era moderno nas décadas de 1930 e 1940, que eram as big bands americanas [cantarola o começo da música "Tumbalalaika"].

Como foi que você achou essa trilha, foi pesquisando? —— A Regina Spósito e a Marina Machado fizeram um trabalho cantando em hebraico [o álbum *Desoriente um país*, de 1998]. Liguei para a [fotógrafa] Márcia Charnizon, que é judia, eu tinha feito o vestido de noiva dela. Contei que estava fazendo a coleção e ela mandou essas músicas pra mim.

A coleção tinha vestidos e camisetas de linho fino branco manchadas de sangue e furadas, como se tivessem sido transpassadas por um tiro.

— Uma pessoa próxima chegou e viu, sentiu-se ofendida, porque o irmão dela tinha morrido assassinado. É uma das coisas que eu falo "fez, fez, se não fez, não faz mais". Porque imagina a patrulha do pessoal vendo aquilo na passarela hoje? Mas eu assistia as notícias e falava "gente, até quando vamos olhar para isso e achar que é distante, que não tem nada a ver conosco? O mundo está encolhendo". Em mesas, com amigos, o pessoal achava essa a maior conversa ruim. Eu via uma intolerância de costumes e de religião que estava se disseminando no mundo como violência. Quando olho para momentos como esses, eu me pergunto "Ronaldo, como você pensou nisso?". Era uma roupa extremamente contemporânea, poderia fazer de novo todas aquelas peças com sangue hoje. Na ocasião, inicialmente, "Rute Salomão" teria uma pegada maior dos palestinos, não chamaria Rute, seria o Salomão com uma palestina, mas isso ia trazer uma carga tão grande, que eu teria que esperar e pesquisar mais ainda. Ao mesmo tempo, estava vivendo o maior momento de amor da minha vida e não queria falar de guerra desse jeito, queria retratar também um grande amor. Então, deixei o conflito dentro dessa cultura sobre a qual me interessava saber mais. Eu não queria perder o foco da roupa como moldura para uma história amorosa. Hoje, se eu voltasse no tempo, sendo a pessoa que eu sou hoje, teria bancado e feito ela uma palestina. Uma coisa superengraçada era a Ivana grávida do Ludovico, depois que a coleção já estava na loja, usando para todo lado com aquele furo nas costas.

Qual foi o processo de produção das peças manchadas de sangue? — Não tinha técnica nenhuma, fiz em casa. Joguei a tinta, ela caiu e eu escorri. Queimei com uma ponta a roupa, para parecer um tiro mesmo. Eu não queria que fosse feito no computador.

Teve um apelo muito dramático na passarela. — Volto a dizer: imagina isso sendo desfilado hoje? Um judeu israelense com tiro nas costas? Foi uma coleção muito feliz. Tinham aqueles xadrezes. E, no final, entravam de braços dados, homem com homem, mulher com mulher, três pessoas juntas. As pessoas tinham um olhar mais tranquilo, aplaudiam.

Tinha também um tecido carcomido feito pela tecelagem da Costanza Pascolato. Um resto de um tecido que não havia dado certo, com xadrez feito de linhas que desfiavam e eu quis usar, de todo jeito. Dava o efeito que eu queria de algo que havia começado a ser desfeito pelo tempo. Penso em como a indústria têxtil brasileira já foi mais inventiva, mais ousada. E eu sempre gostei de usar o que as tecelagens me ofereciam.

E o pão na passarela? ⎯ As padarias entregaram os pães pela manhã, e foi aquele cheiro. Tinha gente da produção que falou "num país com tanta gente passando fome, onde tem miséria, você tem coragem de fazer isso?". Mas eu disse que tinha coragem, sim, porque iria doar depois, como de fato foi feito.

A cenografia também tinha um muro de tijolos aparentes, para o qual os modelos se viravam, como se estivessem rezando no Muro das Lamentações. ⎯ Era um tijolo igual ao que você vê na favela, porque

eu queria universalizar, aquele era um muro de qualquer lugar do mundo. Queria ampliar a discussão. Tudo era caro e é muito caro na São Paulo Fashion Week. Era meu primeiro desfile desse porte, eu não tinha ainda fornecedores, tive que ir atrás de indicações e era tudo caríssimo. Custou 10 mil reais para ter aquele muro. Eu era rico na época, com patrocinador.

Como era o meu primeiro desfile, levei tanta roupa, daria para desfilar quatro vezes. A gente ficava na casa da Lilly [Varella], que nem era minha amiga – hoje é amiga, na época, era só conhecida. Mas a Natalie Oliffson [consultora de moda] trabalhava com a gente, falou que tinha uma amiga e a gente podia ficar na casa dela. Fomos eu e Ivana. O pessoal chegou dois dias antes. Aluguei uma Kombi bem velha, que era a mais barata, para irmos até o aeroporto, só tinha o banco da frente e lá atrás amontoamos de caixas de roupas. Eu e a Ivana estávamos juntos há pouco tempo. Era um monte de palha seca e uma fagulha de fogo,

Rute e Salomão.

mas não namorávamos ainda. A gente tinha dinheiro, mas era novo, não sabia nem que tinha. Eu era acostumado a fazer tudo sozinho. Meu desfile era de manhã e eu achava que ninguém iria. Tanto que no texto que saiu na *Folha* a Erika Palomino começava contando que todos os jornalistas importantes de moda estavam na primeira fila. Foi então que fui perceber que eu já tinha uma história que vinha do Phytoervas Fashion. Pensei que ia ter que pedir pelo amor de Deus para alguém acordar cedo e ir, meu desfile era às dez. No entanto, estava todo mundo lá. E foi uma coisa de "ah" [suspira]. Quando terminou, a imprensa foi pra cima de mim, e quem teve que organizar tudo sozinha? A Ivana. Não tinha uma estrutura como tenho hoje. Ela teve que colocar tudo dentro da Kombi e levar para a casa da Lili. Quando chegou, a caixa rasgou e ela ficou sem saber o que fazer. A Ivana foi até o apartamento e pegou um lençol. Só que tudo na casa da Lili é do mundo, não é do Brasil. Esse lençol era indiano, que ela comprou numa província. Na hora que Ivana arrastou o lençol, rasgou [gargalhou].

A gente estava na casa da Lili, naquela paixão, eu tinha uma barbicha enorme e vi, pela primeira vez, um fio branco nela. Falei para a gatinha. A Ivana falou "não tem problema, a gente dá um jeito nisso". Estávamos tomando uma champanhota, já tínhamos feito a prova de roupa. Ivana saiu, foi à farmácia, comprou uma tinta preta-azulada e passou em toda minha barbicha sem proteção, sem nada. Isso eram umas seis da tarde. E aí namora, toma champanhota, ouve música, quando foi lá pelas onze da noite eu perguntei: "Não era para ter tirado isso ainda, gatinha?". "Ai, era." O negócio não saía. No dia seguinte eu ia entrar às dez da manhã na DirecTV com Costanza Pascolato. Peguei produto químico de lavar banheiro e Bombril para tirar. Saiu, mas ficou tudo queimado. Lembrei que, quando ela trabalhava na loja, ela atendia os clientes com aquele vermelho escorrido atrás da orelha, porque ela mesma pintava. Eu achava que era a proposta.

"Rute Salomão", até hoje, é um dos meus desfiles preferidos. Foi muito bonito o final, tocando "Hava Nagila", quando a plateia começou a bater palma junto. Ali, eu não tinha noção do que estava fazendo.

Quem matou Zuzu Angel?

VERÃO 2001/2002 | *São Paulo Fashion Week*

Numa passarela onde se viam bonecos em posição de vítimas de tortura, desfilaram roupas românticas, na homenagem de Ronaldo a Zuzu Angel (1921-1976), estilista brasileira que teve o filho assassinado pela ditadura militar e que, na busca por justiça, transformou-se em mais uma vítima dos militares e num símbolo da resistência contra o regime autoritário.

Como surgiu seu interesse por Zuzu Angel? ⎯ Li *1968: o ano que não terminou* [do Zuenir Ventura]. Anos depois do desfile, eu fui a Barbacena para participar do Festival da Loucura, numa mesa redonda, com o Tom Zé e o Zuenir Ventura. O Zuenir foi superatencioso e disse que era doido para me conhecer por causa da coleção da Zuzu Angel. Então eu disse: "Quem me apresentou à Zuzu Angel foi você". Isso é muito, muito bacana. Acho que a "Zuzu" é uma coleção que, ao longo da nossa conversa, vai sempre voltar. Quando eu leio esse livro, em 1981, e paro na parte da Zuzu, foi o primeiro impacto que tive em relação à moda. Eu nunca tinha pegado numa revista de moda. Nunca tinha parado em nada em relação à roupa. Muito pelo contrário, na minha infância a roupa era um peso, porque, como não tinha recursos, a roupa era doada. Pra mim, um menino de 9 anos, chegava uma calça de adulto, e minha avó tinha que colocar pences, ajustar pra caber no corpo. Era sempre um problema. E a roupa de festa era a mesma por muitos e muitos anos. O fato de o pé crescer, de o corpo crescer e ir perdendo sapatos e roupas era um desespero, porque morria de vergonha de falar com a minha irmã ou irmãos mais velhos que a roupa não estava servindo mais, eu sabia que não tinha como comprar. Então, essa coisa da roupa sempre foi complicada. Quando vi a história da Zuzu, teve um impacto. Primeiro, foi libertário, pela primeira vez vejo o que um ofício insuspeito pode provocar se usado de forma visceral – um desavisado pode falar "de forma inteligente". Mas a Zuzu não estava pensando "vou ser inteligente com isso".

Ela era apaixonada, usando o que tinha em mãos. Quando ela tentou de todas as formas descobrir o paradeiro do filho, usou todos os recursos – fez o dossiê, colocou na mão do secretário de Estado americano Henry Kissinger, colou cartazes, encarou quem a seguia à noite –, uma época em que o Zuenir e o Chico Buarque, quando escreveram as cartas para distribuir, faziam isso na avenida Niemeyer de madrugada e jogaram a máquina ao mar. Aquela mulher enfrentou de peito aberto – e deu no que deu. Mas tinha um significado. A moda me seduz pelo significado, não pela roupa em si. Hoje, com a maturidade, eu acabo vendo. "Ronaldo, é isso o que você está perseguindo." Ela entrou em mim para não sair nunca mais. É um grande legado.

Você leu o livro em 1981 e fez a coleção sobre ela vinte anos depois. Por que nessa época? — Primeiro, pelo seguinte: quando descubro a Zuzu, quando leio aquele livro, eu não tinha o mais remoto desejo de ser estilista. Eu lia política, Eduardo Galeano. Pensava em ser biólogo, veterinário, sei lá. Mas nada que se aproximasse de moda. Então, houve esse tempo, depois do curso de desenho, de ganhar o concurso, de morar fora e ver o país à distância, depois de perceber o que ela fez com a escrita dela. Mas hoje é que eu vejo isso, na época em que lancei a coleção da Zuzu, não traçava nenhum paralelo entre o trabalho que ela fazia e o meu. Quando fiz aquilo, primeiro era porque queria ler mais sobre ela. Também porque perseguia muito a história se deveríamos ter ou não uma marca de desenho de moda brasileiro. Ela foi a primeira a levantar essa bandeira, a legitimar uma moda brasileira. Era o momento também, em 2001, em que falava-se tanto de globalização e que a moda era fazer exatamente igual todo mundo estava fazendo. Para os colegas dela, Dener, Clodovil, essa turma toda, ela era a Dona Zuzu, era cafona.

Quando eu já estava fazendo a coleção da Zuzu, uma grande jornalista carioca, famosa na época, falou: "Ah, Ronaldo, Dona Zuzu, não… Dona Zuzu é costureira. Você tem que fazer sobre os donos da Company [Luiz de Freitas Machado, Mauro Taubman, Ana de Castro e Cristina de Freitas], essa foi uma marca revolucionária". Quer dizer: quando conto isso quase quinze anos depois de ter feito o desfile, eu vejo que a história continua. O grande valor da marca brasileira ainda não são seus autores. São suas marcas. Então, essa história vem sendo perpetuada, porque entender o valor da autoria depende de uma apropriação cultural de todo o setor. De um entendimento desse ofício além dos limites do vetor econômico e da roupa. A Zuzu sabia que os concorrentes tentavam diminuir o trabalho dela como "costureira mineira", mas era como gostava de ser conhecida. Se a chamavam de estilista, ela mesma corrigia, pedindo para chamá-la de costureira. "Custei a aprender e estou tentando fazer cada vez melhor, então, por favor, me chame de costureira." Os dois nomes mais conhecidos da moda nacional eram os estilistas Dener [Pamplona de Abreu] e Clodovil [Hernandes], que faziam pouco dela, também a chamando de costureira, mas ela sentia orgulho disso.

E não há uma semelhança entre essa reação dela e a sua, fazendo questão de dizer "sou regional, sim"? ⎯ Claro, o regional, o caipira que fosse. Eu já pus logo as galinhas na passarela. O que quer que falassem, eu repetia dizendo "com muito orgulho". Quem eu mais amo na cultura brasileira falava do seu quintal. E foi isso o que Guimarães Rosa fez, Graciliano, Drummond. Quando caio na SPFW exposto a uma crítica gigantesca, não que eu já tivesse pensado sobre isso, nem que me julgasse melhor do que ninguém ou achasse que minha verdade fosse absoluta – sempre soube que nosso tempo é um tempo de verdades relativas, mas é bom que você tenha a sua verdade. A minha verdade, ou a que eu buscava, era de conexão dentro do Brasil e de aproximação dos "brasis", porque existe um Brasil desconhecido do próprio Brasil.

É nesse lugar que eu quis lançar luz na obra da Zuzu. Tem uma grande importância. Antes dela, não houve um estilista brasileiro que tivesse levantado a mínima possibilidade de algum dia a moda nacional ter um DNA brasileiro, um design com identidade brasileira. Se ainda hoje é difícil falarem sobre isso, imagina no início dos anos 1960?

Ela era criticada: "Essa daí quer fazer roupa de Carnaval". Mas ela continuou com seu trabalho autoral, até que atrizes de Hollywood, Joan Crawford e Liza Minnelli, que estavam hospedadas no Copacabana Palace, pediram aos funcionários do hotel que indicassem um lugar onde pudessem comprar moda brasileira. Falaram "não queremos cópias de marcas estrangeiras, queremos algo que traga a alma desse lugar". Indicaram a Dona Zuzu, como ela era chamada. O pessoal do Copacabana Palace indicou a Dona Zuzu. Quando as duas atrizes chegaram ao ateliê dela e viram rendas do Nordeste, algodão brasileiro – naquela época o Brasil tinha um dos melhores algodões do mundo, era o maior produtor do mundo –, tudo bordado à mão, compraram tudo. Ficaram amigas da Zuzu e voltaram para os Estados Unidos. Duas semanas depois, a Joan Crawford, que trabalhava no marketing da Pepsi, ligou, dizendo: "Ficamos encantados pelo seu trabalho, todo mundo que viu, aqui em Nova York, amou, queremos trazer você para fazer um desfile". Ela foi a primeira estilista brasileira a dar esse passo, levada pela busca da identidade brasileira.

E ainda há um outro paralelo entre vocês, porque numa passagem famosa da vida dela, ela refez uma coleção toda com o material que tinha disponível, depois de terminar uma sociedade, parecido com o que você também fez, depois que rompeu com o italiano. ⸺ O Stuart [filho de Zuzu que foi assassinado pela ditadura militar brasileira] estava envolvido nos protestos, mas namorava a filha de um militar. A Zuzu se aproximou dessa família, por querer proteger seu filho. O pai da menina ofereceu sociedade à Zuzu, ela já começava a despontar com sucesso comercial e entraria com o trabalho, enquanto ele entraria com o dinheiro. A parceria durou um ano, até que, um dia, o contador falou pra ela "eu não continuo trabalhando aqui, porque você está sendo roubada, seu sócio rouba tudo de você e não coloca um tostão; o dinheiro reinvestido é o do seu trabalho e ele tira vinte vezes mais que o combinado". A Zuzu chamou o militar para conversar e, no dia seguinte, quando chegou para trabalhar, soube que ele conseguiu uma ordem judicial para lacrar o ateliê, denunciando a Zuzu pelo que, na verdade, era ele quem estava fazendo. Nisso, ela tinha o convite para desfilar em Nova York, estava sem matéria-prima e só tinha uma máquina de costura em casa. Então, foi até o Centro da cidade, comprou nas Lojas Pernambucanas lençóis, cortinas e tecidos de cama e mesa, levou pra casa e fez a coleção que levou para os Estados Unidos.

Tempos depois ela foi convidada a fazer um desfile na Embaixada do Brasil em Washington. E fez a coleção que marcaria sua vida para sempre: na moda, a primeira coleção política. No mundo, não existe outro registro na história da moda de alguém que tenha feito o que ela fez. Pegou aquele linho quase transparente, de uma qualidade maravilhosa, e bordou pequenos anjinhos da asa quebrada, respingos de sangue, canhões cuspindo flores, a beleza daquela peça trazia singeleza e leveza, mas trazia também a denúncia de um momento muito pesado da história do Brasil. A imprensa internacional enlouqueceu quando viu aquilo. Toda imprensa do mundo noticiou o trabalho dessa estilista e sua denúncia. Se os jornais daqui estavam sob censura, a imprensa europeia e americana falou disso. Quando descobri a história da Zuzu, vi que ela foi capaz de fazer, por meio da moda, algo que muitos intelectuais brasileiros não conseguiram. E a Zuzu ficou em mim.

Ela fez muito com pouco. Eu fiz com o que eu tinha e ainda faço. Não é nem para fazer moda, mas para viver você tem que ter uma relação com a cultura do seu país, com a história. As coisas ficam mais leves quando você descobre que não é o inventor da roda e, no caso da moda, se você pode fazer alguma coisa nova talvez seja contando de uma forma nova as mesmas histórias. Por que as histórias do mundo não envelhecem? Porque elas são contadas e recontadas de um jeito novo a cada nova geração. Agora, que já foi feito o desfile, o filme, a exposição da Zuzu [Ocupação Zuzu Angel], fico superfeliz. E tem outros nomes importantes para serem redescobertos. Outros que fizeram a cultura brasileira e que precisam ser reconhecidos.

Alguma outra coleção teve mais forte a influência dela? —— Posso falar de outra coleção que é super Zuzu Angel: "Descosturando Nilza". É sobre uma costureira de família, a minha costureira, amada Dona Nilza. Mas a roupa que estava ali, aquele cenário com aquela produção, todas costurando, com as modelos subindo e descendo da mesa de corte, isso poderia ter sido para a Zuzu. Teve uma coisa em que estive pensando, agora, voltando de uma palestra que dei no Ministério Público; falei um pouco da minha história e falo e repito isso sempre "o objeto de pesquisa quando entra na minha vida não sai nunca mais". Prefiro dizer objeto observado – nem gosto muito de usar a palavra pesquisa, porque se refere a algo em que se tem que aprofundar mais e o tempo hoje não me deixa, ou não nos deixa aprofundar tanto em nada. Você entra na minha casa e tem uma música do Noel Rosa batendo papo com Lupicínio Rodrigues, Nara Leão batendo papo com Guimarães Rosa e Graciliano Ramos, estão todos ali.

O cenário tinha a imagem muito forte dos bonecos como torturados, pendurados no pau-de-arara. — Resolvi fazer bonecos de americano cru em posição de tortura, como se estivessem num pau-de-arara. Um desavisado talvez não tenha percebido do que se tratava.

Os bonecos torturados contrastavam com as roupas delicadas, assim como a beleza, bem romântica. — Usamos auréola, algo para lembrar os santos de altar do interior, a Zuzu era uma mulher do interior. As roupas tinham também anjos caindo do céu com estampas de nuvens, eu morava num apartamento dos anos 1960, no Santo Antônio, e essa era a estampa do azulejo. Também usei o pássaro, noutra estampa, a imagem dele era parte de uma campanha do governo de 1974, com o slogan "Para frente, Brasil".

Usei tecidos cem por cento algodão de uma tecelagem que existia em Minas, a São José. Foi a primeira vez também que a indústria, com uma estilista, começou a experimentar a coloração natural, o tecido verde tinha teste com manjericão, o rosé com beterraba. Padronagem de chita, porque ela foi a primeira estilista a usar esse tecido numa coleção dela.

Foi uma comoção aquele desfile. — Nunca imaginei o que ia virar. O desfile provocou uma catarse coletiva. Ao final dele, a plateia inteira chorava. Não era um chorinho, não; era um pranto. O pit dos fotógrafos chorava, as modelos, as jornalistas. A Regina Guerreiro foi atrás de mim, já no estacionamento, e disse que ficou muito emocionada durante o desfile e eu quis saber a razão. "Fiquei emocionada porque eu me lembrei de como a moda costumava ser isso pra mim, um dia. O trabalho, o dia a dia foi mudando minha relação com a moda."

Você conseguiu continuar vendo a moda desse jeito, apesar do trabalho e do dia a dia? — Acho que você tem que ter paixão pelo seu trabalho. O seu ofício é sua relação com o mundo. E eu acredito que meu ofício, como aprendi lá na loja de tecidos, é uma relação de conquista com o personagem que você quer ser, com o seu grupo, com a sua autoestima.

Por que acha que o desfile sobre Zuzu Angel gerou tanta comoção? — Acho que todos foram pegos de sobressalto por sua própria história, negada, desconhecida, a história do seu país.

Não foi uma coleção fácil de fazer. Claro que um tema dá a música, as cores, a forma. Mas quando você pega um estilista, tem que tomar cuidado para não repetir a roupa desse outro criador. Era algo que eu pensava "não posso fazer uma roupa igual a dela". E não teve uma roupa da coleção que tenha sido feita por ela. Sabe por quê? Ela não era uma dessas figuras, tipo Dior, que inventou a saia godê, e/ou Mary Quant, que inventou a minissaia, que tem uma peça específica que sempre vai ser lembrada por ter sido criada por ela. A Zuzu tinha um pensar. Isso é que é caro ainda hoje, isso é o que faz seu legado extremamente precioso. Se ela fosse cineasta, teria feito no cinema algo com esse pensar, se fosse chef, faria com a comida. Ela fez com o que teve na mão. Então, tentei fazer uma coleção com seu olhar, pensando numa mulher que nasceu em Curvelo, virou costureira, veio para Belo Horizonte, se casou com um estrangeiro, depois foi para o Rio, sempre costurou para a elite do poder e as mulheres dos generais, mas dizendo que a caipira não saía de dentro dela.

"Bandeira branca" foi uma música marcante na trilha. — Eu pensava: "será que faço com Chico Buarque e músicas de protesto?". Não, o protesto ali era outro. Procurando, numa feira de antiguidade do Bixiga, em São Paulo, aconteceu de eu ser escolhido por alguma coisa. Acontece sempre, ainda mais quando estou fazendo uma coleção. Se faltar inspiração, pode sair pra rua que alguma coisa vai pular na sua frente. E foi o que aconteceu: peguei um disco de uma banda de Carnaval do Canecão, de 1971. Quando ouvi, era aquilo ali. O Carnaval que acontecia, enquanto a maior parte do Brasil não percebia o que se passava. Ainda faltava alguma coisa. Eu comecei a ver um filme pra me distrair do trabalho, era um filme recém-lançado, a partir da adaptação do conto do Nelson Rodrigues "As gêmeas". No final dele, enquanto os créditos subiam, o Arnaldo Antunes, com aquela voz seca dele, cantava "Bandeira branca". Procurei, liguei para o Arnaldo, ele disse que tinha feito a música só para o filme e a trilha nunca tinha sido lançada. Então, gravei a música num CD, na época, então já estava pronto. Na volta das modelos, coloquei "Eu te amo, meu Brasil, eu te amo", uma música ufanista.

Corpo cru

INVERNO 2002 | *São Paulo Fashion Week*

O experimento acerca do corpo como suporte para as roupas chegou ao extremo nesse desfile, que excluiu modelos e contou apenas com cabides móveis. As roupas circulavam a passarela, graças a uma engenhosa estrutura circular armada especialmente para isso. Nas peças, havia estampas e texturas que lembravam pelos, veias, o corpo nu.

A próxima coleção foi "Corpo cru", e não tem como começar a falar dela senão pelas araras que apresentavam as roupas, suspensas na passarela, sem modelos. É um tiro daqueles que se der certo dá muito certo, se der errado dá muito errado, porque, já nessa época, as modelos faziam toda a diferença. Quer dizer: uma revista, provavelmente, preferiria abrir numa página inteira uma modelo vestindo uma roupa e não um cabide com ela pendurada. Você teve essa preocupação? — Tem coisas que são muito engraçadas. Conversando com você e olhando à distância é como, sob muitos aspectos, se aquilo não tivesse sido feito por mim. Porque há uma distância, porque alguém pode falar "você não tem a mesma coragem hoje". Não sei, mas o que eu sei é que fiz o que precisava fazer naquela hora. Vamos lembrar o contexto: quando pensei "Corpo cru", o mundo estava sob o impacto de 11 de setembro. Desfilei no início de 2012. E, antes disso, os desfiles da temporada de moda pós 11 de setembro vieram com o branco, com camiseta escrito "paz". Eu ficava vendo aquilo e pensando "não está na hora da camiseta escrito paz, temos que aproveitar a deixa para falar da história". Hoje continuo achando que foi uma virada, o mundo mudou.

Toda vez que a gente entra num aeroporto o reforço na segurança nos lembra de 11 de setembro. — O mundo encolheu sob todos os aspectos observados, o tempo inteiro somos todos mirados por câmeras. Vi aquilo e pensei "o mundo mudou, tá na hora de subverter tudo, temos que aproveitar essa poeira que subiu com a queda das torres e tentar rever ou reinventar o mundo". Nessa reinvenção, eu falei assim "vou pensar uma coleção sobre o dia em que o corpo decidiu abandonar a roupa". Essa roupa que dita o volume e as medidas do corpo – e não o contrário como um dia foi – hoje vai ser o corpo que vai falar "não quero mais" e vai deixá-la sem volume algum. Pensei num desfile sem modelos, um "não desfile", claro, depois falaram que era político, e eu concordei que seria político. Perguntaram "é um desfile-manifesto?".

E você pensou em tudo isso antes? — Não. Pensei numa angústia, um sentimento do nosso tempo. Está na hora de mudar tudo. A história também está mudando nesse momento. Pensei "quero a estrutura de um açougue, músicas de realejo e caixinhas de música, chapas de madeira sem volume algum para que a imaginação da audiência pense que volume estaria ali atrás daquela roupa".

Indicaram pra mim um senhor que tem uma fábrica gigantesca lá em Betim [Minas Gerais], ele prestava serviço para a Fiat, guindastes para transportar carros e tudo. Rabisquei o que eu queria, a Clarissa Neves e Paulo Waisberg, que trabalham comigo ainda hoje, souberam o que eu queria, fizeram a planta do projeto com medidas e custava uma fortuna.

Imagino, se os tijolos custaram 10 mil reais. — Acho que custou tipo 100 mil. Eu tinha patrocínio, então foi feito. É doido esse cara. Fiz a coleção, fiz os bonecos, o senhor fez essa estrutura. Eu quis de ferro enferrujado. Ela era cara, agora pode imaginar o quanto era para levar até são Paulo. E foi bem na época dos apagões. Lembra? A Bienal estava funcionando com gerador. O pessoal do evento perguntava o que eu ia fazer, mandei a planta. Perguntaram qual era o casting, e eu respondi "minha família cara de pau".

[Risos.] — Eu não queria que vazasse a história de ser sem modelos. Se eu mando isso para o evento, vai vazar. Fizemos o teste na oficina dele, num galpão do tamanho da sala de desfile. Por duas horas o negócio ficou rodando, perfeito. Beleza, fomos para São Paulo. Menina, quando começaram a montar a estrutura, na madrugada, não tinha como o painel dos patrocinadores descer. Eles falaram "tem que ter o painel e tem que ser no centro da passarela". Morri numa grana, porque tive que alugar duas telas e projetores para a lateral. Paulo ficou putíssimo com isso, "você pode guardar segredos de qualquer um, mas de mim e da organização, não. Não era para estarmos passando por isso agora".

Deve ter sido difícil mesmo para a organização. — E acho que também ficaram incomodados com a surpresa. Era autonomia demais para aquele menino. E só era a minha terceira participação na SPFW.

Mas suas peraltices já eram esperadas? — Podiam até ser esperadas, mas estamos falando de uma época em que os principais participantes da semana de moda eram marcas de jeans. Aí o que aconteceu, arrumei as laterais e foram testar a proposta. Como era gerador, aquilo era incompatível com a estrutura e, por algum motivo, não podia encostar que levava choque.

Choque mortal? — Não morria, não. Mas disseram que voava longe.

[Risos.] — Eu falei "não tem problema, não, todo mundo vai assistir sentado. Não é possível que a Regina Guerreiro vai se levantar bem na hora e passar o dedo na estrutura enquanto o negócio estiver rodando". Assim foi. Não recebi imprensa antes do desfile, porque não queria que vissem que não tinha modelos. A sala de desfile estava lotada, era o último da noite. Quando começou, a trilha era muito emocionante, vai entrando os bonecos, um atrás do outro. Na época, a Erika Palomino, da *Folha*, era a todo-poderosa da moda, e a crítica dela foi linda, fala que a plateia ficou de boca aberta vendo um trapezista no ar dando um salto mortal ["O público ficou completamente hipnotizado, transformado em criança de novo, olhando para o alto, como se visse um acrobata dando um salto triplo no trapézio", dizia a crítica]. Era um salto mortal que eu estava dando, de qualquer forma. A imagem disponível para a imprensa seria aquela, se não gostassem,

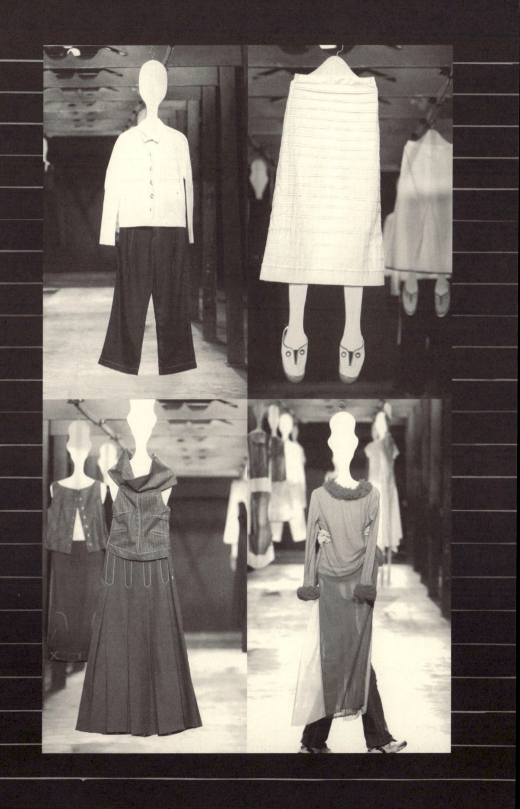

que não publicassem. As roupas vinham com as pences, no formato do corpo, fazia alteração, começaram a entrar estampas de veias, pelo, texturas até chegar nas carnes.

E eu ia pendurar carne de verdade nos cabides. Ia daqui até ali [cerca de quatro metros] com caixas de carne, tinha de tudo: coração de galinha, linguiça. A partir dessa época, eu vi que tudo o que desse certo ou errado as pessoas iam me perguntar "mas era a proposta?". Se estivesse torto, poderia ser propositalmente.

Você não sabia que corria o risco de o sistema emperrar? — Não sabia. Porque, como testei em Betim com os bonecos, não parecia possível. O problema foi que era uma coleção de inverno e o peso das roupas fez com que emperrasse – se o homem que projetou tivesse previsto isso antes, daria para consertar. Nem pensei em testar com a roupa – porque, às vezes, nem os próprios modelos ensaiam com a roupa. O desfile começou superbem. Quando entraram as roupas mais pesadas, começou ahhhhhhhhhhhhrrrr pá, ahhhhhhhhhhhrrrr pá. A Ivana estava na plateia e disse que, quando fazia esse barulho, saía fumaça. Cheguei perto do engenheiro e ele estava com os rapazes que trabalham com ele tentando consertar. Perguntei se estava quebrando e ele disse que sim. E ele disse, antes, ainda em Minas, que se eu quisesse, havia a possibilidade de dar uma ré. Eu o lembrei disso e ele perguntou se eu queria a ré. Eu disse: "Quero que continue funcionando" [imita uma voz de choro].

[Risos.] — Na hora que o cara deu a ré, entrou "La Cumparsita" [imita mesclas da música e do som da máquina dando defeito]. E o povo começou a aplaudir. Enquanto ele dava a ré, os bonecos giravam e saía mais fumaça. Até que o engenheiro disse "eles não vão dar mais nenhum passo".

[Risos.] E aquele tanto de comida dentro do backstage. — Então a camareira perguntou se era para pendurar as carnes. Eu e a Roberta [Marzolla, diretora de desfile] falamos para ela entrar – nessa época eram feitos uniformes para todas as camareiras com o nome da coleção. Começou um tango supercalminho, melancólico, e foram entrando as pessoas normais. A galera veio a baixo. O corpo normal veio buscar a roupa para ele.

Só que esse conceito não estava estabelecido antes. — Pensei "vou ser trucidado por esses leões". Quando terminei, com uma cara de quem estava pedindo desculpas. Desisti de enviar as carnes, porque não fazia sentido elas entrarem junto com o corpo humano, com as pessoas. O pessoal que foi levar a estrutura até São Paulo perguntou se podia levar a carne e voou igual onça nas caixas. Começaram a enrolar linguiça, jogavam corações dentro da blusa, uns 30 corações de boi. Era exagerado.

Hoje o que você acha que as pessoas achariam das carnes penduradas? — Sei lá, não existia essa vigília de hoje. Eu sabia que ia causar um *disgusting* muito grande, mas eu tinha claro esse conceito para esses tempos despedaçados, a bomba foi explodida, nós também estamos despedaçados, precisamos juntar os nossos corpos, o nosso corpo hoje é carne crua, é cru. Pra mim era essa a marca da exposição do corpo no começo da década. Uma jornalista minha amiga disse que no local de entrada das modelos, tinha o pessoal da técnica saindo com um tanto de linguiça enrolada. A imprensa entrou em peso. Se na estação passada, com "Zuzu Angel", eles tinham chorado, agora, estavam enlouquecidos.

Qual a sua sensação nessa hora? — Estava todo mundo lá atrás chorando, camareiras, o engenheiro, eu e minha equipe, todo mundo. Perguntaram. "Quebrou ou não quebrou?". Era a grande pergunta. Eu disse: "Quebrou. Se até um carro de escola de samba quebra, por que num desfile não pode quebrar?". Nessa história foi a primeira vez que eu fiz um desfile sem modelo. Acho que foi também a primeira vez na moda. Uma subversão total.

Você lembra como veio a história de abrir mão de modelos nessa temporada? — Quando estou falando do açougue do corpo exposto, primeiro era do corpo à flor da pele, quando falava de sangue, pensava que virou um grande açougue.

Corpo cru

E a falta do corpo humano, você lembra como pensou em substituí-lo pelo suporte de madeira? — Eu estava muito impactado mesmo com a tendência política, com tudo o que vivia naquele tempo, estava com um bebê em casa, imaginando que futuro seria esse. Eu pensava "a guerra está declarada". Como, realmente, foi. Se eu acredito que a moda é o documento do nosso tempo e que ela tem que falar do nosso tempo, de alguma forma, eu me cobrava isso. "Ronaldo, o que você acha disso tudo que estamos vivendo?". Então, pensei nessa subversão do corpo que resolve abandonar a roupa. "Vou aproveitar essa deixa pra nananinanão pra você ficar impondo mentiras pra mim" [fala como a voz do corpo]. "Se você se basta, roupa, então vai ficar sozinha." A piracema foi essa. [Gargalhada.] Hoje eu vejo isso e digo "Ivana, como você me deixou fazer isso?". Ela responde: "Mas você me convencia tão bem!".

Muitas vezes eu faço essa pergunta, sobre o que a sua equipe falou. Quais foram as reações do grupo mais próximo a você, quando apresentou a ideia? — Eu acho que eu fico persuadindo essa turma inteira. Convenço o meu circo de que isso é normal. Depois que conto a história, eles falam "tem que ser isso mesmo".

O que eu acho que ajuda sua piração é o fato de você dizer, de novo e de novo, que seus principais amigos não são da moda, acredito que alguém da indústria falaria "você está louco". — Sim, falaria: você está louco, não é comercial, não vai vender.

Talvez seja mais fácil convencer os outros amigos. — É verdade, pode ser. A psicanalista adorou essa história, ela estava do lado da Ivana nesse dia. E a Ivana sabia qual seria o custo por trás daquilo tudo, se não funcionasse. Os primeiros desfiles da SPFW, hoje eu vejo que colhi os frutos desse risco. Mas foi um risco gigantesco.

Cordeiro de Deus

VERÃO 2002/2003 | *São Paulo Fashion Week*

O universo dos presídios brasileiros e a história do personagem Jesus da Silva Santos é o tema desta coleção. As peças tiveram intervenções feitas por presidiários, que aprenderam a bordar por meio de um trabalho feito por Ronaldo dentro da penitenciária. A trilha sonora gravada por Fernanda [Takai] e John [Ulhoa] misturava canções.

Então, você passou de uma coleção falando de questões universais à próxima, sobre o personagem fictício Jesus da Silva Santos, mais intimista.
—— Me encheu muito o saco essa conversa de globalização na época. Eu vou ser sincero: já vislumbrava onde esse negócio iria terminar. Passada a euforia, essa seria a chance de o genuíno ganhar valor. Quando via colegas meus, em entrevistas, ou até mesmo em mesas redondas de que eu participava, falando [imita uma voz fanhosa] "ah, a moda tem que ser universal", eu pensava: "vai nessa, pra você ver onde vai parar". O genuíno é feito de histórias e olhares particulares. Eu acredito que tudo pode gerar uma coleção de moda. Mas por que nunca fiz uma coleção sobre o cachorro da minha tia? Eu não quero saber disso. Quero falar do meu tempo e do que traga coisas caras para o meu tempo.

Então, eu estava em casa, vendo um programa de televisão, e estava tendo rebelião num presídio. Uma imagem me marcou muito: era o final de uma rebelião e estavam saindo umas viaturas e ambulâncias de dentro do presídio. As mulheres dos presos estavam na porta e, quando os carros saíam, elas se jogavam sobre eles e gritavam [imita uma voz feminina e desesperada] "fulano, eu te amooo". Olhei aquilo e pensei "se eu fosse cineasta ia fazer um curta só com essa cena", aquele sofrimento, a confusão. Poderia estar apenas o corpo deles ali. Eu falava "hummm, vou entrar nesse negócio", quero entender essa história.

Vou fazer meu curta à minha maneira. —— Eu procurei entender como é o esquema de visita em presídios, conhecer as famílias. É preciso fazer um cadastro. Depois, pensei na capacitação de quem estava preso, o bordado, essa história. Isso até hoje acontece comigo. Quando penso em fazer alguma coleção, começam a acontecer uma série de coisas, uma conspiração, que propiciam aquilo. Num belo dia, recebo um telefonema – nunca esqueci o nome, ela era um personagem do Almodóvar. Carmen Vera. Era uma dessas advogadas de presos, trabalhava na Justiça, entrou em contato comigo querendo fazer um projeto social na penitenciária de Neves. E Carmen Vera, depois fui saber, veio me convidar, mas antes já tinha falado pra Secretaria de Segurança Pública do Estado que eu tinha aceitado.

Ela era das suas. —— Das minhas, essa turma que realiza. Passa um tempo, estou de frente, numa reunião com a secretária Angela Paz, uma figura fantástica, aliás, uma mulher de muita fibra. Se não fosse por ela, eu jamais poderia ter trabalhado lá, porque não era permitido entrar no presídio agulha, tesoura, não podia entrar nada. Então tinha que achar uma forma de fazer isso. Descobri uma senhorinha que podia ir até lá dar aula de bordado para os detentos. Ela era uma figura, porque xingava aqueles caras enormes, com o polegar gigantesco [imita uma voz idosa e brava] "não é assim, não. Desmancha tudo". Eu tinha um assistente na época que era todo tatuado e só andava de bermuda, o Adriano Paulino. Ele chegou ao presídio e não deixaram entrar, pelo jeito como estava vestido, foram lá dentro e pegaram a calça de um preso enorme emprestada, então ele conseguiu entrar. Assim, entrei nesse universo.

Nem sabia que viraria uma coleção. Eu queria oferecer uma capacitação e entender como a vida no presídio funcionava. Eu só podia ir aos finais de semana. Quando, na primeira visita, na porta, tinha aquele tanto de pastor e gente da umbanda, tentando pegar suas ovelhas desgarradas. Daí veio o nome "Cordeiro de Deus".

Memórias de um estilista coração de galinha

A trilha sonora também mostra a religiosidade. —— Eu comecei a resgatar a minha infância que vivi na igreja com minha avó, mãe do meu pai, ela tomava conta de mim. Saí da igreja, fiz primeira comunhão, eu achava essas músicas lindas e não ouvia há anos. Foi um jeito de trazer a minha avó Ana. A velhinha professora de bordado lembrava muito essa avó. Então, saí atrás de vinis. Ainda não existia essa loucura da indústria da música religiosa, não achei um CD, fui atrás dos vinis para conseguir as músicas. Num jantar em casa, fiz um desafio à Fernanda [Takai] e ao John [Ulhoa]: "Vamos fazer uma trilha? Queria fazer um desfile com música de vocês". E isso é outra coisa: lembra que naquele tempo trilha de desfile era música de DJ bate-estaca. Você pensar na voz da Fernanda Takai num desfile não era comum.

E com músicas religiosas. —— Nessa época, eu morava num apartamento, no segundo andar de um prédio de três andares, e precisava da música para criar. Nos finais de semana, saía o Ludovico e a Ivana, eu ficava trabalhando, num calor infernal, desenhando e ouvindo as músicas, para fazer a seleção e mostrar para a Fernanda e o John. Tocou a campainha, peguei o roupão – de tão quente, estava desenhando pelado. Abri a porta e a pessoa disse "sou sua nova vizinha do andar de baixo. Vim me apresentar e fazer amizade". Eu disse "entra aí". Pensei que ia demorar, porque a mulher sentou. Ela perguntou "você é irmão?". Irmão do Rodrigo? Irmão de quem? Ela queria saber qual igreja eu frequentava. Disse que não frequentava nenhuma, que a música era para um desfile. A mulher ficou tão desnorteada, foi embora falando que voltava, mas não voltou.

A Fernanda gravou uma trilha que eu acho superprofana, com músicas religiosas dos anos 1940 misturadas a composições da Diana, cantora que foi casada com o Odair José, numa relação conturbada, com violência doméstica, mas saiu fora e foi morar na Bahia. Então, na época do desfile, um jornal de BH a redescobriu, ela ficou superfeliz de a Fernanda cantar suas músicas.

A cenografia tinha fotos espalhadas pelo chão. —— Eu queria o clima mesmo do quarto deles, das luzinhas, as tatuagens, uma coisa

maravilhosa, esses códigos que não são da penitenciária de Minas, mas do Brasil. Aquelas marquinhas de mês na parede, a contagem do tempo, você vê isso, é maravilhoso. Eu fotografava, fazia um grafite, estampava e levava para eles bordarem. Para o bordado, levava material de toda cor, deixando eles fazerem como quisessem. Eles recriavam em cima, cada trabalho tinha a cara daquele cara que estava bordando. Era muito legal estar lá no dia de visita, a mulher ou a namorada do lado e o detento com afinco se dedicando ao trabalho. O bordado era impecável, não tinha nem avesso. Tinha uma figura lá, um dos líderes deles, que em cada peça bordava "Washington, eu te amo".

E que foi uma das histórias que depois você disse que mais o emocionou. — Ele era um homenzarrão muito bravo. Eu falei assim –, depois que já tinha certa intimidade, – "ô negão, conta aí que Washington é esse". Ele disse: "Washington é meu filho, que não conheço, fui preso quando minha companheira estava grávida, ela sumiu no Brasil, nunca vi meu filho, mas sonho com ele todas as noites, durmo abraçado num travesseiro, e sempre sonho que estou abraçando ele. Então, tudo o que eu faço com carinho, faço pra ele. Sou louco pra sair daqui".

Você tinha um filho ainda bebê. — Tinha. Aquilo me marcou demais, perguntei quando ele sairia. Nunca perguntei a nenhum deles qual foi o crime que cometeram. Alguns até tentavam me contar, mas eu não queria saber, pelo limite que teria a relação que estávamos estabelecendo. Mas para ele perguntei o quanto demoraria para sair, e faltavam dez anos. Aí eu falei "então, borda, negão, borda. Não para, não".

Este processo demorou quanto tempo? — Uns seis meses. Depois fomos fazer o desfile em São Paulo. Com música, luzinhas, gambiarra – ainda pouco usadas em cenografias –, os convites foram aqueles espelhinhos laranja.

O espelhinho laranja, muito brasileiro, apareceu mais de uma vez em seus desfiles. — Essa foi a primeira vez. Virou um símbolo da coleção. As fotos do catálogo foram só com gente que não pareceria modelo, até o meu [atualmente, ex] sogro está lá.

Os seus convites físicos são muito desejados. Eles começaram com sua entrada na SPFW? —— Na semana de moda era tudo feito em grupo, sempre me preocupei em ter uma imagem gráfica, sempre entendi que como a música é mais um elemento que ajuda a contar a história, a memória gráfica da coleção também faz isso. Não dá simplesmente para escrever o release numa folha branca de computador. Sempre pergunto a assessoria se sobrou algum press kit distribuído na sala de desfiles, quando falam que não, fico satisfeito. As pessoas levam tudo. E tem até uma onda na internet de colecionadores de convites Ronaldo Fraga antigos. Meu financeiro sempre dizia para fazer algo mais simples, mas eu arrumava muita confusão. Por exemplo, o espelho de "Cordeiro de Deus", ele pode ser barato, mas vai colocar cada um nos Correios para ver a fortuna que você vai pagar. Mas eu falava "vamos fazer". Na época do "Cordeiro de Deus", as cenografias da SPFW eram muito grandiosas, tinha muito dinheiro. Então veio aquele desfile com gambiarrinhas penduradas e os retratos 3x4 espalhados.

De quem eram as fotos? —— Dos funcionários daqui. Fiz xerocão das fotos e espalhamos pelo chão, como se tivessem morrido ou fossem procurados.

Com qual coleção surgiram seus convites? —— Então, embora nas semanas de moda anteriores à São Paulo Fashion Week eu criasse uma imagem, os convites eram coletivos, porque os desfiles eram coletivos, tudo na mesma sala. Já na São Paulo Fashion Week, a sala era só minha e quem tinha que criar o convite e a imagem era eu.

Uma marca das peças de "Cordeiro de Deus" foram as estampas e aplicações de imagens religiosas. —— O Sagrado Coração e os santos de "Cordeiro de Deus" vêm das tatuagens dos presos. Um deles tinha um crucifixo na pele e isso virou estampa. Eram tatuagens feitas de forma muito tosca, com pregos, e reproduzimos isso. E tem coisas que não estavam, mas poderiam estar ali, por exemplo, o grafite da Elza Soares e do Garrincha, um amor doído, sofrido de confusão.

A beleza remetia a esse tipo de amor conturbado. — Até hoje, quando chego para o maquiador, sei exatamente o que quero falar. No cabelo, usaram uns grampões de salão com espelhos e, no rosto, hematomas, como se tivessem levado muita porrada. Quem fez brilhantemente a beleza foi o [Carlos] Carrasco. Parecia coisa de cinema. Soco na boca. Isso é algo que eu penso: "Ronaldo... que loucura ter feito isso". Mas, ao mesmo tempo, acho que o mundo encaretou.

A gente sempre volta a esta questão: imagina se fosse agora, com a internet. Talvez alguém o acusasse da glamourização da violência. — Da violência contra a mulher. Hoje eu não poderia fazer isso, eu não poderia usar os símbolos que usei – até poderia se quisesse, mas levaria muita porrada. E mesmo com a maquiagem, a trilha, que acabaria pesando como uma trilha evangélica. Essa trilha do "Cordeiro de Deus" com a Fernanda virou item de colecionador, não tenho mais. Fizemos uma tiragem do CD para vender e esgotou. Foi a primeira trilha comercializada. Fiz porque a procura era muito grande, o pessoal saía do desfile querendo ter.

Quando você fala que foi inspirado num personagem fictício, como é a delimitação dele? — Este personagem, fictício ou não, sou sempre eu. Eu viro o Drummond, eu viro a Zuzu Angel, eu viro o Jesus da Silva Santos. O judeu, o presidiário, eu sou todos esses daí. E não tem como não ser, para entender o outro e escrever sobre o outro tem que entrar na alma dele e pensar "se ele fosse usar essa roupa, como ele faria?". Eu já tinha usado aquele carneirinho fofinho na roupa e, agora, coloquei um cordeiro. Alguém poderia dizer "ah um carneirinho, que fofo". Não, aquele ali é um cordeiro, o negócio é pesado, ele vai para o corte. Vai ser imolado.

Agora é o momento que você está preenchendo o caderno [da coleção "Cidade sonâmbula"]. — Não tem a obrigatoriedade, não. Tem caderno que faço inteiro, outros até um terço. Passou a coleção, nunca mais mexo nele, as páginas ficam em branco mesmo.

Tem que terminar os modelos só. — A gente estava aqui conversando, conversando, eu acabei fazendo uma saia. Não sabia que iria fazer. Eu preciso ter um livro de receitas e o caderno é isso. O designer Dijon [De Moraes], irmão do Paulinho Pedra Azul, conta uma história linda. Ele tinha uma avó de uns 96 anos, analfabeta no Jequitinhonha. Como não sabia escrever, o caderno de receitas dela era todo desenhado. Tinha a colher grande ou pequena, os ingredientes. Quando ele foi ficando mais velho, com uns 5 ou 6 anos, ela começou a ditar as receitas para ele, que também as registrava desenhando. Claro que ele só podia ter virado designer. O Dijon até já me disse que os cadernos dela são sagrados e eu sou a única pessoa para quem ele entregaria os cadernos nas mãos. Sempre pergunto "e os cadernos da Dona Rosa?".

Você pensa em fazer disso o tema de uma coleção, algum dia? — Claro. Nessa história tem coisas muito lindas, como a comida e, principalmente, o desenho como escrita numa situação em que para se expressar a pessoa tinha que saber desenhar. Você se expressa por meio do desenho. No caso dela, de forma utilitária. Depois, ela usaria aquilo de novo e de novo. Ela era capaz de ler os desenhos. Eles eram escritos.

Fala um pouco mais do caderno como seu livro de receitas. — Quanto mais coisas eu coloco nele, melhor. Por exemplo, eu fiz este desenho agora de multidão. Então, percebo que o desenho está pedindo para estampar uma camisa de seda pura. Quando você olha, essa coisa dos quatro olhos não embaraça sua visão [os croquis tinham mulheres com quatro olhos, que mais tarde viraram também a beleza da coleção, com dois olhos pintados na testa de cada modelo]?

Sim. — Assim é a visão na "Cidade sonâmbula".

Eu crio um croqui para cada coleção. Nesta, ele é vermelho. Você não consegue encarar, olhar nos olhos, porque na nova estética da cidade grande não se olha nos olhos de ninguém.

Parece que você se delicia fazendo isso. Parece ser a parte mais divertida. — Eu me delicio. É a parte em que a criança que eu fui fica no meu colo, eu que vou atrás dela para onde ela vai no caderno. Ultimamente, tenho falado muito do Portinari [por causa da exposição "Recosturando Portinari", em Belo Horizonte, entre agosto e outubro de 2014] e acho que uma grande parte do legado dele é isto: ele fala "jamais abandone a criança que você foi. Leve ela até a sua última pincelada". Então, o que mantém o viço da minha relação com meu ofício e o brilho dos meus olhos é o meu livro de receitas, a hora de começar a me dedicar ao caderno. E as pessoas próximas, todos os meus amigos, perguntam "e o caderno? Já tem muita coisa?".

Esta parte também é a única que você faz sozinho. — Só quem pega no caderno sou eu, eu rabisco, aquilo pode virar roupa, ou não. Eu não dava valor para esse caderno, joguei vários fora, dava para assistentes. Comecei a guardar depois. Da coleção "Zuzu Angel" sobraram duas páginas. Não sei por que eu fui jogar fora e salvei essas duas páginas. Acho que comecei a guardar da coleção do Rio São Francisco em diante.

Como foi a repercussão de "Cordeiro de Deus"? — Na manhã do desfile, a Globo Minas queria gravar comigo no presídio, mas expliquei que já estava em São Paulo. Eles fizeram a matéria para o *MGTV* e emplacaram também no *Bom Dia Brasil*. O jornal foi encerrando, falando do desfile e mostrando os presos que fizeram as peças comigo. Eu não dou entrevista, não apareço nessa, que foi uma das matérias que mais amo. Um mês depois, os tecidos cortados estavam dentro do presídio e houve uma rebelião horrorosa, botaram fogo no pavilhão e as roupas se perderam. Tive um prejuízo gigantesco. Pensa num prejuízo gigantesco. Foi o meu ali [ri].

Nada como o tempo para rir dessas coisas. — Mas eu já ria na época.

E foi um ponto coerente com a história do Jesus da Silva Santos, o fato de as roupas terem sido queimadas numa rebelião. — Sim, eu pensei "isso aqui é a vida real". Não sei o que se passou depois com quem convivi.

Você voltou lá? — Não, achei mesmo que tinha que ser assim. Eu tinha que conhecer aquelas pessoas e conheci. Foi um encontro feliz, tenho certeza, para ambas as partes.

Queimaram a roupa, e depois? —— Tive que refazer tudo, com outras pessoas bordando. A coleção chegou atrasadíssima à loja. E não tenho essa coleção no acervo. Aquelas peças que foram desfiladas estavam no presídio e também foram queimadas. Quando saí dessa coleção, eu estava tão esvaziado que pensei "deixa eu puxar alguma coisa da minha infância, uma literatura que não pegue muito na minha cabeça", porque vim de duas coleções densas, "Corpo cru" e "Cordeiro de Deus".

As viagens de Gulliver

INVERNO 2003 | *São Paulo Fashion Week*

O clássico livro de aventuras de Jonathan Swift serviu de tema para um desfile ousado quanto à movimentação das modelos, que estavam na passarela, deitadas sob um tecido, antes de a apresentação começar. O público foi surpreendido quando, uma a uma, as modelos apareciam, respondendo a um chamado por nomes propostos por Ronaldo, como Clara e Olga, que remetiam a personagens de sua infância.

Você foi atrás de um tema leve? —— Sim, eu queria alguma coisa leve, leve, leve. Como se eu parasse em frente a essa estante e puxasse um livro. Veio *As viagens de Gulliver*, de Jonathan Swift. Foi uma coleção muito piracema. Os modelos tinham que ser como Gulliver acordando. Peguei as almofadas e a Rosangela Matana, superparceira, fez as tocas, eles ficavam deitados com o cobertor por cima. O povo é tão absurdo, todo mundo querendo ver e ser visto, que não percebeu que os modelos estavam ali na passarela antes de o desfile começar.

Mas dava mesmo para enganar. —— Dava. Elas estavam embaixo do cobertor. E acho linda a versão do Marco Antônio [Guimarães], do Uakti, tocando aquele clássico [começa a cantarolar "Ode to Joy"]. Mas ainda faltava uma peça de encaixe. Pensei: como vamos fazer para o pessoal levantar e ir lá para o fundo fazer o desfile? Aí, um dia, atendi o telefone e era o cara de uma van que prestava serviço pra gente. [Imita uma voz muito grossa] "Ronaldo". Percebi que aquela voz era a peça que faltava. "Estou precisando de você para a trilha do desfile". Peguei o cara, levei ao estúdio e ele gravou os nomes. Quando as modelos chegaram eu falei o nome pelo qual cada uma seria chamada no início do desfile. "Hoje você se chama Olga", fui falando cada nome. Mas um lá comeu mosca e, depois que todos já tinham levantado, ainda estava deitado. A roupa tinha uma forma meio balonê, ou meio paraquedas esvaziado – que é o delírio do extilixta [imita o sotaque carioca]. Eu te falei que a Regina Guerreiro era supertemida por suas críticas. E essa foi uma das minhas únicas coleções – acho até que a única – para a qual ela fez uma crítica desfavorável. Tinha havido uma enchente horrível aqui em Minas, o estado estava embaixo d'água e ela fez um texto "só no blá-blá-blá, dessa vez Ronaldo foi só blá-blá-blá, ele se inspirou nos mendigos flagelados da chuva de Minas. Ah, não, filhinho, dessa vez foi demais!".

[Risos.] — Não sei de onde ela tirou isso, mendigos de Minas. De vez em quando o cara da van aparece e mexe comigo, "lembra que cantei no seu desfile? Eu falo e o povo não acredita".

Um dos personagens se chamava Tom Zé e outro, Clara Nunes. — Márcia de Windsor também, que é uma atriz da minha infância.

Você acha que, com o tempo, a forma de suas roupas foi ficando mais ampla? — Tem uma coisa, a partir de "Corpo cru", a busca pela roupa libertária, que não impõe limites de corpo. Acho que, na verdade, desde a "Zuzu Angel", eu já vinha falando que o que eu, Ronaldo, achava bonito na roupa era o que ela sugeria como corpo imaginário. Também uma forma de ir contra a hiperexposição do corpo na moda do Brasil. Onde tudo era apertado, tudo era lycra, eu fiz os vestidos rodados de "Rute Salomão". Se você pensar as saias rodadas, que eu acho lindas hoje em "Rute Salomão", o godê, não era aquilo a roupa da época.

Mas, no comecinho, no "Império do falso", "Coração de galinha", tinha minissaias ou barrigas de fora. — "O jantar" também tinha vestidos mais justos.

E, numa entrevista sua, bem jovem, estava fazendo o "Vendedor de milagres", você disse "eu faço moda para pessoas da minha idade". — Eu disse isso?

Memórias de um estilista coração de galinha

Sim. Imagino que tenha a ver, fazer a moda de acordo com o que já viveu, já conquistou. E hoje em dia sua roupa é conhecida por não ser direcionada apenas a pessoas que vestem o manequim específico. — Eu nunca fiz roupas para pessoas de uma certa idade, isso pode ter sido o contexto, ou uma bobagem. Mas nunca parei para falar "minha mulher tem tantos anos e faço para essa mulher de tantos anos". Em relação ao corpo, sempre pensei numa roupa que fosse moderna, transgressora, jovem, mas que não impusesse uma medida a corpo algum.

Você acha que começou mais conscientemente a tomar esse cuidado quando? — Se você pensar nas primeiras coleções da São Paulo Fashion Week, elas eram libertárias para mim, como estilista. Um processo de amadurecimento, tinha acabado a farra. Até o Phytoervas, eu era do grupo caricato, com "Rute Salomão" eu entrei no grupo de elite. Quando eu estava no grupo especial da escola de samba, a exposição me impunha e cobrava certos compromissos que eu não tinha antes. E, principalmente, quando o mais comercial era o vestido justo, era isso que vestia, eu fazia totalmente diferente. Era o estilista transgressor, era quase uma roupa não de velha, mas de judia ortodoxa, ela continuou me perseguindo por muito tempo ainda.

Em certas marcas, quem veste acima de 42 não consegue sequer comprar uma calça ou uma saia. Não é o caso de suas criações. — Sim. Para quem faz uma coleção como "Corpo cru" seria uma hipocrisia agir assim. Antes de fazer "Corpo cru", eu já vivia essa busca por um corpo libertário. E hoje, quando começo uma coleção como "Carne seca", em que estou falando do universo do semiárido, ou mesmo essa agora ["Cidade sonâmbula"], que é uma coisa mais próxima do corpo, penso que tenho que fazer peças para as minhas clientes.

As Ronaldetes. — As Ronaldetes, que são formadoras de opinião em seus grupos e que não necessariamente vão usar a roupa justa.

Entre clientes de outras marcas, é comum ouvir as pessoas falando "poderia fazer números maiores". Na sua, acontece o contrário, pedirem para você fazer roupas mais curtas e justas? — Acontece, sim. Por exemplo, na "Nara Leáo". Eu tinha que fazer uma coleção subindo o comprimento e colocando as pernas de fora. Rio de Janeiro, final dos anos 1950, ela usava a minissaia antes de a minissaia ter sido inventada. Mas muitas das minhas clientes amavam a história da Nara, mas não se identificavam com a roupa. Algumas até mudaram de estilo ali. Mas claro que perdi muita venda. Então, hoje, quando paro para contar uma história para a coleção, eu já imagino que vou cair em alguma armadilha. Ao buscar a coerência e querer ser fiel à história, pode pedir certo volume e forma que não é aquilo que esperam da minha marca, então faço uma queda de braço com aquele que – por razões óbvias – é o que mais importa para as marcas, o cliente.

Mas você faz adaptações? — Faço, mas a imagem da passarela e a história é que cria o desejo. Mais pra frente vamos falar do Lupicínio Rodrigues, ele trouxe pra dentro da minha loja uma mulher que antes não entrava. Uma mulher que eu, de certa forma, antes, abominava, que é a perua. E, depois de entrar, ela está lá até hoje. Essa é uma vantagem também de contar uma história. A marca não perde essa pessoa, pode ser que ela não compre uma certa coleção, mas ela volta na outra.

Na Semana de Moda de Nova York, a Vivienne Westwood fez algumas peças de roupa para já estarem prontas na loja, no dia seguinte ao desfile, por causa do Instagram e do desejo imediato que ele causa. O que você acha disso? — O ideal é isso. Foi tão popularizada e democratizada a história do desfile. E, hoje, com a mudança do calendário – fui um defensor da mudança –, trouxe tempo para você se organizar. Mas tem um problema, porque distanciou demais o momento em que a roupa vai para a loja de quando o desfile pegou a pessoa de assalto em casa. Por exemplo, o Portinari pegou a pessoa de arroubo na época do desfile [março de 2014] e agora [cinco meses depois] as pessoas podem ver a exposição. Tem coleção que as pessoas foram pegas de arroubo, mas ela foi lançada tanto tempo depois.

Voltando às "Viagens de Gulliver". Esse foi dos seus desfiles menos queridos? Pareceu que sim, enquanto você estava falando. — É engraçado, às vezes penso que eu não precisava ter feito essa coleção. Ou que eu faria de outro jeito, hoje em dia. Acho que tem peças bonitas isoladas, a cartela de cores é muito bonita, mas no desfile houve muitos looks. Como tinha tantos nomes lindos que queria que fossem chamados, deixei looks a mais. Aquela cartela de cores com os laranjas e os rosas é bonita e difícil alguém fazer, os amarelos também, gosto muito das estampas de teoremas matemáticos. Isso é maravilhoso, alguém vestido assim. Faça conta de mim. Ou, então, tente resolver essa equação, eu sou uma equação. Tem muita gente que procura na loja.

Sobre o dia a dia da loja e da marca, de tempos em tempos você revisita alguma coleção e fabrica de novo peças de antigas? — Não. Mas eu deveria fazer. Hoje mesmo alguém me perguntou, disse que paga o quanto for por peças da coleção do Jequitinhonha.

E nunca fez isso? — Não, porque a produção é pequena, parar e relançar alguma coisa é difícil.

Está acontecendo isso no mundo todo, mas lá fora é pior ainda, porque o estilista que desfila em Paris, muito antes de as roupas dele chegarem à loja já foram copiadas pelos chineses e estão na Zara. Aqui também está acontecendo, mas não se sabe como vai ser: acabar com a venda no atacado e virar tudo pronta-entrega? Há várias formas de comercializar a roupa. Na venda de atacado a pessoa faz o pedido, programa e recebe dentro de três meses. E na pronta-entrega, produzo uma coleção e você lojista já leva agora. Vira uma grande pronta-entrega.

Tem mais desperdício. — Tem mais risco. Você está achando que está fácil, não está, não.

Outra coisa que tem se tornado muito comum no exterior e no Brasil são as coleções intermediárias, entre as principais estações. Você pensa em fazer isso? — Faço coleções cápsulas, de camisetas, por exemplo. Essa coleção agora do Portinari, desculpa, mas as cores do Portinari eram laranja, amarelo, turquesa e cobalto, eu não tinha que enfiar outra cor ali. Só que, falando de negócio, eu não posso ficar só com essas roupas na loja. Por mais que eu tenha uma série de estampas e de bordados, a coleção está focada nessas cores, então, agora eu começo a colocar as roupas de fim de ano, muito branco. Outra coisa: até por causa do centenário do Lupicínio Rodrigues, em minha coleção de festa estou pensando em relançar vestidos da coleção dele, pelo menos uns seis modelos.

Explica um pouco melhor o que o incomoda quando olha para "As Viagens de Gulliver". — Sabe qual foi o erro? Não é a coleção em si, ela tem um erro de edição. Ali, o Ronaldo cenógrafo, diretor, criador de imagem, diretor de arte, foi mais forte que o estilista. Eu não tinha um stylist, eu mesmo fazia o styling, então tinha looks que faziam volume, mas não precisavam estar ali. Era uma coleção que se eu fiz com 40 looks, poderia fazer com 20. Mas eu queria uma passarela inteira de liliputianos dormindo. Foi um risco que corri. Mas gosto da cartela de cores, gosto de tudo.

A movimentação na passarela foi muito boa. — Uma edição ali e seria um desfile que iria amar. Hoje só gosto.

Costela de Adão

VERÃO 2003/2004 | *São Paulo Fashion Week*

Para fazer pesquisas para a coleção seguinte, Ronaldo foi ao Vale do Jequitinhonha, em Minas, e conviveu com sua comunidade. Apaixonado especialmente por suas artesãs, o criador levou para a passarela de São Paulo formas e cores inspiradas nas bonecas de barro. A coleção focava na beleza da região, mais conhecida por sua miséria. O chão da passarela foi coberto de terra e recebeu centenas de flores feitas pelas mulheres jequitinhonhenses.

E "Costela de Adão" veio logo depois, com seu caso de amor pelo Vale do Jequitinhonha. — Foi a primeira coleção etnográfica, ela abriu a saga de "O turista aprendiz", embora não tenha esse nome. É a primeira coleção que me tira de dentro do ateliê e me leva tanto para a pesquisa em campo quanto para conexões com comunidades.

Mais tarde, em entrevistas, várias vezes você disse que as coleções são pretextos para você viajar e conhecer de perto realidades e assuntos que lhe interessam, como, por exemplo, no Pará ou no Rio São Francisco. Com o Vale do Jequitinhonha já foi assim? — Sim. Com "Costela de Adão" houve vários pontos. Primeiro, evidentemente, eu já tinha uma angústia que carrego até hoje de uma relação de amor e ódio com meu ofício. Uma relação de desconforto com a moda e suas estruturas. Hoje, por mais que esse desconforto ainda exista, já encontrei compartimentos onde colocá-lo. Nessa época, não. Eu tinha uma relação de negação com ela o tempo inteiro. Isso tinha um lado positivo, porque funcionava como um estímulo a pensar de outro jeito, a arriscar, a criar. Esse amor e ódio é que não me deixa, até hoje, ter uma relação conformista com ela. Naquele tempo, eu olhava as coisas assim: todo mundo acha cafona o Vale do Jequitinhonha, acha cafonas estas bonecas, coisa de decoração de tia de mau gosto, vou trazer isso para a moda.

Se você for analisar estas coleções até o Jequitinhonha, não tinha uma delas em que eu tivesse falado do Brasil exatamente. Ah, Zuzu Angel? Não, porque nela eu estava falando do Brasil político e urbano, não de um Brasil regional. Mas em "Costela de Adão" eu sinalizo que aquilo era meu *cup of tea*, que eu gostava daquela história. Aquilo não combinava com a moda em nada. Isso foi ontem, mas tem uma distância gigantesca. Estamos falando do início de uma apropriação de uma coisa que o brasileiro nunca teve, que é a autoestima. Isso daí era o máximo do cafona, o máximo do sem-lugar. As pessoas se sentiam confrontadas por esse tema. Mas, ao mesmo tempo, ele pegava as pessoas de susto e a moda precisa do susto, precisa da surpresa. Quando vou para o Jequitinhonha e entro naquele universo, tinha também uma coisa que eu trazia da adolescência que é tentar achar um lugar que justificasse minha profissão. Moda existe para quê? A moda pode projetar a cultura de um grupo, de um povo, de um país. Pode gerar emprego e renda como afirmação cultural. Essa foi a primeira coleção que me deu esse insight. E acontece em mim também a apropriação de uma figura que eu considero um dos mentores intelectuais que escolhi, que é Mário de Andrade. Quando estava no Jequitinhonha, pensei que quem fez isso e falou da importância de trazer o país do Norte para o Sul e vice-versa e de entender esse Brasil, misturar o erudito e o popular, com uma unicidade, foi Mário de Andrade. E o Jequitinhonha é isso.

Fiz o contato com uma secretaria do Governo de Minas, que estava começando a implantar um projeto fantástico da Dona Ruth Cardoso, o Turismo Solidário, que consistia em levar pessoas para lugares onde o turismo normal não ia. Quando resolveram fazer com o Jequitinhonha, me convidaram para ir. Fui considerado o turista número zero dentro do projeto Turismo Solidário.

Continua sendo difícil o acesso ao Jequitinhonha para quem decidir ir até lá. —— Imagina há onze anos. Fui com dois designers gráficos, um videomaker, uma assistente de estilo, entramos numa van e fomos embora. Fomos extremamente bem recebidos. Tinha o guia indicado pela secretaria, que nos acompanhava, o Maurício, e ele conhecia muito bem o Jequitinhonha. Ele tinha um roteiro, sabia onde nos hospedar e conhecia os mestres-artesãos que eu ainda não conhecia. Foi aí que conheci a Dona Izabel [a mais famosa bonequeira da região, famosa nacional e internacionalmente], que faleceu este ano [outubro de 2014]. Perder uma Dona Izabel é como perder o Manoel de Barros para a cultural brasileira, troca-se apenas o vetor. No Jequitinhonha eu descobri o quanto eu era ignorante e não entendia nada de design.

Você ajudou a tornar o trabalho dela mais visível [o desfile "Costela de Adão" foi realizado em junho de 2003, no ano seguinte, Dona Izabel recebeu o Prêmio Unesco de Artesanato para a América Latina e, em 2005, a Ordem do Mérito Cultural, concedida pelo Ministério da Cultura]. —— Não ouso dizer, nunca falei nem nunca falarei sobre ela ou sobre ninguém algo do tipo "Ronaldo, você foi responsável pela pessoa ter ganhado um prêmio". Claro que não, aquela pessoa já existia. Mas foi um momento, não só do desfile, mais à frente ela recebeu o prêmio da Unesco. Uma coisa real foi uma luz sobre o Jequitinhonha, um olhar sobre o Jequitinhonha como ninguém das artes visuais tinha feito. Porque eu não queria jogar o foco sobre a miséria. Eles falavam "aqui tem pobreza, mas não tem miséria, nós temos a cultura, temos a comida, temos a beleza desse lugar". E falavam "por favor, se for falar da gente, fale disso". E até hoje o que me move, na moda, é isto: que ela pode se ocupar, sim, de olhar a poesia num terreno árido. Porque se você for olhar a aridez pela aridez, para que fazer?

É o óbvio. —— Já está na cara, não precisa fazer. Aquela trilha, quando chamei a Sylvia Klein, cantora lírica, para cantar músicas do Siba, foi por querer trazer uma nobreza e falar "isso poderia ser em qualquer lugar". É um lugar onde a cultura popular deve estar, por sua nobreza. Você acha que foi fácil fazer aquela passarela rachada, seca, com aquelas 4 mil flores de cerâmica? Não foi. Mas anônimos ainda me param e falam que nunca esqueceram aquilo. Então, vale. É claro que vale. Agora, recontando, eu posso falar de valores, pensar "que loucura, Ronaldo". Ao mesmo tempo, não quero perder isso de vista. Isso é a minha flecha para atravessar o coração do outro, para trazê-lo até esse lugar. Roupa, não. Às vezes, nem eu lembro das roupas.

Uma coisa é falar "vou fazer uma coleção inspirada no Brasil e pensar na Amazônia, ou até no cangaço, que tem seu charme". Mas fazer isso com o Jequitinhonha, não. E eu tive lá descobertas que são para sempre. Eu estava falando de um lugar cuja alma é feminina, ele é regido por mulheres e fui saber disso lá. Até entender por que as bonecas estão sempre em roupa de festa. Elas crescem esperando este momento, que é o casamento, geralmente, muito cedo. Há uma festa, no melhor modelo de festa do interior, cheia de enfeites, como noite de São João. E, a partir daí, começa o calvário, porque ela tem os filhos, o marido vai trabalhar nas usinas do interior de São Paulo, começa a vir cada vez menos, até que um dia não volta mais, arruma outra família, a vida é difícil mesmo. E elas se denominam viúvas de marido vivo, são chamadas assim por si mesmas. É uma sociedade regida pelo feminino.

Quando cheguei em Santana de Araçuaí, no meio de um cerrado seco, quase caatinga, vi uma igrejinha branca, o chão de terra batida. E eu pensava: "onde elas arrumam pinceis para poder pintar essas bonecas?" Era ignorância minha, porque a cor vem do barro. A Dona Izabel era levada por sua mãe para o lugar onde ela fazia panelas. Desde quando se conheceu por gente, ela falava "quando comecei a andar, eu já andava no barro, e se eu quisesse brinquedos, tinha que criar no barro, o boizinho, a casinha, a boneca". Então, com isso, ela aprendeu se o barro era bom ou não pegando nele. Realmente, as crianças dessa região pegam no barro e falam se presta ou não. Ela fazia a boneca toda cinza e, quando queimava, o forno invariavelmente com um tabuleiro de biscoito de goma, enquanto a gente esperava a boneca queimar, ela saía colorida, depois elas eram retocadas com pena de galinha. Toda essa vivência, toda essa história me projetou para um lugar que vi que era onde eu queria estar: esse Brasil generoso, afetuoso, antropológico, que ensina muito da nossa formação, um Brasil poético, acima de qualquer coisa. Vi como aquilo é precioso. Ela era uma grande mestra, ensinou para todo mundo, mas brinquei com ela "tem um segredo aí, a

gente sabe qual é a sua peça". As bonecas dela têm um tom cintilante, brilham. Ela falou "eu faço, eu falo para elas, mas acho que é a gordura da mão de cada um, acho que é o meu suor que deixa assim". Então, cada mulher vai fazer sua boneca e ela vai ter a assinatura de cada uma delas. A digital. Elas, sem sentir, em todo o Jequitinhonha, fazem com os próprios traços. É o mesmo que acontece com o desenho, que também tem a digital de quem faz. Todo artesanato também é assim e, no Jequitinhonha, isso é muito latente.

Descobri um Jequitinhonha extremamente rico e farto, não o da miséria que eu esperava. Há miséria em uma ou outra cidade, mas é uma miséria provocada pelo próprio homem, mas, em geral, a grande maioria das pessoas era um povo festivo, mestiço. Foi a primeira vez que o Brasil mestiço foi para a passarela da SPFW. Imagina ter ali 3 mil flores de cerâmica, era um jardim todo de flores e eu queria uma passarela de terra batida, fiz a passarela de terra batida.

Descobri no interior de São Paulo uma empresa que fazia piso esportivo de terra, tipo em tabuleiros. Eles levaram para a passarela os blocos, aguaram durante a madrugada, depois fincaram milhares de flores. As pessoas saíram do desfile carregadas de flores.

E, no Vale, as artesãs devem ter ficado em plena função para dar conta de fazer tudo. — Correram para conseguir entregar a tempo. Dona Izabel foi para o desfile.

Qual foi o modo de levar as flores até a passarela? — Nesse caso, tive que contar com transporte do governo e do projeto. Foram duas Kombis cheias. Já aprontei demais. Também foi aí que comecei a incorporar à roupa as rendas de Divina Pastora, lá do Sergipe, primeira vez também que usei a renda renascença. Comecei a trazer esse material para desenhar o feminino do Jequitinhonha.

Também tive a sorte, como em todas as outras coleções, de ter grandes profissionais ao meu lado – na beleza, até Drummond, foi o Carlos Carrasco, e de lá em diante foi o Marcos Costa. Pessoas extremamente talentosas e profissionais muito apaixonados, que entram no clima das histórias. O mesmo vale para a Roberta Marzolla, que até hoje é diretora dos meus desfiles.

Essa é uma característica sua, ter um time longevo, a começar pela própria Dona Nilza. — Isso que humaniza o trabalho e me interessa muito, o trabalho de alguma forma com a assinatura do coletivo. Posso até mudar, como já mudei. Mas sou cercado por pessoas que também são movidas a paixão. Existe um lado do Ronaldo que é técnico do time, mas, se você pode dar, de alguma forma, com seu trabalho protagonismo para os outros, acho fantástico e transformador para mim, para eles.

Fala da beleza desta coleção. — Em Santana do Araçuaí, teve uma imagem que foi muito forte. Um casamento, quando aquelas mulheres que ficavam no barreiro o dia inteiro se arrumavam para a festa à noite. Produzidas, elas estavam com decotes, vestidos de festa, mas com a marca do sol, até aqui [mostra o antebraço] e no pescoço. Falei: "A beleza é essa". A marca do sol que as deixavam com o tom de caramelo e um batom rosa ou laranja que gritava. Maravilhoso, uma mesa farta, um forró que durou até de manhã cedo.

Ao mesmo tempo, as modelos se pareciam também com as bonecas. — Total, total. A beleza tinha a cara dessas bonecas, mas essa história de fazer cores diferentes até aqui [mostra o antebraço de novo], não sei se as pessoas entenderam, porque explico só até a página nove.

Como escolheu a trilha sonora? — A Fernanda Takai havia me presenteado com um disco, disse que ficou maravilhada com o trabalho do Siba. A gente não conhecia, foi o primeiro CD dele, *Fuloresta do samba*. Quando ouvi aquilo, adorei, falei "mas eu preciso dar um outro tom para isso", o desafio era pôr o Jequitinhonha para dialogar com outras frentes. Tanto é que o desfile era uma referência clara, mas não literal.

É muito conhecida a escola de músicos do Jequitinhonha, muitos cobraram "falou do lugar, mas não usou um músico de lá". Eu usei a música desse pernambucano, Siba, só que cantado pela Sylvia Klein, cantora de ópera.

Ao escolher a trilha sonora, você imaginou que iriam cobrar a presença de músicos da região? — Essa história da música regional era mais aqui em Minas Gerais. Isso é legítimo. Acho que começava a despertar para a importância da música em certos desfiles, a visibilidade que dá. Tinha uns nomes de pessoas específicas querendo ter a música na trilha. A música do Jequitinhonha é muito rica. Mas, se você quiser fazer uma viagem pela culinária, música, história, formação antropologia, vai encontrar um material muito rico. Optei por fazer a viagem pelo barro, e o barro eu não vi na música ainda, não.

Teve também uma vez que passei por uma escola, estava tendo aula, tinha uma janela e não resisti; coloquei a cabeça dentro e olhei. Tinha um monte de crianças, naquelas mesinhas de madeira, e elas tinham o nome pendurado numas plaquinhas, com barbante.

Por isso os nomes nas plaquinhas. —— Nomes das pessoas. Coloquei as plaquinhas nas crianças, tinha meninas e meninos.

Durou quanto tempo sua viagem? —— Um mês direto.

Quantas noites não durmo

INVERNO 2004 | *São Paulo Fashion Week*

A obra de Lupicínio Rodrigues estimula a criação de uma rara coleção de roupas de noite. Peças manchadas de batom e maquiagem borrada dão o tom dramático e sexy. Na passarela, uma mesa de bar, sobre a qual se vê uma garrafa de bebida, é a peça principal da cenografia. As modelos fazem as vezes de damas que chegam em casa, já com o dia amanhecendo, algumas delas com um pão debaixo do braço.

Depois de "Costela de Adão", veio "Quantas noites não durmo". ⸺ Quando aconteceu a história do Jequitinhonha, que foi a primeira etnográfica, comecei a receber e-mails do Brasil inteiro, "faz também uma coleção do meu estado, da minha cidade, vem conhecer o artesanato". Começou aí, porque o impacto foi muito grande. Impacto internacional, inclusive. Posso falar [em 2015] cinco coleções que as pessoas pedem roupa: Jequitinhonha, Drummond, Guimarães Rosa, Zuzu Angel, o Bispo do Rosário – das antigas são essas cinco.

E surgiu a coleção inspirada em Lupicínio Rodrigues. ⸺ Depois do Jequitinhonha, com a passarela de barro, o chão, a terra, o regional em última potência, quis ir para um regional diferente, que fosse popular de outro jeito, beirando o cafona. Seguindo esta onda de vou trazer para a moda aquilo que me incomoda, me incomoda-moda, resolvi fazer uma coleção com um tema que me levasse a transitar por lugares com os quais não tinha intimidade e, se não tinha intimidade, me levariam a fazer coisas que normalmente eu não fizesse. Pensei "vou fazer roupas de festa".

Fui uma criança com Lupicínio Rodrigues tocando muito em casa. Ele era maravilhoso, cronista da dor de cotovelo. Antes dele, quando se sofria por amor no Brasil, as pessoas ouviam polcas, valsas, não existia uma música nacional, ele inventou a nossa música de dor de cotovelo. Do amor, da paixão, daquela coisa do coração dilacerado por um arame farpado, a traição, o sentimento não correspondido. Foi gravado por todo mundo da MPB, de Linda Batista a Bethânia, de Chico Buarque a Cazuza, Cássia Eller, todo mundo cantou Lupicínio Rodrigues.

Tinha uma coisa da poesia nas outras coleções, que, se eu trouxesse agora, poderia parecer uma continuidade. Mas eu preferi o risco. Onde estava o risco? Trabalhar com uma porção de cores que não tinha nada a ver comigo. Preto e dourado, a roupa de perua, ajustada. Quando hoje eu vejo esses meninos que escrevem para sites afirmarem "pela primeira vez ele coloca a roupa ajustada", vejo que o povo não sabe de nada, não presta atenção em nada, não está ligado na história de nada. No Lupicínio Rodrigues, a silhueta era extremamente ajustada, perua mesmo, tinha rabo de peixe. Tudo marcava o quadril, bem anos 1940.

A beleza com a boca manchada chamava muito a atenção. ___ O Carrasco fazia uma maquiagem impecável, depois ia passando a mão, o último momento antes de entrar naquele salão enorme de madeira, com aquela bola acesa, a música começando – a música deu problema também, vou contar. Ele ia borrando as modelos, já na fila para entrarem na passarela. Cílios colados, olhos escorrendo, porque elas estavam cansadas, chegando em casa depois de terem dado a última. Entendeu? Coisa de paixão visceral.

Tanto chegavam de manhã, que uma das modelos carrega um pão debaixo do braço. ___ Isso. Os cabelos com coque de Bombril, cabelos armados dos anos 1940, com o Bombril vazando. Deu muito trabalho essa beleza, porque precisava ser feita de modo perfeito antes de desarrumar.

Nesse casting, chamei modelos veteranas, entre aspas. Modelos que eram meninas novas, tinham começado junto comigo, mas já eram consideradas mais velhas pelo mercado, muitas nem desfilavam mais. Nessa época, no mercado de modelo, quanto mais jovem, melhor. Escolhiam meninas de 13, 14 anos. Aquelas que desfilaram comigo já tinham mais de 20 anos, porque eu queria quem soubesse andar com aqueles saltos altos dourados.

Como era e é feita a escolha das modelos? __ Nessa época, eu passava toda a história para a Roberta [Marzolla], diretora do desfile, e ela providenciava. Havia mais surpresas. Por exemplo: nesse tempo, saía na *Folha* o ranking do desfile e davam nota para as categorias, melhor trilha, melhor cenografia, melhor casting, e a gente estava lá como melhor casting em "Rute Salomão", por exemplo. Hoje, não acontece isso, porque é o mesmo casting. Se não for o mesmo, todas as modelos têm a mesma cara. Deu uma engessada esse negócio. Antes, via uma menina na rua e podia chamar para desfilar, agora, não. Por questões trabalhistas não se pode mais fazer isso. Precisa ser sindicalizada, fazer um treinamento, entrar numa caixinha. Quando consegue superar, é porque é uma menina muito diferente, mas a maioria fica parecida.

Qual foi o problema com a trilha? __ Eu tenho uma amiga daqui, a Angela, que falou "tenho um amigo meu, músico maravilhoso, que é do Sul". Era o [Thedy] Dy Correa, do Nenhum de Nós. "Depois da última noite de chuva, chorando e esperando..." [canta a música "Camila, Camila", hit da banda]. Ela falou para ele que eu ia fazer o desfile do Lupicínio e ele disse que também tinha um projeto de cantar Lupicínio. Eu, nesse espírito de dialogar, abrir outras frentes, o convidei para fazer a trilha, isso gerou uma expectativa muito grande. O Dy estava fazendo ali o álbum dele, não só música para o desfile. E ele bordava demais. Sempre fui muito prático para essas coisas. Ele ligava pra mim às nove da noite e até meia-noite ainda estava ao telefone, rendia uma conversa, muito empolgado. Ele me passou os custos de estúdio, arquei com tudo.

Desde essa época, eu precisava da música para criar a coleção. E quem eu ouvia? O Jamelão. Perguntaram ao Lupicínio, pouco antes de sua morte, dentre tantos intérpretes que gravaram a música dele, qual tinha realmente captado o que ele queria dizer, e a resposta foi o Jamelão. Era um alter ego do Lupicínio, o malandrão da Lapa. Lupicínio pegava o navio no Sul do país e ia até o Rio, nos anos 1940, para farrear com o Jamelão, era aquela boemia. A dor de amor do Lupicínio

Rodrigues, na voz do Jamelão, acompanhada de metais, tinha o ponto certo. Eu escutava isso, Lupicínio teve muitas amantes, apesar de amar sua mulher, e sofria com essa situação, não era uma coisa simples, mas ele dizia "preciso de novos amores para continuar escrevendo".

Mas a trilha seria a do Dy. Finalmente, ele disse que tinha ficado pronta, pedi pra mandar pra mim. "Não, eu não quero me privar de ver a sua reação", ele disse. Eu despenquei até Porto Alegre. Naquela época era caríssima a passagem, não medi esforços, não. Baixei no estúdio. Quando colocou a música, falou "se prepara que está maravilhoso, obra-prima". Ele se elogiava o tempo inteiro. Começou: "Fica à vontade/ e diz com sinceridade" [sussurra as palavras, fora do ritmo da música "Cadeira vazia", do Lupicínio Rodrigues].

Saí de lá com um elefante gigantesco nas costas. Claro que ele não me conhecia, se conhecesse, teria visto o neon gigante que se acendeu na minha testa. Fiquei falando comigo mesmo: "Ronaldo, é só um desfile, é só um desfile, vamos colocar a música dele, o cara é empolgado, o cara é bacana, o cara se empenhou". Fiquei ouvindo esse Ronaldo falar, e deitei. De madrugada, acordei com outro Ronaldo falando: "Daqui a trinta anos você vai ouvir isso e vai achar uma bosta" [gargalhada]. "Você vai se arrepender." Eu voltei, sofri o fim de semana inteiro, depois falei: "Não, se tem um único lugar de que você é dono, que pertence a você, é um direito seu, é a história que você está contando. Depois a roupa vai acabar, tudo vai passar, mas a imagem e a música vão ficar". Eu continuava ouvindo Jamelão. E cadê os metais na trilha do Dy? Eu já tinha falado isso pra ele, do Jamelão como alter ego, dos metais, e ele disse que estava riquíssimo musicalmente. Só que não.

Liguei primeiro para a Angela e disse que não ia usar. Ela me pediu calma. Liguei para o Dy e falei que tinha alteração no plano de voo. Ele perguntou se eu não tinha gostado, expliquei que não tinha nada a ver com a coleção e que, para mim, a música é a voz da roupa. Tenho que ver como um suporte para o que estou contando, e não estou conseguindo ver assim. Queria ver como a gente pode fazer. Eu ia pagar o CD dele, propus de a gente lançar no desfile, com um pocket show, antes ou depois, a imprensa estaria lá. Mas ele falou que não, que aquilo era prêmio de consolação, ele não queria. "Não estou nem acreditando no que estou ouvindo, depois de todo o trabalho. Relaxa, toma um champanhe e amanhã de manhã a gente conversa", sugeriu. Eu avisei que não iria adiantar e, no dia seguinte, repeti a mesma coisa.

Ele ficou com um ódio, uma fúria. Até hoje não fala comigo. Pegou todas as roupas que ele tinha da minha marca, da mulher e do filho também e jogou tudo fora. Quando a Angela ia visitá-lo usando alguma roupa minha, ele pedia para poupá-lo. E mais: ele me ameaçou, disse que, como já tinha feito o contrato com o filho do Lupicínio Rodrigues, que era advogado, estava mandando uma carta para o cara, falando que estava fora do projeto e não respondia mais pelo que aconteceria com o nome do Lupicínio, como o legado dele seria tratado. Fez chantagem. Eu levei à frente, paguei o que era custo de músico e tudo, ele lançou o CD dele. Paguei, mas nunca escutei o CD, porque o que ouvi era muito ruim.

Como dizem aqui em Minas, ele "agarrou um ódio". — Agarrou um ódio. Acho que é da turma que, se puder me pegar na esquina, me pega. Mas espero que um dia a gente possa conversar e contar histórias.

Como foi recebida essa coleção mais sexy? — Talvez tenha sido a primeira coleção com um sucesso comercial muito grande. Fiz uma roupa de festa bordada. Acho que enfastiei e não fiz mais, por já ter feito. Trouxe para o meu universo uma mulher que não entrava na loja, e ela entrou para não sair nunca mais. Não raro, você encontra uma Rute dizendo que só usava saia no joelho, mas que, depois da coleção da Nara Leão, passou a usar saias mais curtas. Lupicínio fez entrar na loja esta mulher de salto alto, que antes observava de longe. Mas em geral, a mulher que veste minha roupa tem uma visão política da vida, acha que o que se come, os lugares aonde vai, o que se veste é parte de uma visão política.

A brincadeira foi ficando mais séria e precisava de patrocinadores para fazer os desfiles. Um dia eu recebi um telefonema do Governo da Paraíba – eu já estava fazendo a coleção do Lupicínio Rodrigues – procurando um estilista para lançar um produto financiado e apoiado pelo Governo da Paraíba, que era o algodão colorido orgânico. Ninguém falava disso nessa época. Então, pensei "o que o algodão lá da Paraíba pode ter a ver com o Lupicínio Rodrigues, do Rio Grande do Sul", fui até lá, a primeira vez que me aproximei desse estado que amo de paixão, hoje sou cidadão honorário paraibano, com muito orgulho.

É cidadão honorário de algum outro estado? — De Pernambuco.

Então está muito nordestino. — Total. A produção do desfile estava em andamento, eu não tinha patrocinador e recebi esse telefonema, falando que iam lançar um algodão da Paraíba e queriam fazer comigo. Como não aceitar uma coisa dessa? Enquanto eu pensava em como fazer a conexão entre Lupicínio e a Paraíba, o pessoal do governo disse: "Tudo está a nosso favor, afinal de contas, quem deflagrou a Revolução de 1930 foi João Pessoa contra o Rio Grande do Sul".

Que link inimaginável. — Delírio. Com o algodão, eu peguei a coisa da cama, do conforto, segredos de alcova. Em toda a fila A colocamos travesseiros. E uma das contrapartidas era de que esse desfile também fosse realizado em João Pessoa. Foi no Palácio dos Leões [imita sotaque paraibano], um prédio histórico, na ocasião, o lugar mais chique de festas da sociedade. Quem estava na produção era a Goretti Zenaide [que viria a morrer em 2017]. Ela falava: "Não tem jeito de você enfiar umas roupas de coleção passada nesse desfile, para ele ficar mais inclusivo?" [imita Goretti]. Eu explicava: "Ah, Goretti, tem o tema, a cartela de cores, não tem jeito, não. Mas a gente pode abrir o desfile com o infantil primeiro". "Boa esta. Já vou começar a seleção desses modelos." Mais tarde, liguei para ela, dizendo que iria chegar mais cedo para fazer o casting do desfile infantil. "Casting? Deixa eu lhe dizer uma coisa: isso aqui não é Fashion Week, não. Uma criança cortada do desfile, termina em morte. Em morte." [Gargalhadas.] "Já traga aí umas roupinhas larguinhas que fique bem tanto na magrinha quanto na barrigudinha, mas cortar criança, não vai ter jeito."

Quem eram as crianças? — Filhas da sociedade de lá. "E lhe digo outra, Ronaldo: a sociedade de João Pessoa não sai de casa para assistir um desfile de cinco minutos, não. Então, dobre essa trilha, enfie mais roupa e mande as meninas andarem bem. Cada modelo tem que ir até o final da passarela e voltar sozinha, umas duas, três vezes. Senão, não dá para ver a roupa direito. Para estender, pode até ficar sentadinha lá dentro, depois voltar de novo, não tem disso. Estende isso aí para 45 minutos de desfile." "Mas 45 minutos, Goretti?" O desfile seria beneficente, com renda revertida para uma instituição de caridade. A Goretti fez um esforço, ligou para todo mundo para vender os convites. Uma dessas pessoas era mulher de um desembargador, o marido beirava uns 100 anos e perguntou se tinha roupa masculina. A Goretti disse que sim, e a mulher pediu dois convites. Ela me contou depois: "Dei risadas internas de imaginar o desembargador com aquela roupa cheia de marcas de batom no pinto". Era a época do apagão, teve um na cidade bem antes do desfile. Falaram que era por causa do monte de secadores de cabelo ligados. Falaram para a Goretti conseguir um gerador com o prefeito.

São Zé

VERÃO 2004/2005 | *São Paulo Fashion Week*

Tom Zé e seu processo criativo foram a inspiração para o desfile, que, por desavenças com o cantor, acabou por ter seu nome e trilha sonora excluídos da coleção. A cultura do Nordeste foi representada pela performance da atriz Maria Luísa Mendonça fazendo as vezes de um boneco mamulengo e pela playlist que incluía Cordel do fogo encantado, entre outras referências.

Depois de Lupicínio veio "São Zé". —— Essa foi bafonzeira. Começou em 2002, quando fiz o figurino do Corpo, *Santagustin*. Do nada, eu recebi um telefonema do Paulo Pederneiras [diretor-geral do Grupo Corpo] falando que a Freusa Zechmeister, que tradicionalmente faz o figurino do Corpo, não poderia fazer naquela vez, e eles queriam que eu fizesse no lugar dela. Fui assistir o ensaio e lá estava o Tom Zé, a trilha era dele e do Gilberto Assis. Também estava lá um jornalista da *Folha de S.Paulo*, e já fui logo anunciado como o responsável por assinar o figurino, sendo que eu ainda não sabia nada do que eles tinham preparado. *Santagustin* é um dos espetáculos que eu mais amo do Corpo, não por eu ter feito parte – embora eu goste do resultado –, mas por ser muito visceral, por falar de amor. Nele o Rodrigo [Pederneiras] rompe com um monte de coisas. Também amei a trilha, com a Vange Milliet e a Tetê Espíndola cantando. Fiquei próximo do Tom Zé, numa estreia em São Paulo, saímos para jantar, rimos demais, o Tom Zé é aquela figura, que eu já admirava de longe e de perto admirei mais ainda. Uma vez eu falei que ele daria um ótimo tema de coleção. "Coleção de quê?", ele perguntou. "Coleção de moda, Tom Zé."

Outro dia me perguntaram qual era o meu hobby, eu disse que nunca consegui ter um hobby, porque tudo levo para o meu trabalho. Se leio um livro e gosto dele, levo para o trabalho, o mesmo com uma música, uma pessoa. Penso "e se isso fosse uma coleção?". Quase um ano depois, recebo uma ligação do Tom Zé. "Sabe o que você falou de uma coleção? Você estava falando sério?" "Estava", respondi. "Então, faz uma coleção", ele disse. Eu não escolhi fazer a coleção do Tom Zé, sugeri numa conversa informal, ele ligou e falou que gostou daquela história. Eu disse que ia a São Paulo para conversarmos. Numa ocasião, fui recebido por ele e a mulher dele em casa, ele estava extremamente estressado, reclamando demais que estava cheio de trabalho, mas a mulher queria levá-lo ao médico, ele não queria ir ao médico. Quando cheguei, ele falou: "Você ainda aparece para me arrumar mais coisa". Eu falei para ele: "Calma, só vou me inspirar no seu processo de criação". Ele respondeu: "Ah, mas não vou ter tempo de fazer música, não tenho como fazer trilha para esse negócio". Expliquei que não era necessário, que eu podia fazer uma trilha com uma montagem de músicas dele e depois submeter à aprovação dele. "Não preciso fazer nada, então?", ele perguntou e eu disse que não.

Eu quis saber quanto ele cobraria. Ele disse que, se ele não fosse fazer música, não custava nada. E eu já sabia que não custaria, mas não ia falar isso com ele. Já sabia que, se for olhar por questões jurídicas, era uma inspiração. Não tinha imagem dele, nunca foi minha intenção – nunca usei imagem de objeto pesquisa, Drummond, Guimarães Rosa, nenhum deles. Usaria a música e, para isso, existe o recolhimento do Ecad.

Voltei para casa e fui fazer a coleção. Quando um jornal daqui fez a entrevista com ele, porque descobriu que seria a inspiração, o Tom Zé disse que estava muito ansioso, que ia ser muito legal. Ok. Faltando uma semana para o desfile, recebo um e-mail da mulher dele, querendo falar sobre acertos financeiros do desfile. Liguei para ele; "Deixa eu te dizer, recebi esse e-mail da sua esposa, perguntando sobre acertos". Ele falou assim: "E qual é o problema?". Eu falei que conversamos. Ele falou: "Você acha que eu vivo do quê? Artista vive de quê?". Perguntei quanto seria, ele disse que 30 mil reais – isso em 2004.

Sempre teve uma coisa e ainda tem, que as pessoas pensam que no meio da moda há muito dinheiro. A referência delas é a Gisele

Bündchen, a Forum e outras marcas que gastavam muito e anunciavam seus gastos. As pessoas confundem. Quando vai fazer alguma coisa na moda, todo mundo acha que dinheiro e sucesso andam sempre juntos.

Falei pra ele que não foi combinado e que eu não tinha esse valor na semana do desfile. Aí ele disse: "Se não tem, não faz. Não quero mais nada. Pode tirar meu nome, pode tirar tudo dessa história de desfile". Os convites já estavam prontos. A coleção se chamava "São Tom Zé", tive que mandar fazer outros imediatamente, virou "São Zé". Falei com meu advogado, que perguntou se eu estava usando alguma coisa com a imagem ou nome dele na roupa. Eu falei que não. O advogado explicou que, como só estava no nome da coleção e na trilha, era para eu tirar os dois. Nessa época eu era bem próximo do João Marcello Bôscoli, então dono da Trama, gravadora do Tom Zé. Pensei em ligar para ele, pedindo para interceder, até mesmo para discutir o valor, que era alto, exatamente isto: 30 mil reais.

Liguei para o João, que falou: "Ronaldo, ele não sabe que veículo é um desfile de moda hoje, o quanto isso é uma mídia espontânea maravilhosa. Continua fazendo". Fiquei tranquilo. Fui a São Paulo e, dois dias antes do desfile, fiquei tentando falar com o João, mas ele não me respondia, porque o Tom Zé foi irredutível e ele não tinha coragem de me falar isso. Colocou a secretária para falar comigo que ele tentou, mas o Tom Zé foi irredutível, então, eu não poderia usar a música.

Hoje, qualquer estilista que coloca uma música de qualquer artista na SPFW recolhe Ecad, alguém pode reclamar que o Ecad não repassa, mas você está dentro da lei. Mas eu não queria confusão. A trilha eu fiz na véspera.

Foi com o Cordel do fogo encantado. —— Eu entrei na Fnac e comecei a pesquisar músicos que tinham a ver com esse tipo de criação. Usei músicas do Yann Tiersen, um francês que eu já conhecia. Ele constrói os instrumentos para depois compor. Também queria levar isso para o Nordeste, então, peguei uma música do Cordel e, de madrugada, gravamos.

Ficou satisfeito com a trilha? —— Fiquei, achei que ficou muito bom.

A Maria Luisa Mendonça abriu e fechou. —— Fez uma performance como uma boneca, meio um mamulengo. E aquela coisa das modelos pularem de caixa em caixa, foi lindo aquilo. Um movimento irregular, o ruído, que é uma característica do processo de criação do Tom Zé. Eu, de qualquer forma, como não poderia deixar de ser, nas entrevistas que dei, falando dele como objeto de pesquisa, falei com o mesmo carinho e o mesmo afeto que tive durante todo o meu projeto de criação. Falei dele como um gênio, alguém que trazia outra relação com a música fora do comercial, fora da trilha da novela, que o Brasil devia muito, sim, ao Tom Zé. Terminou o desfile, foi um sucesso, a imprensa foi toda ao backstage e perguntava como podia ser inspirado num cantor do qual eu falava tão bem, mas sem usar as músicas dele no desfile. "Porque o valor que ele cobrou, eu não tive condição de pagar", falei tranquilo assim. Ainda reforcei que a imagem dele não estava nas peças, porque não ia usar mesmo, nem tinha direito a fazer esse uso, mas li tudo sobre Tom Zé e fiz a coleção sobre o processo criativo dele. Quando conversei com o João, ele falou que o Tom Zé tinha acabado de lançar um livro que já estava em bancas de promoção das Lojas Americanas, e era verdade. Achava muito triste. O fã do Tom Zé compra livro nas Lojas Americanas? A *Folha* me ligou querendo saber mais sobre a história de eu não usar músicas dele no desfile, contei tudo e o tempo inteiro chamando a atenção para a importância do Tom Zé para a música brasileira, a importância de sua resistência poética.

Lembro que fui para o Rio fazer o desfile da Lei Básica e, no domingo, acordei com um telefonema da Cristina Franco. "Querido, acabei de ler essa matéria na *Folha*, você já viu isso? Ronaldo, o que fizeram com você!" Saiu o meu trecho e saiu uma carta do Tom Zé, que publicaram na íntegra, estava escrito algo assim: "Mais uma vez, querem me enterrar em praça pública". Comprei o jornal e fiquei chocado. Lembro que, no dia seguinte, estrearia uma nova novela das nove, na Globo, mas a Ilustrada estava falando dessa minha polêmica.

A reportagem foi fiel? —— Foi fiel, tinha a minha fala direito, mas tinha a carta do Tom Zé contando toda a história dele, que saiu de Irará, como ele fez sucesso com o Tropicalismo, depois foi esquecido, teve que trabalhar de jardineiro para pagar o condomínio do prédio, não sei o que, não sei o que, aí foi descoberto pelo David Byrne, que achou um disco dele no Centro de São Paulo e o resgatou, quando estava no fim. "Aí vem esse Ronaldo Fraga, que sempre respeitei, mas entrava na loja dele e comprava a roupa, e vem me falar que usar o meu trabalho é uma forma de divulgação do meu nome, do meu livro, do meu CD", ele colocou como se eu tivesse dito isso, mas não fui eu. Deve ter sido o João, o dono da gravadora, foi um argumento que o João usou comigo. O Tom Zé escreveu como se fosse um argumento meu.

Como você se sentiu? —— Foi a primeira pernada que eu levei, fiquei muito, muito triste, porque eu era muito fã do Tom Zé. E claro que tiveram muitas piadas no mundo da moda, tentando desabonar o que eu fazia, como se eu fosse um aproveitador, algo nesse sentido.

E como lidar com a repercussão de uma carta no jornal mais lido do país? —— Depois, fiquei sabendo, tenho uma amiga próxima de nós dois, que me contou que falou com ele, "nossa, como é que você fez isso com o Ronaldo?", e ele falou, "ah, não, eu estava com a cabeça quente". Acho que, no final, nem ele imaginava o teor da entrevista, já que não quis falar com a reportagem.

Vocês se falaram depois disso? —— Nunca mais. Aprendi muitas coisas. Foi uma decepção, mas outras viriam e outras virão. Aprendi aquela coisa "tatu não sobe em árvore". Se você vir um tatu em cima da árvore, não mexe, não, porque alguém pôs o tatu lá. Nessa época eu ainda achava que com meu trabalho e a moda poderia mudar o mundo.

Você tentou explicar melhor a ele ou pediu conselho para alguém? —— Eu parei pra pensar que o errado fui eu, o ingênuo fui eu. Fui bobo, mas eu já era gente grande, vi que estava crescendo e não mais fazendo aquela brincadeira entre amigos. Hoje, eu não faço nada sem um acompanhamento jurídico. Eu até poderia ter peitado, mas por uma questão ética, pensei que se ele queria que eu pagasse, eu tinha que pagar.

Ele é uma pessoa muito amargurada com o Caetano Veloso, falava mal do Caetano o tempo todo. Mas quando o Corpo fez uma trilha com o Caetano, abri a coluna da Mônica Bergamo e o Tom Zé dando um beijo nele. Quer dizer: a pessoa está onde está não é à toa. O tatu está pendurado na árvore. Depois, pessoas que trabalhavam com ele vieram me falar que sabiam que ele era um problema. E ela – a mulher dele –, mais ainda.

Ele foi seu pior desafeto público? — As pessoas acompanharam, mas não tinham as redes sociais de hoje. Se tivesse, provavelmente, eu não estaria conversando com você aqui.

Por quê? — Porque eu teria virado pó. Seria colocado como aproveitador. Depois, viria a história da peruca de Bombril, mais à frente. Não sei o que poderia ter acontecido quanto ao Tom Zé. Mas, naquele momento, ficou só no jornal, ficou só na boca pequena. Veio outra coleção e isso ficou para trás. Quando saiu o jornal, ainda não tinham saído as entrevistas que eu tinha dado para revistas, quando começaram a sair, estava escrito a verdade: que eu não tive condição de pagar.

Uma vez eu encontrei a mulher dele num espetáculo do Corpo, ela me abraçou e falou que os dois sofreram muito por causa de tudo o que aconteceu, ela até pediu desculpas. Eu falei que já passou, vamos embora. Pedi pra ela dar um beijo nele por mim.

Ele foi ao Jô Soares usando uma camiseta minha e falou "é daquele Ronaldo Fraga, o estilista que fez um desfile e não me pagou". Por isso que eu falo a história do tatu, quando a pessoa é doida, não é culpa dela. Tomei pavor de me envolver com doido, mas os doidos pulam em mim.

Todo mundo e ninguém

INVERNO 2005 | *São Paulo Fashion Week*

Carlos Drummond de Andrade foi o tema desta coleção. Versos do poeta estavam bordados nas peças e sua voz podia ser ouvida na trilha sonora. O romantismo está na beleza e nos vestidos, em tons pálidos, entre os quais se destaca o rosa-antigo. A estampa mais famosa da coleção é a caligrafia de Mário de Andrade, retirada de uma das cartas que o escritor paulistano enviou ao autor mineiro.

A coleção seguinte foi sobre Drummond. Ele foi um desses personagens a que você já tinha vontade de se dedicar há mais tempo e, só então, chegou a hora? — Eu sempre tenho vontade de fazer com muita gente, mas de repente vem a oportunidade de trombar e fazer a pessoa. Drummond é especial, é uma esfinge. Para todo o Brasil é assim, mas para a gente que é mineiro, ainda mais.

Vejo muito que nos seus desfiles há uma alternância, um mais expansivo, outro introspectivo. Nessa sequência, você veio de um desfile profuso, com muito movimento, vídeo, estampas, e foi para um lado romântico. — É um respiro de que eu mesmo preciso. O Drummond fala de um tempo, ele é nostálgico, ele tinha um mix de épocas. Em "Corpo cru", passei para as bordadeiras bordarem pedaços de *Amor natural*. Um poema póstumo que eu gosto muito, em que ele fala do sexo com a amante, é do Drummond para maiores. "Não quero ser o último a comer-te", era essa a frase. Quando as peças chegaram, eu perguntei onde estava a frase, e elas responderam que ficaram sem graça de bordar. "Então, chegamos a um meio-termo, aumentamos a letra para não dar para ler, mas a frase está aí, só que ilegível. Pornografia, não." E elas nem me avisaram que mudaram o bordado! Então o Drummond estava ali, já. Sempre foi referência.

A relação dele com o tempo é impressionante. Drummond dá uma verdadeira aula de moda para quem gosta e quem quer pensar ou se aprofundar na moda. Primeiro, porque na literatura brasileira não existe outro observador do tempo como ele. E moda é isso. Ela brinca de esconde-esconde com o tempo, a todo momento. Há poemas e crônicas, que adoro citar, como aquela que descobri nesse processo de pesquisa, da época em que ele assinava com o pseudônimo de Antônio Crispim: "Nesta estação, a moda nos traz péssimas notícias. Os comprimentos dos vestidos estarão mais longos e seremos privados das lindas pernas das moças no bonde ao fim da tarde. Mas nem tudo está perdido porque, na moda, quando descem o comprimento dos vestidos, desce também a altura dos decotes!". O vestido, a roupa dos personagens têm muita importância. Se me perguntar quem eu penso que seria o grande estilista, entre os mestres da literatura brasileira, diria que o Drummond. Uma figura que vestiu três, quatro cores a vida inteira: preto, marinho, bege e cinza-gelo. Ele vai usar pela primeira vez uma calça jeans e um par de tênis semanas antes de morrer.

Drummond era um tema que estava pendurado quando fui apresentado ao Pedro, neto dele, no Centenário do Drummond. Ele adorou a ideia. Falou: "Todos os projetos que levem o Drummond para uma nova geração de leitores nos interessam. Por exemplo, 'José' foi estampado numa estação de metrô em Paris sem nos pagar um centavo, mas permitimos, porque queremos que seja divulgado. A mesma coisa quando Drummond foi tema da escola de samba. Temos que juntar forças para que a obra dele não crie teias de aranhas, porque é uma obra atemporal".

Como foi escolher os poemas da trilha? __ O Billy Forghieri, que era músico da Blitz, tinha um trabalho feito. O Drummond gravou em vinil, em 1978, alguns poemas, o Billy escolheu e musicou. Eu paguei por essa trilha, para ele e para o Pedro. Claro que muita gente não sacou que era a voz do Drummond, mesmo estando escrito no release.

É frustrante para você quando as pessoas não entendem? — Antigamente, era. Agora, tenho certa tranquilidade de saber que cada um vai até a página que consegue. Antes, eu sofria, enfiava a faca no peito. Tanto é que nos desfiles mais recentes, como "Cidade sonâmbula" [2014], nem fiz release. Fiz só o digital e mandei antes, até para não deixar o texto só para a imprensa, quero que chegue a todo mundo. Soltei na véspera, para que as pessoas entendam o que vão ver. Quem me acompanha nas redes sociais viu, foi bem legal.

É uma forma de tentar uma interpretação mais fiel ao seu pensamento. — Sim. Quando as pessoas que assistiram ao desfile ao vivo, pela internet ou pela televisão, já sabiam do que se tratava.

Voltando a "Todo mundo e ninguém", a maquiagem tinha um ar antigo. — Era inspirada no poema da "Canção da Moça-Fantasma", sobre a debutante que caiu e morreu. As modelos usavam com bastante pó branco no rosto.

Achei curioso você dizer que a caligrafia não é do Drummond. — A caligrafia é do Mário de Andrade, de cartas enviadas ao Drummond. Existe até uma história muito engraçada com essas cartas. O Mário esteve em Belo Horizonte, com os modernistas, depois da Semana de Arte Moderna. Era uma coisa que ele já queria fazer, viajar pelo Brasil, e primeiro, vieram para Minas. Estavam hospedados no Grande Hotel, onde hoje é o Edifício Maletta. O Drummond era farmacêutico, mas já alucinado pelo Mário de Andrade, acompanhava todos os passos dele nas esquinas, ficava escondido observando. Um dia, quando os modernistas estavam deixando o hotel, fazendo checkout, ele entrou no hall do hotel e deu para o Mário um caderno de poemas. Entregou e disse, muito baixo, olhando para o chão: "Gosto de escrever uns poemas". O Mário falou: "Peraí, o quê? Não entendi nada. Vamos ali tomar um café". Assim nasceu uma amizade que durou até a morte, com intensa troca de cartas. Numa delas, logo no início da relação, tem uma do Drummond falando que ele estava deprimido de ter nascido aqui, porque Minas não ia ser nada, o Brasil não seria nada, essa província. "Eu queria ter nascido em Paris, porque aqui nunca será uma terra de intelectuais e pensadores." O Mário devolve dando uma lavada no Drummond, falando "olha, se você que é um jovem, com menos de 20 anos, está dizendo isso, o que eu posso fazer? O que você sugere, jogar uma pá de cal e fazer tudo de novo? Se pode ser feito, se você sonha que seja feito, você é que tem que fazer". Ele acabou com o Drummond. Mas ali nasceu o Drummond, com aquela carta. E eu coloquei trechos nas peças da coleção, porque é um ponto de partida, é quando ele toma corpo. O Mário de Andrade fez isso por muita gente, como Câmara Cascudo. Ele tinha essa marca de falar com os amigos "você acha que está bom? Está uma bosta". Coisa que hoje ninguém faz.

Quanto à roupa, acho que aquele sobretudo do Drummond virou uma das peças mais desejadas. Você concorda? — Sim, o sobretudo rosa. Também, numa época em que quase ninguém usava o laser, aquelas camisas com a gola de caderno pautado fizeram muito sucesso. Uma coisa que eu gosto muito naquela coleção: vestir o caderno. Posso falar que ela é poética, ela tirou as pessoas do chão. E aquele labirinto de páginas transparentes, que depois a gente faz aqui, na abertura do Minas Cult [em abril de 2005], na Praça da Liberdade, a convite do Paulo Borges. Colocamos casais de velhinhos desfilando. O pessoal da moda sentou para assistir, e quem passava pelo footing, o pessoal que corria naquele horário, também parou para ver. As caixas de som, tocando a trilha, com a voz do Drummond. Até hoje pessoas falam comigo desse dia.

Foi um sucesso comercial. Se eu relançasse todo ano, venderia sempre. Perguntam por isso na loja. É uma das coleções que vai estar, no futuro, se forem desenhar a cara do meu trabalho. Existem muitas marcas minhas ali. Mas, volto a dizer: o Drummond já vinha comigo, desde sempre.

Que é uma característica das suas coleções dedicadas a personagens: eles já estão na sua vida muito antes de virarem tema de um trabalho. — Sou de uma geração que foi alfabetizada com Manuel Bandeira, Cecília Meireles. Com o Drummond, eu já tinha certa intimidade desde a adolescência também. Talvez, por isso eu tenha sido tão abusado de pegar uma esfinge dessas para fazer coleção. As pessoas se perguntavam "o que o Drummond tem a ver com moda?" Foi a primeira vez que a literatura entrava assim rasgando numa semana de moda.

Nessa época você estava com a barba dos lados e o queixo sem nada. Você disse que descobriu, na época em que morou fora do Brasil, que era importante a forma como você se apresentava. Minha impressão, quando vi seu visual no final desse desfile, só com o queixo de fora, é que mesmo depois de várias temporadas de SPFW, você continuou trabalhando nesse visual impactante. — Continuo ainda hoje. A máscara grudou e não sai nunca mais. Eu acho que as pessoas brincam pouco com essa assinatura da cara, e eu nunca tive problema em brincar com isso.

Desta vez, na camiseta que usava na hora dos agradecimentos estava escrito "Obra", na frente, e "sil", atrás. — Não tinha patrocinador, estava catando moedas, quando recebi uma ligação do Banco do Brasil, falando que tinham uma conta Estilo e queriam entrar na moda com ela. Chegaram à conclusão de que o estilista que tinha mais a ver com o Brasil e com quem eles queriam trabalhar era eu, então se ofereceram para patrocinar duas coleções: a do Drummond e "Descosturando Nilza", que foi a seguinte. Foi muito legal. Como eu tinha que usar a camiseta, desconstruí. Hoje em dia, não colocaria mais, de jeito nenhum. Hoje, também, faço muito mais parcerias de produtos, que me interessam mais.

Descosturando Nilza

VERÃO 2005/2006 | *São Paulo Fashion Week*

A próxima pessoa homenageada por Ronaldo não foi um nome famoso da história da arte. Dona Nilza, costureira e amiga do estilista desde o início de sua carreira, foi a inspiração para o desfile. Imagem icônica, a cenografia viva foi feita com costureiras, que saíram da invisibilidade do backstage e foram vistas sentadas à máquina de costura, enquanto as modelos desfilavam ao som de músicas de antigamente.

Vamos falar da Nilza. Ela está com você desde o começo e "Descosturando Nilza" foi o tema da coleção que sucedeu "Todo mundo e ninguém". —— Quando eu trabalhava na loja de tecidos, a dona de um ateliê comprava muitos tecidos lá. Ela falava: "Sou lá de Venda Nova [região periférica de Belo Horizonte], acabei de abrir um ateliê na Savassi". Comecei a indicar o trabalho dela para as pessoas, muita gente comprava o tecido ainda sem saber com quem fazer a roupa e acabava gostando muito do trabalho dela. Ela estava ali perto. Começou a dar muito certo, então falou "vamos trabalhar juntos". Aconteceu, às vezes, de a pessoa não comprar o tecido na sua loja, mas ela indicar o meu desenho. Então, eu ia ao ateliê dela para fazer. Ela falou que era ela e uma amiga de muitos anos trabalhando juntas; a amiga era a Dona Nilza. Comecei a fazer roupa com a Dona Nilza para mim, eu tirava as medidas e pedia para ela fazer. Mas a dona do ateliê não deixava a Dona Nilza aparecer de jeito nenhum.

Ela era atravessadora. —— Era. Embora também costurasse, quem costurava pra valer mesmo era a Dona Nilza. Eu acabei ficando íntimo da Dona Nilza, depois de anos vendo o trabalho dela.

Memórias de um estilista coração de galinha

Como você conseguiu furar o cerco? — Devo ter pegado o telefone dela em algum trambique. E, quando comecei a chegar, ela já conhecia meus desenhos. A outra não deixava ela perguntar pra mim qualquer dúvida diretamente, tudo tinha que passar pela dona do ateliê, vice-versa – preservava Dona Nilza do lado de lá e me preservava do lado de cá.

Quando reencontrei Dona Nilza foi um reencontro de anos. Ela tem uma história muito linda. Morava no interior, na Zona da Mata, com três filhos de um casamento muito ruim, o marido bebia, batia e um dia resolveu abandoná-la com três meninos pequenos. Quando fez isso, ela tinha exatamente quarenta dias de curso de corte e costura. Pensou: "É a única coisa que sei fazer". Veio para Belo Horizonte, alugou um barracão ali na avenida Amazonas e colocou a placa "Costura-se para fora", tremendo de medo. Até hoje, quando ela vai pegar uma roupa, ela treme de medo, como se fosse aquela Dona Nilza só com quarenta dias de curso de corte e costura; mas, depois que colou a placa, nunca mais parou de trabalhar. Foi assim que ela criou e educou os filhos. Era costureira de família, que, na época, as pessoas contratavam, levavam em casa, chegava de manhã cedo, tirava medidas da família inteira e fazia roupas para todo mundo, ganhando um preço fixo, independentemente de fazer 10 ou 20 vestidos. Ela chegava com uma pilha de tecidos, não dava tempo de fazer o molde, então tinha que fazer o molde diretamente com a tesoura no tecido – e assim que ela faz até hoje. Vai direto com as medidas no tecido, risca a roupa e fica perfeito. Foi daí que veio o repertório dela. Eu amo as histórias de costureiras de família, e não tem nenhum livro de história da moda brasileira em que elas sejam citadas. Onde fui trabalhar, levei Dona Nilza comigo. Saí da loja de tecidos, fui para um ateliê de noiva, levei-a comigo. Era a Dona Nilza que segurava todas as ondas.

Ela trabalhando no ateliê de noivas, ou na casa dela, em Venda Nova? — Na casa dela em Venda Nova, ela nunca trabalhou fora, sempre na casa dela, porque tinha que cuidar da criação, tinha que molhar o jardim. Como ela vai trabalhar fora se tem a roseira? Lá, ela dá conta de tudo, pode virar a noite para costurar e, nas fábricas, não.

Teve uma história muito boa com umas mulheres. Na loja de tecidos, algumas mulheres chegaram muito arrumadas, compraram só seda pura e pediram indicação de alguma costureira. Eu dei o contato da Elizabeth,

Descosturando Nilza

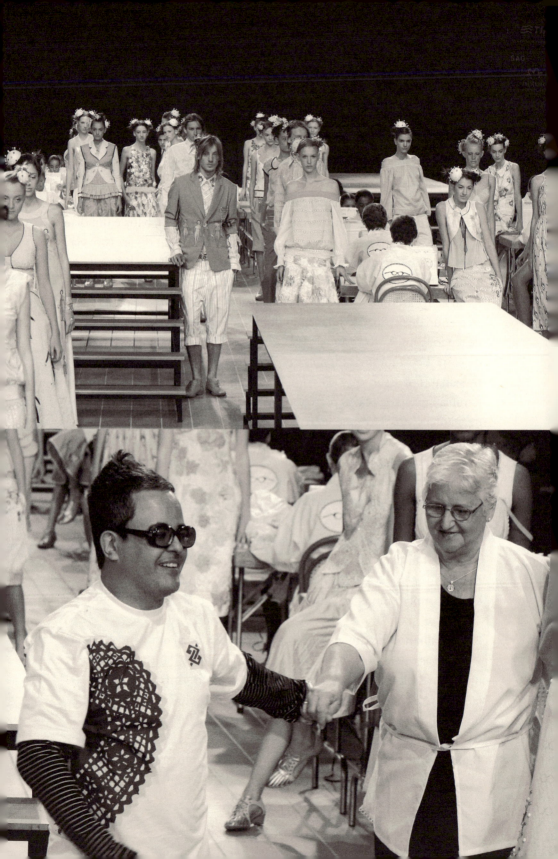

que tinha o ateliê na Savassi. Foram até lá. Quando as roupas estavam todas prontas, feitas por Dona Nilza, procuraram uma linhazinha para dizer que não tinham gostado e deram escândalo para não pagar. As roupas ainda estavam inacabadas, mesmo assim, elas saíram com as roupas, sem pagar. Depois, voltaram na minha loja, pedindo uma costureira só para acabar com aquilo. Era tudo truque. Indiquei a Dona Nilza, que era quem tinha feito. Eu já sabendo de tudo. Baixou a mulherada lá em Venda Nova, as roupas ficaram todas perfeitas. Quando foram buscar, a dona do ateliê foi com a polícia e ficou lá fora esperando. Longe, em Venda Nova, acharam que Dona Nilza cobrou baratinho. Ela perguntou se estava bom, se estavam satisfeitas. Então, Dona Nilza falou que cobraria o mesmo tanto que foi pedido na Savassi, já que elas estavam satisfeitas. Foi o truque do truque. As mulheres fizeram um escândalo, mas tiveram que pagar, porque a polícia estava do lado de fora. Disseram que iam me dar um couro. Mais tarde, quando saí do ateliê, quem foi fazer minhas coleções? Dona Nilza.

O que tem de tão especial na relação de vocês, porque deve ser algo além de ela ser muito boa costureira. ⸺ Claro que tem algo mais. Tem a história dela que é fascinante. Seguinte: há tanta gente de que gosto, tantas tias sobre quem eu poderia ter feito uma coleção, então, por que Dona Nilza? Muitas costureiras já passaram por mim e, aliás, isso gerou muito ciúme, na época, entre modelistas, gente que já estava comigo. Não aceitavam muito, teve muita conversa fiada.

Tem uma relação de lealdade, de alguém que acreditou muito em mim e no meu trabalho, desde o início. Alguém de uma generosidade sem fim. Você chega na casa dela e não vê uma linha no chão, tem sempre uma mesa posta e farta, as rosas estão bonitas, o cachorro está feliz, o pão de queijo está assando, o bolo também. Tem tudo isso. Isso já vale para virar um tema? Mas é a história de uma costureira de família. Essa coisa da moda brasileira, sobretudo na época do desfile, já se começava a falar que, num futuro próximo, a produção das marcas migraria para os Tigres Asiáticos. Eu tinha voltado da China.

O que aconteceu nessa viagem que teve tanto impacto sobre você? ⸺ No dia seguinte ao desfile do Drummond, viajei à China. Visitei uma fábrica de seis andares lá. Seis andares. E a cada andar que você subia, o teto ia ficando mais baixo. Iam fazendo novos andares, para aumentar a produção. Cada andar tinha em torno de 300 costureiras, em cadeiras de madeira, todas com um penico embaixo, com uma tampa. Elas puxavam a tampa, faziam "a proposta" e fechavam. Fiquei chocado, comentei com a chinesa que estava comigo e ela disse: "O que tem de mais nisso? Imagina se cinco por cento parar para ir ao banheiro, a produção para. E se alguém não quiser, a fila lá fora está grande, com muita gente querendo esse trabalho". Fiquei com aquilo na cabeça me lembrando da Dona Nilza, da costureira de família.

Que vive o contrário desse esquema, com roseira, bolo, cachorro. — Isso. E pensei "será que isso daqui é o futuro?". Eu tenho que falar disso, tenho que levar isso para a passarela. Tenho que colocar essas costureiras, que estão sempre no backstage, sempre lá atrás, na frente. Acho que nunca falei isso com ninguém, essa informação nem estava no release. Mas foi na China que nasceu a ideia do desfile. Quando voltei, uma amiga falou "nossa, você vai fazer uma coleção sobre a China", ela vai lá muito. Realmente, depois houve uma coleção de que gosto muito, mas a ideia imediata não era voltar de lá e fazer uma coleção sobre o país. Fui, voltei e fiz uma coleção de contrastes. E um dos contrastes que me pegou foi a partir da Dona Nilza, as Donas Nilzas que fazem a moda brasileira, a costura brasileira, que sentam e fazem a peça do corte até o final, entregando a roupa pronta. Não passa o dia só pregando uma gola ou um botão.

Não é alienada do processo.
E quem é alienado não aprende nunca. A costureira sai da confecção de seis andares e não sabe costurar nem para os filhos dela, porque ela não sabe fazer uma roupa inteira, mesmo que trabalhe nisso o dia inteiro. Voltei e quis fazer "Descosturando Nilza".

Como ela recebeu a notícia? — Acho que ela não entendeu muito bem. Tanto é que depois, na época, a coleção teve muito impacto e a *Folha de S. Paulo* ligou pra ela, pra fazer um box. Ela falou "menino, a ficha não caiu até agora. Ele chegou falando qual era o tema e, quando assustei, estava costurando em cima da passarela, com as modelos passando". Você vê que ela está costurando e, pelo vídeo, dá para ver que levanta a cabecinha para tentar assistir ao desfile. As pessoas não sabiam que a Nilza era ela, porque havia 40 costureiras na passarela.

Organizadas em duas fileiras, ficou muito bonito. E ela sabia que, ao final, você daria a mão para ela e a levaria até o fim da passarela? ___ Não, não sabia nada disso. Nem eu sabia que ia fazer isso. Nada disso a gente sabe. Você imagina o que é colocar aquelas mesas de corte, colocar o salão de costura, aquelas 40 máquinas de costura na passarela?

Como foi o processo de composição da cenografia? ___ Sentei com a Clarissa [Neves] e Paulo [Waisberg], que sempre fazem meus cenários, lembro que falei que queria colocar 40 costureiras na passarela, com as máquinas de costura e mesas de corte. Ela veio com o projeto, colocando as costureiras só na boca de cena, para deixar a passarela livre. Falei "de jeito nenhum". Eles disseram que não ia ficar bom, por atrapalhar a visão da modelo e não deixar a roupa ser vista, disseram que iam ficar poluído. De novo, eu disse que passarela não é para ver roupa. Roupa, você vê em showroom. A passarela é para outra coisa. Insisti. Tanto é que a Clarice é muito engraçada, ela foi entrevistada pelo GNT sobre essa cenografia e perguntaram como foi a ideia, ela respondeu: "A ideia foi dele, eu mesma falei que esse negócio não ia ficar bom". Eu disse "gente, fala pra ela que não pode fazer isso, não". "Ele chega com todas as ideias, a gente só põe no papel", com aquele jeitão da Clarice de falar. Eu queria e montei isso, uma sala de costura e, na trilha, eu queria um radinho de pilha com músicas românticas emocionantes, de casamento e bailes.

Músicas francesas. ___ Aquela que foi muito usada nos anos 1970, aquele Christophe cantando "Aline", "*J'avais dessiné sur le sable*" [cantarolando]. E as músicas de "Lara". A trilha é romântica.

As roupas também eram românticas. ___ Eram. Roupas escapistas, depois da visita à China, uma coleção escapista, como se você entrasse dentro de casa e dissesse "daqui eu não saio". Então, usei decalques de flores de geladeira, cartões de casamento, a coisa do manuscrito, uma roupa bem cuidada.

A almofadinha de costureira com as agulhas na cabeça — O coração vermelho na sandália.

Você foi ovacionado no final. — As pessoas ficaram muito emocionadas.

Porque você dividiu os créditos com as costureiras. — Foi inédito isso, ninguém nunca tinha colocado o backstage na passarela.

Tempos depois a Vivaz fez em Belo Horizonte, durante o Minas Trend. — Foi a Roberta Marzolla quem dirigiu "Descosturando Nilza" e quem, depois, dirigiu aqui também o desfile da Vivaz. A Roberta é muito engraçada, ela é uma diretora famosa de desfiles em São Paulo, e dizem que, quando a Terezinha Santos, no auge da Patachou, me chamou para fazer o styling de um desfile dela – depois de eu ter feito "Bibelôs", com as modelos com cisnes na cabeça –, a Roberta falou "você está louca, esse cara é louco, você viu que ele colocou uns patos no cabelo das meninas?". Mal sabia ela que, quando eu fosse para a São Paulo Fashion Week, era ela que eu iria chamar para fazer minha direção de desfile, por ela ser brava. Ela faz de todos os meus desfiles e já está acostumada com o meu jeito. Pagou uma língua desgraçada.

E a ciumeira entre costureiras com Dona Nilza? Conta mais. — Modelistas antigas me ligavam depois do desfile, a gente ouvia as conversas, sabia que estavam na rádio-peão, mas com a gente mesmo a maioria não falava. "A gente que acaba fazendo e ele faz essa homenagem para a Dona Nilza." Aí, foi muito legal, porque todas as revistas, mesmo as mais tradicionais, como *Moda Moldes* e *Manequim*, deram o espaço para a costureira, que normalmente tem uma imagem "desglamourizada" para o povo da moda. Desvalorizada. Hoje, quando olho, falo assim "nossa, Ronaldo, você provocou". Foi muita provocação, uma após a outra, mas nunca me importei com isso, não era o meu objetivo o causar pelo causar.

As pessoas ficaram muito emocionadas. Uma jornalista muito engraçada até me contou que, dias depois, entrou na sala de imprensa e estavam metendo o pau no desfile de tal estilista, falando assim: "A roupa é muito feia, muito malfeita. Parece roupa de costureira". Ela revidou: "Espera lá, de que costureira você está falando? Porque existem costureiras e existe a Dona Nilza". Então, a Dona Nilza virou um personagem mesmo.

Por que você foi à China? —— Eu trabalhava para a Lei Básica, na época, e ela estava começando a produzir na China. Fui até lá para criar a coleção. Eu entregava o desenho, no outro dia estava pronta a roupa, pendurada. Eles falaram para eu ir, porque desenho rápido, algo que a loja de tecidos me trouxe. Cheguei lá muito cansado, como fico depois de cada coleção. São 24 horas de viagem. Quando cheguei, com o fuso horário totalmente doido, comecei a sentir uns calafrios e fiquei de cama. Peguei um resfriado. Foi terrível, tudo misturado, com febre que não parava. Uma chinesa me perguntou se eu acreditava na medicina oriental e eu disse que acreditava demais. Estava achando que era acupuntura, essas coisas. Mas ela me levou a um lugar num shopping, na hora do almoço, com aquele monte de gente comendo aquelas coisas fritas. Entramos numa farmácia, nada era familiar. Ela pediu uma consulta, entramos e uma chinesa bem velhinha, a cara dela era assim [espreme o rosto com as duas mãos] e a unha toda preta deste tamanho. Deitei numa cama também toda preta, toda imunda. Ela começou a falar [imita chinês com uma voz bem fanhosa]. Me apertava nuns lugares.

[Risos.] A sua intérprete traduzia? —— Não, era sem tradução mesmo. Ela anotou tudo num papel e entregou. Eu pensei "gente, já acabou, sem dar nenhuma agulhada?". Saímos e a intérprete foi encomendar a receita. A gente estava na fila esperando, eu perguntei o que estava escrito nas caixas da prateleira, ela disse "testículo de veado". E nessa outra? "Osso de cachorro." E o que tem no meu remédio? "Ah, a gente nunca sabe." Mentira, ela não quis me dizer. Fez a receita e o cara trouxe um copo deste tamanho, um mingau grosso, parecendo um concentrado de guaraná em pó – você tem que tomar e colocar a bala na boca depois, senão vomita tudo. Tomei aquele negócio, fui embora para o hotel. Só no primeiro dia elas me pegaram de carro, depois falaram onde eu ia pegar o metrô e onde deveria descer. No dia seguinte ao que tomei o remédio, quando cheguei para trabalhar, foi muito estranho, na hora do rush você quase é atropelado, eu até me encostei na parede. Aquela horda de gente. Eu tinha que ver as letras e saber em qual estação parar. Sofri, pensei que ia ficar perdido na China para sempre. Sem celular.

E você sarou? — Não. Quando voltei para trabalhar, a intérprete levou outro remédio pra mim. Tinha mandado fazer, tomei de novo. No terceiro dia falei que estava ótimo. Eu estava tossindo e ela queria mandar buscar outro. Acabei tomando uns três. Depois fiquei muito amigo dela, era uma senhora mais velha. Na verdade, eram duas. E, mais tarde, descobri que eram casadas. Fui um dia à casa delas – e dizem que chineses nunca convidam para ir às casas. Ela também tinha uma mãe bem velhinha, entraram para arrumar e a velhinha ficava assistindo *Pepe Legal* em chinês. Às vezes, no meio do desenho animado, ficava conversando comigo [imita chinês com voz fanha, de novo]. E eu respondia. Arrasei no chinês com aquela dona.

Você voltou até lá depois disso? — Não.

A coleção da China só veio um ano depois. Você precisou de um tempo para digerir? — Passei um mês na China e precisei de anos para digerir. Hoje não, mas na época você ia para a China do cartão-postal, não via a China real. Mas eu gostei de ter visto a realidade.

Além de "Descosturando Nilza" e de "A China", houve alguma outra coleção influenciada por essa viagem? — Agora não sei, mas se não foi diretamente a coleção, foi o meu trabalho. Quando penso no tamanho que quero ter, na valorização dos saberes e fazeres tradicionais, em trabalhar com a comunidade, a que custo crescer. Quando fiz a coleção da China, muitos colegas acharam que era conversa fiada, falácia. O setor não tinha acordado na época para o quanto aquilo era próximo. O Brasil, o setor de moda e confecção começaram a tomar pé do que realmente estava acontecendo com a China em 2009, 2010. Tempos depois. Eu tinha falado que o negócio era sério, mudou tudo. É outra coisa.

Festa no céu

INVERNO 2006 | *São Paulo Fashion Week*

"Festa no céu", de Câmara Cascudo (1898-1986), foi a fábula usada por Ronaldo para digerir o luto pela morte de seu irmão, por meio de um desfile. Músicas cantadas em várias línguas mostram a universalidade do tema, enquanto uma piscina de bolinhas brancas colocada como parte principal da cenografia empresta leveza à apresentação.

Depois de "Descosturando Nilza", veio "Festa no céu". Ao relembrar suas coleções, quase sempre, fica um elemento muito forte de cada uma. Por exemplo, de "Festa no céu", foi a piscina de bolinhas. __ A da Dona Nilza virou "a coleção das costureiras" e Terra Sonâmbula, "a coleção das mulheres vermelhas". A piscina de bolinhas repercutiu mesmo, e virou a imagem daquela edição.

Como surgiu a ideia dessa cenografia? __ Aquele foi um período muito difícil da minha vida. Entre a Dona Nilza e a piscina de bolinhas, meu irmão teve um câncer, com metástase muito rápida. Roney tinha 49 anos quando descobriu a doença, e morreu aos 50. A história do câncer é uma coisa que sempre estava rondando a família, minha mãe já tinha morrido disso. O Roney era talvez o irmão mais festivo. Ele tirou um rim e, depois disso, a doença veio num ritmo avassalador. Eu fiquei muito próximo dele em todo o processo da doença. Quando ele morreu, eu tinha que fazer uma coleção. Foi a primeira vez que não quis fazer coleção nenhuma, mas já estava tudo certo, não tinha como não fazer. Mas o que fazer? Dar, através da criação, uma leveza para a morte, jogar o morrer num outro lugar. Então, vamos fazer

uma festa no céu, vamos para a história do Câmara Cascudo, pegar o conto e imaginar como seria aquela festa, as pessoas chegando vestidas. Peguei aquelas flores de defunto roxas. As roupas eram uns balonês murchos em musseline, como se tivessem sido feitas para inflar e voar, murchando ao chegar no céu. Lembro que a Regina Guerreiro falou "achei essa estampa muito grisalha". Achei engraçado, mas era grisalha mesmo. Era velho, pra baixo. Mas como era no céu, dava a impressão de estar desgastado. Não podia falar isso na época – como é que um estilista fala isso? –, mas era alguém que levantou do caixão e o que sobrou foram as flores que ficaram impressas.

Queria algo de nuvem e pensei "está aí uma oportunidade de pôr as pessoas para poder brincar na piscina de bolinhas brancas". A fábrica que fornece bolinhas para essas piscinas de shopping fica em Santa Catarina, pertence a uma alemã. Um assistente ligou para encomendar, e perguntou se dava para personalizar. Dava, cada uma delas tinha óculos desenhados em alto-relevo – não sobrou nenhuma pra contar história. Queríamos tudo branco, mas a pessoa disse que não fazia. "Mas o senhor não faz branca?" "Faço." "Por que não pode me entregar só branco?" "Porque criança não gosta de tudo branco, não vai dar certo, você vai querer me devolver e eu não vou aceitar." E desligava o telefone. Eu tive que ligar e falar "olha, eu vou ter de pintar uma por uma. O senhor faz dourada?" "Não." "Eu vou comprar branca para depois pintar tudo de dourado. E se eu comprar colorida, não vai pegar." Ele concordou e resolveu me vender. Quando pensamos na quantidade em metros cúbicos para poder encher trinta metros de comprimento da passarela por sete de largura e um metro de profundidade, eram dois caminhões de saco de bolinha. Então, fizemos uma estrutura com uma tela no meio da passarela e as bolinhas. Isso me entreteve, todo esse problema fez com que eu me esquecesse de tudo – inclusive de que o sapato era de salto e elas iam caminhar sobre a tela. Só fui atinar pra isso quando estava montando a passarela: olhei para a tela, olhei para o sapato, olhei para a tela, olhei para o sapato. A [Caroline] Trentini estava nesse desfile, todas viraram tops. No ensaio eu falei "gente olha, o salto, se caiu, caiu. Fica brincando ali". A tela era mole, mas o salto não entrava nela. Nenhuma caiu, para a minha tristeza. Aí, a Raquel Amorim, uma modelo daqui de Belo Horizonte, estava lá, altíssima, e tivemos a ideia de deixar a primeira entrar pelas bolinhas, antes de entrar os convidados na sala, a cobrimos de bolinha.

Fala da trilha sonora. —— Foi a segunda vez que fiz a trilha com a Fernanda Takai. Um dia, lá em casa, a Fernanda falou "deu tão certo a trilha, vamos fazer outra". Eu contei pra ela de uma viagem, nós bebemos até e ficamos falando de música, ela perguntou que tipo de música eu tinha pensado, então falei "festa no céu vai tocar muitas línguas". E é com voz feminina. A Elke Maravilha cantando em alemão, a Alda Rezende, em francês. E de épocas diferentes, anos 1940, 1960, 1980. Em espanhol, inglês, alemão e francês. Aí, fizemos a trilha. Elke topou, veio à casa da Fernanda gravar. Foi uma farra no estúdio. Três dias de gravação.

Foi triste esse desfile pra mim. A trilha é triste também, eu acho.

Os colares chamavam a atenção. —— Os bichos que entraram. Eu queria trazer, de alguma forma, o conto do Câmara Cascudo, tinha ali o urubu, a tartaruga, a lagartixa, os que rastejavam e não conseguiram chegar ao céu, os que estavam esmagados. No final, quando faz a fila das modelos, também não foi nada combinado, eu entro e vou empurrando todas elas e virou uma farra. Eu mergulho nas bolinhas. Ali eu estava meio doido, porque imagina um metro de altura e mergulho de ponta. Poderia ter dado errado. A plateia pulou no meio das bolinhas e para tirar o povo lá de dentro? Tinha quarenta minutos para tirar todas as bolinhas, e desarmar o cenário, foi um momento pânico. Para pôr demorou, mas para tirar? Onde colocar tanta bolinha? E tinha sacolas, eu deixei as sacolas de brinde nas cadeiras, com a inscrição "para catar bolinhas". Só que mesmo todo mundo tirando bolinhas, não ia tirar todas. Não ia dar tempo, a direção do evento puta comigo. Eu dando entrevistas lá no fundo, sem saber que o pau estava quebrando. Pegaram rodos e puxaram as bolinhas para baixo das cadeiras da Bienal. Até hoje deve ter bolinhas lá. Dizem que tinha pipoqueiro no dia seguinte vendendo bolinhas pelo Parque do Ibirapuera. Mas foi um estresse essa parte.

A cobra ri

VERÃO 2006/2007 | *São Paulo Fashion Week*

Dois desfiles dedicados a Guimarães Rosa, mas com looks diferentes, foram apresentados na São Paulo Fashion Week e em Belo Horizonte, numa homenagem aos 50 anos de *Grande sertão: veredas*. As referências sertanejas estavam nos bordados, na ambientação – com gambiarras e tapete de serragem, ao estilo dos de Corpus Christi – e na trilha, que contou com versos da obra-prima do escritor.

Depois veio a coleção sobre Guimarães Rosa. ⎯ Dessa, a imagem forte que volta à mente é o tapete na passarela.

Quando fiz o Drummond, pensei "se tem adaptação da literatura brasileira para o cinema, para a novela, por que não pode ter para a moda?". Adorei fazer o Drummond. E, depois, quis fazer Guimarães Rosa.

Desde "Todo mundo e ninguém" você pensava em ter Guimarães Rosa como tema? ⎯ Sim, em algum momento eu ia fazer Guimarães Rosa, porque quando vou falar mais à frente sobre o Rio São Francisco, e digo que foi um presente que meu pai me deu quando criança, nesse presente do rio veio o sertão junto. O sertão vai se repetir com muita frequência no meu trabalho. Vai e volta eu estou no sertão, porque ele não sai de mim. E aparece primeiro com "A cobra ri", depois com o São Francisco e com a "Carne seca". O sertão é o cenário.

O sertão é mestiço. Eu, como mestiço, como marrom que sou, me sinto em casa nesse lugar.

Existe uma cultura sertaneja, que eu amo e que eu recebi, a cultura do Guimarães Rosa, da rabeca do Norte de Minas, o violino brasileiro, uma cultura musical extremamente sofisticada. Histórias de fantasmas e assombração para crianças também extremamente sofisticadas, de uma natureza exuberante. Esse é o sertão que me pega. E o próprio nome "A cobra ri" é de mais uma história do meu pai, ele contava histórias pra gente dormir, nas quais o tamanduá abraçava e a cobra ria antes de dar o bote. Toda vez que vejo a cobra com a boca aberta, vejo isso.

E os animais têm um peso grande no universo do Guimarães Rosa. — Isso. Quando vou ler Guimarães, adolescente e adulto, eu via nele as histórias que meu pai me contava. Meu pai nunca leu Guimarães Rosa na vida, só que ele era do sertão, ele tinha a alma do sertão e, por isso, me contava histórias do Guimarães Rosa. Ele poderia ter sido um jagunço do Guimarães. Eu falo disso com intimidade – não a intimidade de um estudioso, mas da essência sertaneja. O Guimarães Rosa fala da natureza dos bichos para falar da natureza humana.

Quando as coisas que parecem muito simples, se prestar atenção, não são. — Não são. Ou são desconcertantemente simples. Aí o que aconteceu? Quando terminei "Festa no céu", coincidiu com o aniversário de 50 anos de *Grande sertão: veredas*. A Eleonora Santa Rosa era secretária de Cultura e resolveu fazer uma ocupação Guimarães Rosa no Palácio das Artes. Paulo Pederneiras fez uma instalação, o Rogério Veloso fez um filme, alguém fez uma exposição, teve um balé, e a secretária, muito abusada, me chamou pra fazer um desfile. Falei que era louco pra falar do Guimarães Rosa, então participei. Na verdade, foram dois desfiles e duas coleções, porque a feita para o evento do Palácio das Artes teve as peças leiloadas. Perguntei se eu podia usar o espaço como eu quisesse, e ela disse que sim.

Falei o seguinte: para trazer Guimarães Rosa para dentro do palácio, preciso trazer o sertão, os burrinhos do Parque Municipal – pra mim, o sertão sempre existiu no Parque, amo desde criança, quando ia com meu pai e me sentia um tropeiro ali, em cima do burrinho. Preciso trazer o cheiro de serragem, fazer um tapete de Corpus Christi, preciso pendurar luzinha de gambiarra, acabar com aquela brancura do foyer do Palácio. E quero uma orquestra de rabeca. "Mas onde tem

uma orquestra de rabeca?", ela perguntou. Eu disse que em Montes Claros. A secretária gostou de tudo.

A iluminação foi assim: coloquei filtro azul em toda a parte da frente, depois de atravessar o foyer, ficava âmbar, era quente, como se o sol tivesse nascido ali. Para procurar pela orquestra de rabeca, alguém ligou para Montes Claros e descobriu que a orquestra realmente existia. Chegaram mais de 20 rabequeiros aqui. Contratei o Paulo Tomás, que é maestro, entende demais de música e desse universo, pra ele ensaiar com os meninos na véspera. O Paulo me ligou: "Ronaldo, os músicos nem se conhecem". Perguntei: "E daí?". Ele repetia: "Nunca tocaram juntos". Não existia orquestra nenhuma. Chegaram aqui com rabeca de uma corda só, toda arrebentada. O maestro falou que não era possível tocar uma música inteira. Pedi: "Paulinho, pelo amor de Deus, vira a noite, passa a madrugada ensaiando, eu preciso desse povo tocando". Ninguém da plateia sabia tocar rabeca. Vesti todos de smoking, eles calçaram sandálias Havaianas, ficaram superbonitinhos. Ensaiaram muito. Eles eram uns 25 e ficaram todos no alto, tocando a rabeca. Para dar o truque, foram acrescentados dois acordeões, no caso de um desafino.

A plateia estava lotada, começou o desfile, quando, de repente, vieram 30 burrinhos. Fiz uns livros gigantescos, ocos, com a lombada dourada, com o nome dos livros do Guimarães Rosa, empilhadas sobre os bichos. Parecia que eles estavam carregando um fardo enorme, mas era leve. Quando entraram e foram até o meio da passarela, os fotógrafos começaram a disparar os flashes e os burrinhos empacaram. Não andavam. E começou a "cagacema". Pá, pá, pá [gargalhada]. Então, a modelo não saía e nem entrava. Mas, no fim, deu tudo certo. Fiquei muito impactado com aquela história e a coleção seguinte quis fazer sobre Guimarães, de novo. As roupas desfiladas no Palácio foram doadas para o Museu Guimarães Rosa e leiloadas em Cordisburgo.

Alguma delas foi replicada na coleção que desfilou na SPFW? — Comecei do zero, não vi sentido em repetir modelo.

Como foi montar o tapete em São Paulo? — O Rodrigo Câmara, que tinha feito o tapete pra mim em Belo Horizonte, é de Ouro Preto. Toda a família dele faz esses tapetes muito bem-feitos. Fiz um orçamento com ele para montar em São Paulo. Foi um caminhão, levando serragem. Fiz o desenho com o que eu queria, a cobra e os outros elementos, passei para o Rodrigo e ele reproduziu no espaço. Na passarela ele fez isso e jogou uma essência de alecrim na sala inteira, surpreendeu a plateia ao entrar.

Você escolheu cada trecho? — Sim. Quando você escuta, é mesmo como se escutasse o *Grande sertão* inteiro. Poderia ter ficado chato, porque não é uma coisa fácil. Abri com o Antonio Candido [de Mello e Souza, crítico literário], acharam que fosse um velhinho qualquer lá fazendo uma citação, aí a luz ia acendendo e, quando começava o desfile, eu precisava de um Riobaldo [personagem narrador do livro] para gravar. Mas onde eu encontraria um Riobaldo? Um dia pensei "é o Toninho [Antonio Edson, ator] do Galpão". Quando você o vê de boca fechada, parece um jagunço, mas quando abre a boca é aquele doce. Levei o Toninho para o estúdio, ele gravou e foi lindo. Procurei as músicas para costurar. Tem uma versão linda do Edu da Gaita tocando "Disparada", e o Guimarães falando em cima. Entrei no final com os livros dos burrinhos para mandar para o povo, eles faziam assim [coloca as costas das mãos na frente do rosto], com medo de serem pesados. Mas depois perceberam o que era e até brigaram pelos livros.

O Drummond, que você homenageou, talvez seja mais palatável para o mundo da moda do que Guimarães Rosa. — Eu penso até que aquela coleção do Drummond vinha ao encontro de uma tendência de moda que tinha algo de retrô, ela era amorosa. No caso do Guimarães Rosa, ele traz um desconforto, porque reforça uma crítica que meu trabalho sempre sofreu, que é o de ser regional.

A crítica foi muito boa. Eu sabia que a metade dos críticos de moda nunca colocou a mão num livro do Guimarães, mas sempre é tempo. De qualquer forma eu reforçava um lugar onde já tinham me colocado: o de brasileiro, o regional, o artesanal, o que provoca. Então falei "é? Sou regional? Toma aqui". Mas falei de algo extremamente sofisticado que é a literatura do Guimarães Rosa. E, com certeza, a "Cobra ri" está hoje entre as dez coleções de que mais gosto.

A cobra ri

A roupa tinha um trabalho de bordado de tropeiros, com aplicações de cortiça. Vai entrar na moda depois kaftans, mas ainda não estava. Eu mesmo ainda não chamava de kaftans. Usei o modelo, porque precisava de espaço para apresentar aquele sertão, e essa é uma peça ampla, para colocar muitos bordados.

A forma da roupa foi ditada pela história que você queria contar. ⸺ O tempo inteiro. E a cobra sempre à espreita. Uma vez meu pai chegou de viagem com uma caixa de madeira que tinha uma cobra dentro e quando a gente abria, ela pulava. Fomos à casa das tias e da minha avó para mostrar e o pessoal quase morria de susto, porque sabia que ele sempre ia pescar e realmente poderia ter encontrado uma cobra. Essa história era muito roseana. Por isso coloquei como nome "A cobra ri". Eu queria que as pessoas sentissem um cheiro de mato e de um sertão extremamente sofisticado, desconcertadamente simples, como o de Guimarães.

Da forma como você representa esses lugares, eles nunca parecem a morada de coitados, as pessoas que vivem neles parecem ter muita dignidade, seja em "A cobra ri" ou em "Costela de Adão". ⸺ Olhar para um lugar árido e ver poesia é uma forma de resistência. Só propagar o árido é o que a grande maioria faz. Mas se você tem, nessa aridez inteira, uma florzinha nascendo, há esperança. E é nessa esperança que você tem que jogar a luz. Acho que o papel do design é esse – pelo menos o que me imponho, acho que esse é meu compromisso civil como desenhador.

A China de Ronaldo Fraga

INVERNO 2007 | *São Paulo Fashion Week*

Mais de um ano após visitar a China, Ronaldo fez uma coleção baseada no que viu no país. Uma das imagens mais fortes da temporada foi a cenografia viva, composta por homens – entre famosos e anônimos – vestidos com macacões de operários de fábrica que comiam sem parar uma marmita ao longo do desfile. A tradição da China imperial e a disrupção de sua acelerada industrialização e falsificação foram vistas na passarela.

Depois de "A cobra ri", finalmente, veio a coleção sobre a China. — Essas coleções, "Descosturando Nilza", "Festa no céu" e "A cobra ri", foram como se eu adiasse a conversa sobre a China. Se você reparar, todas elas eram escapistas. A da Dona Nilza falava de um mundo romântico, "Festa no céu" nem se fala e, por fim, a fuga para o sertão. Então, vi que era hora de encarar esse mundo real e enxergar poesia nele. Tanto que aí que começou esse estigma da escrita rasa sobre as coleções "ele homenageou as costureiras", ok. Homenageou Guimarães Rosa, ok. Mas "homenageou a China"? Não. E era algo recorrente: "homenagem à China, homenagem à China". Uma coisa que lá na frente vai me dar problemas, porque disseram que a beleza [de "Futebol"] foi uma homenagem aos negros. E estou respondendo até hoje [4 de dezembro de 2014]. Foi uma palavra que eles colocaram, mas eu nunca usei, mesmo ao fazer coleções sobre pessoas, uso "objeto pesquisado", não "homenageado". Quando falei da China, foi sobre um conceito que, naquele momento, estava tomando conta do mundo, das relações, do que consumíamos, o caminho para onde

estávamos indo, a produção em série, a negação das tradições. O terreno árido, onde não há espaço para a tradição.

O cenário vivo deste desfile foi muito impactante. ⎯ Fiz os uniformes para os chineses. Quando penso naquela cenografia, com os chineses que entram quando soa o sinal, aquilo foi cinema, foi superprodução. Já começou cedo, marcamos com os figurantes duas horas antes do início do desfile. Então, preparamos o bufê para atender as modelos que estavam lá desde cedo e fizemos um kit lanche para os figurantes com dois sanduíches, maçã, refrigerante, o ideal para o meio da tarde. A turma chegou muito mais cedo, ficou fotografando tudo no meio das modelos, aquele monte de orientais misturados. Tinha três falsos chineses famosos: o [cabeleireiro e maquiador] Celso Kamura, o [estilista] Walter Rodrigues e o Jum Nakao [também estilista]. O Jum ficou bem na primeira fila, com uma cara de "o que estou fazendo aqui?". Eu tinha desfilado para ele numa semana de moda há muitos anos, então, existia essa dívida. Era visível na cara dele que estava com ódio. E ainda o colocaram na frente. Os figurantes chegaram e acabaram com o lanche deles e com o das modelos. O pessoal do bufê vinha desesperado atrás de mim "estão comendo tudo" [gargalhada].

Chegou a hora de eles vestirem a roupa. Eu fiz aquela coisa do casaco com a calça de amarrar, o par de tênis, o bonezinho – isso é rasgar dinheiro, não é, não? Tem horas que eu penso: "Ronaldo, pelo amor de Deus!". Acho que com o dinheiro gasto em cada desfile desse eu poderia ter comprado um apartamento. Grafitei nas costas dos uniformes as marcas de multinacionais que tinham fábrica na China e escrevi "Free Tibet". Estava todo mundo lá no backstage quando o Paulo Borges chegou: "Ronaldo, tem pelo menos quatro patrocinadores com sua marca estampada nas costas dos chineses, não vai poder entrar isso". Eu respondi: "Você nem me fala". Porque eu repetia as marcas, então, se tirasse quatro, ia perder pelo menos uns 40 figurantes. "Mas Ronaldo…" Desses, eu me lembro da Motorola e da Volkswagen.

Até hoje o Paulo Borges deve entrar no seu backstage sofrendo. ⎯ Eles tentam cercar por um lado, vamos ver o que ele vai fazer na cenografia, entrego tudo, aí vem o buraco do outro lado, como a maquiagem vermelha agora [novembro de 2014].

Você não tirou as marcas dos patrocinadores? — Eu ria de nervoso. Falei que não tinha jeito e que no bolo ninguém ia ver e que ainda ia achar que era homenagem. Falei que se desse problema eu responderia como se o Paulo não soubesse. Um dos meus patrocinadores era uma ótica de Campinas que fez os óculos do desfile. Desenhei aquela meia lente prateada para parecer que todo mundo tinha os olhos puxados. Eles estavam muito empolgados com a história do desfile. No hotel, de manhã cedo, saí, levando a coleção para o desfile e deixei a caixa de óculos com a Ivana. Não queria levar na hora, porque era coisa pequena e poderia quebrar. Estava no backstage com todas as meninas maquiadas, exceto nos olhos, porque o Marcos Costa sabia que teriam os óculos. A sala de desfile lotada, a fila de modelos formada, o Marcos pergunta: "Ronaldo, onde estão os óculos?". "A Ivana falou que esqueceu no hotel." E o Marcos: "Não, você não esqueceu, você trouxe. E vai procurar e vai achar". Aí ela foi procurar. Eu falei: "Ivana, mas você não disse que está no hotel?". [Imita a voz dela] "Eu estou ganhando tempo para saber o que vou fazer, porque estou com medo dele". O apart onde estávamos hospedados também era patrocinador do desfile, mas eu não tinha o telefone. Liguei para uma amiga que estava na sala de desfile, para olhar no fôlder o número. Ligamos para o apart, o desfile era tipo às oito horas da noite, ruim para o trânsito. A menina da recepção mandou a caixa num táxi. Ficamos monitorando, ligávamos para o taxista, mas ele falava que estava parado no congestionamento. O Paulo Borges falava que tínhamos que começar, mas eu insistia que os óculos estavam chegando. E todo mundo nervoso. O Marcos desesperado, sem saber o que iria fazer.

Enquanto isso ele começou a maquiar as meninas, para o caso de os óculos não chegarem? — Não ia dar tempo. E tem o jeito como ele é. Se fosse eu, improvisaria um risco. E eu até falei: "Desenha uns óculos." E ele: "O quêeee?" [imita a voz do Marcos]. Eu fico nervoso, começo a rir. A Márcia Paiva, que trabalha com ele, fala até hoje que aprendeu tanto naquele desfile dos óculos, porque quando ela entrou falou "gente, olha aqui". O Paulo falou "tem que sair agora". Eu repeti que estava chegando e ele quis saber exatamente onde estava. "No monumento do empurra-empurra" – estava tão nervoso, eu esqueci o nome do monumento aos bandeirantes. Mas aí ele falou que ia ter que ser naquela hora mesmo e o taxista avisou que estava na Bienal. A Ivana desceu correndo e voltou. Soltou a vinheta, a primeira modelo já ia entrar, a Ivana chegou toda morta e descabelada, enfiando os óculos nas modelos, assim começou o desfile. No final, o Marcos falou "não me deixa passar por outra dessas, não deixa um grampo na mão da Ivana".

Essa é uma coleção de 300 mil estampas, falava de excesso o tempo inteiro, então era um elemento que eu repetia enlouquecidamente. Não era uma crítica contra a China, mas ao conceito China de produção em larga escala e para onde a moda estava nos levando.

Vejo como uma provocação. —— Era uma constatação de um país que inventou 20 entre 10 coisas que existem no mundo, mas nega a tradição, nega a história em prol da produção em série. E estamos seguindo esse caminho. Eu chamava a atenção para isso. O release começava falando da casa, do poliéster no vestido da tia, no brinquedo da criança. Quando leio, parece que tem muitos anos, mas foi ontem. Ao mesmo tempo, as pessoas não entenderam o que era aquilo. Não queria que fosse algo que a gente vê muito: "estilista foi para Bali e criou uma coleção sobre Bali". Por isso também que dei esse distanciamento, não era sobre a viagem, mas sobre o tempo que estávamos vivendo. Paralelamente, o governo chinês não tem investido só em novas tecnologias – isso já existe –, mas em criação, escolas de design, porque querem ser autorais, querem assinatura. O que aconteceu no Japão vai acontecer na China. A trilha eu achei maravilhosa, comprei muitos CDs de música chinesa dos anos 1930 e 1940 quando estava lá.

A marcação das modelos era diferente também. —— O desfile acontecia num ritmo mais rápido. Enquanto fazia a coleção, tentando conseguir patrocínio, ligamos para a China In Box. Tinha tudo a ver, não tinha, pedir para um chinês? Ele ficou uma semana pensando. Passou o prazo, ligamos de novo, eles disseram: "Adoramos e resolvemos aceitar. Vocês vão pagar como?". Eles é que queriam receber pela exposição da marca. Então não teve isso, mas o convite foi a caixinha direitinho, colocamos um arroz sem tempero, para não dar cheiro na sala de desfile, e os chineses entravam. Eles vinham do pit dos fotógrafos, enquanto todo mundo esperava as modelos saírem da boca de cena.

O fundo era rolo de papel higiênico que colocamos para parecer bambu, ficou lindo com a luz por trás. Eles sentavam e comiam, comiam, comiam. As modelos iam no ritmo rápido, e eu queria que as pessoas se sentissem bombardeadas com imagens. As roupas com profusão de texturas e estampas. E eu fiz um trabalho na época – é muito curioso, quando você opta por um objeto de pesquisa, tudo começa a levar para aquilo. O projeto era de aculturação de design em Nova Serrana, um lugar árido, que vive do calçado esportivo, mas vive da cópia, a cidade tem cheiro de cola e cheguei lá para desenvolver um projeto. Tendo reunião com os empresários, eu falei "estou me sentindo na China". Mas quando eu pensei isso, veio uma outra voz e falou comigo "leve os empresários para a SPFW". Eles são muito estigmatizados, Nova Serrana é acusada de fazer cópia e de ser sem qualidade. Pensei num projeto para a São Paulo Fashion Week em que cada par de tênis fosse inspirado numa face da cultura chinesa e cada modelo que entrava estava calçada com tênis diferentes, eles não se repetiam. Havia calçados bonitos de neoprene, mas também alguns colados com cuspe, porque a turma lá também nem sempre é boa de serviço.

Quando as meninas voltam, o Arnaldo Antunes estava assistindo ao desfile e ele não sabia, mas encerro com a música "O sol e a lua", ele nem sabia que eu ia usar. Elas entravam com a cabeça saindo fumaça, porque havia um copinho onde, no backstage, uma pessoa jogava uma pedrinha de gelo seco e outra, a água. Naquele tumulto, o batalhão de Marcos Costa fez a fumaça na cabeça. Cada uma ali uma peça da engrenagem industrial.

Deu problema com os patrocinadores? — Não, acho que pensaram que era uma homenagem também.

Como teve a ideia de usar os figurantes no cenário? — A ideia de eles entrarem pelo pit foi por não ter espaço para eles virem da boca de cena. Já eles comendo, era porque eu queria que parecesse um refeitório mesmo, com o mundo passando enquanto eles comiam. Não tinha nada que tirasse a atenção deles da ração. E quando você vê um bando de operários chineses num refeitório, ou pessoas na penitenciária comendo, é uma coisa meio animal, é a hora da ração. Ali era isso. A orientação era "só olhar para a comida". O Jum reclamou que o arroz estava péssimo. E saíam todos juntos. Foi um desfile que até hoje acho quase perfeito, foi muito impactante.

Teria uma ação da Associação Brasileira da Indústria Têxtil e de Confecção (Abit) no Congresso Nacional, sobre a situação da indústria têxtil. Eles me encomendaram para fazer um desfile, próximo à apresentação dessa coleção, mas quando teve que apresentar o tema, vetaram. Então, levei o "Descosturando Nilza".

Nara Leão ilustrada por Ronaldo Fraga

VERÃO 2007/2008 | *São Paulo Fashion Week*

Com Fernanda Takai cantando ao vivo a trilha sonora, o desfile sobre Nara Leão homenageou a elegância e o pioneirismo da cantora brasileira. A coleção foi apresentada, repetindo a parceria entre Ronaldo e Fernanda, também em Tóquio. Peças minimalistas foram vistas na apresentação, sob os barquinhos de papel que flutuavam, pendurados por um fio invisível, sobre a passarela.

Nara Leão foi mais um dos seus personagens. Ela já estava na sua cabeça há muito tempo? — Estava. A Nara sempre me chamou a atenção, foi uma grande pesquisadora. Ela gravou absolutamente tudo o que teve vontade. Pesquisou músicas de tantas regiões. O Roberto Menescal já disse que o único disco que ela não gravou foi um com músicas indígenas, e ele se sente culpado – porque ninguém conseguia convencê-la a não fazer o que queria, mas ele falou tanto na cabeça dela que não tinha nada a ver, que ela acabou não fazendo. Mas a Nara fez de músicas nordestinas. Ela chegava num lugar, já era a Nara Leão, e procurava saber quem eram os cantores e compositores locais, pedia músicas, levava fitas cassete, foi assim que descobriu Maria Bethânia. E o que isso tem de caro para a moda? Alguém que passa por correntes tão diferentes mesmo assim constrói um estilo, uma marca. Quando você se distancia no tempo, vê alguém usando o cabelo chanel, pode parecer normal, mas quando ela usava, nos anos 1960, numa referência aos anos 1920, não se usava aquilo. Ela veio a usar minissaia antes de a peça ter sido oficialmente lançada pela moda.

Numa época em que uma moça de família jamais colocaria os joelhos de fora, ela colocava; numa época em que uma moça de família tocava piano, ela tocava violão. Uma figura extremamente moderna e de estilo forte. No antigo apartamento onde morei, na rua Paulo Afonso, íamos até tarde e a festa tocando só com Nara Leão, porque ela também tem muitas músicas dançantes. Contamos isso para o Nelson Motta, ele falou: "Nossa, até a rave de vocês é uma rave intelectual". A Nara estava pendurada. Um dia, falei para a Fernanda Takai gravar "Odeon". Eu estava tonto, depois falei com a Ivana "ai, eu estou tão bocão, a Fernanda deve estar rindo da minha cara". E eu sempre amei a Nara cantando "Odeon" com a música do Vinicius e a letra do Ernesto Nazareth. Mais tarde, a Fernanda me liga e fala: "Você sempre disse que tinha vontade de fazer um desfile da Nara Leão, você ainda tem vontade?". Eu digo: "Sim, a Nara está pendurada". E a Fernanda: "Estou com vontade de gravar Nara Leão, quem sabe a gente não faz de novo aquela dobradinha?". Pensei que seria ótimo. Ela já pensava em fazer o disco. Só que o CD saiu depois. A gente ficou cruzando, sugerindo músicas, e ela mostrava para o Nelson Motta, até que eles fecharam as músicas. Ela perguntou qual das músicas eu queria que entrasse no desfile. Ela cantou na passarela, linda, toda de barquinhos. Deu tudo tão certo naquele desfile!

Não teve uma confusão? — Naquela, não. Deu tudo certo e mais certo ainda porque depois fui convidado a desfilar essa coleção no Japão e, na mesma data, a Fernanda estava em Tóquio para lançar um disco do Pato Fu e ela cantou ao vivo na passarela, também no Japão. Todas as revistas de moda de lá deram página inteira. Até hoje, quando me cultuam no país, é em cima do desfile da Nara Leão.

Ah, lembrei, até teve uma confusão, mas deixei pra lá.

Acho engraçado, porque sempre tem uma confusão. Às vezes eu pergunto, você diz que não, depois lembra que teve, sim. — Mas a vida é isso. E você tem que rir de tudo. Se você começar a colocar a faca no peito, acabou.

A beleza, as modelos usando perucas com fios de cabelo preto e franja, foi uma das partes mais claras da homenagem – se bem que você não

gosta da palavra "homenagem". — Eu quis que estivesse ali a elegância da Nara Leão, mais do que réplicas de seu estilo ou guarda-roupa. Ela era elegante, ela tinha uma postura política, era uma artista à frente de seu tempo. Quis celebrar e lembrar isso. A beleza remetia a ela de modo mais direto, mas tinha ali as listras que ela usou a vida toda, uma estampa com casinhas de um morro carioca, lembrando de Nara como sambista, que é muito importante, e de todos os talentos que ela ajudou a revelar. Tinha sapatos em forma de Fusca, porque esse foi um carro dela.

[Novembro de 2014, Ronaldo está fazendo uma ilustração para servir de estampa para a camiseta comemorativa do show de 50 anos de carreira da cantora Maria Bethânia, em janeiro do ano seguinte.] — Olha esta camiseta. Fiz uma estampa com o rosto da Bethânia. A empresária falou "Bethânia pediu que tirasse o rosto da camiseta". Eu falei pra ela que ia mudar o desenho, mas achava uma pena tirar aquele rosto tão lindo. Daí a pouco, toca o telefone [imita um sotaque baiano]: "Ronaldo, é Maria. Eu também acho meu rosto lindo, o problema não é esse. Agora, imagine amanhã a cantora está vendo televisão e vê um político ou um bandido safado sendo preso com uma camiseta com o que está desenhado na frente? A cara de Bethânia. Entendeu?

Quase não dá para ver que é ela. — Vou ver se ela aprova, porque se tirar tudo, fica sem graça. E deste jeito ficou com um mistério. Também estou fazendo três roupas pra ela escolher [para o show, em janeiro de 2015, no Rio de Janeiro]. O figurino tem uma saia de onça. O paetê é douradão, a minha história vai entrar mais na parte de cima, se ela aprovar. Aqui é um tricô de linha dourada, no ombro quero fazer franja de linha e colocar folha de ouro descascando. Este daqui é a peça da coleção que a modelo Carola desfilou, só que na passarela foi descascado cinza. O da Bethânia é de couro, um couro dourado que eu trouxe, vazado de escamas a laser.

Qual você prefere que ela escolha? — Este em que estou fazendo um descascado, embaixo tem a onça. O negócio dela é a onça, por causa da música ["Carta de amor"]: "Não mexe comigo / Que eu não ando só" [canta]. Acho que vai ficar muito bonito. E a camiseta, não sei ainda. Ela mandou as imagens: o Rio Amazonas, com uma frase.

E o figurino ela decide quando [além da camiseta comemorativa, Ronaldo ficou responsável por fazer parte do figurino do show]? — Não precisa decidir, vou enviar todas pra ela escolher.

A arte que tem o rosto, mas que ela não aprovou, você pode aproveitar num pôster, por exemplo? — Posso fazer o convite do desfile com ele. De repente, faço como foi o da Pina, em que o convite era um cartaz de espetáculo.

Você desenhou com o quê? — Caneta BIC.

E limpou no computador? — Limpei nada, está tudo sujo, tem um torto aqui. Os passarinhos estavam desenhados de outro jeito, aí os meninos tiveram que pegar e jogar por cima. Mas o restante do desenho, não. Se você prestar atenção, aqui está fino e aqui está grosso. Aqui estava grosso também e eu fiquei com preguiça de arrumar, dei um truque.

Já sabe qual vai ser a próxima coleção? — Sei, é isso que me mantém vivo. A coleção vai ser "Bethânia e as palavras". Vai ser num auditório de escola pública. Se for em Belo Horizonte, vou querer fazer na escola onde estudei, na Sagrada Família, no auditório. Mas só cabem 150 pessoas. E principalmente não posso liberar isso, porque e se ela vier, ela vai declamar. Imagina levar a Bethânia numa escola pública de BH? Você não acha que isso não pode ser bom? Ela queria que acontecesse até no Piauí.

Parece ser mais afável que "Cidade sonâmbula". — Mais afável, sim. Em "Cidade sonâmbula" pude carregar a mão no preto e no cinza. Não vai ter cinza e preto na próxima, estou falando de um orixá, ela é um grande orixá da música brasileira.

Já sabe até da paleta de cores. Já sabe da música? — Quero que seja "Bethânia e as palavras", com declamação de textos de Guimarães Rosa, Pessoa, Drummond.

Loja de tecidos

INVERNO 2008 | *São Paulo Fashion Week*

Como o nome da coleção indica, o estilista revisita seu primeiro trabalho no mundo da moda neste desfile. A cenografia acompanha o resgate do passado, com peças de diversas temporadas desenhadas por Ronaldo, que se viam penduradas em árvores na passarela. A coleção apresenta uma reflexão sobre a produção e o consumo de moda, cada vez mais veloz e fora de controle.

Fala sobre "Loja de tecidos". — Ela também é resquício da China. Você me perguntou ontem se a China rendeu mais de uma coleção, eu disse que não, mas quer saber? Menti. "Loja de tecidos" também foi influência daquela viagem.

Na época da "Loja de tecidos", você usava um moicano. Eu anotei todos os estilos de barba e cabelo enquanto assistia aos vídeos dos desfiles. — Sabe o que a gente pode fazer no livro e que ficaria legal? Tinha vontade de colocar as fotos de agradecimento de cada desfile, o que não tivesse foto, a gente poderia fotografar do vídeo. Aí as pessoas vão ver o tanto que a moda acabou comigo, o tanto que eu envelheci.

O quanto seus óculos foram mudando ao longo do tempo. — Também.

Fala da relação da "Loja de tecidos" com a China. — Da mesma forma que a visita à China me trouxe um olhar sobre a costureira e a manufatura, também trouxe sobre a loja de tecidos. Quando comecei como desenhista, as pessoas ainda tinham domínio sobre seu personagem.

Elas faziam a roupa para a medida que elas tinham. Ganhavam ou compravam o tecido, tiravam as medidas, existia todo um ritual de prova de roupa até ela ficar pronta. O ontem do *prêt-à-porter* começou ontem. Há uma relação direta entre épocas: você via na China a produção massiva, o fast fashion que ainda não tinha chegado aqui no Brasil, mas já estava fervendo do lado de lá.

Fui visitar uma fábrica que copiava a Diesel e o cara falava assim "de um lado é o verdadeiro, do outro é o falso". E não tinha como distinguir. Você falava que era verdadeira, mas era a falsa. Havia rumores de que as empresas, quando viram que não havia como fazer frente a isso, tornaram-se sócias dos que faziam a cópia. Uma vez eu conversei com o Renato Kherlakian, e ele disse o quanto perdeu de dinheiro, porque ele e o Tufi Duek iam para o Paraguai ou para o interior do Pernambuco brigar com quem copiava a Zoomp e a Forum. Fora o tanto que ele perdeu de dinheiro, porque ele era um empresário que pagava todos os impostos e quem copiava, não. No entanto, as grandes empresas globais foram espertas com os chineses e viraram sócias deles. Você ganha duas vezes, com a cópia e a original, ou você deixa de perder. É um mundo difícil. Eu vi que vinha chumbo grosso por aí. Deu saudades dos tempos ternos, do cheiro da loja de tecido.

Essa loja em que eu trabalhei, morro de medo de esquecer o cheiro dela. E era linda, toda de madeira aparente. Os vendedores eram senhores distintos, todos com a camisa para dentro da calça, colarinho de cor clara, sempre engomados, calça azul-marinho passada com friso, sapato muito bem engraxado. E aquele cheiro. Quando chega o Natal, lembro também do cheiro do Natal dentro da loja de tecidos.

Eu estava sob o impacto do efeito China, ele trazia a nostalgia da compra de tecidos brasileiros, de tecidos já extintos. Quer dizer: o Brasil já produziu um dos melhores algodões do mundo. Nossa fibra de algodão era mais longa do que a do algodão peruano. Mas os americanos jogaram uma praga no Rio Grande do Norte, uma estratégia nefasta, e acabaram com a plantação e pressionaram o governo Getúlio Vargas a cortar os incentivos à agricultura do algodão. Então, quando houve a praga, os produtores não tinham dinheiro para salvar. Por quê? Os americanos estavam investindo em plantações de algodão no Peru.

Foi assim que eles concorreram e ganharam. Então, eu falava "é desse jeito, uma carniça mesmo". Desse carnição, acontece que resolvi ter a loja de tecidos como tema, eu queria um quintal da memória, tanto é que a cenografia trazia essa ideia.

Com os vestidos pendurados. — Fiz vestidos que eu já tinha desfilado na Bienal, um ou dois de cada coleção, como se fossem vestidos fantasmas sobre as árvores. A cenografia foi essa.

A música instrumental também dava um tom de nostalgia. — Uma música dessas de rasgar o coração, música de realejo, música de praça.

E como chegou ao nome da loja que inspira a coleção? — Preciosa, um nome fictício. Não queria dar essa bola toda para a turma toda lá, para os donos da loja, aqueles irmãos para quem trabalhei. E, como estava falando muito de "tecidos preciosos que não existem mais", eu repetia sempre essa frase, acabou ficando o nome. Até poderia colocar o nome verdadeiro, mas também não queria, porque era a minha loja, com os cheiros dela e todos os detalhes.

Era uma coleção de inverno, mas leve. — Uma coleção de festa, com aplicações, flores. O tecido fazia os efeitos decorativos. Isso era forte ali.

Você disse que demorou muitos anos para digerir o que viveu na China. Essa coleção ajudou? — Talvez eu não tenha digerido até hoje, talvez ainda esteja aí a história da China. Chinão na roda. Uma angústia pela dureza da produção em série, da força do capital sobre a poesia do vestir e do produzir, essa coisa cruel de as pessoas serem transformadas em números.

Você pode falar "Ronaldo, mas isso sempre existiu". Pode ser, mas eu não vivia isso no Brasil. E fui dar cara a cara com isso na China, numa escala alarmante, para dominar o mundo. Era como se, antes do descobrimento, eu desse de cara com as caravelas e, então, voltasse para contar "as caravelas estão chegando, vocês não sabem o que é essa turma que está vindo aí". A gente não imaginava como eram os chineses. Nossos camelôs ainda vendiam produtos do Uruguai e do

Paraguai, os nossos tecidos eram brasileiros, os acessórios eram todos produzidos por uma indústria brasileira ainda vigorosa. Quando vi aquilo, eu voltei "gente, vocês não estão entendendo".

Agora, que leitura você faz da entrada da China como competidora no mercado nacional: estamos esboçando uma reação? — Reação nenhuma, perdemos tudo e vamos perder mais ainda. A indústria têxtil brasileira acabou, existem pouquíssimas, ficamos mais pobres, nossos tecidos pioraram. Hoje, quando vou ao acervo e comparo os tecidos que uso aos que usava antes, são muito diferentes, perdemos muito em qualidade. Que dia você imaginaria que, do mesmo jeito que os animais se extinguem, os tecidos também seriam extintos? Por descaso. E por não ouvir a voz das coisas. Não era só uma indústria de tecidos, mas uma indústria que falava da história de um país e de um povo. Muito da nossa cultura pode ser entendida pela nossa indústria e pelo que consumimos, quer dizer: quando você perde isso, é grave. Hoje você vê no mundo o made in Italy, made in Germany, que é uma informação que vinha impressa em formato pequeno nos produtos, vindo escrita em letras imensas.

Se as pessoas souberem de onde vem esta xícara, saberão que ela é mais cara por isso. A Inglaterra tem conseguido reaver esse cenário, tanto que muitas empresas de porcelana inglesa que tinham fechado estão reabrindo, como uma produção menor, é verdade, mas como um valor de patrimônio nacional, um artigo mais caro. Agora, aqui, um país que briga para manter a venda de commodities da soja e do aço para os chineses, está pouco se lixando para a indústria da moda. Quando isso foi dito para o setor e muita gente era "lá vem ele com mais uma falácia", ou "o alarmista". E o tempo aí provou que não, infelizmente, eu estava certo.

Loja de tecidos

Rio São

VERÃO 2008/2009 | *São Paulo Fashion Week*

Depois de uma viagem em família pelo leito do Rio São Francisco, de Minas à nascente na Bahia, surgiu a coleção sobre o rio, em meio à polêmica em relação a sua transposição. Bacias de sal foram colocadas na passarela, indicando o impacto da crescente salinização das águas doces. E as modelos fizeram a última entrada na passarela de mãos dadas, depois se sentaram, como lavadeiras.

A coleção "Rio São" foi outro "quintal de memória", mas da sua infância. ⎯ Acho que o "Rio São", aliás, eu tenho certeza que o "Rio São" também veio nessa esteira, do impacto que tive e que me fez repensar um monte de coisa. Foi a primeira coleção em que falei da questão ambiental, um tema de que eu tinha muita preguiça – não da questão ambiental em si, pelo amor de Deus, deixo isso bem claro, mas pelo quanto isso tinha se tornado só mais uma ferramenta de marketing para se vender. Era o auge da discussão da transposição do Rio São Francisco. O rio foi um presente valiosíssimo que meu pai me deu. Ganhei um rio inteiro, porque era de lá que ele trazia as histórias, ele era apaixonado pelo rio e conseguiu passar isso também para a gente. E era um lugar sagrado, onde eu morria de medo de ir. Porque ele era tão lindo nas minhas memórias, que eu pensava: "Não mexe com isso, não, Ronaldo".

E quando você foi pela primeira vez? ⎯ Quando fui fazer o desfile. Demorei a minha vida inteira para ir até lá.

Você foi à China antes de ir ao Rio São Francisco. ⎯ Quando olhei para a história da transposição, eu quis ler muito a respeito para ter uma opinião. Procurei muito saber de transposições de rios no mundo inteiro, o que deu certo, o que deu errado. Daí falei: "Vamos para o rio". Fui para Pirapora. Quando cheguei fui tomado por uma emoção. E até hoje toda vez que chego em qualquer parte dele, em qualquer lugar – há pouco tempo em Petrolina, por exemplo, aconteceu de novo – vejo que o rio é muito mágico. Percebi que estava na hora de fazer uma coleção sobre isso, uma coleção espinhenta. Foi difícil arrumar patrocínio e, no final, não teve, porque ninguém queria enfiar a mão naquela cumbuca, em algo que ninguém sabia exatamente o que era, ao mesmo tempo em que o governo – como ocorreu em Belo Monte – desqualificava a discussão, que é o que eles fazem. E assim nasceu a coleção do Rio São Francisco.

Quem o acompanhou nesta viagem? ⎯ Fui com os meninos e com a Ivana, passeamos no [navio a vapor] Benjamim Guimarães, foi lindo levar os meninos ao Rio São Francisco. Fui à nascente, fui à Bahia, fui a vários lugares e comecei a pensar numa coleção que, no primeiro momento, as pessoas pudessem acompanhar o rio da nascente à foz, até ele desembocar no oceano. Na exposição foi que fiz o inverso. Usei tapeçarias, acho lindos aqueles desenhos, a cachoeira Casca d'Anta. Esse rio também era muito o da minha imaginação mesmo. Não tenho registro de uma cidade do São Francisco nessa coleção.

Você optou pelas bacias de sal na cenografia. ⎯ Sal grosso, porque o rio estava num processo de salinização, então, eu brincava "um dia as lavadeiras do rio, em vez de bacias d'água, vão ter bacias de sal".

E a trilha é um álbum da Tetê Espíndola pouco conhecido que é o *Voz Voix Voice*, em que ela canta a voz das águas, a voz das coisas, só com a boca. E o Barbatuques, que é um grupo de São Paulo de percussão que usa o corpo como instrumento. Eles cantam "Carcará" e tiram os barulhos todos do corpo.

"Carcará" é a música mais marcante do desfile. ⎯ É a música de quando as modelos voltam.

Por que a instrução para que as modelos entrassem de mãos dadas? — Era a ciranda amorosa em torno do Rio São Francisco. Elas vão passando de mãos dadas.

E se sentam na passarela. — Como lavadeiras, para algumas pessoas. Mas eu falava que eram Iaras, sereias à beira do rio.

Houve alguma complicação com o sal, como houve com as bolinhas de "Festa no céu"? — O sal foi foda. Sacos de sal foram de Cabo Frio para lá, sem saber se daria tempo ou não de usar. Na beleza foram viseiras cheias de canudinhos coloridos, como se fosse para sugar o rio, mas também para ter uma alusão a uma lenda do caboclo d'agua que só tinha um olho. Eu ia desenhar o olho na testa.

Este olho na testa [que apareceu em "Cidade sonâmbula"] já estava rondando você, então, há muito tempo. — Não sei por que eu não desenhei. Achei melhor cobrir os olhos delas com a viseira.

Você acha que olho está querendo aparecer na testa há mais tempo? — Nunca tinha pensado nisso. No concurso que eu ganhei da Santista, a coleção era sobre a terceira visão, então, pode ser.

Com essa coleção, o Rio São Francisco entrou em mim para não sair nunca mais. Eu continuava falando do Rio São Francisco, opinando sobre ele, então, tudo o que eu queria era chamar a atenção para o rio. Pensei em fazer outra coisa sobre o rio, não uma coleção, mas uma exposição, para falar das várias faces dele.

Quando surgiu a ideia? — Na sequência, logo na sequência. Mandei o projeto para a Lei Rouanet, ele foi negado três vezes. Na terceira, disseram que interessava muito o projeto para eles, mas que eu precisava tirar o nome "estilista" e a palavra "moda", eu tinha que colocar "artista", para que pudesse ser contemplado. Porque a moda não era entendida como cultura. Hoje é o projeto conhecido como número zero da moda incentivada como cultura pelo Governo Federal.

Tão logo você modificou, trocando "estilista" para "artista" foi aprovado? — Foi. Na sequência, recebi a condecoração – nem percebi na época o valor que esse negócio tinha – a condecoração de honra ao mérito pelo Ministério da Cultura [em 2007]. Pela primeira vez, alguém da moda recebia, sendo que a moda não era entendida como cultura. "Gente, mas como vocês estão me dando uma coisa se não entendem a moda como cultura?". O ministro era o Gilberto Gil. No ano seguinte, a moda passou a ser vista como cultura.

E você participou desse processo. ⎯ Sim, eles acabaram me citando como exemplo. Os meninos amam essa comenda, eles brincam sempre com ela. [Ronaldo se levanta para procurar a medalha. Ivana disse que deve estar com os filhos].

Como você lida com honrarias? ⎯ Primeiro que sempre acho que o problema do sucesso é quando você acredita nele, você está perdido, porque se torna dependente dele. Eu não dependo dele, não dependo de honrarias, da mesma forma que as pedradas cicatrizam, as honrarias passam. Lembro do que descobri quando fiz a coleção sobre o Bispo do Rosário. Ele se apaixonou pela Rosângela, assistente social que o atendia. Ela soube que seria transferida e a partir de determinada data não iria mais à Colônia Juliano Moreira. Rosângela era a grande paixão da vida dele. Quando ela chegou e falou, com muito jeito, que iria para outro lugar e que um outro profissional cuidaria dele, ele parou, ficou com os olhos cheios d'água e falou "então deixa eu ir, porque preciso continuar reinventando o mundo". Acho que eu preciso fazer isso também. Não de uma forma pretensiosa, mas recriar o meu mundo, como o Bispo, ou como o Pedro Paulo fez com *Ô fim do cem, fim*.

Você disse que acha que provocou muito o povo da moda. Conta mais sobre essas provocações. ⎯ É que no início eu negava muito a moda. Eu sentava o porrete no sistema, acho que eles nunca entenderam isso muito.

Será que algumas pessoas levaram como algo pessoal? ⎯ Acho que sim. Eu fico vendo, pensando, não precisa nem colocar nomes, mas esses meninos da nova geração, de quem não se pode esperar contestação, desconforto. Mas, se não for deles, de quem esperar? É uma roupa que é correta demais.

Você acha que faz o social esperado de uma pessoa como você? Por exemplo: você tem casa em São Paulo, se tiver um evento importante uma noite em que você estiver lá, você vai? — Raramente eu vou.

É esperado que você vá? — Claro que é, claro que é. Mas acabo não indo. A assessoria fala que é para eu ir.

O que mais a assessoria fala com você? — "Ronaldo, deixa para se envolver em problema de novo apenas no ano que vem, porque nesse ano você já se superou."

Tudo é risco de giz

INVERNO 2009 | *São Paulo Fashion Week*

Com um casting formado apenas por idosos e crianças, este desfile teve como ponto de partida o espetáculo *Giz*, do Grupo Giramundo, de teatro de bonecos. A cenografia era composta por uma passarela com chão sujo de giz branco, feito por uma projeção, e bonecos do espetáculo original. A trilha sonora misturava clássicos da infância do criador, entre as quais "Ben", do Michael Jackson.

"Tudo é risco de giz" foi mais uma coleção emblemática sua. É uma das suas preferidas? —— Eu amo, é uma coleção que adoro ter feito. O desfile foi lindo. Sempre gostei do espetáculo *Giz*, do Grupo Giramundo. Lembro que muitos anos atrás houve uma exposição no Palácio das Artes sobre o trabalho do Álvaro Apocalypse [um dos fundadores do grupo], em que havia na vitrine de fora a fora os bonecos de *Giz*. Fiquei louco. Aquilo era Comme des Garçons, aquilo era Yohji Yamamoto. E sempre que eu falava do Galpão, vinham esses bonecos à minha cabeça. O Álvaro achava que os bonecos tinham que durar para sempre, por isso ele os fazia com fibra. *Giz* foi o primeiro espetáculo que ele fez em tecido, propositalmente, para os bonecos envelhecerem, para que se perdessem. Um dia, recebo o telefonema do pessoal do Giramundo, falando que iam remontar o espetáculo, que estava fazendo aniversário de 20 anos [em 2008]. Queriam que eu fizesse o figurino dos manipuladores. Eu falei: "Faço, mas também queria levar isso aí para uma coleção". Eles adoraram. Aí nasceu a história da coleção.

Comecei a pesquisar para entender o fio da meada e o fio era como o próprio Álvaro concebeu a coisa. Na época, ele tinha que dar

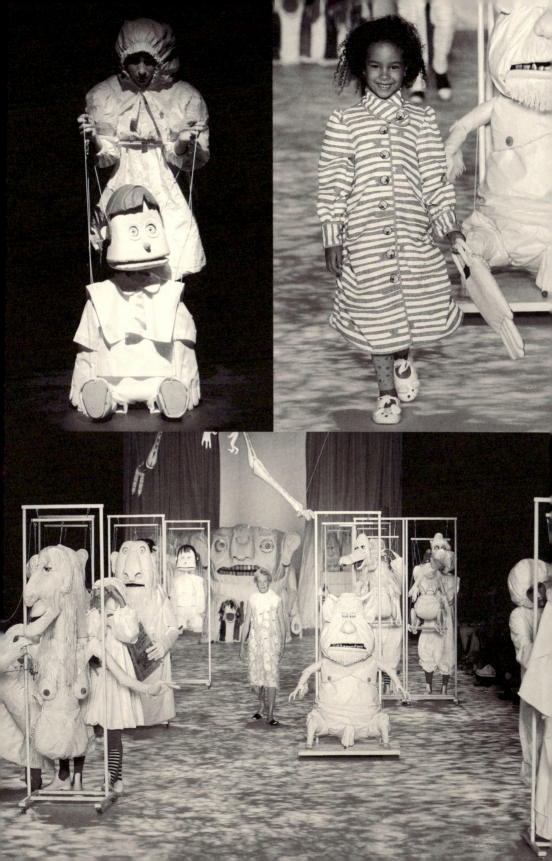

uma contrapartida para a UFMG por ocupar um espaço de um galpão que ficava dentro do terreno da universidade. Então, ele foi a Poços de Caldas participar de um festival por essa contrapartida. Sem saber o que fazer, entrou no ônibus e lá dentro ele teve a ideia de falar de abandono e desamparo. Tinha que criar os bonecos para um grande festival e, assim, surgiu essa história. Quando fica sabendo como foi a história, a gente passa a gostar mais ainda. Achei que o tempo que a gente estava vivendo tinha a ver com isso. Se você me perguntar se isso também tem a ver com a China, eu digo que sim.

A visita à China foi um divisor de águas mesmo na sua carreira. — Sim, de maturidade. Então, quis falar de abandono e desamparo, do tempo que estamos vivendo. Comecei pela trilha, não quis usar a mesma de *Giz*, porque não estava falando do espetáculo, mas do mesmo sentimento que levou o Álvaro a criar aquele espetáculo. Montei a trilha, com aquela coisa de portas abrindo e fechando. E tem uma fala do Álvaro, na escrita dele no espetáculo, dizendo que a sensação de abandono era a mesma coisa que você entrar numa casa em que todos os móveis estivessem cobertos com panos brancos. Quando li isso, pensei em portas se abrindo e fechando, fantasmas subindo e descendo as escadas. Eu já tinha feito o figurino para um outro espetáculo há muitos anos, em que a trilha tinha alguma coisa assim. Resgatei essa música, costurei com o Michael Jackson da minha infância. As pessoas choraram durante o desfile.

Houve muita repercussão em relação à emoção que ele provocou. — Não vi tanto isso, porque no dia seguinte fui para o México, onde a mesma coleção foi apresentada. Fiquei longe da confusão aqui. Aproveitei para passear pelo México e voltei com a ideia da coleção "Disneylândia", que veio logo depois.

E é o oposto de "Tudo é risco de giz", esteticamente. — O oposto.

O mais marcante do desfile foi a substituição das modelos por idosos e crianças. — Foi muito forte isso. Naquela ocasião, eu já sabia a trilha, escutava o tempo todo. E foi no auge do caos aéreo – eu adorava aquilo. Vou explicar o porquê: eu ficava desenhando e ouvindo a trilha nos aeroportos, gostava de ver as pessoas passando, mulheres arrastando uma menina, um idoso caminhando. Vi que aquilo era giz. Pensei: "Para tudo, vai ser um desfile só com crianças e velhos". Foi escutando música no aeroporto que pensei nisso, porque as modelos, meninas de 15, 16, 17 anos, não iam entender o peso do desamparo e do abandono. Eu precisava de um outro entendimento da coisa. Precisava do abandono do corpo, do desamparo da idade, do tempo mesmo.

Então, liguei para a Roberta [Marzolla], falando que precisávamos fazer o casting logo. No caso de roupas feitas para modelos, há um padrão e a modelo se encaixa nas medidas. Já nos idosos e crianças, precisaria tirar medidas de um por um. Ela achou que estava muito cedo, mas expliquei como seria. Não tinha uma agência para procurar, fui atrás de outros lugares. Tanto é que, um dia, eu encontrei a Lili Varella [dona do Drosophyla] num restaurante árabe que amamos na rua 25 de Março, e quando eu vi a dona do restaurante Imilia Dou-eihi falei "pronto, é modelo". Ela desfilou. Depois do desfile, mandou entregar caixas de doces árabes lá em casa, ela é uma senhorinha árabe maravilhosa, que até hoje vai aos desfiles.

Há pouco o *Estado de Minas* fez uma matéria e resgataram esse desfile e a modelo disse que o desfile mudou a vida dela, que ela rein-ventou a si mesma a partir daí. Eu fui fazendo tudo sozinho, já tinha as medidas dos modelos e fui para São Paulo fazer prova de roupas. Ficava num *apart hotel* superespaçoso. Marquei a prova de roupa, igual eu marcava com as modelos. Três modelos, a cada uma hora, a partir das duas da tarde. Mas chegaram todos juntos, às duas da tarde. E não iam embora mais. Eu estava sem assistente nem nada. Levava ao quarto para provarem. Era muito diverso, tinha senhoras de 66 anos e duas de mais de 90 anos. De uma eu ainda sou amigo, a Aldeíde, corretora de imóvel que é doida para me vender um terreno [procura por Dona Aldeíde no Facebook].

Morri de medo de eles descobrirem que tinha pouca roupa, che-garam homens e mulheres, marquei com as crianças no outro dia. De repente, virou uma festa, todo mundo conversando, e eu ouvindo os casos: uma de 75 anos falando para a de 92 que não sabia o que fazer, que não sei quem queria transar sem camisinha. E a outra disse: "Não aceita, porque a aids tá pegando".

Aí chegou um velhinho com uma mulher. Achei que fosse filha, mas não falei nada. Depois vi que era namorada ou esposa, então perguntei se ela ia ao desfile, ela disse que não. Falei com ele: "Deixa ela ir", então ela explicou: "Não posso, porque vai ser o dia da mulher dele". Aí eu fale: "Como assim? Agora vocês vão ter que me contar tudo". "Meu marido não gostava de dançar, a mulher dele, também não. Resolvi frequentar uma dança de salão, ele já ia há muito tempo. Começamos a conversar e há seis anos somos amantes. Nem a mulher dele e nem meu marido sabem, mas ele me chamou para ver a roupa que ele vai vestir no desfile."

Quando chegou o desfile, todo mundo chegou cedo, meninada correndo, aquela confusão, três senhoras tiveram duas entradas, uma delas supermoderna com cabelo curtinho. Eram vários personagens ali: a sereia com o peito murcho, aquela linda da família que ninguém imagina que iria envelhecer, o político ladrão, que era inspirado num ex-governador de Minas – não gostam que fale isso, porque uma vez ameaçou me processar –, tem o pai que vive atrás do jornal e a família nunca o viu. Todos esses personagens trazem para o meu trabalho o absurdo do homem comum. Isso é Garcia Marques. Hoje eu olho pra trás e vejo como aquele momento foi precioso. Agora, eu tenho o Marcelo [Belém] que me acompanha fazendo vídeos. Eu só posso contar com a minha memória.

Antes de entrar, eu falei que a oração que eu queria fazer é que se tem um desfile que a pessoa batesse a cabeça e falasse "não desfilo mais", esse momento seria perfeito para isso, porque o grande valor desse trabalho não é o desfile, mas o que já aconteceu, o meu encontro com vocês. Ter vivido isso. O quanto eu estou me sentido amparado numa coleção que falava justamente de desamparo.

Elas ficaram muito emocionadas, fizemos o ensaio com roupa para olhar o tempo delas com a roupa. Tinha uma senhora lá que tinha sido miss. A roupa que ela desfilaria era cheia de bocas, e ela perguntou: "Não tem uma mais abiê, não?". Achavam que podia escolher a roupa! Ela disse: "Eu gosto de roupa com brilho". Falei: "Ô, meu amorzinho, não tem". E, realmente, não tinha nenhum bordado. Não tinha negra no casting que conseguimos. Não tinha, mas eu queria. Então, a Lia Nogueira, mãe da Cidoca [Cida Nogueira, maquiadora], que é linda, veio lá de Montes Claros.

Outra participação emocionante foi a da Dona Laïs Pearson, que abriu o desfile, uma jornalista das antigas, é da moda desde o início dos anos 1960, e hoje não escreve para veículo nenhum. Ela vai em todos os desfiles. A Dona Laïs é linda, dessas chiquérrimas. Ela fala "Ronaldo, eu não ligo de sentar lá atrás, porque sei que tem o pessoal que trabalha em veículos de comunicação e precisa sentar na frente. Só fico triste quando me colocam atrás de pilastras, não consigo ver a roupa". Eu já tinha falado com as meninas "Dona Laïs senta em primeira fila no meu desfile" [ele mostra o perfil dela no Facebook]. Se tem dez desfiles ela vê os dez. Ela é aquela figura que ficou invisível para o povo da moda.

Como foi a reação de quem estava na sala de desfile? — Quando começou o desfile, a primeira fila blasé – isso até é comentário de um jornalista – fez cara de "lá vem ele de novo". O desfile foi seguindo, no terceiro ou quarto modelo a entrar, rolou um desconforto. Até na escrita deles mesmos está falando que começaram a pensar na mãe, na avó, nos seus velhos, onde estavam seus velhos naquele momento. E que velho cada um iria ser. Quando eu assustei, já tinha acabado. E tinha a criança e o velho, mas às vezes o velho parecia a criança – uns paravam no meio da plateia e davam tchau.

Pareciam estar se divertindo. — Foi maravilhoso. Quando acabou, a Regina Guerreiro foi atrás da fila de modelos, foi a primeira a entrar no backstage. Falou: "Reinaldooo – ela me chama de Reinaldo até hoje –, vim atrás da velhinha para ser a primeira a chegar".

As resenhas foram bem bonitas. — Acho que foi um desfile que… Um dia, estava mostrando para os meninos um vídeo do desfile "Corpo cru", que alguém postou – volta e meia alguém posta –, chamei os dois para verem. O Graciliano falou que ficou pensando no dia do desfile, perguntei o que achou e ele disse "achei muito bom mesmo" [põe a trilha para tocar].

A cenografia, além dos bonecos, tinha uma projeção de giz. —— A projeção no chão de pó de giz, o desfile acontece, mas o chão continua todo manchado de branco.

No México, você desfilou com modelos, não com idosos e crianças. —— Fui convidado a fazer o mesmo desfile da SPFW, em Guadalajara. As roupas tinham que caber em modelos de lá, então levei tudo pronto. Só que tinha dado tanta repercussão na internet que, quando cheguei lá, havia texto de jornalistas que tinham coberto a SPFW e, no final, ficaram desolados, porque queriam que o desfile mexicano tivesse sido feito também com idosos e crianças. Mas eu também queria mostrar a mesma roupa em modelos.

Os bonecos foram junto? —— Não, só havia a projeção.

OS MENTORES DE Ronaldo Fraga

EU ACREDITO EM NADA E EM DEUS.
A. BISPO

OS MENTORES DE Ronaldo Fraga
Recomendações de Mamãe:
1. Não guardes ódio de ninguém
2. Compadece-te sempre dos pobres.
3. Cala os defeitos dos outros.
DRUMMOND

OS
MENTORES
DE

Ronaldo Fraga

M. ANDRADE

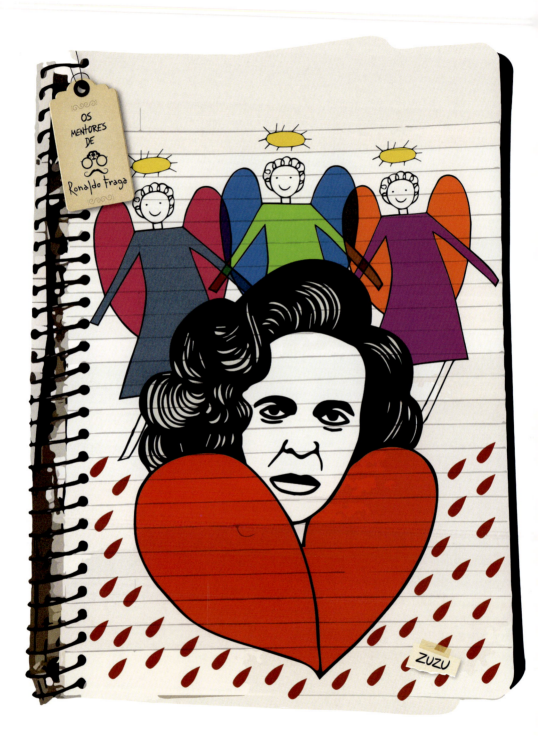

Disneylândia

VERÃO 2009/2010 | *São Paulo Fashion Week*

Escombros de uma vila enfeitada com bandeirolas mexicanas e com bandeiras de países da América Latina são cenário do desfile que teve a icônica camiseta com a estampa de Frida Kahlo usando orelhas da Minnie. "Disneylândia", de Arnaldo Antunes [e Titãs], e "High & Dry", do Radiohead, serviram de trilha para a apresentação da coleção que surgiu depois de uma viagem de Ronaldo ao México.

Foi de alguma forma marcante essa viagem? — O México é marcante. A Ivana foi comigo, o desfile foi em Guadalajara e depois fomos para a Cidade do México passear. Incrível, no quintal dos Estados Unidos, como uma cultura pode ser resistente. Lá, as pessoas comem a cultura mexicana. E comem comida mexicana. Está em tudo. Na composição de cor, no artesanato, nas flores de plástico. Para comer, para beber, para ver. Pensei muito na cultura como forma de resistência. Talvez isso ainda sob o impacto da China. Eu vi: "Ronaldo, essa é a saída mesmo".

Realçar a identidade, a diferença. — Isto é a resistência do mundo moderno. Se eu já falava do Brasil, agora queria falar mais ainda. Na volta, comecei a investigar muito a América Latina, que sempre me trata muito bem. Sou muito bem recebido na Argentina, no Chile, na Colômbia, no Uruguai. E a imprensa latino-americana me trata muito bem. Um dia, um jornalista latino escreveu [fala com sotaque espanhol]: "Parem de falar que Ronaldo Fraga *es brasileño*. Ronaldo Fraga *es latino*". Isso depois de "Cidade sonâmbula". Sou convidado para falar nesses países, sobretudo, sobre coleções políticas.

Você disse que sobre Zuzu Angel costuma falar para plateias latinas. — Já falei várias vezes. A "Disneylândia" eu desfilei num lugar lindo em Medellín, no Jardim Botânico. O local do desfile, construído por um arquiteto foda [Felipe Mesa], já estava lotado, eles colocaram telões para o público ver, e fizeram almofada com meus óculos – era surpresa. E lá foi com cenário, exatamente como foi em São Paulo.

Acho que a "Disneylândia" retoma o jeito como você fazia os desfiles lá atrás, com "Império do falso", "Eu amo coração de galinha". Parece esse Ronaldo jovem. Você acha que tem a ver? — Não sei. É uma coleção que tem um humor mesmo, mas é um humor do latino. Acho que é uma coleção que traz uma alegria falsa. Uma alegria de resistência. Como essa alegria mexicana é resistente. Um humor característico do latino, mas cada vez mais encarado como resistência. O cenário do desfile é como se tivesse acontecido um terremoto, um tsunami numa vila ou numa casa, em que sobraram só os marcos das portas e das janelas e as bandeirolas das festas. No México, a gente vê as bandeirinhas de papel penduradas em favelas gigantes que não acabam nunca mais. E as favelas são cinza lá, não têm o colorido da cultura que está em todo lugar. Eles usam uma caixa d'água preta, então você vê um monte de cinza com aqueles boxes pretos em cima. Parece um cemitério. Passando por uma dessas, numa ruazinha, de repente, vi um monte de bandeirinhas, parecia uma festa de crianças. Então, falei com os meninos "quero um cenário que pareça um labirinto", o México parece que tinha passado mesmo por um terremoto, mas o que sobrou, mesmo queimado, é poesia. Por isso que eu fiz as bandeirolas todas pretas. Claro que teve jornalista falando "nossa, lindo, pena que as paredes não me deixaram ver a roupa direito", coisa que mais tarde vão falar de novo em "Carne seca" [de 2013]. É um sapato-marmita prateado com um paninho amarrado em cima. E tinha o chapéu também, as modelos usavam como se fossem boias-frias. Tinha alguma coisa absurda, que vem de uma estética latina, eu pus a bandeira de todos os países da América Latina ali. Gosto muito disso. Mas volta e meia eu vejo alguém escrever "ele se inspirou na Disneylândia".

Como chegou a esse nome? — Já chamava "Disneylândia", porque na Colômbia eles têm um artesanato maravilhoso, as molas, que eles cortam e fazem desenhos. Os colombianos estão deixando de fazer desenhos tradicionais para fazer o que vende: Bob Esponja, Mickey Mouse. Foi por isso que resolvi chamar de "Disneylândia".

E a trilha? —— Quando fui pesquisar a trilha, aconteceu algo que é recorrente e acho delicioso: entro em desespero quando encontro a música que fala o que estou tentando passar e ela cai no meu colo. Como esta daqui caiu: "Disneylândia", com letra Arnaldo Antunes. Os Titãs já tinham gravado, mas ela passou batido [coloca essa música para tocar e, em seguida "High & Dry", do Radiohead, que também é parte da trilha].

Ao contrário do que ocorreu com a China, você fez uma coleção sobre o México tão logo chegou de viagem. —— Acho que "Giz" foi muito denso. Quando conversei com os idosos e as crianças, antes do desfile, eu estava falando de morte também. Se acabar aqui, está bom. Só que fui ao México e virei o disco. Embora, na verdade, ainda estivesse sob o impacto do dragão chinês.

A estampa da Frida com orelhas de Minnie fez muito sucesso. —— Fez. Até hoje ela vai e volta para a loja. Vende bem.

Você me disse que houve um episódio engraçado nessa coleção. —— Eu não tinha patrocínio. Então, recebi um e-mail me convidando para uma reunião em São Paulo com a Walt Disney – eles nem sabiam que eu estava mexendo com a Disneylândia como tema de coleção. Fui para a reunião na avenida Berrini, eles me trataram superbem. Disseram: "Estamos num projeto de renovação da imagem dos personagens, fizemos uma coleção com o Herchcovitch e queremos fazer com outro estilista. O nome citado é o seu". Nem acreditei. Falei que estava fazendo uma coleção Disneylândia. "O quêeee?" [imita a excitação dos funcionários]. E esses executivos tatuam a empresa na alma e enlouquecem. Então, disseram que apoiavam a coleção, que eu poderia usar o que quisesse. Eu quis os bandidões: Maga Patalójika, Irmãos Metralha, fui logo atrás dessa turma. Então, me deram o manual do que não fazer com a marca. É gigantesco. Não tinha nada

que viesse de encontro ao que eu estava fazendo na coleção. Então eu fiz máscara e grafitava os Metralha, por causa dessa coisa dos vilões políticos da América Latina. Coloquei junto aos Metralha, a frase "vote em nós". Menina, eles foram ao desfile esperando o resultado. Antes, disseram que se eu quisesse podiam colocar algumas princesas da Disney na plateia, mas eu disse que seria demais. Não deu confusão, mas foi um desconforto. Eles nem foram ao backstage, nunca mais me dirigiram a palavra.

Nunca mais procuraram você? ⸻ Não. Não me deram problemas. Mas falei com a Ivana: "Se tem uma porta que está fechada para mim é a da Disney".

Antes de falar de "Pina Bausch", quero saber da próxima coleção. Você me escreveu [em janeiro de 2015], contando que "deu xabu". Não conhecia essa expressão, fiquei sem saber se era uma coisa ruim ou boa [risos]. ⸻ A história de Bethânia. Quando a empresária [Bia Lessa] me ligou foi para fazer a camiseta dos 50 anos de carreira dela, respondi: "Bethânia daria muito mais que uma camiseta, daria uma coleção inteira". Ela respondeu falando que a Bethânia adoraria. Aí veio a história de eu fazer o figurino para o show. Ela tem muito domínio sobre sua história inteira, sabe o que quer de cenografia, o que quer de repertório e de tudo. Então, o espaço de manobra para criar alguma coisa é muito pequeno. Eu já sabia disso, então pensei: "Vou fazer o que ela pediu e vou fazer outras coisas". O dourado, a onça, foi ela quem pediu, ao mesmo tempo em que tinha Iemanjá como referência, que depois passava a ser também a cabocla de um repertório índio. Fiz essas peças. Só que – sabe quando baixa alguma coisa que parece que tem que acontecer? Dado o distanciamento, agora eu vejo.

Nós trabalhamos, no ateliê, até o dia 23 de dezembro. Fiquei acompanhando só a finalização das roupas, de longe. Eu já estava na fazenda, em Montes Claros, lá nem tem internet, eu tinha que ir até a cidade para ter conexão. Numa dessas idas, vi [pelo WhatsApp] que um velcro não estava bom e o modifiquei. A Bethânia usa tudo com velcro, porque só tem quatro minutos para se trocar entre um ato e outro. Ela usaria minhas roupas no primeiro ato e no segundo ato, a roupa da estilista Gilda Midani, que já trabalha com ela. Eu tinha sugerido couro, e a Bethânia tinha adorado, mas expliquei que couro com velcro não daria certo, por ser um material muito grosso. No dia 23, quando vi a foto, achei que o fecho não estava bom. Mas na hora falei para mandar primeiro com velcro, falei para enviarem uma das blusas que eu estava fazendo em couro e pôr o zíper em outra para ela ver a diferença. Quando cheguei de viagem, a Bia Lessa me ligou e falou "Ronaldo, ela não vai usar".

Por quê? ___ A conversa foi assim, a Bia falou:

– A saia veio fosca.

– Mas foi ela quem disse que não podia colocar o pigmento preto que daria o dégradé da onça.

– Ah, não gostou. E também a saia está sem cós.

– Mas dá para colocar um cós na saia. Está sem cós do jeito que ela aprovou e do jeito que ela pediu.

– Ah, o acabamento do velcro na blusa não ficou bom.

– Eu sei que não, por isso mandei também com zíper.

– Ronaldo, eu entendo, você entende, mas ela não é assim. Ela precisa ter um mês com a roupa ensaiando para a roupa ser aceita.

Eu falei que tudo bem, mas fiquei com aquilo durante o dia, então mandei uma mensagem para a Bia: "O que aconteceu?". Ela disse que ligaria em poucos minutos, porque estava saindo do ensaio. Ela me ligou e perguntou se eu tinha visto como as roupas tinham sido enviadas. Eu falei que não. Ela respondeu: "Eu imaginei que você não tivesse visto. A roupa estava numa caixa de vinho".

O que aconteceu foi que a costureira não quis colocar numa das nossas caixas, porque ficou com medo de amassar, era Natal, aquela coisa toda nos Correios. Ela foi lá embaixo e pegou uma caixa mais firme, que era dos vinhos da confraternização de fim de ano do ateliê. Quando a roupa chegou embalada dessa forma, a Bethânia viu e falou assim: "Eu não comprei bebida, não vou usar o que está aí dentro".

A Bia falou que ela disse "ele não deu atenção, não observou, não acompanhou, não teve o cuidado que achei que teria. E eu não quero mais. Não quero mais. Não quero nada". Contei para a Bia que eu não estava em Belo Horizonte quando as roupas foram enviadas, mas ela disse que falar isso com a Bethânia seria pior.

Qual é meu quinhão nessa história? O que acho que me pegou é que são princípios nos quais eu também acredito. Se eu falo tanto que uma roupa é mais que uma roupa, é preciso ter cuidado com o todo. Ela não precisava fazer essa roupa comigo, era um modelo muito simples. Ela fez por uma aproximação. Isso foi muito providencial ter acontecido com ela, porque eu precisava de uma bala de prata para me acertar nesse fim do ano, porque me fez repensar o ano inteiro.

A correria ou o quê? —— Meu ritmo de trabalho, o quanto tudo cresceu e quantas coisas se perderam no meio do caminho. A Bethânia já recebeu roupas daqui, já fez roupas aqui e sempre chamou a atenção dela como era enviado. E não é por ela ser quem é, é porque era assim para todo mundo. Um saquinho feito de tecido e folha de seda na caixa. Nem a folha de seda a modelista que separou a roupa pôs. A Cris está enfiando faca no peito, chora, chora, chora, foi domingo lá em casa, disse "você podia me mandar embora". Respondi: "Deixa eu falar, mandar você embora não vai resolver, porque o leite foi derramado e a culpa é minha, eu sei da minha equipe". Meu assistente estava aqui, como designer, deveria ter acompanhado isso até o final, mas todo mundo foi embora. "Ah, mas modelista não precisa entender". Para trabalhar aqui, tem que entender, sim. Então acho que essa história lembra que as pessoas que estão trabalhando comigo precisam entender que esse cuidado não é futilidade.

A caixa [de vinho] está ali [sobre a mesa, aponta para ela], porque não vou jogar fora. Todo mundo que passar a trabalhar aqui vai ver esta caixa e vai ouvir essa história. Esse é o meu quinhão. Foi um dos maiores fracassos da minha vida profissional.

Se com um figurino de show deu problema, será que uma coleção inteira não seria complicada demais? Você acha que você se adaptaria? —— Acho que não. Nunca tive esse perfil. Mas a história terminou assim. Quer dizer, não terminou, porque ainda tem a coleção.

Ainda está de pé a coleção? —— Pois é, olha em que situação eu fico: posso ignorar, não falo mais nada com aquela turma de lá e faço com outro tema, porque já tenho muitos temas pendurados. Só que vão fazer uma exposição, uma coisa do tipo "os artistas veem Bethânia", no CCBB do Rio, e já tinham me colocado com algumas peças da coleção. "Posso até ligar e perguntar [imita voz de criança]: "Fulana, a Bethânia vai me deixar fazer a coleção?". "Nãaao" [faz uma voz feroz]. Ou: "Vai, vai sim" [voz boazinha]. Ixi, mas sou eu que não quero. Então, decidi me distanciar e transformar isso tudo – o que não foi fácil, foi muito difícil para todo mundo aqui dentro –, resolvi ver o negócio de longe, e está nascendo uma coleção. Você é a primeira a ficar sabendo. Ela vai saber que a coleção foi feita para ela, mas sem aparecer o nome em nada. A coleção chama "A fúria da sereia". Para um desavisado é sobre o mito da sereia, que canta, que inebria, mas que vai levá-lo para o fundo, vai largar você lá e desaparecer, porque, na verdade, ela queria suas pernas para andar pelo mundo.

É a fúria do estilista. ⎯ Se a produção pedir para eu enviar a roupa para o CCBB, eu faço. Nesse caso, foi bom acontecer isso, porque se o figurino foi tão cerceado, imagina a coleção inteira. Aí, de toda forma, não estou citando o nome dela.

Este tema sereia também tem a ver com as artesãs da Penha, na Paraíba, que você chama de sereias? ⎯ Quando levei a história da sereia, cheguei e falei que tem tudo a ver as meninas com a coleção de sereia. O grupo chamava Escamando, mas eu ficava chamando "Sereia, vem cá". Mudou o nome do grupo e virou Sereias da Penha. Eu volto a encontrar com elas na Quarta-Feira de Cinzas e fico até domingo.

Elas vão à SPFW? ⎯ Devem ir, sim.

E a trilha sonora? ⎯ Não tem nada. Mudou tudo. E já comecei a fazer um casting de cem mulheres, com branca, magra, preta, japonesa, gorda, todas que tenham coragem de ficar lá com os peitos de fora. Tem que ter peito, porque sereia com conchinha não quero, não. Vai ser um cenário composto por gente. Elas vão entrar carregadas, porque não vou fazer um rabo de sereia de fantasia com os pezinhos de fora, não. Tem que ser costurado, então os marinheiros vão entrar com elas nos braços. Depois, quero que as coloquem em pilhas de pneus.

Fiz uma trilha só de músicas ligadas ao assunto. As músicas estão lindas, mostro depois. Num primeiro momento, pensei em gravar com uma cantora, mas não vou mexer com isso, não, porque já estou arrumando confusão ao colocar esse monte de mulheres na passarela. Vou fazer a trilha eletrônica. A peruca delas todas é uma peruca de Bethânia, o cabelo dela.

Em que momento depois da decepção veio o insight da "Fúria da sereia"?
— Uma vez, eu estava no Rio São Francisco fazendo uma pesquisa para a exposição, estava descendo no Benjamim Guimarães, conversando com o capitão do barco, um senhorzinho de quase 90 anos, que trabalhou ali desde os 17. Estava tocando Bethânia, e ele falou "há tempos não ouço música boa aqui, porque só tocam axé". Quando ele falou isso, liguei para ela e contei o que tinha acontecido. Ela perguntou como era o lugar, disse que era louca para conhecer. "Meu sonho é conhecer o São Francisco, nunca entrei numa gaiola no rio. Tem banheiro? As pessoas levam cerveja? É longe de Belo Horizonte? Como que faz?", ela estava ansiosa, querendo saber tudo. E disse: "Fala pra ele que, um dia, uma sereia baiana vai sair das águas e vai descer o rio cantando o que ele quiser no ouvidinho dele". Pra mim, ela é a sereia. O canto no Brasil é ela.

Sempre gostei dela, porque é uma artista que nunca fez concessões e ela não faria concessões com isso. Claro que ela quer um séquito real ao redor da rainha, mas aí é outra história. Também, logo falei "já saí do agreste, fui para a Amazônia, fui para a cidade verticalizada. Agora, vou para o mar".

E é uma característica que você mostra desde o princípio, essa de se virar. — É a coisa de se reinventar o tempo inteiro. E se tem algo que meu ofício me ensina e sempre me ensinou é a mágica da reinvenção, do renascer. A história não para aqui, você tem que continuar fazendo.

Pina.

Pina Bausch

INVERNO 2010 | *São Paulo Fashion Week*

Num desfile iniciado com um solo de balé e acordeom, modelos tinham o rosto coberto com uma peruca e, na nuca, exibiam uma máscara, que lembrava o rosto da grande bailarina alemã Pina Bausch (1940-2009), que havia morrido no ano anterior. A passarela foi iluminada apenas por poucos pontos de luz e as cadeiras serviam de objeto cênico.

Vamos falar de Pina. Basta uma imagem da passarela para sabermos de que coleção se trata. — Foi um desfile muito marcante. Claro que, depois que passa, você pensa: "Eu poderia ter feito muito mais coisas". Isso acontece em todas as coleções. Mas eu também dou muito valor a isto: você tem cinco minutos para contar uma história, conte com o repertório que tem, com o que é mais marcante. E, em mim, Pina Bausch marcou por muitos motivos. Sua autoria aparecia muito fortemente em tudo o que fez. Acho que nesse ponto ela se encontra com a moda. Tinha uma coisa que adoro nela, a resposta que dava quando perguntavam sobre seu processo criativo, algo que sempre perguntam pra mim e pra todo estilista, ela falava que tinha ódio dessas perguntas, porque não existia processo criativo. "A cada espetáculo meu, procuro entrar num terreno onde não tenha colocado os pés ainda, justamente para que essa história me leve a fazer coisas que nunca tenha feito", ela dizia. Ou seja: isso aí já configura um processo criativo, mas sem fórmula.

Quando ela inicia com *Cravos*, na primeira vez em que vem à América Latina, na década de 1980, ela tinha um namorado chileno de muitos anos e veio ao Brasil, à Argentina, ao Chile. Voltou muito impactada com a força da região. A partir dali, ela começa a fazer uma série de espetáculos sobre pessoas e cidades. A cada nova produção, viajava com o grupo dela e falava "agora, percam-se por aí. Se nos encontrarmos na rua, vamos fingir que não nos conhecemos". Cada um ia para um hotel, fazia um roteiro e depois se reencontravam, trinta dias depois, quarenta dias depois, onde ela tinha marcado. Colocava todos contra a parede e começava a fazer perguntas secas: "O que esta cidade tem e a sua nunca terá?", a pessoa respondia e ela insistia: "Como isso seria se fosse um movimento?". "Como as pessoas riem nesta cidade?", se alguém sorria, ela dizia "não pedi para você sorrir, mas quero saber como é o sorriso das pessoas nesta cidade". No final, os bailarinos terminavam chorando. Aliás, outra coisa também é que os desavisados acusavam a Pina de ser sádica, por ser capaz de ensaiar por meses a fio, com determinado figurino e música, para no dia da estreia o bailarino levar um susto porque o figurino era outro e, ao entrar em cena, a música também era outra. Muitos saíam de lá chorando, xingando ela pelo sadismo. "Sadismo? Acreditar que você é o autor naquele momento? Você poderia fazer o que quisesse ali", ela questionava. O mais importante não é o movimento em si, mas o que o leva a se movimentar. A história que você tinha que contar, você já tinha. Como em Palermo, ela construía toda noite uma parede gigantesca e antes de começar o espetáculo a parede era derrubada, subia a poeira e os bailarinos tinham que dançar sobre os escombros. Cada dia o muro caía de um jeito. Isso é maravilhoso, não é? Ah, não, Pina Bausch, pelo amor de Deus.

Ela daria muito mais que uma coleção, porque, mais que o espetáculo ou uma pessoa, ela é uma filosofia, um grupo que nunca fez distinção de idade entre os mais famosos, e o mundo inteiro queira dançar naquela companhia. A [Ruth] Amaranto, daqui, depois virou braço direito dela.

Lembro que você contou essa história numa palestra. Mas conta de novo.
— Depois de anos a Pina ia abrir uma audição. A Amaranto pegou dinheiro emprestado, foi até a Alemanha, chegou lá e descobriu que era para bailarino. Para homens. Ela foi a uma loja de roupa usada, comprou um terno, um chapéu, se vestiu de homem e foi para a fila. Na audição, estava a Pina com dois bailarinos, quando chegou em frente à Pina, tirou o chapéu e falou "foi a única forma que encontrei

para chegar até você". A Pina riu e falou "agora, dança". Ela dançou e passou a fazer parte do grupo.

Ela falava de delicadeza também. Dizem que uma vez ela estava no Rio de Janeiro e o cônsul da Alemanha tinha acabado de inaugurar uma nova sede, uma mansão no Rio, e insistiu para que ela fosse. Era a mansão de um lado e a favela do lado. Alguém disse "o único problema aqui é a vista para a favela", mas ela respondeu "O mais lindo dessa casa é ver a favela. Aliás, tenho que ir embora agora, eu vim a princípio conhecer a casa, mas percebi que vim conhecer a vista da favela".

Quem lhe contou essa história? — Eu li tanta coisa, nem sei mais. Quando fui fazer a coleção, foi uma piracema. Uma vez, a Pina Bausch estava na Europa e a amiga Violeta Arraes arrumou um avião, ela foi ao Nordeste visitar o Crato, um ponto conhecido de artesanato. Então, eu pensei, ao fazer a coleção: "Os espetáculos de Pina que assisti sempre deram a sensação de que ela tinha quebrado as minhas pernas". Ao mesmo tempo em que ela fala que você pode fazer qualquer coisa, leva a pensar o que o leva a se movimentar. Sempre saí com essa história. Do virar a cabeça e o braço de um jeito diferente ou andar de forma diferente de como você costuma andar. Foi aí que tive a ideia de fazer as máscaras ao contrário. Com a cabeça virada para trás. As modelos entraram e falaram "mas como vou andar? E se eu cair?". Eu disse: "Se cair, levanta. Ou não". E contava para elas a história.

A passarela tinha uma luz teatral, pouca luz, só com pontos brancos. — Duas ou três modelos fizeram uma coisa que eu fiquei com ódio: na entrada, abriram um buraco assim [na máscara] e dá para ver, depois, o buraco para elas enxergarem.

De onde surgiu a ideia das cadeiras no cenário? — Acho delicioso. A Pina foi filha única e os pais dela tinham uma hospedaria no interior da Alemanha. Ela, uma criança muito tímida, adorava mais que tudo a hora das refeições na hospedaria, porque se escondia embaixo das mesas, para ficar vendo o movimento das pernas. Cresceu de olho no movimento das pernas. Pernas e cadeiras são constantes, de forma implícita ou explícita, na obra dela. Por isso, coloquei as cadeiras para que as modelos desfilassem ao seu lado. Depois de uma ter sido quebrada com a Paulinha [Ana Paula Cançado, bailarina], do Corpo, que entra com o acordeão dançando, senta, quebra, sobe a poeira branca e começa o desfile.

É bem cênico, retoma o questionamento do seu início de carreira: é moda ou é teatro? —— Eu sempre fui acusado de fazer teatro. Eu sempre falava "a moda é teatro, é um auxílio na construção do personagem diário". Ponto. Por mais ridículo, por mais inóspito que esse personagem possa ser, a função da moda é essa. Então, depois de cair nas garras do universo de Pina Bausch eu posso ser teatral o quanto eu quiser. Acho que foi uma discussão que as pessoas engoliram em seco. Até o gostar e o não gostar, o bonito e o feio não cabia. Como nunca coube na obra da Pina. Como ela era fascinada pelo Caetano Veloso, a trilha não podia ser outra.

Há uma ambiguidade na roupa. —— Era uma coisa de mangas soltas. E o sexo também ficava em segundo plano: ela fez espetáculos lindos em que os homens usavam vestidos, e com aquela máscara não dava para saber quem era homem e quem era mulher, qual roupa era de homem e qual era de mulher.

Como foi o pós-desfile? —— Eu gostei muito de ter feito e, no ano seguinte, quando a coleção já estava na loja, ainda existia a loja de São Paulo, e a companhia veio ao Brasil. Os bailarinos foram em bando à loja, procuraram o que tinha da Pina e praticamente compraram tudo o que tinha lá da coleção. Deixaram bilhete no caderno.

Você chegou a se encontrar com eles? —— Não, nunca fui de ter muita "mexida", essas proximidades.

Tem tanta história boa. Quando ela foi fazer aquele outro espetáculo, *Masurca fogo*, sobre Portugal, Lisboa seria a capital da Europa naquele ano e o governo português estava patrocinando o espetáculo daquela temporada. Quando foram para Portugal ficaram lá meses vivenciando o país para fazer o espetáculo. O povo português ficou à espera da grande estreia da Pina Bausch cujo tema era Portugal. A cenografia eram ruas de paralelepípedo e as bailarinas desciam com trouxas de roupa na cabeça, dançando com o sovaco cabeludo.

Os portugueses odiaram. Sentaram o porrete nela. "Mas gente, nunca enganei ninguém: vou ao lugar e presto atenção em coisas. Desculpa, eu não sabia que eles não prestavam atenção nas cabo-verdianas e no quanto elas são lindas e sensuais descendo as ribeiras de Portugal. É o que acho mais lindo aqui, então, esse espetáculo é para elas."

Você já disse que "vira" a pessoa que é tema de uma coleção sua e depois não "desvira" nunca mais. O que ficou da Pina? —— Eu acho que não é desvirar ou virar, é pegar os óculos ou os olhos emprestados e me perguntar: se ela fosse falar de roupa, escolher tecidos, como faria? E tem princípios que entram na minha vida – esse sim não sai nunca mais. A história desse processo de criação, o tema pessoas e cidades. Ir até um lugar como turista aprendiz, observar aquilo e trazer para outro lugar. Ela era a própria turista aprendiz. Outra coisa é você permitir às pessoas envolvidas o exercício de autor. Acho que isso também é um grande aprendizado.

O turista aprendiz

VERÃO 2010/2011 | *São Paulo Fashion Week*

Inspirado no diário de viagem de Mário de Andrade (1893-1945), publicado na década de 1970, o desfile apresentou uma coleção de peças bordadas por artesãs de Passira, agreste pernambucano, e modelos usando perucas de maracatu e óculos espelhados.

O turista aprendiz está em toda coleção, mesmo quando ela não leva o nome dele. ___ Antes de ler o livro *O turista aprendiz* e antes da coleção [homônima, de 2010], existe aquela galeria de personagens na cultura brasileira que sempre me chamou a atenção. Porque o Mário de Andrade foi um grande aglutinador cultural e acho que isso nele é tão forte quanto a figura do pensador. No primeiro contato que tive com a Semana de Arte Moderna, achei o Mário muito interessante. Quando fui ler mais Drummond, ou na coleção do Drummond, li a publicação das cartas que eles trocavam, e falei "gente, que figura é essa?". Logo depois da Semana de Arte Moderna, estavam todos na casa da Tarsila do Amaral se pavoneando – sobretudo Oswald de Andrade – sobre o impacto que tinham gerado, contando para a Tarsila o que tinha acontecido – porque ela não estava no Brasil naquela semana. Aí o Mário falou "vocês acham que foi isso tudo mesmo?". Os outros levaram um choque. "Nós fizemos uma Semana de Arte Paulistana, portanto, uma semana de arte provinciana. Olha o tamanho desse país, que ninguém aqui conhece. Vocês acham que o negócio é pegar o vapor, ir para Paris e considerar que sabem de tudo." Até que ponto ele falou isso na eterna queda de braço entre ele e o Oswald, não sei. Mas ele chamou a atenção do grupo para aquele ponto. Poucos foram

Memórias de um estilista coração de galinha

os pensadores brasileiros que se apropriaram do legado do Mário para a cultura brasileira. Ele decidiu começar por Minas com a comitiva: ele, Oswald, Tarsila, Narcisa Penteado. Ralaram pra chegar aqui. Se de São Paulo para cá era difícil chegar, imagina até o resto do país, como o Mário propunha.

Até hoje é difícil ir a lugares remotos como os que você visita? — Sim. Você tem mil motivos para não ir. O que aconteceu? Ele ficou no Grande Hotel de BH e se tornou amigo do Drummond, foi um tutor para o Drummond, como foi também para muitos.

A generosidade que é um traço comum aos personagens as quais você dedica coleções. — Com certeza. E são generosos com seu tempo. Tanto que depois ele volta para São Paulo e Mário decide ir para a grande viagem pelo país, todo mundo pulou fora e só sobraram ele, Oswald e Tarsila. Oswald e Tarsila já estavam meio que se separando e brigando demais, no Rio de Janeiro decidiram ficar. O Mário seguiu viagem sozinho, por dois anos. Em cada lugar onde parava, ele tentava conhecer seus pares, quem entendia a cultura local e pedia a pessoa para lhe apresentar seu estado. Foi assim que o Mário conheceu e começou uma amizade longa, com troca de cartas maravilhosas, com Câmara Cascudo. Em Natal, Câmara Cascudo mostra tudo pra ele, o terreiro, o candomblé, as prostitutas na Cidade Baixa, as fazendas de engenho de ex-escravizados. Quando ele volta a São Paulo, recebe uma carta do Câmara, que morava numa mansão e pertencia a uma família tradicional, mas era pobre. Filho de gente que tinha sido muito rica, mas que estava pobre e com filhos pequenos. Ele escreve uma carta muito contida para o Mário, falando que ele estava numa situação complicada, perguntando se o Mário conseguia descolar para ele alguma palestra ou alguma resenha que pudesse escrever para o *Estadão* – o Mário era colunista do *Estado de S.Paulo*. A resposta para a carta foi como Mário falando: "Ô Cascudinho, pelo pouco que te conheço imagino como foi duro e sofrido você escrever essa carta para mim e se expor dessa forma. Mas isso não me impede de falar com você uma coisa: levanta essa bunda gorda da rede, para de ser preguiçoso e abandona de uma vez por todas esse príncipe horroroso ao qual você fica dedicando sua

Memórias de um estilista coração de galinha

vida – o Câmara Cascudo escrevia sobre o conde D'Eu, marido da princesa Isabel. Esse tema não vai acrescentar nada à cultura brasileira, não está na hora de perder tempo com isso. Observa as suas gentes, os terreiros onde você me levou, as prostitutas, as festas de São João, o folclore brasileiro". Ali nasceu um grande folclorista.

Quando fui à Natal fazer um trabalho com as confecções, quis falar sobre Câmara Cascudo, comecei a pesquisar e nunca sequer tinha entrado no Museu Câmara Cascudo. Você entra no casarão onde ele viveu e se senta nos móveis dele, é muito aberto, o que é triste até. Enquanto a filha dele me guiava, mostrando tudo, eu comentei dessa carta dele para o Mário. "Conversa, Ronaldo, papai nunca esteve em situação ruim assim". Eu quase falei: "Ô minha filha, mas a melhor parte de tudo foi aquela carta, como você diz que ela foi mentira?". Esses herdeiros, viu, vou te falar! Mas fizemos um trabalho legal com as confecções de lá.

Então o Mário era essa pessoa que você já admirava, em quem prestava atenção desde sempre. ⸺ Eu já tinha comprado num sebo *O turista aprendiz* e uma voz falou pra mim: "Ronaldo, o que você faz já é o que o Mário fazia, você só precisa se organizar para não esquecer. Ou passar isso para as pessoas". Isso é um grande prazer que me move. Se você me perguntar, eu te digo que não sei se gosto mais de fazer coleções que falem de pessoas ou lugares.

É uma simbiose. ⸺ Sim, como a Pina fazia ao mesmo tempo os dois. Há lugares aonde vou porque alguma pessoa me leva. Noel Rosa me levou para um baile de Carnaval dos anos 1930, um lugar que eu era doido para visitar.

E vice-versa, porque o Jequitinhonha levou você a descobrir aquelas mulheres. ⸺ Dona Izabel e anônimos que naquele seu lugar são transformadores. Pessoas, lugares e ofícios, três elementos que me chamam o tempo inteiro.

Como se decidiu por *O turista aprendiz* como tema? ⸺ Eu tinha recebido um telefonema da uma secretaria do Governo de Pernambuco ligada ao design – o primeiro lugar a ter uma secretaria aberta a isso. Eles localizaram quatro comunidades que já eram conhecidas por uma atividade econômica ligada ao artesanato, mas que, por um motivo ou outro, estavam em vias de desaparecer. E localizaram designers que, de alguma forma, já estavam fazendo trabalhos do tipo pelo país. Fui convidado para fazer um projeto em Passira, cidade do bordado. Adorei, já havia estado na cidade, uns dez anos antes, quando um amigo pernambucano me levou até lá e fiquei muito impressionado. Era como uma pintura naïf de casinhas, as mulheres ficavam bordando na calçada e, quando você se aproximava, elas o convidavam para entrar dentro de casa. Invariavelmente, ofereciam um coco e uma tapioca, mostravam os bordados, cada um mais lindo que o outro. A cidade inteira bordava e as crianças ficavam brincando perto das mulheres, enquanto elas trabalhavam.

Aceitei de pronto, mas, quando cheguei lá, depois de dez anos, a cidade era outra. E a atividade econômica não tinha a mesma força de antes. Aquelas crianças, muitas daquelas meninas cresceram e começaram a ganhar muito mais dinheiro com prostituição do que com bordado. Diminuíram as bordadeiras, os atravessadores queriam o tempo inteiro fazer frente ao preço chinês, elas já não tinham mais o linho puro, o algodão de qualidade, que o Nordeste antes produzia. E aqueles são bordados que precisam dessa base, não funcionam no tecido sintético. Elas estavam bordando nas viscolycra, que era o que o povo queria vestir.

Encontrei terreno árido, quando se fala da cultura e da história do lugar, além de ser árido literalmente, porque é uma das regiões com o mais baixo índice pluviométrico do país. Muitas vezes, chegava lá e vinha uma chuva. Então elas me associavam àquele que traz bons agouros. Foi num dia desses que reuni o grupo e falei: "Hoje vamos bordar a chuva". Elas começaram a bordar nuvens, elas têm um ponto maravilhoso, aí pessoas que faziam a coordenação ficaram com os olhos cheios d'água. Uma delas disse: "Não sabia que eu podia bordar o que vejo, achei que tinha que bordar o risco que me mandam fazer".

Olha a Pina aí. —— Eu disse: "Meu bem, bordado é escrita, e com sua escrita você pode fazer qualquer coisa". Isso também foi transformador para elas. Tanto que, na época da exposição do Rio São Francisco, eu queria fazer uma exposição com sereias, que, a princípio, seriam bordadas às margens do Rio São Francisco. Depois decidi fazer o bordado onde o rio se faz presente por fazer tanta falta, que era no semiárido. Até hoje elas ganham muito dinheiro com sereias. Recentemente [janeiro de 2014], a Lilian Pacce foi até lá gravar para o GNT e elas falaram "o Ronaldo Fraga falou para bordarmos sereias e até hoje bordamos, não sobra uma".

Você tem vontade de trazê-las de volta para trabalhar com você na próxima coleção, a "Fúria da sereia"? — Eu tenho que ir com calma, porque é muito assunto. Pode ser que eu as chame, pode ser. Acho que a história agora é com as meninas das escamas [da Paraíba], mas tudo pode acontecer.

Lá foi que você decidiu pelo tema "O turista aprendiz"? — Quando comecei a ir até lá, ficava um tempo, voltava e ia de novo. Era muita coisa para fazer. Por ser algo muito forte, eu pensava que só seria possível se baixasse o Mário de Andrade. E eu nem tinha compromisso para tanto, mas nasceu a coleção "O turista aprendiz" com todas as peças bordadas em Passira. Eu tinha que levar para a SPFW.

Num primeiro dia, reuni as bordadeiras mais velhas e era triste ver quase todas com catarata, quase cegas, de tanto bordarem à luz do lampião, o tecido branco sobre o branco. Tinha que cuidar do marido e da roça durante o dia e, à noite, bordar para dar sustento aos filhos. Você acha que as novas gerações vão querer ser bordadeiras, sendo que a referência que têm do ofício é tão desvalorizada?

Uma vez, uma delas resolveu aceitar de uma madame de Recife uma encomenda para uma toalha de mesa de banquete, uma mesa do tamanho desta [quatro metros], com os respectivos guardanapos, tudo bordado de margaridas. Ela se juntou a uma amiga, porque era muito trabalho, e as duas iam pegar o dinheiro para comprar roupas novas para a festa de São João. A cliente disse que só aceitava se elas entregassem em uma semana, quando ela voltasse à cidade. Se não, não pagaria. As duas viraram a noite se revezando no trabalho, uma dormia um pouco, depois a que estava dormindo acordava para bordar, enquanto a outra descansava. No último dia, quando acabaram de bordar a última margarida, de madrugada, mortas de cansaço e felizes da vida, foram dormir. Quando acordaram, o irmãozinho de uma delas, um menino de uns 5 anos, foi chupar manga e sentou em cima da toalha, que amanheceu com pintas amarelas de manga. "Mas a turma de Recife era tão exigente [imita sotaque pernambucano]." Quando a dona chegou, ela disse que tinha avisado que tudo deveria estar impecável, então não ia pagar. E levou a toalha. As duas ficaram chorando e ficaram sem a roupa de São João. Eu perguntei: "Como assim levou a toalha e não pagou?", mas elas disseram que a vida toda foi assim. "Essa relação das clientes com minha mãe, com minha avó, com a bisavó. E hoje sou mais esperta, não teria acontecido", ela disse. "O que você teria feito?", pensei que ela ia dizer que daria uma coça na mulher. "Eu teria bordado a margarida em cima da parte suja, era tão simples." São histórias brasileiras.

De exploração. — De leniência. Hoje a gente vive o extremo, a negação de tudo isso, é nessa história de negação que o ofício corre um risco, porque sempre vai ser associado à escravidão. Ou uma coisa de pobre feita para pobre, por isso tem que ser barato.

Elas foram a São Paulo assistir ao desfile. O filme [que registra a coleção] mostra as bordadeiras chegando à cidade? — Sim, mas foi quando comecei a fazer os vídeos e eu ainda era muito contido. Essa história inteira merecia ter sido registrada de modo mais profissional, eu devia ter levado um videomaker para mostrar o lugar de onde elas vieram. Tenho até vontade de refazer esse filme, colocando fotos. Reeditar, até mesmo colocando depoimentos delas hoje sobre tudo o que aconteceu desde então.

Quem fez foi o Léo Santana, ele também estava apaixonado por Pernambuco na época, porque ele tinha comprado uma casa lá. Ele que me apresentou aquela grande flor de chita, sendo que dentro de cada uma há um azulejo pernambucano. Um cenário dos mais lindos, as pessoas chegavam e faziam "ah" [suspiro]. Com a história da impressão em fórmica, parecia azulejo de verdade.

Quando você leu *O turista aprendiz*? — Eu já tinha essa coisa com o Mário, mas eu comprei o livro em 2000, na Feira do Bixiga, em São Paulo.

A beleza unia tradição e modernidade. ⸺ Aquela coisa do maracatu, peruca branca com os óculos espelhados, como o estrangeiro olha. Também o paetê, os paetês caindo. É o Carnaval pernambucano, do rastro de paetê que se deixa na festa. Nem todo mundo entendeu. Regina Guerreiro falou: "Acho que não deu certo, a cola não colou muito, não. Caiu muito paetê, viu, Reinaldo". "Na próxima vez, reforça na cola." Mas a ideia era deixar cair mesmo.

Como foi a repercussão da exposição do trabalho em Passira? ⸺ Elas viram a transmissão do programa na praça e muitas jovens que não queriam ser bordadeiras voltaram para o ofício. Depois, houve uma procura louca pela roupa, eu incluí uma etiqueta falando onde ela tinha sido bordada, o nome da bordadeira e o telefone de cada uma. As peças foram para Passira, para elas bordarem a coleção que chegaria à loja. Expliquei como era, o tempo para aquilo ficar pronto, porque os lojistas tinham que receber as peças dentro do prazo, se não cancelariam o pedido. Era uma operação de guerra, o linho chegava da Espanha e as peças que iam para Pernambuco tinham que ser cortadas. As bordadeiras fizeram uma força-tarefa entre elas. Quando chegaram em BH, estavam impecáveis, só que esse tipo de bordado – por isso é que tem que ser num tecido natural – deve ser lavado e engomado. Cada uma lavava com água que tinha em casa: água da cisterna, água do rio, água do poço e água da torneira. Quando foram montar a roupa: a manga era bege, a frente era marrom, a outra manga era amarela, cada uma de uma cor, por causa da diferença da cor da água em que foram lavadas. As bordadeiras choravam do lado de lá. Mas eu falava "não, o bordado está lindo".

O que aconteceu? ⸺ Não pude mandar para o lojista, tive prejuízo. Mandei para a loja, tive que tingir tudo de uma cor só. Acabou vendendo, mas levou tempo, porque era uma quantidade muito grande, e eu tinha que pagar tudo, o tecido e os bordados, à vista.

As pessoas compravam roupa e deixavam presentes na loja "entrega para a fulana". Vasinhos de flor... Nem tudo dava para entregar, né? Essa coisa do custo Brasil, não chega Sedex 10 até lá. Era tudo muito caro, tinha que ir para Recife e depois levar para Passira. Era tudo complicado demais.

Mesmo com tantas complicações, isso não desanima você de continuar fazendo projetos e coleções em rincões do Brasil? — Não. Quando você entra num lugar desses, você tem que ter claro que está trabalhando com a fartura. É a fartura da falta. Falta tudo. Estamos falando de coisas muito elementares.

Até a cor da água. Quem iria pensar nisso? — Pois é, você vai pensar que vai dar um problema justo nisso? Que vai furar nisso? Mas é desse jeito. Enfim, mas foi uma coleção que amei fazer. Tenho uma amiga que falou para eu prestar atenção quando vou escolher meus temas, porque tudo converge, tanto de bom quanto de ruim, a partir desse tema.

A Fernanda Takai me ligou falando que estava com um CD que eu iria gostar demais, do Carlos Núñez, alguém que eu precisava conhecer e que viria a Belo Horizonte. Ele é um galego. A história lá é que quando imaginam um lugar muito longe, como falamos aqui "pra lá de Marrakech", na região dele dizem "pra lá do Brasil". O bisavô dele [José María Núñez] era músico, teve um monte de filhos e um belo dia saiu para comprar leite na esquina e nunca mais voltou, ele veio para o Brasil. Parece que morreu de brigas de amor – era mulher demais, estava mexendo com mulher casada e foi assassinado. O Carlos Núñez cresce apaixonado pela história do bisavô e pelo Brasil, então vem pra cá investigar músicas e músicos que o avô, provavelmente, escutou. Então, ele faz um lindo disco, gravando Pixinguinha, Luiz Gonzaga, e tudo tocado com a gaita da Galícia. Tem uma versão de "Vou vivendo", uma música que sempre amei, mas nessa versão amo mais ainda. O disco se chama "Alborada do Brasil". Ele tem uma música que parece até… eu fazendo a coleção e olha só as músicas que me aparecem.

Fiz uma mistura, amarrei com Antonio Nóbrega, o pernambucano do Teatro Brincante. Era como se um turista desses de beira de praia estivesse falando, mas também aparece o Gilberto Freyre falando, o Ariano Suassuna [ele coloca a música para tocar]. E tem a frase "cultura baiana também é cultura brasileira". Na verdade, peguei duas músicas só do disco mas, pra mim, é como se fosse o disco inteiro.

Agora, lembrei de outra história daquele capitão do São Francisco. Quem estava me acompanhando na viagem era o pessoal da Secretaria Municipal de Cultura de Belo Horizonte. Ele ficava olhando assim e, quando eles não estavam prestando atenção, dizia assim: "Sabe qual é a minha tristeza? Sobrou o barco mais feio. Este Benjamim Guimarães é um lixo. Você tinha que ver o Wenceslau Braz, era tudo lustre de cristal, tinha piano de cauda, e ficou apodrecendo aí nas margens do rio. O povo fez lenha com esse negócio. O povo anda achando que era isso daqui, mas eu que vivi esse tempo da embarcação sei que não era assim. E música também é só axé, na mesa de plástico".

Na coleção "O turista aprendiz", por que decidiu contar com um stylist? — O Daniel Ueda fez o styling. Eu nunca tinha trabalhado com um, a turma lá em São Paulo, os stylists, me detestavam por isso. Não porque eu não tinha stylist, mas porque dei uma declaração uma vez.

O que você disse [risos]? — Só falei que eu estava fora dessa coisa de você criar uma coleção e depois contratar um stylist para criar uma história pra você, que era mais uma profissão da moda que não fazia muito sentido para o meu trabalho. Juntava aí também que eu não tinha grana para pagar, era tudo muito contato.

Isso no começo. — É. Então, quando fiz o Minas Trend [2009], eu tinha o desafio de fazer o desfile de abertura com aquele monte de marcas e amarrar tudo. Quando ligava para as marcas, muitas delas tinham receio de mostrar a coleção, essa história toda, porque me viam como concorrente. Imediatamente precisei de um stylist para fazer isso. Pensei: "Um menino que acho bacana é o Daniel Ueda, gosto do trabalho dele". Acho bacana trazer esse olhar brasileiro nipônico para Minas. Então começamos no Minas Trend e o convidei para fazer também as minhas coleções. Ele fez umas seis.

Como foi a experiência? — Foi legal. Primeiro, porque acho extremamente positivo esse olhar de um terceiro. A pessoa que chega e corta a peça, falando "isso não entra". E olha que o Daniel é extremamente delicado, sempre perguntava "você concorda com isso?", ou "é muito importante para você que isso esteja?"; eu sempre respeitei o desejo do

Daniel. Mas uma coisa minha que estava ali muito forte era a minha história. A história da coleção já estava contada, ele chegava e estava tudo praticamente pronto.

É mais fácil ter um stylist depois que você já tem uma assinatura forte, mesmo se um estilista tiver dinheiro para pagar desde o início? ＿Acho que se corre menos risco. O Daniel, como criador, também tem a mão pesada e por onde ele passa, deixa a marca dele. Para o estilista que já tem uma assinatura é uma queda de braço muito interessante, mas para quem não tem essa força, não tem alma, é a alma do stylist que vai aparecer. Tanto que muitas vezes você vê stylists que parecem ser quem realmente criou a coleção. O Daniel é um desses, tem suas características de amarração, sobreposição, uma forma que ele usa que onde ele passa vai estar o estilo dele. O Paulo Martinez também tem isso, é outro criador, tem um trabalho muito bacana.

Athos do início ao fim

INVERNO 2011 | *São Paulo Fashion Week*

Em seu tributo ao artista Athos Bulcão (1918-2008), Ronaldo optou por uma rara referência literal, que apareceu em forma de estampas que remetiam fielmente aos famosos azulejos do pintor. A arte de Bulcão foi reproduzida com destaque no jacquard e numa coleção composta em sua maioria por vestidos e com uma paleta de cores de azul, laranja e branco.

De Passira você foi para Brasília com a coleção de 2011, "Athos do início ao fim". ___ Tem a ver com a personalidade dele, um cara muito simples. Ele cresceu entre grandes, como assistente do Burle Marx, trabalhando para o Niemeyer, sendo amigo do Portinari. Ele tinha um complexo muito grande porque estudou medicina e não arte, cobravam muito dele pelo fato de não ter formação. Já no final da vida ele disse que a melhor escola de arte que podia ter tido foram seus amigos.

Eu já era fascinado pelo Athos. Geralmente, quando alguém vira objeto de pesquisa – nem gosto de falar desse jeito, antes eu falava, mas agora acho extremamente pretensioso, porque pesquisa demanda mais tempo; mas, quando chego a levar uma figura para a coleção, é porque a estou observando há muito tempo. Uma vez, descendo em Brasília, fiquei vendo o registro gráfico do Athos Bulcão. Num momento em que todos os aeroportos do país começam a tomar a mesma cara, em que você não sabe se está descendo em Fortaleza ou em Recife, está tudo virando uma terra neutra, o aeroporto de Brasília sempre teve personalidade, por causa dos azulejos do Athos Bulcão – agora, parece que numa parte não tem mais, pelo menos, eu tenho

descido num lugar que parece a Suécia. Comecei a me aproximar dele. Foi a segunda coleção que fiz com as meninas de Passira, e talvez elas tenham me influenciado a ir por esse caminho, porque pensei: "Para onde vou levar essas meninas?". A coleção "O turista aprendiz", em Pernambuco, expunha um saber fazer tradicional do Brasil, em vias de extinção, mas que tinha aquele registro gráfico ali. Por mais que eu tenha mudado, trazido um desenho meu para a renda renascença, era a renda renascença mesmo ali. Era algo do universo – como a imprensa costuma dizer – "brejeiro feminino". E eu queria levá-las para um Brasil moderno, um Brasil que não conheciam, um Brasil que tivesse outro registro gráfico. Pensei: "Quer saber? Estou doido para entrar na vida do Athos Bulcão. Vou levar estas meninas comigo".

Comecei a ler enlouquecidamente sobre o Athos, a encontrar pessoas que o conheceram, um deles foi um amigo íntimo dele, um grande pensador, artista, produtor cultural, que é o Bené Fonteles, de quem gosto muito. Em seus dez últimos anos, o Athos viveu com Parkinson. Ele disse que podia perder todo o movimento do corpo, mas se perdesse das mãos, podia morrer. Então, pediu ao Bené que passasse diariamente na casa dele para fazerem desenhos juntos – até chegaram a lançar um livro depois [*Athos desenha*, editora LGE, 2005], infelizmente, com tiragem muito pequena, mas o Bené me deu esse livro. Os desenhos em nada lembram os do Athos Bulcão.

Pela limitação já dos movimentos? —— Havia uma incompatibilidade das tintas que ele usava nos azulejos com a medicação. Então, ele começou a trabalhar com aquarela. Depois deixou a aquarela e passou a usar o grafite. Ele foi perdendo força até o traço do grafite ficar bem clarinho. No fim da vida, ao contrário do que muitos artistas fazem, ele foi ficando muito mais figurativo. Você vê ali o Carnaval da infância, as batalhas de confete, a adolescência. Era como se fosse um diário dele através do desenho.

Como você fala, uma escrita. —— E talvez nem ele mesmo soubesse disso. É emocionante a história do Athos. Para quem não sabe – e muita gente não sabe, o colocam erradamente como o azulejista de Niemeyer, ou até pensam que os azulejos também eram pintados por Niemeyer.

O Athos nasceu numa família de mulheres bem mais velhas que ele. Foi muito paparicado ao crescer nesse universo feminino. E ele entra para a escola de medicina, mas, desde sempre, cresceu sob a influência das irmãs, não no meio de artistas. Mas consumia cultura e arte no Rio de Janeiro. Desenhava enlouquecidamente. Conheceu Burle Marx, que tinha os assistentes que ficavam desenhando em seu ateliê. Uma vez, o Niemeyer foi fazer uma visita ao Burle Marx para encomendar o projeto do que seria o Teatro Municipal de Belo Horizonte, que não chegou a ser construído. Niemeyer, que sempre passava e ficava olhando os desenhos dos assistentes do Burle Marx, nesse dia, parou no desenho do Athos e perguntou: "Você já desenhou azulejos?". Athos disse: "Não, nunca desenhei, não" [tímido]. "É essa mesma coisa que você está fazendo, só muda o suporte", Niemeyer fez o convite pra ele participar do projeto do teatro, aquele que não saiu do papel.

No ano seguinte, o Athos mandou um projeto para tentar entrar na Bienal de Buenos Aires e foi reprovado. Na ocasião, já era amigo do Portinari. Quando Portinari ficou sabendo que ele não tinha sido aprovado, falou "como aqueles portenhos ousaram não te aprovar? [imita uma voz indignada] Mas esquece isso, vamos comigo para Belo Horizonte, porque tem um projeto do Niemeyer e ele me chamou para fazermos uma igreja num bairro novo lá", que era a igrejinha da Pampulha. Então, ele traz o Athos como assistente. Quando o Portinari terminou de fazer a igrejinha, o Athos estava indo embora, mas o Portinari falou "agora, você fica, tem muito trabalho aqui ainda para você". Na sequência, ele levou o Athos para Brasília. Dizem que quando o Athos botou os pés em Brasília de carro, numa manhã, chegou junto com o sol nascendo, viu aquele céu azul baixo do cerrado, aquela terra vermelha, vermelha, vermelha, olhou aquilo, o que assustava a todos que chegavam, aquele deserto, e falou: "Não nasci aqui, mas aqui eu vou morrer, não saio daqui nunca mais". Enlouqueceu, de todos foi quem realmente teve um amor por Brasília. E o único que ficou. Da construção da cidade, o único que continuou. E ele cresceu nisso, nunca fez uma obra para ser pendurada em exposição. Toda obra dele era obra pública, para um hospital, o teto da rodoviária, a parede do teatro, uma igreja. Ele dizia que não conseguia se ver fazendo peça para ser trancada dentro de uma galeria. A galeria deveria ser a cidade e o mundo.

Uma amiga dele muito próxima, que depois veio a ser coordenadora da Fundação Athos Bulcão, disse que ele recebia muitos convites para ir a exposições de novos artistas em Brasília, gostava de ir. Uma vez, já mais velho, ele falou na frente de todo mundo: "Gostei tanto disso, vou copiar quando chegar em casa". Ela chamou a atenção dele: "Você não pode falar isso". "Por que não posso?" Ela disse: "Porque você é o Athos Bulcão, é conhecido, tem sua obra". "Gente, mas se a obra de arte não servir para você falar com o outro que ele também pode, ela vai servir pra quê?" Olha que legal?

Já devo ter falado isso para você: gosto de personagens que tragam valores muito caros à moda. Mas não só à moda, caros ao nosso tempo. O Athos é um deles. Uma figura extremamente generosa, afetuosa. Era assistente do Portinari e do Niemeyer e silenciosamente tinha certeza de que o que tinha que aparecer ali era o trabalho dele. Ele era provocado por Niemeyer o tempo inteiro. Quando começou a trabalhar no Teatro Nacional, em Brasília, o Niemeyer falou assim: "Quer saber, quero que você pense nesta parede aqui, mas cansei desses seus azulejos coloridos, quero que tenha a alegria e a força do seu trabalho, mas que não seja o que você já está fazendo". Daí a pouco ele chega – ele era muito rápido – com aquela coisa do bloco de cimento em tamanhos diferentes, em que, de acordo com a posição do sol, a parede se estampa com imagens diferentes o tempo inteiro ao longo do dia. Isso é coisa de gênio, não é? Depois, veio a Igreja de São Francisco, a igrejinha de Brasília. Niemeyer falou "não tenho história com a igreja, não, vê o que você quer fazer". Não tinha referência nenhuma, o Athos fez o Divino e apresentou para o Niemeyer, porque achava que o Brasil já tinha igrejas opressoras demais, ele queria uma igreja com a alegria de uma noite de São João. E, então, fez o Divino com as estrelas. E tem outra característica do trabalho dele que acho muito legal: fazia o registro gráfico que para um desavisado poderia ser chamado de simples, mas de simples não tinha nada, ou até tinha, mas o simples não é nada fácil.

Ele passava aquilo para os pedreiros e dava a eles a liberdade de fazer como queriam. Quando vi aquilo, pensei: "Hummm... é isso o que vou fazer com essas meninas [de Passira]". Porque, primeiro, como seria a última coleção com elas – o projeto eram duas coleções –, elas precisavam andar sozinhas.

Athos do início ao fim

Como você apresentou o Athos a elas? — Levei vários livros sobre ele, falamos muito de Brasília, Athos, Portinari, Niemeyer, sobre modernismo brasileiro. E falei que o fio da meada desse bordado é a forma como ele mesmo trabalhava: dava para os colaboradores os azulejos e falava "agora, são vocês quem fazem a colocação, apenas não fechem o desenho. Jamais". E foi isso que falei para elas fazerem. Fiz uma estampa clarinha sobre vários azulejos da obra do Athos e mandei para elas. Falei: "Agora bordem sem fechar o desenho". Elas se sentiram como se tivessem sido empurradas em pleno voo sem paraquedas. Mas eu sabia que elas tinham paraquedas. Falei as cores que queria: cinza-claro, amarelo, laranja e azul-royal. "Ah, mas é para bordar tudo?" Eu falei: "Você que sabe, só não feche o desenho". No vídeo [making of da coleção], quando tem essa frase, foi naquela hora mesmo que eu falei, em Pernambuco.

Você já tinha tido uma experiência com a água que tingiu o algodão, acidentalmente, com diferentes tons. Mesmo assim, arriscou. — Mas eu sabia que não seria a mesma coisa. Sabia que já tinha passado o desenho, já tinha o desenho, era tudo em lã, lãzinha de uma coleção de inverno. No máximo o que poderia acontecer seria eu não aprovar alguma peça e ela não entrar no desfile. Mas todas entraram.

É especialmente diferente quando o objeto estudado é também do universo gráfico, diferentemente de quando é um escritor, por exemplo. Existe um conflito entre ser ou não ser literal? — Claro que é. Principalmente se a pessoa já tem um desenho, um traço que você admira muito, a tendência é tentar escapar disso. Por exemplo: as peças bordadas em Passira têm uma autoralidade muito grande. Mas em outras peças da coleção, chegou uma hora em que falei: "Quer saber? Quando vejo uma parede do Athos Bulcão, morro de vontade de sair vestido dela, então qual é o problema de ser literal aqui?". Então, uma parte foi assumidamente literal. Primeiro pelo desconhecimento e falta de intimidade que o brasileiro tem com a obra dele. Visitei a Fundação Athos Bulcão várias vezes, em Brasília, e quando cheguei lá tinha pesquisadores e alunos de escolas de design japoneses e alemães. Só. Nunca vi um brasileiro pesquisando lá. Eu queria mesmo ter uma roupa com o Divino, com isso, com aquilo. E fiz.

Na cenografia, fiz uma exposição com cara de galeria de arte, toda de suporte de aço inox com uns quadrinhos. E todos aqueles quadrinhos estão no meu caderno de desenho, colocados ali em pranchas, misturadas à obra do Athos Bulcão.

Como foi feita a escolha da música? —— Escolhi Baden Powell, que também era amigo íntimo do Athos. O Baden, para mim, é o som do Brasil modernista. É de uma sofisticação! Num dia de calor excessivo, ponha um Baden para tocar e veja figuras do Athos Bulcão, vem uma brisa onde quer que você esteja. Um frescor, um oxigênio. Era isso que eu queria. E fecho com Toquinho e Vinicius, com "Escravo da Alegria". [Cantarolando] "E eu que andava nessa escuridão…" Acho que essa música poderia falar da vida do Athos, que teve uma existência triste.

Ele daria mais de uma coleção. Fiquei até muito dividido, porque tem essa parte dele que entrou com os desenhos da época que tinha mal de Parkinson, mas foi muito sutil. São desenhos de uma fase que o público não reconhece. Não reconhece. E tem outra coisa: uma série de colagens homoeróticas. Você imagina, pela geração dele, que ele deve ter tido problema com a questão da sexualidade. Ele tinha colagens de dorsos nus, homens musculosos. Ô Athos, danado!

E você gostaria de ter usado essas colagens na coleção? —— Não, mas quando parei de falar essa coisa de pesquisa, é porque acabo tendo que escolher uma parte, delimitar.

O Ueda trabalhou com você também neste desfile. —— Geralmente, quando eu chegava para falar com ele, já tinha a ideia do que queria de cabeça, de sapato, toda a história. Ele fazia a edição da mistura, do que entra e do que não entra. No "Athos", eu queria que a cabeça das meninas trouxesse a tal tinta do azulejo escorrendo. Passei isso para o Marcos Costa, foram vários testes. O Marcos é virginiano, superminucioso, fez vários testes para não dar alergia nas meninas – e olha que quase nem tinha contato com a pele –, tinha que secar rápido para dar aquele efeito plástico, brilhante. Foi muito bonito.

Gostei da coleção, da beleza. Só uma coisa que eu acho horrorosa, que é o sapato, aquela ankle boot de grama. O Athos merecia um sapato mais leve. No trabalho dele, especialmente nos últimos anos de sua vida, ele falava muito do Carnaval do Rio de Janeiro dos anos 1930. Tanto que coloco uma imagem de bloco do Carnaval do Rio dessa época, faço um jacquard em preto e branco, que alguém poderia perguntar o que isso tem a ver com a história do Athos. Eu responderia que ele amava o Carnaval. Assim, me deu vontade de ir para aquele Carnaval dos anos 1930, mais ingênuo, com cheiro de lança-perfume no ar. Das bandas de metais, batalhas de confete. Se eu tivesse uma máquina do tempo eu iria até lá. Mas eu não tenho? Claro que sim, é a moda.

Quando acabou o desfile, houve uma retomada na imprensa de matérias sobre a obra do Athos Bulcão. — Sim, e é bacana que ela foi para o terreno do design de interiores. Volta e meia vejo uma revista que fala de modernismo brasileiro com uma foto do desfile. De todos esses personagens cuja história virou coleção, alguns as pessoas não conhecem, como a Louise Bourgeois ou mesmo a Pina Bausch. Mas entre os brasileiros, as coleções se tornaram atemporais para falar de cada personagem, e o Athos está lá. Quando falam de literatura e moda, inevitavelmente Drummond e Guimarães Rosa aparecem. Literatura e moda.

O cronista do Brasil

VERÃO 2011/2012 | *São Paulo Fashion Week*

Noel Rosa foi tema de um desfile-festa que encerrou aquela edição da São Paulo Fashion Week, com trilha tocada ao vivo pela Velha Guarda Musical de Vila Isabel. Modelos e plateia dançaram e brincaram com confetes. Alfaiataria em preto e branco dominou a passarela, numa alusão a fotos e formas de 1930.

O Athos deixou você com vontade de ir a um baile de Carnaval dos anos 1930, mas quem levou você até lá foi o Noel Rosa, na coleção seguinte. —— Noel Rosa é uma das figuras que – todos aqueles que foram tema de coleção, Noel, Athos, mais à frente Portinari, Mário de Andrade, Drummond, Guimarães Rosa, de certa forma a Nara Leão – forjaram o Brasil moderno, que construíram o país que nós conhecemos, cada um na sua área. Tenho um fascínio muito grande por essas pessoas. Passado um tempo, você tem a impressão de que tudo sempre foi assim, existiu assim, só que não. Quando eles conseguem construir a história, acho emocionante.

O Noel reúne crônica e poesia para fazer música. Num delírio, pensei que é isto que a moda tem que ser: a poesia para te tirar do chão e a crônica para te levar para a vida real, – porque também é um negócio, tem custos ali. Unir essas duas coisas, quem primeiro conseguiu fazer na música brasileira foi Noel.

No desfile e na coleção, tinha romantismo, tinha alegria e tinha um quê de política, de você ter recuperado a revolta da chibata na roupa de marinheiro. —— Tinha essa coisa de forjar um país a partir da música, ou de forjar um país através de uma manifestação cultural, que era o Carnaval. E de uma época ou uma década que iria influenciar o Brasil contemporâneo. Se não fosse Noel, talvez não fosse possível haver um Chico Buarque, um Caetano Veloso e um Arnaldo Antunes.

O Noel é responsável por dar base ao produto mais bem resolvido que o Brasil criou, que é a música. Escutei Noel e li demais sobre ele por muitos meses, que pareciam anos. Foi muito engraçado, porque fui ao tempo do Noel e, já no final, visitei Vila Isabel. Ai, mas que tristeza quando cheguei lá e descobri: "Isso daqui é a avenida tal?". "É a avenida tal." "É a rua tal?" "É a rua tal." Não tem vestígio nenhum das construções maravilhosas. E depois disso consegui levar a Velha Guarda Musical de Vila Isabel para o desfile, que era o encerramento da SPFW.

O terreno que é hoje a região de Vila Isabel é um terreno que Dom Pedro II deu para um mineiro amigo dele. Ele tinha um amigo daqui de Minas, que inclusive ganhou títulos [Barão de Drummond]. Esse cara começou construindo uma fazenda e foi crescendo, construiu o primeiro zoológico do Brasil. Uma figura muito excêntrica, trazia bichos do mundo inteiro, e as pessoas iam à Vila Isabel para passear pelo zoológico. Num dado momento, ele ficou pobre, perdeu todo o dinheiro e – olha o que o cara faz – precisava alimentar os bichos, não tinha como, não tinha auxílio público e eram aqueles bichos que comiam demais. Aí foi que ele inventou o jogo do bicho com os números que as pessoas votavam e o resultado saía sempre no final de semana.

Você vai atrás de uma história e encontra várias. — Olha só, é tanto fio desencapado. Nessa época também tive a oportunidade de ouvir Maria Bethânia contar histórias sobre Aracy de Almeida, no final de semana ela ficava muito na casa da Aracy. Quando chegava ao Rio e cantava nas boates, ficava na casa dela, de quinta a segunda-feira. Ela me contou que a Aracy tinha um irmão que era um verdadeiro artista, cantava, desenhava, fazia figurinos. E a Aracy é outra que daria uma supercoleção.

Era aniversário de dez anos da SPFW. — Isso. E eu falei com o Paulo: "Eu encerro, mas você me ajuda a levar esta turma inteira". Levamos

a Velha Guarda, montamos um cenário e contamos uma história que teve um final surpreendente.

Todo mundo dançou e cantou junto. Você esperava? — Claro que não. A emoção reside no acaso, no insuspeito. E a gente vive num mundo extremamente previsível. Tudo é preparado para aquilo que se espera que aconteça desse e desse jeito. No caso do desfile, eu coloquei aquela pilha de confetes ali como enfeites. Quando as modelos vêm, no final, e a gente começa a jogar, a audiência vai para a pista, pensei: "Consegui". Consegui não apenas ir, mas também levar todo mundo comigo para o Carnaval do Cassino da Urca.

O trabalho do Noel era maravilhoso, porque sentado aqui ele olhava para uma xícara e imediatamente fazia uma música. Eu adoro. Ele veio se tratar em Belo Horizonte. Vivia na noite no Rio, estava muito doente, e a família acabou mandando para a casa de uma tia, que não era casada e que morava a três quadras daqui no bairro Floresta. Ele desceu na Praça da Estação e havia faixas, banda de música esperando não ele, mas um colunista social que era superfamoso na época, mas que sumiu no tempo, ninguém mais se lembra de quem é, enquanto estava chegando aqui, sem ser festejado, um dos inventores da música brasileira. Ele achava aqui um tédio, até que descobriu onde os inferninhos estavam escondidos e entrou neles. No Centro, na rua Guaicurus, naquelas portinhas. Um dia, uma mulher ligou para a casa da tia dele e a mulher do Noel atendeu o telefone. Foi um escândalo, a tia o chamou para uma conversa solene, que se ele quisesse ficar, teria que trocar de vida. Então ele disse: "Eu prefiro ter um mês de vida no Rio de Janeiro do que ficar neste lixo de cidade. Vamos embora!" [gargalhada]. Mas até eu que sou mais bobo pensaria assim. Era no Rio que estava toda a turma dele, inclusive o grande amor, que não era a mulher dele.

Você disse que, na trilha sonora, também houve surpresa. — O Rafael Raposo, que viveu o Noel no cinema [*O poeta da Vila*, 2006], veio lá do meio dos fotógrafos cantando com uma voz desafinada, como era a voz do Noel Rosa: "O mundo me condena e ninguém tem pena / Falando sempre mal do meu nome! / Deixando de saber / Se eu vou morrer de sede / Ou se vou morrer de fome?" [canta "Filosofia"]. Uma amiga que não sabia de nada disse que ficou imaginando se o desfile seria cantado todo daquele jeito, porque era uma coisa desconfortável. Foi uma das coisas mais lindas, porque quando o Rafael termina essa música e puxa o "Feitiço da Vila" "lá em vila Isabeeeel", a banda entra, a cortina drapeada vai subindo e revela o cenário do Rio de Janeiro com a banda toda de marinheiros. Do backstage eu ouvi o respiro da plateia. A plateia fez "ah" [suspira]. Isso jamais vou esquecer.

É esse "ah" que você sempre busca? —— Busco na minha vida, não só no desfile. Acho que a gente não pode perder isto de vista jamais: o susto, você precisa ser assustado, para o bem ou para o mal. Não dá para viver sem isso.

Por que a opção pelas roupas em preto e branco? —— Isso também foi às vésperas. Um mês antes, eu estava trabalhando, vendo as roupas coloridas, eu pensava: "Isso não é o Noel, não é o Noel". Então eu vi: "Claro, Ronaldo, o Noel é preto e branco". Eu estava dentro das imagens em preto e branco do universo dele, não podia colocar cor naquilo. Então repeti todas as roupas só com essas duas cores.

Você lembra qual era a cartela de cores anterior? —— Tinha pink, tinha turquesa, eram coloridas, cores de Carnaval. Tirei toda a cor. Eu fotografava as roupas coloridas no iPhone e colocava a imagem em preto e branco, para decidir onde colocaria o preto, o branco e o cinza nas peças. Viramos noite refazendo.

Pausa
(ou "a moda acabou")

INVERNO 2012

Pela primeira vez, Ronaldo não desfilou na SPFW. Era a temporada Inverno 2012. Um release enviado à imprensa tinha a ilustração de um casal fazendo uma mesura, como artistas que agradecem ao fim de um espetáculo. A repercussão da nota e da ausência foi a grande notícia daquela edição da semana de moda.

Mas em que ponto depois que você terminou "O cronista do Brasil" foi que você começou a descobrir que não participaria da temporada de desfiles seguinte [Ronaldo não criou uma coleção para o inverno 2012 e não desfilou na SPFW em janeiro do mesmo ano]? ⎯ Foi antes disso que comecei a pensar. Já tinha uma coisa que vinha me enchendo o saco. Primeiro, era uma crise que se anunciava no mercado. E eu vivia falando "gente, não vou conseguir concorrer com o chinês, minha história é outra". Nesta ocasião, eu tinha 170 pontos de venda no país, hoje em dia eu só tenho um. Fazia aquela coisa dos desfiles enquanto viajava muito pelo país e via a coisa toda despencando. Olhava e via alguma coisa errada, não sabia o quê, mas algo não estava bom. Fazia o desfile, tinha patrocinador, lançava, vendia, a trancos e barrancos, conseguia entregar, torcendo para não ter nenhuma intempérie de mercado para a multimarcas vender, porque senão ela cancelava e não pagava. E eu nunca tive gordura para isso. Foi quando a grande farra do Brasil rico da década passada começou a acabar. Aquilo já começou a me dar um desconforto, uma preguiça. Então, quis me agarrar àquilo que ainda me dava prazer, que era fazer a pesquisa e a coleção. Realmente,

Memórias de um estilista coração de galinha

Noel foi maravilhoso, foi muito legal. Mas veio uma nuvem negra a partir daí, como eu nunca tinha vivido antes.

Não sei se você se lembra de uma onda de assaltos em São Paulo, que os bandidos chegavam, entravam com o carro dentro da vitrine e levavam tudo embora. Na minha loja, não entraram na vitrine porque tinha uma escadinha. Mas pararam na porta, quebraram a vitrine e limparam o primeiro andar inteiro em minutos. O alarme tocou, mas quando a segurança chegou não tinha um cabide. A loja estava cheia com toda a coleção do Noel.

Roubaram as roupas, os cabides, os computadores, foi tudo. Só não roubaram o andar que era o da coleção infantil. Mas imagina chegar à loja e ela estar limpa, sem nada. E como eu disse, nunca tive gordura, não tinha espaço para dar errado, não podia dar errado. Eu tinha que colocar a roupa de novo na loja e atender aos pedidos de lojistas, mas começou a gerar atraso na entrega. O mercado também estava ruim e a gente tendo que protestar lojistas de muitos anos que não conseguiam pagar. Começava essa coisa do fast fashion, uma Zara ou uma dessas grandes que abrem numa cidade vira uma atração até para quem vive num raio de 500 ou 600 quilômetros dali. Você pode falar: "Mas, Ronaldo, esse era seu concorrente?". Não, não era. Mas com aquele costume de carregar o peso do mundo nas costas, eu pensava: "Não posso ficar calado diante disso, tudo precisa ser refeito ou feito de outro jeito". Eu via marcas que nunca pensei que fossem sair do mercado saindo. Fui tomado por uma angústia. Não tinha um problema real aparente ali. Ele ia aparecer mais à frente. O que eu fazia, eu vendia, a loja estava ótima lá.

E tinha também o problema do calendário: fazia uma coleção e imediatamente depois já tinha que fazer a outra. Acordei agoniado um dia e decidi: não vou fazer a próxima coleção. Fiz isso como muitos estilistas já fizeram, pulavam uma estação e voltavam na outra. Liguei para o Paulo e avisei, ele perguntou se tinha alguma coisa que eles poderiam fazer para me ajudar, mas respondi que não. "Estou precisando dar um tempo, descansar, estou de saco cheio e precisando repensar toda a história dessa estrutura. Estou com um desconforto sem fim." Ele falou "então tá". Nem insistiu muito. Minha assessoria falou que eu tinha que dar uma satisfação para a imprensa que acompanha meu

Pausa (ou "a moda acabou")

trabalho sobre o porquê de eu não desfilar. Decidi fazer uma carta. Nessa carta, talvez eu tenha sido excessivamente verdadeiro, como sempre procurei ser. E ingênuo também. Coloquei na carta o que eu estava sentindo, o que vinha discutindo e o que eu achava que os colegas não viam como importante.

Quando começo com a pergunta "e aí, a moda acabou?", respondo "da forma como a conhecíamos, sim. Acho que está na hora de estabelecer diálogos com outras frentes". Eu sentia que, naquela hora, a moda tinha acabado, mesmo. E confundiram, muita gente falava "quem está acabado é você". Colegas ficaram raivosos no Twitter.

Foi muito falado que você havia falido. — Falavam: "Quem acabou foi ele, ele que está falido". E os jornalistas me perguntavam sobre isso. "Você está falando isso porque está quebrado?" E eu respondia: "Minha filha, eu sempre estive quebrado". Nunca me construí, estou em construção. "Nasci quebrado e sempre vivi quebrado, nunca escondi isso de ninguém. Nunca pintei uma linha de rico e famoso com a moda, magnata do jeans. Não sou da turma dos anos 1980. Sou dos anos 1990, é diferente, meu amorzinho, não é isso que pesa, não." Eu chamava para essa discussão sobre a importância e o meu desejo de exercitar o diálogo com outras frentes. Quando olho e penso, o que me fez captar isso foi algo que Drummond tinha e outros nomes que admiro muito também: é o momento de parar na janela e ver o seu tempo passando. Se há alguns momentos de respiro para olhar aquilo de outro lugar, você consegue ver o todo. E não estou me colocando como Drummond e os outros, entenda bem que não pense "olha lá, ele acha que é gênio", e não é isso. – é o momento de parar na janela e ver o seu tempo passando. Se há alguns momentos de respiro para olhar aquilo de outro lugar, você consegue ver o todo.

Naquele momento eu vi. O foco que ficava em cima da moda está indo para outro lugar. Hoje, quatro, cinco anos depois, eu falo com clareza para onde o foco foi: para a culinária.

Você pode ver pelos canais de TV a cabo, em que predominavam programas de moda e beleza que foram diminuindo e dando lugar aos

de gastronomia. —— Então, me fala quem vai para Londres, Berlim, Tóquio e que fala "ai, eu vou numa loja maravilhosa que só existe lá, do estilista tal". Não acontece isso. As lojas estão todas iguais, vivemos um momento árido. Quando as pessoas viajam, o foco é a culinária, a comida. Mas não sabia ainda para onde estava indo naquela hora. Era um foco que estava mudando.

Muita gente falou que a moda não ia acabar nunca. E não vai mesmo. O profissional de moda não vai acabar, porque as pessoas vão continuar se vestindo. Muita gente ficou com ódio. O que acabou foi o foco do mundo moderno, que no final da década de 1990 até o fim dos anos 2000 colocava a moda no centro, como nunca antes havia estado. Extraordinariamente, a moda foi protagonista.

A gente fala que está vivendo o pós-consumo, será que a moda representa melhor o ter, o acúmulo de coisas, enquanto a gastronomia representa a experiência? —— Tem várias coisas. Até pensei se foi para a gastronomia porque a moda se esgotou, deu tudo o que ela tinha naquele momento. Ela aproximou as pessoas, a mistura do que se via na rua e nas passarelas, fez as pessoas aprenderam que podiam ousar também. Quando forem estudar esse tempo, talvez seja revelado que foi nesse momento que, pela primeira vez, se conquistou a liberdade real na moda. A primeira vez que não havia uma só cor obrigatória, não existe mais essa cor da estação.

Mas tentam, ainda. Eu estava lendo revistas de moda deste mês e sugeriam a cor da estação. —— Tentam, porque escolas de moda do mundo inteiro estão obsoletas. Continuam ensinando da mesma forma que se ensinavam na primeira metade dos anos 1980, isso no mundo inteiro. Os americanos sucatearam as escolas de moda da Europa. Não conseguem ensinar ultrapassando os limites da profissão em si, conversando com outras frentes. E o que me deu vontade de saber naquele momento foi: e se eu enjoar de fazer isso, o que vou fazer? E se eu cansar? E no dia que se desinteressarem do que eu tenho a dizer? Eu me perguntava isso o tempo inteiro, era uma questão pessoal, só que eu encontrava ecos no tempo. Quando escrevi a carta, não imaginei que fosse virar aquela hecatombe.

Pausa (ou "a moda acabou")

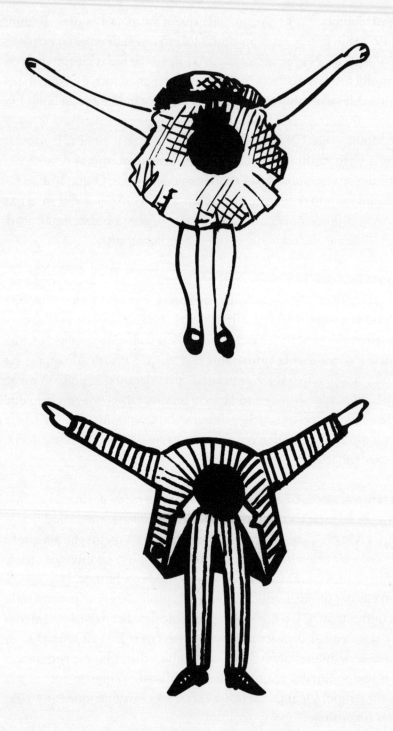

A assessoria falou para você dar uma satisfação. Quando e onde você escreveu a carta? — Escrevi na loja de São Paulo na hora e falei para as meninas "é isso daqui". Não queria que fosse isso num e-mail em preto e branco, porque nada mando num e-mail em preto e branco, nem os releases, então fiz uma arte dessa história. Desenhei um casal agradecendo e fiz a carta como sempre fiz, com a fonte de máquina de escrever que sempre usei. No dia seguinte ao que o texto foi divulgado, eu estava em Porto Alegre e acordei cedo, vi um monte de ligações do Paulo Borges. Nem tinha lido ainda a matéria. A coluna da Mônica Bergamo [na *Folha de S.Paulo*]. O Paulo Borges falou: "Ronaldo, e essa nota?". Falei que era a carta que mandei para a imprensa inteira. "Mas como assim a moda acabou?" "Paulo, eu faço essa pergunta neste momento crucial que a gente está vivendo. Deixa eu ver e depois te ligo." Quando vi, o negócio lá ficou como afirmativo ["Após dezessete anos desfilando na São Paulo Fashion Week, o estilista Ronaldo Fraga está fora da próxima edição da semana de moda, em janeiro. 'Tenho convicção de que a moda acabou', disse Fraga"].

Na internet só se falava disso. No Twitter, foi para os *trending topics*. Foi a segunda vez que tive essa repercussão no Twitter – a primeira foi quando fui ao *Roda viva* com a Marília Gabriela, gravei e foi ao ar no dia do desfile do Athos Bulcão. Só que eu não era muito ligado nesse negócio de internet, não. Então, não acompanhei, mas imagino o quanto devem ter me fritado. Depois recebi um e-mail da produção do programa, agradecendo e falando que tinha dado *trending topics*, depois no final do ano ainda repetiram.

Fala mais da repercussão da carta. — O negócio virou uma bafonzeira sem fim, porque, como saiu na Mônica Bergamo, todos os outros jornalistas deram a notícia, tudo quanto é site, jornal. Em um ou outro tinha declarações de colegas falando mal, em anonimato – a turma não tem muito culhão. "Acabou para ele, porque também, com aquelas roupas feias", falavam.

E você e o Paulo, como se resolveram? — A assessoria de imprensa da SPFW e a minha se uniram para fazer algo, que tem um nome.

Gerenciamento de crise? — Isso. Aí falamos com as pessoas "olhem de novo a carta que foi enviada", então, a imprensa viu que eu não tinha afirmado que era o fim da moda. Logo mais já tinha a SPFW, e foi uma edição que não sei o que aconteceu, as pessoas estavam muito comovidas, foram para o Twitter e disseram algo do tipo "Ronaldo Fraga tem razão, a moda acabou". Quanto mais mexia, mais o negócio enrolava. Então, decidi parar de falar disso e cuidar da minha vida.

Você já estava indo ao Pará nessa época? — Estava. Então, pude aceitar a história de ir para a Amazônia com calma, fiquei seis meses fazendo o projeto. Contratei um consultor para a confecção, porque era aquele negócio: a gente produzia, enviava para a loja de São Paulo, em dois dias vendia tudo, mas a gente só fechava no vermelho. Eu pensava: "Mas ganhar dinheiro é isso? Você vende, vende, vende e continua no vermelho?". Eu não entendia, mas não tinha tempo para parar. Aí comecei a ver um monte de coisa. O consultor perguntou: "quantas marcas de Minas têm loja em São Paulo?". Ele explicou que paga-se bitributação. Não dá para vender a roupa com o mesmo valor de Belo Horizonte em São Paulo. Lá a roupa deveria custar mais, ou deveria ser produzida lá, por causa de uma lei dos anos 1940 com a qual ninguém consegue acabar. Era um péssimo negócio vender com o mesmo preço, mas eu não queria aumentar.

Sempre procurei ter uma política de preço, diferente da moda dos anos 1980, que elitizava por quanto as pessoas pagavam pela roupa. Eu elitizo por conceito e por história. Sou o primeiro a achar as coisas caras. Aí, chegamos à conclusão, ao colocar tudo na ponta do lápis, que era impossível manter os preços de São Paulo do mesmo jeito. Segundo: na sequência do assalto à loja, recebemos o comunicado do dono do imóvel falando que a casa seria destruída para dar lugar a um shopping na Vila Madalena. E a gente estava tentando comprar essa casa há muito tempo. Ela precisava de reforma, manutenção, eu queria construir um espaço no fundo, mas a casa não era minha e eu já tinha feito muita coisa. Quando peguei, era um casebre, tive que fazer muita coisa para deixá-la de pé, hoje é uma loja pronta. Mas o proprietário falou que deixava a melhor loja do shopping para mim. Respondi: "Tem graça! O meu cliente chega num lugar que tem pé de jabuticaba e de abacate no fundo e depois vai se enfiar num shopping construído em cima daquela casinha? De jeito nenhum".

Tínhamos que sair em seis meses, mas quando completava esse prazo, não precisávamos sair, porque ainda não tinham conseguido alvará para o shopping ou porque ainda estavam tentando outra casa na rua. Na verdade, isso foi antes do assalto, a gente ficou ali um ano ou dois sem contrato. Ele não aumentava o aluguel, mas na hora que falasse "tem que sair", eu teria que sair. Enquanto isso, eu não podia fazer nada no imóvel. Um dia, acordei agoniado e falei com a Ivana: "Vou acabar com a loja de São Paulo, enjoei da casa, cansei dessa história. Preciso sair da inércia". Mais cedo ou mais tarde, ele ia vender e construir – não construiu até hoje [janeiro de 2015], ficou encalacrado, mas parece que agora vai começar mesmo a demolir. Fechamos a loja.

Resolvi não desfilar também para arrumar a parte interna. Eu tinha uma pessoa na minha administração e no financeiro, em quem a gente confiava cegamente. Inclusive, era uma amiga minha de infância. E quando esse consultor entrou, ele começou por uma ponta e descobriu um iceberg inteiro.

Ele fez uma auditoria? —— Sim. A gente estava com uma administração pífia, rasgando dinheiro todos os dias.

Por incompetência ou má fé? —— Prefiro achar que é incompetência. Começamos a colocar na ponta do lápis: eu comprava o tecido e tinha 60 dias para pagá-lo. O tecido chegava à fábrica e, em 60 dias, eu não conseguia produzir a coleção. Vamos supor que eu conseguisse produzir o mostruário em 90 dias, eu já teria que ter pago o tecido antes de vender a coleção. Para produzir a coleção, eu tinha mais 45 dias. Quando a entregava, tinha 60 dias para receber. Então, todo mundo chafurdou onde? Em banco. Não fui só eu, toda a minha geração, a gente pegava empréstimo para pagar aquela estrutura e vendia para poder pagar o banco. Olhei aquilo e falei "para tudo agora, não existe fôlego para prosseguir. Se eu não parar agora, estou liquidado". Então, resolvemos mudar tudo.

Volto a dizer, a angústia não era minha, era coletiva. Aí, acho que perdemos a oportunidade de uma discussão mais profunda. Tentei algumas vezes fortalecer um grupo para reivindicarmos das autoridades uma atenção maior para um setor que, contudo, é o segundo que mais emprega no país. Imagina se não fosse? Mas, na verdade, é um setor que não tem uma história de articulação política, é muito míope, os envolvidos olham única e exclusivamente para o seu próprio umbigo.

Então, fechamos a loja, paramos de vender em multimarcas e colunistas levianos falaram "uma nuvem negra sobre Ronaldo Fraga hein, que azar [imita uma voz fina]". Pessoas extremamente levianas, não estavam fazendo só contra mim, mas contra o setor. O povo pensava que era conversa pra boi dormir eu estar ocupado com o livro, a exposição, o projeto na Amazônia. Achavam que era uma desculpa.

Quando lancei o livro ou fiz a exposição – não lembro –, escreveram que eu disse que estava dando um tempo por isso e que, olha só, era verdade.

Por que tanto quiproquó, já que outros estilistas também pulam coleções? __ Já me perguntaram muito isso. Eu não sei.

O turista aprendiz na terra do Grão-Pará

VERÃO 2012/2013

O Estado do Pará inspirou as criações desta temporada, em que Ronaldo levou à passarela um icônico vestido feito com blocos de madeira e acessórios feitos a partir de sementes encontradas na Amazônia e produzidos pela Cooperativa de Biojoias de Tucumã. A cenografia foi tomada por plantas, remetendo à floresta tropical.

Como começou a aproximação com o Pará, que viria a ser tema da coleção seguinte? ─ A Fundação Vale me ligou e disse que queria que eu fosse conhecer o projeto da Estação Conhecimento. Eu falava que não queria muita conversa com a empresa, não. Porque, para nós mineiros, o histórico, as marcas que a Vale deixou aqui são as piores possíveis. Então, o que eu ia cheirar lá no Pará, onde, com certeza, ela fazia ainda pior? Mas a pessoa que me ligou foi bem gentil e afetuosa, perguntou se eu dava a ela quinze minutos para um café, ela viria a Belo Horizonte e se seu continuasse a achar isso depois do encontro, ela desistiria. Ela falou que o trabalho estava sendo feito para que no Pará não fosse como em Minas, o projeto queria impedir que a atividade mineradora fosse a única atividade econômica da região. Ela trouxe consigo uma artesã do Pará. Perguntei quantos dias eram necessários, e a resposta foi "uns dias", porque eu tinha que pegar o avião e ir até Carajás, depois duas horas de helicóptero até os pontos do trabalho. Quando cheguei lá, vi que eram reais as estações do conhecimento perdidas no meio do nada. Estrutura com piscina e cursos técnicos no meio de um faroeste caboclo.

Qual o objetivo das estações? —— Formação para o cara que é um peão da mineradora hoje, para ele estar preparado, porque amanhã a mineradora vai embora. Parece que lá teria ainda quatrocentos anos de extração pela frente, mas dizem que, com as novas tecnologias, a cada ano diminui muito esse prazo. Então, o que era para quatrocentos anos pode virar dez anos e acabou, vamos embora. Apresentaram pra mim um grupo de mulheres que estavam ali já com a estrutura de oficina, com sementes. Já haviam levado um estilista à Estação do Conhecimento de Tucumã – aliás, levado não, contrataram o trabalho de uma designer que nunca pôs os pés lá, recebeu, comprava em feira de rua, feirinha hippie, alguns colares e enviava para as artesãs copiarem, elas tentavam encontrar as sementes mais parecidas.

Combinei assim: venho, mas vou fazer do jeito que acho que tem que ser feito. Estamos falando de uma cidade onde tudo é lindo, maravilhoso? Não. É a tal da fartura da falta. Estamos falando de uma região onde a violência sexual contra a mulher é absurda. Tucumã é conhecida como terra de matador. Alguém quer contratar um matador, vai até lá, existe um bar todo vermelho, com a sinuca vermelha, e tem uma tabela – até achei barato: dois mil reais para matar. E dizem que eles vão, matam, somem no meio da mata e nunca mais são encontrados.

Como é um ponto esquecido do Brasil, quase na divisa com o Maranhão, perto do Tocantins, tem uma cultura muito doida. Tem uma coisa meio institucionalizada – não vou falar institucionalizada, porque ninguém comenta isso –, mas o pai ou o irmão mais velho de uma menina de 7 anos tem direito sobre a virgindade dela, para uso próprio ou para vender. Muitas meninas tinham filhos cujos pais elas não sabiam quem era entre os membros da própria família. Todas as questões como essas, em outros projetos, eu fiz papel de psicólogo, de fotógrafo, de quem anotava tudo, fazia tudo. Mas nesse levei o videomaker [Marcelo Belém], uma designer de joias especializada em sementes com formação em tramas africanas, que é a Miriam Pappalardo, levei a Mônica Godoy, que é a psicóloga, com formação em terapia ambiental, foi maravilhoso. Saímos de lá e deixamos o lugar transformado. Quando chegamos, era comum ver lixo no chão e, quando fomos embora, não tinha mais isso, mas flores na mesa.

No primeiro dia a Mônica já falou "a partir de hoje, a Vale não vai mais fornecer o lanche, vocês vão trazer de casa. Tragam o que tiver. Se tiver bolo, traz o bolo, ou uma banana, não tem nada, pega uma flor no caminho para cá", então a mesa ficava farta e todas as alunas se sentiam participando.

Eu apresentei Mário de Andrade para elas, tínhamos aulas sobre ele, falando de *O turista aprendiz*, que foi tema de uma coleção de novo, desta vez, na Terra do Grão-Pará.

Se você não tivesse aberto mão da SPFW, teria como conciliar com essa imersão? — Talvez, se fosse só isso, eu até poderia ter feito. Mas foi um período que o respiro do desfile me deu, nem tanto tempo, mas energia para fazer um monte de coisas, que eu estou fazendo até hoje. Acho que, a partir dali, minha vida mudou, eu me organizei e hoje eu faço muito mais coisas. Daquele ponto para cá, o desfile deixou de ser o meu ponto central. Antes, eu trabalhava em função do desfile, hoje ele é mais uma coisa que eu faço. Então, tem mil coisas, quero me dedicar a fazer livros para crianças, quero escrever e outras coisas legais que aparecerem pelo caminho.

Na sua cabeça há algum tema que tem vontade que vire exposição? — A exposição do Rio São Francisco ficou maior do que eu esperava, ficou caríssima – pelo custo Brasil, não por ela em si. O transporte no Brasil é muito caro, parece que ela é transportada em três caminhões. A gente gasta uma fortuna para deixar guardada num galpão, ou joga tudo no lixo. O único incentivo da Lei Rouanet não está funcionando mais, porque as empresas que fazem a renúncia fiscal são as mesmas que hoje têm suas fundações, então entram com projetos para a própria fundação. Está muito difícil isso e estou ficando cada vez com mais preguiça de correr atrás do dinheiro para fazer coisas como essas. As pessoas imaginam, sei lá, que dá muito dinheiro – estou cagando também para essas pessoas –, o que me deu um retorno muito bom que foi a formação do público. Por exemplo: quando eu via a exposição do Portinari [Recosturando Portinari, Belo Horizonte, 2014], lotada aos domingos, com a Casa Fiat fechada porque tinha ultrapassado seu limite de lotação e pessoas do lado de fora querendo ver, pessoas da periferia, eu ficava feliz. A criança que vai conhecer Portinari assim nunca vai se esquecer dele, ou vai receber Portinari de uma forma diferente de como nós recebemos. Já conversei com adolescentes que eram crianças na época e falam que nunca pensaram que poderiam cair de amores por um rio como eles caíram pelo São Francisco. E eu nem imaginava que um desfile viraria isso.

Se eu fosse ouvir críticas, não teria saído do lugar. Claro, porque disseram que era autopromoção, "Lá vem ele com essa conversa de regionalismos brasileiros, falando que isso é moda". Ainda bem, nunca fui de ouvir e não é agora, depois de velho, que vou ouvir.

Quando as pessoas falavam, ainda durante a pausa, que você estava falido, existia um sentimento de revanchismo, do tipo "espera, vocês vão ver"? — Não estava nem ligando. A Ivana sofria mais, ela sofria, era uma coisa. E foi um período que, como estou falando da nuvem negra, administração, roubo e tudo, teve o Minas Trend. Foi quando eu deixei de fazer [a direção criativa da semana de moda de Belo Horizonte]. E tinha uma briga de poder muito grande lá; quando eu não estava na reunião, a turma contra minha permanência falava "mas se uma pessoa fala que a moda acabou, como é que ela pode ser diretora criativa do Minas Trend? Vai ser péssimo para o evento". Como puderam usar isso contra mim, usaram.

Sua qualidade de vida melhorou após a pausa? — Sempre tive essa tranquilidade de buscar alternativas. Agora, eu sou mais feliz. A gente trabalhava num galpão de dois mil metros quadrados, agora estou ao lado de casa e não preciso de um lugar maior do que esse. Um monte de costureiras que trabalhavam na fábrica passaram a trabalhar na casa delas. É uma consciência do tamanho. Claro que acontece de chegar alguém para uma reunião e dizer "imaginava que fosse num outro lugar, que fosse muito maior", mas estão desconectadas com a realidade do mundo, porque muitas marcas da Europa estão com tamanhos como esse. Na época da recessão, os belgas fecharam suas lojas. Uma época de crise, de mudança mesmo, e quantas marcas estão indo embora. As pessoas preferem ir até a morte – às vezes, literalmente – em vez de se adaptarem. Na SPFW, é normal ter marcas em dificuldade.

Talvez você se sinta mais livre por não estar cercado no seu círculo mais íntimo por pessoas da moda. — O meu círculo é formado por pessoas do mundo real, profissionais liberais. Nessa época, também apareceu muita gente propondo sociedade. Gente muito rica, querendo entrar. Era bem aquilo mesmo, "na hora da dificuldade, vamos lá". Com alguns, discuti até a página nove, mas comecei a achar que seria dor de cabeça no futuro. E eu já vinha escaldado lá de trás.

Além de pessoas ricas, grandes grupos também já assediaram a marca? — Sim, um grupo holandês fez um exercício para comprar várias marcas cariocas e depois foi descoberto que eles estavam quebrados lá fora. Houve outros interessados. Não aceitei, para ter o domínio da marca, mas também porque vinha escaldado da experiência com o italiano. Claro, seria muito bem-vindo um investidor, mas a vida é feita de perdas e ganhos e eu optei pelo não. E marcas que foram vendidas, a grande maioria não deu certo.

Quando você estava com a pop-up store em Olinda [maio de 2014], você aderiu ao movimento Resiste Estelita [que visava preservar o cais José Estelita, em Recife, e não permitir novas construções no local]. — Já cheguei militando e a turma que tem dinheiro está quase toda a favor da mudança. Estelita tem a ver com "Cidade sonâmbula". Quem se manifesta tem sempre algo a perder, mas nunca fiquei nem ficarei em cima do muro, visando meu ganho próprio. Minha formação não foi essa, minha geração não foi essa. O desconforto do tempo vai estar sempre comigo.

Como você disse, é uma questão polêmica junto a pessoas que têm dinheiro na cidade, entre as quais está o seu consumidor. Isso não interfere na sua ação? — Duas coisas para mim são mais importantes: criar dois filhos. Fazer algo e contar para eles porque estou fazendo, porque estou falando sobre aquilo. Tudo o que faço, por exemplo, apoiar a preservação do [Cais] Estelita, não pedir desculpas pela peruca de Bombril [na época de "Futebol", 2013], tudo isso virou assunto da mesa do almoço e jantar na minha casa e dentro do carro. Se perguntar, eles sabem todas as histórias. E de todos os posicionamentos, o mínimo que tenho que fazer para o mundo, já que tenho dois filhos, é colocar de pé dois homens legais. Isso é mais importante que meu trabalho, que um possível patrocínio que eu possa perder, ou de clientes que possam deixar de comprar.

Já perdeu patrocínio ou projeto por suas declarações? —— Nunca fiquei sabendo. Mas acho que teve. Teve, sim. Uma aula da Fiemg, na época em que deixei o Minas Trend, estava doida para me ver pelas costas, e quando eu saía da reunião usavam essa história "como alguém que fala que a moda acabou vai fazer trabalhar no evento?". Hoje, sinceramente, quando alguém fala "seu trabalho é tão mineiro", eu digo "obrigado", mas eu me sinto brasileiro, não mineiro. O amor que tenho por Belo Horizonte, tenho por Recife e por Porto Alegre, por Belém, por todas as cidades. E também porque os problemas são os mesmos, as questões são as mesmas. E a questão do Cais Estelita, quando vi aquilo, percebi que não era um problema de Recife, mas um problema do Brasil. Quando publiquei, amigos latinos, da Argentina, Chile, Colômbia, México, se manifestaram e disseram que isso é um problema da América Latina, que eles vivem lá. A cultura está toda indo embora por causa da força do dinheiro, da nova elite, da negação, das torres espelhadas. Quando vi aquilo ali, um grupo batalhando porque as empreendedoras pertencem aos mesmos donos dos grandes meios de comunicação locais, então os jornais não estavam se pronunciando sobre isso, depois que ganhou o mundo, o *New York Times*, jornais da Europa, eles se manifestaram, mesmo assim muito pouco. Vão destruir o cais, mas eu não vou deixar de me indignar. No dia que eu deixar de me indignar por isso ou por qualquer outra coisa, posso saber que envelheci, posso morrer. Está na hora.

Voltando ao Pará: a princípio era uma consultoria para a criação de acessórios, certo? —— Sempre comentavam que eu falava do Brasil, mas nunca da Amazônia. "Como um estilista que cria pensando no Brasil não vai falar da Amazônia?", diziam. Eu não conhecia ainda, só tinha ido a Belém. Eu deixava a Amazônia pendurada, não estava na hora. Ainda mais que, ao ter a Amazônia como tema de coleção, fica muito fácil cair no clichê. Só que, quando cheguei lá e vi o mundo real,

pensei que precisava dar visibilidade para aquele pessoal para ajudar nas vendas, ajudar em novas conexões que elas podem fazer. Pensei "está aí o turista aprendiz do Mário de Andrade", ele não se esgotou. As pessoas se habituaram aos meus temas sobre viagens, acho isso muito legal. Achei uma porta interessante a da Amazônia, que me permite falar da cultura paraense, me permite falar desse lado espinhento, da floresta por um fio. Daí nasceu a coleção. E as meninas foram acompanhando o processo. Eu desenhava lá, o caderno foi feito no Pará, tanto que tem asa de borboleta gigante. Eu fazia as estampas e levava até lá para elas verem. Não raro, elas falavam "a gente não sabia que moda podia ter história, que dava para fazer moda como se estivesse fazendo um filme". Foi muito legal a construção dos acessórios. Elas trouxeram a marchetaria para marchetar a madeira de lei nos acessórios, que também é uma possibilidade de trazer o homem para esse ofício. Restos de madeira que iriam para o descarte eram polidos e faziam marchetaria e virava acessório.

No vídeo, tem uma fala da Cleonice Santana, que é uma artesã, assim: "Quem diria que nós íamos conseguir fazer uma peça dessa". — É, bonitinha ela.

Qual foi a evolução do que elas faziam para o que depois passaram a fazer. — Foi total. Primeiro: sempre tive muito pudor em trazer o trabalho de um projeto e de um artesão para o desfile. Achava que era muito cruel a história da exposição, que poderia gerar uma expectativa que depois podia não ser cumprida, tinha receio de que tivesse uma conotação oportunista, sempre fiquei naquele negócio. Por pensar nisso, muitos projetos desapareceram por não ter vitrine.

A experiência bem-sucedida em Passira ajudou a decidir levar o trabalho das artesãs de Tucumã para a SPFW? — Ajudou, porque antes eu já tinha trabalhado fazendo um projeto com couro de peixe no Pantanal, que não levei para a minha coleção e poderia ter levado. Teria sido um sucesso. Outro foi com crina de cavalo e lã, na divisa do Rio Grande do Sul com a Argentina, eu também poderia ter levado. As bordadeiras do interior da Paraíba, a mesma coisa.

Memórias de um estilista coração de galinha

O que as meninas de Passira tiveram de diferente que motivou você a mudar esse jeito? ⸺ Acho que não foram bem elas. Quando cheguei ali, eu já havia visto projetos em que o produto era bem resolvido, mas que depois eu achava que alguma falha no meu papel fazia com que não ganhassem a devida visibilidade. Aí sempre acabavam com os produtos numas feirinhas da própria cidade, onde o cliente não entendia. O produto tinha que ser mais caro, era mais elaborado, no mínimo tinha uma assinatura. Vi que o que eu tenho a oferecer é a vitrine e no mínimo ela dá uma autoestima para os envolvidos – vide o que aconteceu em Passira, bordadeiras que já tinham abandonado o ofício voltaram a ele. Hoje um grupo de estudantes transformou as artesãs de Passira num case e eles fizeram site para elas, criaram redes sociais, usam muito a imagem do desfile, depoimentos sobre o desfile, a informação de terem trabalhado com o estilista que vos fala. Então, deixei de bobagem, porque o que eu podia fazer era colocar o meu picadeiro à disposição desses projetos que são feitos no Brasil. Lembra que a coleção da China eu fiz com sapatos de Nova Serrana – sapatos colados com cuspe.

Em Tucumã eu apresentei vídeos de desfiles e fui explicando a respeito, inclusive usando as meninas de Passira. Então elas ficavam muito empolgadas. Pela primeira vez viajaram de avião e chegaram numa cidade como São Paulo. Eu sempre via o impacto negativo disso, mas tinha dificuldade em ver o impacto positivo, que existe também. Claro, quando elas voltam para o grupo, as peças são bonitas, elas ultrapassaram o nível. A terapeuta as ajudou a procurar fazer melhor e melhor. E procuro ter um cuidado, apesar de eu desenhar e fazer, pego na mão delas, no sentido figurado, e desenho com a mão delas, para que saia com o traço delas e elas se sintam parte, para que não seja algo impositivo.

Como as bonecas do Jequitinhonha em que é a gordura da mão de cada um que faz com que cada peça saia diferente. ⸺ É isso aí. E o que fica é: sempre penso, em relação a esses projetos, que se eu conseguir transformar o olhar de uma pessoa que seja – a artesã ou a criança que estiver ali observando –, já valeu a pena. Provavelmente, corre o risco de a gente não se ver nunca mais, mas o conhecimento e a forma como tudo foi feito vão ficar. Elas têm um caráter meio nômade ali e muitas delas não são de Tucumá, mas vão levar esse princípio, não vão jamais esquecer de Mário de Andrade, da importância da alma na criação, do contexto e de acreditar que o ofício é uma forma de escrita sua com seu tempo, isso foi legal.

Teve uma expectativa muito alta em relação a esse desfile, porque foi o primeiro após a pausa. Como foi o retorno? —— Para mim, foi tão forte a história da Amazônia, foi tão forte a história de Tucumá que, a partir dali, o desfile passa a ser mais uma coisa importante que eu estava fazendo, mas não a fundamental. Eu queria apresentar para as pessoas o processo que eu vinha fazendo. E ali eu achei que era aquilo mesmo, levei a história da floresta com a palafita.

Fala da cenografia. —— Eu não estou com o caderno aqui, mas tirei uma foto no Pará que era um caminho de madeira mais alto que o chão, num local pantanoso, vi aquilo e pensei: "É isso que quero". Sentei com os arquitetos, eles disseram "Ronaldo, vai ser um trabalhão". Mas era isso que eu queria. E eu poderia ter pensado: "Ah, joga uma projeção da Amazônia lá no fundo, mostra sua roupa e não mexe com cenografia. Pra que gastar dinheiro com isso? Vai juntando para capitalizar sua empresa" – porque tudo é caríssimo. Mas eu preciso disso, eu quero isso. Como agora preciso de sereias na passarela também.

Como escolheu a música? —— A trilha, acho uma delícia, ganhei de presente de uma pessoa que trabalha na Secretaria de Cultura um CD em que gravaram o Arthur Moreira Lima, com músicas brasileiras do período da borracha, que é a coisa mais linda do mundo, misturei isso ao popular, ao tecnobrega.

Na época você disse que ouvia tecnobrega. —— Ouvia, sem saber que 90% das meninas que estavam ali eram evangélicas dessas bem firmes. No final, todas soltavam as tranças e a gente dançava, fazia festa naquelas tardes. Quando ia terminando o dia, elas falavam "ai, que tristeza ter que voltar para casa".

Eu falava para a Gaby [Amarantos]: "Estou em Tucumá", ela dizia: "Você acredita que eu nunca fui para este lado?". É raro alguém do

Pará ir até ali, um lugar que cresceu com a corrida do ouro; dizem que peneiravam a areia e achavam ouro, aí acabou, veio a corrida do cedro e desmataram tudo, hoje é gado. Quando você vai chegando ao lugar, vê uma das regiões mais desmatadas da Amazônia.

E nessa coisa do "Turista aprendiz" mora muito forte o Mário de Andrade, tanto que de lá liguei para a Zélia Duncan e perguntei se ela gravava uma carta do Mário para o Manuel Bandeira, uma carta pequena até "ah, meu querido Manoel, você não sabe que maravilha é isso, ficar aqui no terraço do Grande Hotel – que foi demolido e construíram o Hilton – sob as mangueiras do Theatro da Paz e chupitar o sorvete de cupuaçu". Essa carta faz com que eu sinta até o calor e a umidade de lá. Eu reescrevi essa carta como se fosse ele. Quando as modelos saem e dá aquele *blackout* há só a voz dela lendo a carta. São dois minutos de carta. Ela terminou de ler e teve a música da volta das modelos, andando na palafita do cenário.

Você chegou a levar sua família lá? —— Não, levei a Belém e Santarém, mas queria ter levado lá também. Um dia, a gente sobrevoando, parecia que nunca chegava. Eu não sabia que a pior hora para sobrevoar a Floresta Amazônica é entre meio-dia e três da tarde, por causa da evaporação muito forte. O avião fica instável, zuuuum, desce um pouco e sobe de novo. Eu comecei a conversar com o piloto para sublimar isso, então perguntei o que aconteceria se entrasse um pássaro na hélice. Ele respondeu: "Se for na hélice de cima, não tem problema, a gente só vai ter que pousar" – e eu pensei "pousar onde?". Ele continuou: "Mas, se for na de baixo, não tem o que fazer, ele cai", então eu quis mudar de assunto enquanto ele dava voos rasantes perto do rio. O piloto perguntou se eu queria ver o maior espetáculo da Terra e concordei. Ele foi até bem próximo à copa das arvores, então subiram milhares, milhares, milhares de guarás, aquele pássaro que é o símbolo do Pará, então ficou tudo vermelho na frente do helicóptero. Lembrei do que ele tinha falado, antes, sobre o pássaro na hélice e disse "sooooobeeeee" [imita uma voz de desespero]. Depois, eu fiz aquele jacquard. O guará com o degradê verde da mata e o azul do céu.

Que outras peças surgiram diretamente do que você viu? —— Tem uma coisa de madeira queimada que uma revista italiana até pediu para usar esta semana. Eu fotografava árvores queimadas e isso virava uma estampa, a marchetaria também, muito forte. É uma coleção muito rica em estamparia. Tem um camuflado que são vários sapos grudados. E eu abro com os linhos puros dos primeiros desbravadores. Adoro, li muito sobre os pesquisadores ingleses, do século XVIII e metade do século XIX, que se perdiam por lá usando ternos de linho. Era isso, o marfim.

E a beleza? —— O Marcos Costa estava em Nova York e ele quis encontrar lá alguma coisa que servisse para o desfile da Amazônia. Pensei: "Vamos pôr umas cobras na cabeça". Ele foi comprar um presente e no embrulho a pessoa deu um laço com uma coisa que parece uma tela de crinol; ele esmiuçou, descobriu o fornecedor daquilo e trouxe caixas dela dourada, prateada, e fizemos as cobras saindo da cabeça.

Como vai a evolução da coleção das sereias? —— Eu fiquei com ódio, porque na semana de moda de alta-costura está cheia de referências de sereia. Ivana ficou me provocando com a história da Marchinha da Sereia lá de São Paulo, acho que muito disso é por causa da falta de água. Mas em várias outras coleções aconteceu de eu ter um tema escolhido e entrar num clima de tudo começar a falar disso. Quando eu era mais novo, isso me dava uma agonia "vamos mudar tudo." Agora, penso diferente: é bom que falem bastante. Também, claro, isso me estimula a ir para um outro lugar, que é para onde já estou indo.

E você já está montando esse casting? —— Não, nada. Mas já mandei fazer o rabo para testar.

Sendo muitas mulheres, imagina o tanto de homem para segurá-las? —— Mas eles vão e voltam para pegar outra. Fiz o mapa, não sei se vão ser cem.

O que o pessoal achou, a princípio? —— Eles não acham muita coisa, não. Eles acham, mas ficam com medo de falar.

Mas e a Ivana, o que acha? — Ela disse que vai parecer fantasia de Cuca do Sítio do Picapau Amarelo, que esse negócio não vai dar certo. Que um falou "mas, peraí, esta daqui é a Cuca do Picapau Amarelo". Ela pegou uma foto da Cuca para mostrar. Ela fala isso comigo e eu respondo "quantos desfiles você bombou e depois achou bonito?".

Entre as mulheres reais, tem de tudo, inclusive magras? — Pode ter magra, mas também quero pneus e todo tipo de corpo.

Será difícil conseguir essas mulheres que não sejam modelos para entrar na passarela com o peito de fora? — Eu queria até colocar a minha sogra, mas ela a Ivana não deixou – também não sei se ela teria coragem.

E o caderno, ainda nem peguei, estou desenhando no ar, começo assim primeiro, depois passo para o caderno.

O fim do cem fim

INVERNO 2013 | *São Paulo Fashion Week*

A inspiração da vez é o livro *Ô fim do cem, fim*, de Paulo Marques de Oliveira, que se propõe, por meio da escrita e de ilustrações feitas à caneta esferográfica, a registrar os fundamentos do mundo, em campos diversos como culinária, arqueologia e mecânica. Os traços de Oliveira viraram bordados das peças de um desfile com cenografia e beleza minimalista.

Vamos falar do "O fim do cem fim", uma coleção maluquinha [risos]. ⸺ Maluquérrima. Vem na sequência de quê?

Estávamos na terra do Grão-Pará. ⸺ Esta coleção foi na primeira vez que a São Paulo Fashion Week passou a ser fora da Bienal, depois de um longo tempo. "O fim do cem fim" foi uma coisa muito engraçada. Eu sempre falei, e essa coleção reforça ainda mais a minha fala: às vezes, não sou eu que escolho o objeto a ser observado, é ele que me escolhe. Quando foi lançado esse livro eu ganhei de umas oito ou dez pessoas. Mandavam e falavam "isso daqui é a sua cara".

Pensavam que é a sua cara, por quê? Pelos desenhos que ajudam a contar a história? ⸺ Por vários motivos: eu tinha feito o livro do Drummond, Moda, roupa e tempo, todo ilustrado de caneta BIC, então já tinha uma coisa da presença da caneta, que ele usou e eu também como registro gráfico. Tem o espírito bispiano, do Arthur Bispo do Rosário. E outra coisa que curiosamente vem também do Bispo do Rosário: as pessoas sempre associaram o que eu faço com um trabalho desenvolvido por pessoas com doenças mentais.

[Risos.] — Eu acho isso ótimo, mas outros estilistas, acho, consideravam algo pejorativo. Se alguém fala isso levando como algo pejorativo, pode saber que não acho o mesmo. É a arte que doma a loucura. Você sendo um doente mental de carteirinha, ou não.

Fiquei com o livro, achei lindo, mas deixei ali. Um dia, recebi o telefonema de uma pessoa, professora de linguística da UFMG, que tinha um projeto e queria bater um papo comigo. Quando chegou, era a Marina [Acúrcio], dona da editora do livro [Vereda Editora]. Há bem pouco tempo, todo mundo teve seu doido da infância, os doidos eram soltos na rua, tinha um doido da minha rua na minha infância, Abílio. A Marina falou que o doido da infância dela era o Pedro Paulo, aquele que nos anos 1950, no auge da Guerra Fria, como todo mundo, tinha certeza de que teria uma terceira guerra atômica e o mundo seria destruído. Só que o Pedro não tinha uma visão fatalista da história. Achava que seria destruído, sim, mas alguém nos escombros precisaria achar alguma coisa que fosse a receita da reinvenção do mundo. O compromisso dele era deixar essa receita, era O fim do cem fim. Aquilo que você acha que tem fim, mas que está renascendo sempre. Isso é maravilhoso, não é? Porque todo mundo que fala disso fica com aquela coisa fatalista, "vai acabar mesmo", mas ele deixou a receita de como plantar uma bananeira, o que é um maxixe, que "deveria se chamar 'bomxixe', de tão bom que é", até princípios de física – inclusive ele se apresenta como astrofísico. Quando ela contou a história, que é estimular a escrita das pessoas, falou que ia adorar fazer isso comigo, porque a escola dá o medo da escrita, em vez de libertar, dá amarras, quando sai da faculdade e fala "não sei escrever direito".

É o mesmo que você disse que acontece com o desenho. — Sim, taí, muito bem colocado. Se eu falo sempre que o desenho é uma escrita, essa amarra acontece tanto com o desenho como com a escrita tradicional. Fiquei encantado com essa história. Ela decidiu fazer o livro, pagou os direitos, quando levou para o sócio, ele não quis, falou que se já estava difícil vender livro, imagina de um doido desses. Ela fez com o próprio dinheiro e, para sua surpresa, fez um livro para ser estudado por pessoas ligadas à linguística, no entanto, ele virou objeto de desejo

O fim do cem fim

do pessoal ligado às artes visuais. Tem desenho ali, mas ela nunca tinha olhado para isso dessa forma.

E ele escreve de um jeito poético também. —— Quando decidi fazer a coleção, quis ir muito mais pela imagem do que pelo conteúdo, porque tive muito medo de que o conteúdo jogasse num lugar do jocoso, do debochado, eu não queria isso. Peguei as imagens e estourava no computador. Foi mágico, pega uma escrita de caneta vermelha e, quando você explode, aparecem laranjas, roxos, pinks; eu fiquei fascinado por aquilo, quis colocar uma lente de aumento poderosíssima, um microscópio eletrônico sobre a escrita desse cara. E isso virou a roupa. E, como eu já conhecia Salinas – por um projeto que tinha feito para o Talentos do Brasil – e tenho muito afeto por aquele lugar, eu via Salinas na tinta dele, achava muito mais bonito. Ele é uma pessoa sem limites, talvez sofra de esquizofrenia paranoide, como o Bispo, como Camille Claudel, e também se libertou por isso. A Marina disse que, quando o livro estava pronto, com capa dura, todo bonito, e ela não aguentava mais de ansiedade para entregar para o Pedro, ela disse "olha aqui o livro, você gostou?". Ele respondeu "gostou de quê, eu já tinha um livro já". Ele passou anos com o caderno espiral desenhando. Não rendeu conversa. Como ele virou evangélico e ganha uma pensão, disse que não fala mais de presidente e mais de nada, porque eles pagam uma pensão. E ainda por cima a igreja deu uma limpada no cara e ele ficou um doido sem brilho, era mais interessante antes. A escolha pelo tema da coleção foi isso. Era uma coleção de inverno, foi uma estação em que começaram efetivamente os anos tensos da economia na moda brasileira. Ali começou uma contenção violentíssima.

Era 2012. —— Ali as pessoas viram que a moda tinha acabado. Tudo ficou limpo. A SPFW passou para a tenda do Parque Villa-Lobos – claro que não era qualquer tenda, porque tem a marca do Paulo e é indiscutível como ele consegue realizar –, mas não tinha mais aquela [suspira profundamente] que era a Bienal. E os desfiles todos muito contidos lembravam os desfiles da New York Fashion Week, desfile só de roupa, luz branca, passarela estreita, papapá e morre ali. Foi a primeira vez, inclusive, que eu fiz um desfile sem cenário, só com a marcação de luz, com aquelas bolas ao centro.

E essa opção foi motivada por dinheiro? — Tudo custo, dinheiro mesmo. Foi uma contenção e foi um ano em que trabalhei muito. Tinha muito trabalho, não era só o desfile mais, era como se eu tivesse que resolver essa fatura logo.

Você começou a falar das estampas. Fala mais um pouco. — Foi um exercício muito legal você olhar e tirar forma e cor de uma escrita em azul e vermelho, um registro gráfico feito em duas cores. Essa investigação mesmo. Falei que ao ampliar a gente via a cor que estoura por trás desta impressão, foi uma coisa muito legal.

Como você e o Marcos Costa decidiram a beleza? — Ele ficou nervoso. Cheguei a São Paulo na véspera, ele já tinha criado algo, mas achei muito limpinho. Ele disse "ai, amado, limpinho como? Como que a gente suja isso?" [imita a voz do Marcos]. A gente está falando de um cabelo de louco e aquilo não era cabelo de louco. "Ai, meu Deus, como que é cabelo de louco?", ele perguntava. Falei que era cabelo longo, com tranças, tem que ter um cabelo para entreter a loucura. Tranças imensas. A gente estava na casa dele à noite, era um sábado e o desfile era na segunda, ele só olhou para mim e pegou o telefone. Disse assim: "Bi, é Marcos. Olha, eu preciso de 35 tranças. De três metros cada uma!".

Bi lá do outro lado da linha deve ter ficado louco. — "Ánh? O quê? Não tem jeito?" Do outro lado falaram que não tinha como arrumar no sábado à noite. Aí ele dizia: "Meu filho, nós estamos na cidade que nunca dorme, numa das maiores metrópoles do mundo, e você vem me dar essa desculpa?". Desligou o telefone e falou: "É uma drag amiga minha, ela faz tudo, foi quem fez a cabeça da China, podemos confiar que ela vai trazer". No dia do desfile cedo, Bi chegou lá com aquele monte de sacola e aquele monte de cabelo. Teve que passar um pente-fino na cidade para encontrar cabelo.

E a trilha sonora? — Eu tinha voltado de Portugal e lá tinha saído uma edição comemorativa do filme *José e Pilar*. Eu tinha adorado a trilha do filme, mas em nenhum lugar eu tinha visto que ela existia como álbum. Quando vou à Fnac, tinha uma caixa comemorativa de não sei quantos anos de Saramago com o livro, o roteiro do filme, o DVD do filme e o CD da trilha. Fiquei ouvindo e tinha uma música composta e cantada por um brasileiro, que é o Pedro Granato, um artista jovem que também é ator, desenha e faz música.

Você tem muita curiosidade musical. Aquela pessoa que ouve uma música e depois vai atrás para saber de quem é, o que mais aquela pessoa produziu. — Tenho demais. A música não passa indiferente por mim. Às vezes eu falo que uma música tocou em certo lugar e as pessoas não se lembram, mas tenho certeza do que ouço. Essa letra do Pedro Granato fala tudo do momento que estamos passando, como se eu tivesse mandado alguém compor para falar da moda, é impressionante. E o Pedro foi convidado a assistir ao desfile; depois ele até escreveu que nunca poderia imaginar que uma música que ele fez para o filme pudesse ver num desfile de moda. Há várias outras músicas, fomos costurando, mas tentei carregar a mão nessa coisa da poesia. E esta para mim ["Blackout"] é a música da trilha [coloca a trilha do desfile para eu ouvir].

Essa edição, volto a dizer, foi difícil, o evento encolheu. A atenção que a grande mídia dava para a São Paulo Fashion Week evidenciou-se a partir daí, foi sendo direcionada para outras frentes, gastronomia, por exemplo. O espaço foi diminuindo. Foi uma estação fria, mas gostei de fazer.

Você deu visibilidade para o livro. — Dei, foi uma imagem que gostei muito de fazer. Lembro de dizerem que era "uma imagem acessível", "Ronaldo cria uma imagem acessível", querendo dizer comercial, ou entendível. As formas eram muito simples, o negócio ali era a cor, o registro gráfico por trás daquilo tudo.

[Graciliano e Ludovico comentam algo sobre o Senhor João, o motorista da família.] — Você conhece o Senhor João?

Não. — Ele tem 82 anos. Gostamos muito dele e os meninos também. Ele era motorista de ambulância e, às vezes, dirige o carro como se estivesse na ambulância. Se está uma fila gigantesca para fazer a conversão, esperando o sinal abrir, ele vai na cara dura e fica lá na frente, fura a fila. Os meninos sabem que ele não deveria fazer isso. Outro dia o Graciliano ria porque o Senhor João xingou outro motorista, depois o cara viu que quem estava gritando era um senhorzinho. O Senhor João disse que está supersozinho e quer encontrar uma companheira. Eu perguntei qual o perfil de mulher e ele respondeu que tem que ser religiosa. "Gosto de rezar, acordo todo dia às três da manhã para rezar para a minha mãezinha – que é Nossa Senhora Aparecida –, depois volto a dormir." No sábado, muitos anos depois de ele ter dito isso, chamei Dona Nilza para almoçar e contei um caso do Senhor João, um caso engraçadíssimo.

A gente estava no Rio de Janeiro e meu irmão [Rodrigo] estava tomando conta da casa aqui. Ele estava no nosso quarto e a porta do banheiro é de madeira, de correr; não sei o que ele arrumou que bateu a porta e a lingueta trancou. O Rodrigo me ligou no Rio com a bateria acabando, estava armando uma tromba d'água. O Senhor João estava de férias, mas expliquei o caso, pedi pra ele ir até minha casa. Depois, liguei para ver se estava tudo certo, o telefone estava descarregado, mas eu pensei que já tinha sido resolvido. Passa um pouco, Seu João me liga: "Já fui lá, você tinha que ver quando abri a porta o tanto que ele ficou feliz". Eu disse que imaginava, porque, trancada num cômodo, a pessoa fica nervosa. "Ficou feliz, saiu saltitante" [gargalhadas]. "Agora, a casa ficou aberta, né? Porque eu vi um maço de cigarro na mesa, acho que seu irmão vai voltar." "Seu João, o senhor soltou quem?" Ele respondeu "o cachorro". "Ai, era o meu irmão." Rodrigo ficou trancado de quatro da tarde até dez da noite. Diz a Ivana que não é para eu dar muitos detalhes, porque ele confunde.

Aí fui contar isso para Dona Nilza, disse que ele queria arrumar uma namorada. Falei "Dona Nilza, quem sabe é a senhora?". Vou armar para parecer natural e juntar os dois. Toda vez que tentei casar alguém deu errado.

[Pergunto aos meninos] Vocês acham que isso vai dar certo? —— Graciliano: Sim!

Ludovico: Acho que sim, ele precisa de alguém. Um dia ele estava de folga, esqueceu e chegou lá em casa para trabalhar.

Ronaldo: Vai ser ótimo, Dona Nilza cozinha tão bem, ela vem aqui em casa e traz uma torta de Sonho de valsa, faz pão de queijo. E ela é católica, ele também tem essa coisa com a mãezinha dele. O Senhor João é danado, os meninos comentaram que outro dia, na avenida Bandeirantes, ele subiu no canteiro central e foi para o outro lado. Falei "Seu João, Seu João, não faz isso", mas ele insistiu "tinha que fazer, porque senão, o menino ia perder o aniversário. Ele estava nervoso, com pressa".

Futebol

VERÃO 2013/2014 | *São Paulo Fashion Week*

O amor do pai e dos filhos de Ronaldo por futebol foi o ponto de partida da coleção. O processo criativo inclui leituras sobre a história do esporte no Brasil, que levaram o estilista a dar ênfase à época em que os negros começaram a ser aceitos em campo. Nesse contexto, foi adotada uma beleza com peruca de palha de aço, a qual rendeu, posteriormente, acusações de racismo contra Ronaldo – que foi absolvido no tribunal.

Depois de "O fim do cem fim", veio "Futebol", uma coleção que gerou mais que polêmica. Foi quase um linchamento público o jeito como você foi acusado de racismo, já em tempos de redes sociais. Relendo sobre aquele período, eu me perguntava o que leva algumas pessoas a sucumbirem à pressão, enquanto outras conseguem lidar com o problema e resistir a ele, como você. —— Engraçado você falar isso, porque outro dia eu estava conversando com a Mônica [Godoy, psicanalista], contando a história do livro que estou adorando, do Assis Valente, baiano, ele foi um dos maiores compositores da música brasileira, filho de uma empregada doméstica com o filho branco da família em que ela trabalhava. O cara não assumiu e a mãe o abandonou, o patrão criou e deu a ele uma profissão de protético. Quando ele cresceu, foi para o Rio e decidiu que seria famoso para os pais saberem quem ele era. O Assis era um compositor como o Noel Rosa, pegava isto daqui [mostra uma caneta] e fazia música disso. E teve uma produção muito diversa. Por exemplo: a música mais linda de Natal que já fizeram no Brasil é dele. "Eu pensei que todo mundo fosse filho de Papai Noel [canta]." E outras: "Vestiu uma camisa listrada e saiu por aí/ Em vez de tomar chá com torrada ele tomou Parati" [canta]. A grande cantora da época era a Aracy Cortes, ele a cercou e contou rápido para ela sobre uma música que tinha composto que era uma crítica ao que estava acontecendo no país naquele momento. A grande influência cultural do Brasil daquele tempo era a França, eles colocavam francês no que falavam, como hoje fazem com o inglês. Ele fez a música "Tem francesa no morro", até mandar e gravar demorava um tempo. Enquanto isso, tinha uma cantora de 21 anos fazendo sucesso, era a Carmen Miranda. Ele a procurou também. Foi com músicas do Assis que ela se fez.

A Mônica me perguntou a mesma coisa, depois que contei a ela sobre o Assis Valente – ainda vou fazer uma coleção sobre ele. Quando a Carmen estoura lá fora, a fase Assis Valente tinha acabado para ela, passa a gravar outros compositores. O Assis passou anos produzindo para a Carmen. Quando ela estoura, ele entra em depressão. Ele pulou do Corcovado, e o galho de uma árvore o segurou. Foi pior, porque ele se expôs, o corpo de bombeiros teve que resgatá-lo. Tentou suicídio outras vezes e, um dia, conseguiu. Preparou de manhã um sanduíche lindo, sentou de frente para o mar com um refrigerante com veneno de rato e acabou. Com a história das drogas ele tinha uma tendência à depressão, esse biógrafo [Gonçalo Junior] pula isso, mas especula-se que o Assis fosse homossexual, embora casado. Parece que as letras das músicas falam disso, mas imagina o que era ser homossexual nos anos 1930 e 1940. E foi abandonado pela Carmen, que era seu alter ego. Então eu estava falando isso para a Mônica e ela me disse "eu, como psicóloga, sei, mas por que você acha que consegue continuar? Você passou por coisas na sua vida que poderiam tê-lo feito desistir, por que não?".

O que você falou pra ela? — Eu falei, "então, você como psicóloga me conta".

Não foge, não. — Acho que tem coisa que eu penso: quais as maiores armas de defesa pra mim? O humor é fundamental, ele ajuda muito. E tem uma coisa que é estar preparado para ganhar e perder tudo o tempo inteiro. Perder tudo e começar a fazer outra coisa, logo em seguida, eu faço isso numa boa.

E a Carmen, é um possível personagem para uma coleção biográfica? —— Acho que se eu falar do Assis, eu falo da Carmen, ao mesmo tempo. E ela é como a Amazônia, um assunto de que todo mundo fala.

Sobre sua conversa com a Mônica, algo que eu acho que deve ajudar a seguir é, como no caso da Maria Bethânia, o fato de você se responsabilizar e pensar o que vai fazer com o problema – como prestar atenção aos detalhes. —— Eu entendo que nada é o fim.

É o fim do cem fim. —— Nada é o fim.

Você comentou que adiantou o tema futebol, que estava "pendurado", e quis fazer antes da Copa, porque depois todo mundo ficaria saturado desse assunto por um tempo. É isso mesmo? —— É uma história que eu faria a qualquer momento, independente de Copa. Não pelo futebol em si, mas por ele como a primeira e talvez única vitória da mestiçagem brasileira. Vivi isso muito dentro de casa. Meu pai veio do interior, minha avó era lavadeira, negra, mãe de três filhos. Ele trabalhava na Fundição da Central do Brasil e era jogador de futebol, numa época em que o jogador tinha que ter uma outra profissão, porque no clube era só o amor pela camisa. Ele chegou a jogar no maior time de Minas, da época, o Sete de Setembro, que, inclusive, construiu o Estádio do Independência para a Copa do Mundo de 1950. Ele tinha uma loucura e paixão por esse clube. Ele jogou por dez anos no clube, quando o Sete de Setembro estava entrando em decadência econômica mesmo. Dois, três clubes estavam em ascensão e começavam a comprar jogadores de times menores que estavam em dificuldades financeiras. O futebol começava a mudar. Meu pai morreu em 1977, mas quando eu era criança, ele falava disso e até chorava, lembrando que não aceitou nem sentar para ouvir a proposta de trocar de time, que era a coisa mais absurda, e ele acabou rompendo com colegas e amigos de infância que foram para outros times. Dizia: "Como você vai ter coragem de jogar com nosso adversário? Foi adversário a vida inteira". Tanto que, no último jogo dele no time, meu pai era goleiro, o Sete de Setembro perdeu por 10X0 e a manchete do jornal no dia seguinte foi "O famoso Fraga frangueiro", com a

Memórias de um estilista coração de galinha

foto dele chorando, dentro da rede. Era um close no rosto dele, a última imagem dele no futebol. Já o texto era elogioso, o repórter, na época, disse que era o único jogador em campo que estava jogando pelo time, porque os demais já tinham sido vendidos. A manchete, evidentemente, foi para o jornal vender mais.

Então, sempre me interessaram esses primeiros ídolos do futebol brasileiro, como o Leônidas. O Leônidas tem uma história maravilhosa, porque o sonho dos pais era que ele fosse o primeiro doutor da família e ele virou jogador de futebol, um dos primeiros grandes jogadores do país. Mas o que ele fazia? Mesmo sendo reconhecido, ovacionado fora do campo, ele só usava terno, para que os pais não sentissem a vergonha de ele não ser doutor. Quando falo que resolvi fazer a coleção foi assim: ou faz agora, ou a ressaca da Copa pode durar tanto tempo, que vou ter que deixar o tema por mais dez anos pendurado. E existem histórias maravilhosas, além do Leônidas, a do Garrincha, a do Heleno e as histórias anônimas.

Foi especialmente legal fazer essa coleção por causa dos seus filhos, que são cruzeirenses e amam futebol? — Sim. Eles são enlouquecidos com futebol e também com histórias do meu pai. E foi mesmo uma coleção apaixonante, no sentido que me emociona, a cultura mestiça brasileira e como um país foi forjado por essa cultura.

Como a língua e pouquíssimos outros elementos, algo comum a todas as regiões. — Com certeza. E o futebol, uma invenção dos chineses, aprimorada e normatizada pelos ingleses, o Brasil pega, apropria e cria um produto que vira coisa de brasileiro. Pensei que a gente pudesse fazer isso com a moda, quem sabe? Algo que não foi inventado por nós, nem aprimorada por nós, mas, se a gente se apropriar disso, como o brasileiro – e, na verdade, o negro – fez no futebol, poderia acontecer.

Nem todo mundo sabe e é sempre bom falar: embora em Londres o futebol fosse um esporte de operários, usado para conter greves, quando chegou ao Brasil, ele foi considerado um esporte de elite. Só a elite e os brancos jogavam. Os negros ficavam nos morros, assistindo do alto de telhados e árvores. O Fluminense tinha um jogador negro que era o melhor do time. Num jogo decisivo, ele teve que entrar, maquiaram o corpo dele com pó de arroz. Claro que nos primeiros minutos derreteu a maquiagem toda e apareceu a cor da pele dele – está aí a razão de o Fluminense ser chamado até hoje de time pó de arroz.

Quando eu vi essa história, fiquei muito emocionado, porque ter um olhar afetuoso para a construção de um país muito novo é emocionante. Então, esses primeiros trinta anos do futebol no Brasil foi uma coisa muito bonita, como foi na Argentina. Mas lá, eles levaram o tango para o campo, no Brasil os negros trouxeram a capoeira. Na Copa de 1930 que Getúlio Vargas percebeu como o futebol poderia ser usado para aplacar as greves, ele, que odiava o futebol e queria que o esporte oficial do Brasil fosse o golfe, financiou a ida da Seleção para a França, contanto que tivesse negros, mestiços e mulatos no time, para o povo se identificar. O Brasil ficou em sétimo lugar naquela Copa. Só que quando terminou não se falava de outra coisa. "Que esporte é esse que esse povo joga?" Porque havia a capoeira ali, o drible, ninguém fazia igual. Um estudioso de futebol da época disse que esse seria o futuro do futebol.

Esse livro de que estou falando é maravilhoso. Fala do futebol e, ao mesmo tempo, de como era a política em cada época e de como as duas coisas sempre estavam de mãos dadas. Até a história da queda diante da Alemanha [na Copa de 2014], talvez, no futuro a gente associe à queda de um partido, ou de um país que se quebra para nascer de novo.

Aquilo vai ficar no imaginário coletivo para sempre. —— E vai ser associado. Quando você ler este livro vai ver o complexo de vira-lata do Maracanazzo, ao passo que, com a lufada de Juscelino, o presidente bossa nova, a Seleção vence. Vence também em 1970, a propaganda do "Ame-o ou deixe-o" também impulsiona o time.

Você sempre cria as roupas já com a música na cabeça, qual era a trilha? —— A música foi fundamental. Recebi um e-mail do Célio Balona. Não sabia nada dele, só que é uma figura que entende muito de música. Aliás, fui a uma reunião no Sesc e quem trabalhava lá? O Célio Baloni. Aí ele disse que tinha uma coisa que queria me mandar, porque, se algum dia eu fizesse alguma coisa sobre Carlos Gardel e Argentina, talvez eu pudesse aproveitar. Perguntei o que era e ele respondeu:

"Gonzaguinha tocado no bandoneón e em ritmo de tango". Falei, "ah, que bacana, me manda". Mandou no comecinho da coleção e eu vi: "A trilha é isto". Essa coisa de misturar de um jeito que você não sabe se é Argentina ou se é Brasil, dois países, de certa forma, forjados pelo futebol. Queria usar, expliquei que não estava fazendo uma coleção sobre o Gardel, mas sobre futebol. Ele disse que jogou futebol e começou a me mandar fotos. O Célio entende muito do assunto, dessa época, anos 1950 e 1960.

A história dele com o acordeão é maravilhosa. Quando ele veio para Belo Horizonte, foi morar no [bairro] Santa Efigênia, onde ouvia os ensaios da Polícia Militar e ficava enlouquecido com o acordeão. A mãe dele entrou no concurso do Ary Barroso – eram feitas perguntas e as pessoas mandavam cartas para participar. Foi ele quem deu a ideia de enviar a carta, o pai não queria, disse que estava tirando dinheiro de dentro da casa para colocar a carta nos Correios. Um dia, quem estava tirando as cartas era a Linda Batista. Ela falava: "Terceiro lugar. Vamos ver se respondeu certo?". Aí falava o nome do fulano e de onde era. "Segundo lugar. Primeiro lugar, vamos ver primeiro se está certo, depois a gente fala de onde a pessoa é." E o Célio ouvindo pelo rádio. "É de Belo Horizonte, bairro Santa Efigênia." Era ele! Com o dinheiro que ganhou, ele comprou uma máquina para a mãe dele. Quando ela começou a ganhar uma grana, deu um acordeão para ele. O menino pegou e já começou a tocar, porque eram as músicas que ele ouvia. Começou a sair na noite escondido para tocar, o juizado chegava e ele ia se esconder na cozinha, aquela confusão toda. Uma vez, ele estava num lugar que a polícia chegou e o prendeu, acho que no Nova Camponesa. Ele se comunicou com o pai, era uma hora da manhã, o povo se animou demais, perdeu a hora. Ficou morrendo de medo, quando o pai chegou na delegacia, disse que só tinha uma coisa para perguntar: "É isso mesmo que você quer? Você gosta mesmo disso?". Como ele respondeu que sim, foi emancipado. Diz que, então, ele estava tocando, a polícia chegava, e ele só mostrava o documento, sem nem parar de tocar. Essas histórias se misturaram à coleção. Ele só tinha uma música gravada com bandoneón, eu perguntei se ele podia gravar outras, pedi as possíveis, e ele gravou. Mas eu falei que ele tinha que tocar lá, então, levei a turma.

Memórias de um estilista coração de galinha

Eu sabia o que eu queria: era um cenário com piso de várzea, de terra. Eu até cheguei a ver com o mesmo fornecedor que fez o piso de terra do Jequitinhonha. Cara, era uma violência, porque eram tabuleiros que já vêm prontos e eu ia fazer. Só que, como diminuíram o número de salas de desfile, o tempo de mudança de cenário era uma coisa absurda, e eu tinha que entregar a sala, que é toda branca, limpa, limpa. Decidimos, então, fazer uma lona pintada de terra, desenrolamos e pusemos lá, depois era só enrolar para tirar, também colocamos a trave de lata de tinta de concreto e funcionou bem. Eu fiquei feliz com o cenário. Funcionou o cenário, já tinha a luz, já tinha a música. A roupa pediu para existir.

A luz não teve nada de tão diferente. — Eu precisava de uma luz ao fundo para dar a silhueta, os músicos todos vestiam uniforme de futebol. Eu tive uma assistente aqui, filha do Célio Baloni. Falei com ela para cuidar do uniforme dos músicos, tirar as medidas e mandar fazer. E não tinha prova de roupa, porque era só um calção com elástico e uma camisa. Na hora que chegamos em São Paulo, o Célio tentou vestir, mas o calção não entrava. Ficava a bunda de fora. Eu falei: "Deixa eu te contar, amiguinho, põe a camiseta". Ela era grande, mas como ele ia ficar sentado, ia tapar. Só no final ele levantou o braço e ficou metade da bunda de fora, eu abaixei o braço dele, que estava logo à frente da imprensa, pra ninguém ver que o short não tinha entrado.

Sempre tem que ter uma emoção. — Sempre tem alguma coisa.

Como acreditar que desta pesquisa inteira sobre o futebol surgiria tanta polêmica? — A beleza foi a grande confusão. Mas, se você me falasse "Ronaldo, vai ter confusão", eu pensaria: "Onde?". Até imaginaria que poderia ser na história da música brasileira tocada em ritmo de tango, trazer a Argentina para esse lugar – já que o pessoal tem essa palhaçada, esse furor contra a Argentina, só poderia ser esse o problema.

O cabelo você nem imaginou? — Nem imaginei. Porque o texto era muito claro. O release era muito claro. E quem estava na sala de desfile, quando foi para a coletiva lá atrás [no camarim], não fez perguntas sobre isso.

Conta como foi a criação desta beleza. —— Eu tinha pensado em fantasiar, como numa revanche, colocar as brancas todas querendo ser negras – já que antes os negros se fantasiaram de brancos. Pensei "como vamos fazer isso?". Com peruca black power, até se cogitou, mas seria um futebol dos anos 1970, não seria desse que eu estava tratando. O cabelo do negro da época era o do Leônidas, que partia aqui ao meio e tinha ondas. Como fazer isso? Então, pensei em brincar com a história do Bombril. Está tudo muito bom, tudo muito bem, estádios trilhardários onde quase só brancos irão durante a Copa, um esporte que chegou aqui destinado às elites, foi reinventado e, com a Copa, estava voltando a ser só para as elites. Dos negros para as elites. Como eu já tinha trabalhado com Bombril no "Coração de galinha" e no Lupicínio Rodrigues, falei para o Marcos Costa: "Vamos fazer uma maquiagem linda e, como sempre, um casting com negras". Quando baixaram aquela lei de que pelo menos dez por cento do casting teria que ser de negras, nunca dei conversa pra isso, sempre tive muito mais, não por ficar contando, mas porque são lindas. Além da diversidade, elas são lindas, pernas longas, as roupas ficam lindas, o contraste é outro, sempre tive vinte a quarenta por cento do casting dos desfiles representado por negras. No desfile do Noel, por exemplo, abri com uma negra linda que depois nem desfilou mais – não vi em outros desfiles, nos outros anos. Era uma menina negra e linda, desconhecida, mas a modelo que abre, geralmente, é a mais cara.

Como foi o pós-desfile, naquele dia? —— Na sequência, fiz o lançamento do livro, *Caderno de roupas, memórias e croquis*, na Bienal, foi um sucesso, tudo muito bem. Voltamos pra casa, jantamos, em casa, fui ver o Twitter, "desfile do Ronaldo, racismo, racismo". No outro dia, quando acordei, eram trilhões de mensagens, a assessoria de imprensa, louca, perguntou se eu estava acompanhando, e quando vi fui *trending topics* por duas semanas. O que aconteceu? A verdade da história vou contar agora: o Marcos é brilhante na beleza, e ele sempre procurou ter o trabalho dele muito alinhado à minha pesquisa. Isso é muito legal. Ele perguntou "Ronaldo, o que tenho que fazer?" A gente sempre conversava e ele se apropriava daquilo para criar a beleza dele. Superlegítimo. Isso é muito bacana, porque meu universo de referências não é o mesmo dele. Quando fui fazer "Nara Leão", ele não sabia muito disso e, quando cheguei para falar da beleza, foi exatamente a que queria. Hoje, não; ele cria em cima. Mas de qualquer jeito, quando eu mesmo dava a ideia, ele arrasava na execução.

E em todas as vezes uma coisa que me incomodou muito, mas que deixei para lá, era a imprensa e todo mundo dizendo: "Ah, Ronaldo está homenageando Carlos Drummond de Andrade, as mulheres do Jequitinhonha. Nesta estação Ronaldo Fraga está homenageando a China". E tudo era homenagem. Quando aconteceu esta história, o Marcos mesmo tinha isso na cabeça dele, e deu uma entrevista para o site da *Vogue* e disse que a beleza era uma homenagem ao negro. Saiu no site. Para o povo da moda, que viu o release, passou batido. Mas, nas redes sociais, convocaram a turma para a guerra, os militantes. Imagina uma nação de palha e você jogar um fósforo. Pessoas que não sabiam, que não viram, tomaram partido. Astrid Fontenelle, de quem gosto muito, abriu um *Saia Justa* falando que já tinha passado, mas a banana foi para o Ronaldo Fraga, teve até quem me defendesse no programa. Muita gente saiu em minha defesa, mas quando isso acontece, quando as cabeças pensantes começaram a defender, o pau já tinha quebrado. Ninguém pensava que seria toda aquela história. Num primeiro momento, falei "não vou responder". Não tinha nada pra falar.

Quando você põe o pé pra fora de casa e faz seu trabalho, está sujeito a agradar ou não, e não agradou. Tem gente que acha que é racismo, tem gente que acha que não, mas fizeram uma agressão. No dia após o desfile chamei a Ivana para irmos ao cinema. Assistimos cinco filmes, no Reserva, de um íamos para outro, pra desligar. E o negócio foi crescendo. Virou a home da BBC, de Londres, virou página inteira do *Corriere della Sera*, impresso na Itália, e aí agências exclusivas de negros que não conseguiam emplacar modelos na SPFW fizeram um protesto na [avenida] Paulista com modelos usando

Bombril no cabelo. Tomou uma proporção. Eu tinha colegas, até em São Paulo, que falavam "você tem que aproveitar esse momento para reverter a coisa a seu favor, a mídia está toda te olhando". Mas eu não queria reverter nada.

Depois do cinema, no dia seguinte, eu tinha um desfile numa unidade do CEU [Centro Educacional Unificado], de São Paulo, porque a prefeitura tinha uma parceria com a SPFW e por uma contrapartida um estilista tinha que levar o desfile até num CEU [Butantã] e depois explicar para a plateia a inspiração. Quando cheguei de manhã, tinha Rede Globo, SBT, tinha tudo. O Marcos falou "vamos mudar a beleza", mas eu falei que não. "Você tá louco?", ele perguntou. O Marcos foi muito apedrejado, até contratou uma pessoa especialista em gestão de crises, aquela confusão toda. Falei que ia perguntar ao Paulo Borges, já que eu estava representando o evento, mas por mim não alterava. O Paulo falou para eu não mudar de jeito nenhum, porque seria como se eu tivesse culpa.

Ele bancou. — Bancou.

Como foi com a imprensa? — Eu disse que ia receber a imprensa, mas que não tocaria neste assunto. Então, decidi explicar o desfile, antes do desfile. O Fernando Haddad estava lá e tinha uma conversa entre o público de que, se tivesse Bombril no cabelo, o prefeito também seria racista. "Prefeito, cancela este desfile" [imita uma voz fina]. Comecei a contar exatamente como estou contando.

Falou do seu pai e da sua avó? — Falei tudo. Tinha crianças, de 8, 10 e 12 anos, fazendo perguntas muito rápidas. Sabe quando você pergunta se alguém tem uma dúvida e é preciso esperar um pouco até alguém tomar coragem para falar? Não houve isso, todo mundo queria perguntar. Fiz o desfile, depois houve mais perguntas da comunidade. No dia seguinte, saiu meia página da *Folha*, as perguntas foram dadas pelos jornalistas que passavam para as pessoas. Saiu a matéria e foi muito bacana, porque tinha até o público falando que entendeu a história, que não era racismo, que queria fazer o que eu faço com a moda. Adiantou? Não adiantou, porque já estava muito forte.

Provavelmente, sempre que citarem sua biografia e o conjunto da sua obra vão comentar sobre esse fato. — Uma coisa é que nunca tocam nesse assunto comigo direto, eu viajo muito dando palestras e isso não acontece.

A imprensa sempre relembrará. — É. Nos jornais daqui de Minas, virou capa do *Tempo*, *Estado de Minas*, *Hoje em Dia*.

Eu digo isso porque, quando fiz um perfil do Fernando Sabino, que eu amo, para uma revista, no ano em que ele completaria 80 anos, tive que colocar a polêmica com a Zélia – é parte da informação. — E ele ficou deprimidíssimo com isso.

Qual foi sua sensação diante da polêmica? — Ali eu tinha me encontrado com um país real. Falei "o país que eu conhecia mudou, o Brasil virou outro". Foi um gosto amargo. Talvez esse gosto não saia nunca mais da minha boca. Muito mais do que não entenderem a história, por eu não ter sido trucidado, virado pó, porque quando isso aconteceu, eu já tinha uma história e isso é um ponto. Outro é que assumi de frente, sem pedir desculpa. Muitos falavam "peça desculpas, peça desculpas", e eles queriam que eu pedisse, escreviam no Twitter "e ele nem se desculpa". Como continuou, eu falei que ia dizer alguma coisa, respondi alguns. O *Globo* fez um box em que eu disse "enquanto os elefantes passam as pessoas estão discutindo a cor da bolinha da meia da formiga". O racismo, não tenho dúvidas de que exista, eu sei muito bem disso, como mestiço, mas o povo da moda quando viu que a coisa estava tão inflamada, saía em minha defesa. E ninguém publicava o release, nenhum veículo, nem mesmo daqui de Minas. Colocavam coisas que para um desavisado parecia verdade.

E a assessoria reenviou o release, tentou emplacar? — Mandou para quem foi ao desfile e para quem não foi. Não houve interesse mesmo em publicar.

Você chegou a pensar que seria a sua ruína, que acabou? — Claro. Por outro lado, teve uma coisa assim: a minha vida inteira foi isso, eu tinha uma coisa para resolver. Quando eu vi o nível, pensei, quando eu andar no aeroporto, vão me apedrejar. Então, em Congonhas, acho, ouvi uma voz gritando "ei, Ronaldo". Quando virei era uma negra, alta, bonitona. Ela disse "queria falar que sou contra isso que está acontecendo, é uma cegueira e é vergonhoso". Depois fui ver que vivemos na época do corredor polonês. E a pessoas batem porque você está com uma venda nos olhos.

Você foi processado. — Houve o processo. O negócio rendeu tanto, tive que responder ao processo no Superior Tribunal, em Brasília, por queixa de racismo. O advogado fez a defesa, não precisou ser presencial, fui absolvido. No fim do ano passado [2014], recebi uma intimação do Tribunal de São Paulo.

Muito tempo depois do desfile, que foi em 2013. — Quando eu achava que já estava tudo liquidado. Tinha respondido ao STJ em Brasília, achei que nunca mais tivesse que responder sobre isso. Quando recebi nova intimação, passei para o advogado, e ele disse que eu estava resguardado, mas se não fosse à audiência, ficaria um ano enrolado. Alguém puxou a história pra ver se eu sairia sujo. Em São Paulo, o pessoal viu que fui absolvido em Brasília.

A audiência é assim: fala o acusado, tem um jurado e a juíza. Ela disse que não houve racismo, que sou um artista e que tinha que tomar muito cuidado para que a licença poética não deixe de existir no país. O que aconteceu, na sequência, foi que começaram a fazer outra pressão, por inbox: você quer se livrar do que aconteceu, faça uma coleção sobre a África, faça sobre Zumbi dos Palmares, porque você tem uma dívida. Há um tempo, mesmo antes do desfile de "Futebol", houve um desfile fora só com negras [Philip Treacy, na London Fashion Week de setembro de 2012], aí uma pessoa mandou uma mensagem, tudo militante, "ah, Ronaldo, você viu que lindo isso?". Eu respondi que achei lindo, mas vamos lembrar que nosso querido Walter Rodrigues já tinha feito um desfile só com negros no Fashion Rio [maio de 2010]. Responderam: "Agora falta você, porque ficou uma mancha, você tem uma dívida com a cultura negra".

O provincianismo, na internet, assume outra face. —— Voltamos à questão da peruca de Bombril, ali eu vi um país que era outra coisa, um país do ódio disseminado a partir de uma ignorância que a gente sabe que existe, um país da facção. Nas eleições mesmo do ano passado [2014], a forma como ficou polarizado e as pessoas não conseguiam conviver, se tivessem discordâncias políticas, famílias brigando e tudo mais, eu nunca tinha visto nada parecido aqui. Não era assim. Numa roda, as pessoas ficam omissas, só têm opinião na internet. O cara da *Veja* [Reinaldo Azevedo] saiu em minha defesa. Quando saiu ali o assunto, vi que ficou sério mesmo. Saía foto, geralmente, de loiras com o Bombril, enquanto no desfile havia mais negros e mestiços do que loiros. Chegou à *Veja*, à imprensa internacional. O que aconteceu foi que com o tempo muita gente que eu nem conhecia pessoalmente saiu em minha defesa. Como o Alexandre Nero – eu já tinha feito um figurino pra peça dele, mas não era amigo –, que fez um post enorme em minha defesa. E eu também chamei a atenção dos amigos, fiquei furioso com amigos chegados, que frequentam aqui em casa e não disseram nada.

Ivana, que está no escritório enquanto conversamos, compartilha sua memória daqueles dias: O Ronaldo se abateu muito, muito, muito, muito, muito. Achei que ele fosse ignorar na medida do possível, claro que tomou uma proporção muito grande, mas ele adoeceu, ficou péssimo, mexeu muito com ele, foram dias péssimos de muito baixo-astral, o que ele questionava muito era "cadê meus amigos? Gente que não me conhece ou me conhece pouco e está me defendendo". Eu falava pra ele que as pessoas estão acostumadas a serem omissas e a não bater boca. Mas não se manifestar não significa que está ignorando. Uma menina escreveu no Facebook: "Uma vez o vi no aeroporto e pareceu ser tão simpático, ele, a mulher e os filhos", e, depois de escrever isso, ela detonava. Essa é uma moça que mora nos Estados Unidos.

Ronaldo: No mínimo eu queria o inverso, falar de como o futebol foi uma vitória dos mestiços do Brasil sobre a elite, o que não aconteceu na Copa, quando nos estádios tinham quase apenas brancos. Se as pessoas ficassem furiosas com isso da mesma forma... Também vejo que o preconceito não foi só comigo, mas foi com a moda, se tivesse sido feito por um artista plástico contemporâneo, ou no cinema ou no teatro, mas moda não é para isso. Na moda é só a beleza anglo-saxônica, então não inventa discussão, não. Fiquei pensando que o veículo foi considerado errado para a discussão sobre essa, que é uma ferida aberta do Brasil. Volto a falar: nem de longe imaginei que aquilo seria um terreno pantanoso. O release estava claro, tanto é que a Vivian Whiteman, da *Folha*, mandou mensagem e falou "estou acompanhando tudo e não peça desculpas, porque o seu texto deixou muito claro o que queria dizer". Mas também teve muita gente que comprou a briga, teve diretor de novela que meteu o pau em mim.

Isto é uma coisa que eu sei a vida inteira: se você pega uma corrente violenta no rio ou no mar, não nade contra ela, porque isso vai tirar toda a sua energia. Boie e veja onde ela vai te levar. Eu continuei fazendo o meu trabalho e, quando foi constatado que aquilo incentivou uma covardia de opiniões e que pessoalmente as pessoas não falam, deixei. Não pedi desculpas por respeito ao meu pai, à minha avó e à minha própria história. Continuou a futricada e depois parou.

Diminuiu o movimento da loja, depois da polêmica? — Não.

Aumentou? — Não também. Não perdi trabalho por causa dessa história.

Nada em relação aos licenciamentos? — Nada. Aconteceu que no ano seguinte [2014] eu fiz a linha de maquiagem de O Boticário [Barroco Tropical] e pude falar do Brasil, de uma beleza mestiça. A maquiagem era tão boa para a pele negra quanto para a branca. Foi legal, porque ficava boa em todas, foi escolhida assim. Esse projeto também ajudou. Na verdade, o trabalho todo.

Conta mais sobre como você falou com seus amigos que não se manifestaram. — Fiz um grupo e escrevi para os amigos, meio na linha do Mário de Andrade, falando que se eu não puder contar com os meus amigos, está bem, porque vou saber quem está do meu lado, aí foi todo mundo falar. E eu "ai, agora que já estava quase passando". Não sei como é à boca miúda, mas não chega nada mais pra mim.

Depois de "Futebol", daquele turbilhão, quando você soube o que viria na próxima coleção? — Na verdade, não tenho certeza do que acontecerá na próxima coleção, mas preciso saber, porque é como se isso me desse uma sobrevida. Brinco que é como se eu driblasse a morte. Porque se você entra numa história, se tem sempre uma história para contar, você ganha mais tempo de vida, até conseguir terminá-la. Depois de "Futebol", a coisa ainda foi além, porque não era simplesmente mais uma coleção, era sobreviver mesmo. Continuar fazendo ou desenhando a minha função. Como se eu falasse assim "já que a moda acabou, já que o Brasil acabou, já que tudo está acabado, deixa eu ir ali continuar reinventando o mundo, reinventando o meu mundo". E essa coisa da reinvenção do mundo tem a ver com isso. Deu uma vontade de voltar para uma coleção etnográfica, encontrar com gente real.

O turista aprendiz entrou em ação. —— O turista aprendiz em terra árida, em terra seca. Só o fato de ter desejado isso, a coisa já aconteceu. Quando eu vi, já era. Recebi um convite para desenvolver um projeto com os curtumes do Brasil, um projeto de aculturação do design [Design na Pele]. Mas não pensei neste momento em levar este projeto ou este trabalho para a São Paulo Fashion Week. Aproveitei que estaria trabalhando com oito curtumes no Brasil [um no Pernambuco, um no Ceará, um no Rio de Janeiro, três em São Paulo e dois no Rio Grande do Sul], pensei "numa dessas, sou escolhido por uma história". Um que era especial para mim era o de Petrolina (PE). O que acaba embaralhando sempre toda a história pra mim é quando o sertão entra em cena. A alma, a música, a comida, a história, a literatura do sertanejo mexem muito comigo e considero que é o amálgama da cultura do Brasil. A cultura mestiça brasileira. Voltei às margens do Rio São Francisco e, quando você está ali, as coisas ficam do tamanho que devem ter. É um lugar onde aquela questão inteira do linchamento nas mídias sociais não pega, onde você encontra com outro Brasil.

Carne seca

INVERNO 2014 | *São Paulo Fashion Week*

Usando, pela primeira vez, o couro como matéria-prima da maior parte de uma coleção, Ronaldo fez um desfile influenciado pelo sertão nordestino, com tons terrosos nas peças e uma cenografia composta por árvores secas e cactos. Os acessórios também remetiam ao sertanejo, seja pela bolsa-marmita, lembrança dos boias-frias, ou o sapato de sola quadrada, adotada pelos cangaceiros para confundir quem buscava pistas em suas pegadas.

Quando foi que a história de "Carne seca" o escolheu? — Estava em Petrolina e tudo ótimo, eu pensei que iria desenvolver o projeto com os couros produzidos ali, de que eu gosto muito. O Curtume Moderno exporta pelica para a Europa, muito da pelica que se vê em marcas como Chanel ou Louis Vuitton vem dele e é beneficiada lá fora. A própria história da família proprietária do curtume já é maravilhosa. Petrolina é uma cidade que está a 700 quilômetros de uma capital e 800 quilômetros de outra, que são Salvador e Recife. Está longe de tudo. Falaram: "Ronaldo, tudo o que a gente precisou para criar, teve que fazer aqui. Não dá para buscar ali rapidinho". Eu passei numa sala e tinha uma pilha de couro, que era refugo, perguntei sobre o material e disseram que "não é aproveitado, porque ele traz as marcas da vida do animal – o arranhado dos cactos da caatinga, da vida dos bichos – e o mercado vê isso como defeito". Eu falei "de jeito nenhum, as marcas são como um atestado de procedência do couro e provam que não é uma base sintética". Disse que era com isso que queria trabalhar.

Então, foi desenvolvida uma resina vegetal para evidenciar esses machucados. Hoje eles têm uma supertecnologia de acabamentos e tal, a cartela de cores, fazem como você escolher. Resolvi desenhar uma xilogravura contando as lendas e histórias do Rio São Francisco naquela região. Falei com eles que ninguém nasce ou tem uma relação com as margens do Rio São Francisco impunemente, então, esse couro tem que contar essa história. Todas as peças foram estampadas com uma marca d'água no avesso, com essa xilogravura – as pessoas abriam a bolsa e queriam virá-la do avesso, para usar com o lado de dentro aparecendo. Foi um sucesso. Numa ocasião, eu estava em Petrolina e teria uma festa de São João. Todo mundo comentava "Jessier Quirino vai estar aqui e a cidade inteira vai parar para ouvir Jessier Quirino cantar". Ele é um paraibano que mora do outro lado, em Juazeiro, Bahia, é só atravessar a ponte. Um poeta, grande agitador cultural do lugar e repentista. Tem uma música que retrata a cultura local, mas também com um cunho político muito forte. Falei, "gente, olha o espírito da terra árida aqui". Fiquei com a "Carne seca" na cabeça, já fui para o sertão do Guimarães Rosa.

Ficou muito diferente das suas outras incursões em terra árida ["Costela de Adão", 2003, e "O turista aprendiz", 2010]. — Sim, porque sertões são muitos. E o sertão do semiárido é a coisa mais maravilhosa do mundo. Do Rio São Francisco, eu não conhecia a represa de Sobradinho [na Bahia], fui até lá e voltei com a alma cheia de espinhos e flores de cacto. Lembro que naquele fim de ano, a revista *Casa Claudia* pediu a vários profissionais de outras áreas e eu, o bocão, de estilista, para criar uma árvore de Natal. Claro que a minha foi um mandacaru cheio de bolas de Natal. Aquilo já estava em mim e pensei "pronto, a coleção já me escolheu, é para este lugar que eu vou". Foi ótimo, uma forma de entrar com outros olhos e outra maturidade na obra de um dos medalhões da literatura brasileira que mais amo, que é Graciliano Ramos, também João Cabral de Melo Neto, José Lins do Rego. Já tinha a música, já tinha a literatura.

Para o cenário, queria aquela história áspera, que são as árvores. Eu já tinha visto numa exposição do Renato Imbroisi, um amigo e designer que tinha desenvolvido umas árvores num tear de linha, com aquele capim que nasce no brejo, depois quebra inteiro, ficava uma coisa espinhenta. Falei "tem que ser as árvores do Imbroisi". Elas são altas, mas por serem feitas no tear, quando murchas, são leves. Os caras que levaram as árvores chegaram com elas em sacolas, prenderam com cabo de aço e, assim, foi formada aquela floresta. A trilha já estava pronta, claro, com o Jessier Quirino, repentista. Abriu com uma versão linda, uma versão sertaneja de "Águas de março", ele fala disso no sertão, as águas da seca. Hoje nem é no sertão que falta água, é "a" falta do nosso tempo. Coloquei a música inteira e as modelos andando sob aquela pouca luz e entre as árvores.

A pouca luz. Os fotógrafos falaram muito dessa luz. — Eu não queria que fosse aquela luz esturricada sobre as árvores. Realmente, quando você faz um desfile, deveria pensar para quem você está fazendo: para quem está em casa, para o vídeo, para a foto, ou se é para a audiência presente ali. Eu decidi fazer para quem estava ali, havia 600 pessoas, se eu tiver que escolher, tem que ser para elas. "Ah, mas vai ficar escura a foto, vai ficar escura a imagem". Era isso mesmo que eu queria, ficou lindo. Houve quem reclamasse.

E do cenário, o pessoal também reclamou que atrapalhava a foto? No desfile da Pina, comentaram sobre a luz, mas o cenário não era problema, somente com as cadeiras. No "Carne seca", havia também muitas árvores na passarela. — Os arquitetos, por exemplo, falaram "fica com a metade das árvores", mas eu falei "gente, preciso que as pessoas tenham a sensação de que são diminutas diante da grandeza do semiárido".

Foi em Petrolina que você colocou em perspectiva o que aconteceu antes, com a repercussão da coleção "Futebol"? Você disse que quando estava visitando o curtume, às margens do Rio São Francisco, aquele era um lugar que coloca cada coisa em seu tamanho real. — Posso te dizer que com qualquer história que eu armasse, eu estaria virando a página, ou continuando a contar a história. Aquela história da repercussão de "Futebol" – por mais que tenha acontecido – não era a minha. Aquele lugar não era o meu. Então, continuei fazendo o que sempre fiz. Houve quem falasse assim: "Ah, mas você não pensa agora em fazer uma coleção que fale dos negros, de não sei o quê". Mas respondi: "Não, por que eu vou fazer isso?".

Em "Carne seca", o couro foi algo surpreendente. Tem a ver com o que você me respondeu, quando perguntei que conselho daria para quem quer seguir essa carreira: não fazer o que as pessoas esperam de você, se acham que você irá por um caminho, vá pelo outro. __ Acho que também tem isso. Quando fui para aquele lugar, não foi porque estava trabalhando com o couro, realmente esse ofício me pegou e ainda hoje sou muito fascinado por ele. Nós, designers, não exploramos um décimo do que pode ser feito com essa matéria-prima, porque é algo quase que infinito. Foi muito bacana, fiquei muito apaixonado. Eu poderia ter contado a história do couro a partir dos tropeiros de Minas, o couro como um vetor cultural, mais que um vetor econômico. Ele explica a cultura sertaneja e também a do imigrante no Sul do país. Então, por que trabalhar o sertão? Porque ele me pega. E pronto. Ele é áspero, é seco, e tem uma coisa fascinante que é olhar no meio da secura da caatinga e ver uma pequena flor nascer da ponta de um mandacaru. Esse é um papel que a moda pode desempenhar muito bem, que é colocar outra lente para terrenos ásperos e obscuros.

Você teve uma preocupação em distinguir este sertão, logo à primeira vista, para quem estava na sala de desfiles ou visse a foto de outros terrenos áridos que já ambientaram suas coleções? __ Acho que não, porque ele já era diferente. Minas é a entrada do Sertão, um sertão feminino. Já o sertão do semiárido é masculino. Mulher e homem têm alma masculina. Uma sobrevivência mais áspera. Isso é muito bacana. Enquanto o sertão de Minas tem as bonecas, as noivas da Dona Isabel, o sertão do semiárido tem as carrancas de barro da Ana das Carrancas. A música, a comida, tudo é diferente, e eu queria que as pessoas sentissem isso. Claro que inevitavelmente queria fugir daquele estigma "coleção inspirada em Maria Bonita". Porque as pessoas acham que não passa disso – é isso também, mas não é só. Brinquei com essa história nos sapatos quadrados, em que um pé era o Lampião e o outro a Maria Bonita, mas foi só [os sapatos foram feitos nesse formato, como os que o casal usava, porque pegadas quadradas no chão ajudavam a despistar

Memórias de um estilista coração de galinha

os inimigos que procuravam segui-los]. Lampião e Maria Bonita não aparecem mais em roupa.

As roupas ganharam grande visibilidade em editoriais. —— Foi um sucesso comercial. Além de serem bonitas, tiveram um styling com acessórios – a bolsa-marmita, a bolsa-cabaça – que também ajudou a desnortear as pessoas, elas comentaram que viam algo fascinante, aí a modelo se enfiava atrás de uma árvore e não dava para ver mais detalhes. Era uma coleção que trazia um mistério, como o semiárido é misterioso. E também permitiu trazer toda esta turma, com histórias deliciosas: Espedito Seleiro, maior mestre do couro vivo no Brasil, Graciliano Ramos.

Com esta coleção, você foi escolhido para participar do Designs of The Year 2014 [ao lado de criações de Miuccia Prada, Raf Simons e Rick Owens expostas no Design Museum em Londres]. —— Também apresentei esta coleção numa feira italiana [Lineapelle] e numa em Hong Kong [MM&T], aonde não pude ir, por ter sido na mesma data em que estava na Itália.

E a partir dessa experiência o couro permaneceu. —— Estou na segunda edição do Design na Pele. O projeto deu supercerto, teve uma repercussão maravilhosa, porque em curtíssimo prazo deu retorno e, principalmente, cumpriu um papel que é o de se tonar exemplo para outros vetores da economia do Brasil, criando uma ponte entre o design e a indústria. Aqui ainda existe uma distância oceânica entre os dois. O Brasil é o maior exportador de couro do mundo, mas quando se fala no material com valor agregado, cai para o quadragésimo lugar.

Você está gostando de criar objetos com couro tanto quanto de criar roupas? —— Eu gosto.

Fala um pouco mais do resultado do seu trabalho nesses curtumes. —— A própria história do aproveitamento foi que chamou a atenção em Bolonha, no Lineapelle, feira de couro em que quase sempre o Brasil ia para copiar. Desta vez, na abertura, eles convocaram seis designers do mundo, um japonês, um chinês, uma russa, um turco, um inglês e um brasileiro, e eu levei um documentário sobre o processo do desfile até chegar ali. Os outros colegas fizeram uma apresentação em PDF. Quando o brasileiro chegou e tinha imagem, tinha Stella Guimarães [bordadeira] falando do trabalho dela, a Mariane Sampaio [que faz tricôs] com os fios de couro falando do trabalho dela, isso tudo com música, a plateia ficou assim [abre a boca]. Eles me chamaram e falaram que o comentário no almoço foi que o Brasil está fazendo o que a Itália costumava fazer, que é imprimir cultura no couro – ah, está fazendo demais [balança a cabeça, negativamente].

O caderno secreto de Candido Portinari

VERÃO 2014/2015 | *São Paulo Fashion Week*

A arte de Portinari (1903-1962) foi o tema deste desfile, que usou a paleta de cores das principais obras do pintor do cenário às peças, em tons de laranja, amarelo, rosa e azul. O losango, elemento que homenageia os balões de festas de São João, muito presentes na obra de Portinari, foi também parte tanto da cenografia quanto das roupas e acessórios, vistos no chão da passarela e nos brincos das modelos.

Depois de "Carne seca" veio "O caderno secreto de Candido Portinari". Como você começou a pensar no tema seguinte? —— Se você pensar, eles são tão próximos que foi como se eu tivesse pegado um caminhão de boia-fria lá no semiárido e tivesse descido na lavoura em Brodowski. Portinari, com certeza, um dos nossos grandes mestres da arte brasileira, é uma figura que olha para seu país e consegue retratá-lo de uma forma extremamente moderna, atemporal, poética, solar e bela. Falou do homem do Brasil profundo como ninguém. Foi um grande retratista desse país, uma criança que cresceu vendo chegarem à estação de trem esquálidos, mortos de fome, fugindo da seca para trabalhar nas lavouras de café e, mais adiante, da cana, em Brodowski. O quadro dele é isso. Quando ele pinta o *Guerra e paz* e perguntam a ele o que é a guerra, ele diz que a guerra é a fome do retirante nordestino.

Imagino que, para usar uma expressão sua, esse tema já devia estar "pendurado" há muito tempo. —— Estava. Mas eu pensava "é clichê falar em Portinari". A própria São Paulo Fashion Week, quando ainda se chamava Morumbi Fashion e eu não desfilava, teve uma edição com o tema Portinari, em que os estilistas tiveram que criar peças inspiradas nele. Fizeram roupas lindas. E volta e meia algum estilista falava dele. Só que, depois que me aproximei do João Candido [filho de Portinari], depois que tive o grande presente da existência que foi ganhar o amigo que é ele, resolvi fazer.

Como ficaram amigos? —— Foi quando ganhei o prêmio Trip Transformadores. Já ganhei vários prêmios, mas esse é um dos que mais tenho orgulho. Ouvindo as histórias dos outros ganhadores, pensei "o que estou fazendo aqui?", porque não sou nada diante dessas histórias. O João estava recebendo o prêmio por seu trabalho à frente da Associação Cultural Candido Portinari. Começamos a conversar e pareceu que nos conhecíamos há anos. E fui entender qual era a história do João com o Portinari – quer dizer, o filho que só aos 40 anos tomou pé de que seu pai era um gênio. Então, ele decidiu "até o último dia da minha vida, vou trabalhar para lançar luz à obra de Candido Portinari" – tanto que ele nem fala "papai", fala Candido Portinari, ou Candinho, o que é bonitinho demais.

O João, além de sua generosidade e de ser uma pessoa extremamente culta, é alguém que é a grande voz do Portinari. Fomos nos aproximando, também pelas mídias sociais. Ele veio a Belo Horizonte para a inauguração da exposição Guerra e Paz [outubro de 2013] e mandou um bilhete: "Não vá ver sem que eu esteja, porque eu quero te apresentar a exposição". E foi muito emocionante, eu não sabia nada da exposição, falei: "João, eu achava que sabia quem foi Candido Portinari, mas não sei nada". Como eu, nós brasileiros não sabemos. Nós ainda temos a sorte de ter obras de Portinari em Belo Horizonte, mas e no resto do Brasil, onde não há? Ele é mais um daqueles – dadas as devidas proporções – conhecidos como azulejistas de Oscar Niemeyer. As pessoas confundem, acham que é tudo a mesma coisa. Eu quis entender mais, saber mais, me angustiar, falei com o João e ele adorou. Assim nasceu "O caderno secreto de Candido Portinari".

Coleções sobre personagens sempre fazem muito sucesso. —— Às vezes, fico na dúvida sobre que tipo de coleção as pessoas preferem que eu faça. Porque elas gostam das coleções biográficas, é como se revelasse alguém para o Brasil. E gostam também das etnográficas, de uma cidade distante aonde fui e é muito difícil chegar, mas os outros também querem estar lá.

A coleção sobre Portinari teve alguma história divertida parecida com a do Noel? — Quando fiz Portinari, achei muito importante ter um cenário que levasse as pessoas para dentro daquele universo. Na ocasião, eu não tive dinheiro pra fazer isso. Fiz uma coisa que gosto muito, o tapete de pele, a história dos balões, mas o projeto original de como eu queria apresentar a roupa, eu faço na exposição da Casa Fiat [Recosturando Portinari, agosto de 2014, em Belo Horizonte]. Eu queria aquela coisa do café [um dos ambientes da exposição tinha o chão forrado de grãos de café], os balões de fora a fora acesos. Nem foi tanto por conta de grana – grana eu nunca tive pra nada, mas amarra daqui, amarra de lá e sai –, foi uma história assim: são tempos contidos, tempos bicudos para a moda brasileira, não é tempo para ostentação, é quase regressivo você fazer uma história dessas. Mas se você falar "Ronaldo, mas e as árvores? [de "Carne seca"]. As árvores foram um escândalo, porque ninguém está fazendo nada. Não faz, porque não tem dinheiro, mas fala "não está usando isso mais". Então fica assim: "Lá vem ele de novo com esse monte de coisa, deve ser para esconder a roupa que ele não tem" – existe muito essa conversa.

Então, a passarela deveria ser forrada de grãos de café, como o ambiente da exposição? — Sim, mas relaxei, sabendo que poderia colocar na exposição.

Enquanto fazia a coleção, você já sabia que também haveria a exposição? — Eu já tinha sido contatado para fazer um mostra pequena, como foi, com pouca possibilidade para inventar as coisas. Ela acabou acontecendo e tomando um corpo muito maior que o previsto, tanto por mim quanto pela organização da Casa Fiat de Cultura. Ligamos para o Café 3 Corações e eles deram os grãos de café. Existe uma mobilização e também uma adequação. Se não tem dinheiro para colocar balões em todos os ambientes, acaba limitando a uma parte só, mas não deixa de

fazer. No final, a exposição foi um sucesso, isso me emocionou muito. Aos finais de semana, fechavam, porque já tinha alcançado o número máximo de ocupação do espaço.

Assisti duas palestras suas, em Belo Horizonte, enquanto a exposição estava em cartaz e, nas duas, você avisou ao público que a exposição continuava aberta à visitação. Você fez questão de fazer esse chamado. — Acho que tem que fazer. Porque eu sou assim também: se tem uma exposição que vai durar trinta, quarenta dias, eu falo que vou, vou, vou e acaba, vejo que não fui. Durante muitos anos, Belo Horizonte tinha como espaço de exposição a Grande Galeria do Palácio das Artes e outros lugares bem pequenos. Agora, temos que aproveitar este novo momento da cidade. Quando você vê, as crianças vão com a escola e trazem os pais no fim de semana. Acho muito lindo. No caso dessa exposição do Portinari, eu olhava e pensava assim: quero fazer uma coisa pensando que não conheço nada de Portinari, tenho 7 anos de idade e nunca mais vou me esquecer. Não quero pensar na minha porta de entrada, de como eu conheci o Portinari, mas numa outra história que revelasse para outro público a essência do legado dele, que é muito simples: o olhar da infância. O olhar que você vai ter como instrumento transformador para alguém fértil a ser transformado, isso você pega na infância e leva pelo resto da vida. Os espantalhos de Portinari, o circo, a igrejinha de Brodowski, as imagens agigantadas de uma obra dele, como se você entrasse dentro dela, o cheiro do café, os balões da noite de São João, ele tem tudo isso.

Você ficou satisfeito com a passarela? — Fiquei. E, por outro lado, houve outra coisa que me fez optar por uma sala mais limpa, simples. As pessoas tiveram que fazer muito exercício na temporada anterior [para enxergar as roupas, em meio às árvores que eram parte do cenário de "Carne seca"]. Nesta, não. Eram os balões e o chão com a luz em cima.

A cartela de cores acompanha o que você sempre diz, porque o objeto estudado dita qual paleta será escolhida. Mas aquelas eram cores comerciais? — Para mim, toda cor é comercial. Cor é a letra da história que você está contando. Se eu te falo, preste atenção nos laranjas de

Portinari, que era a cor da terra de Brodowski. Olha para o degradê de azuis, como o nascer dos dias e as noites da cidade. Isso vai ser a base da obra de Portinari numa vida inteira. Se eu te falo isso, você vai ver que o amarelo é o do amanhecer na cidade, o laranja é da terra de uma das regiões mais férteis. Gostei do resultado. Mas, claro, Portinari é um que, se eu decidisse, poderia fazer as próximas dez coleções sobre ele.

E como escolher um caminho? — Quando eu era mais novo, ficava muito angustiado. Não à toa devo ter feito coleções em que enfiei muito assunto. Agora, não. Leio, decanto, sonho, deito, converso, quando começo a repetir muito algo vejo que é aquilo que está em mim, o que ficou. Alguém disse: "Você não trouxe para a passarela o Portinari político, o da injustiça social, trouxe o poético, só". Eu digo: "Só? Poesia é pouco?". Realmente, existiam dois caminhos, mas acho que a preocupação política também está ali. Posso falar que o vestido azul que fecha é a morte, a guerra, quando ele coloca o marinho intenso. É uma peça linda, as pessoas falam "que maravilhoso", nem posso contar que é morte. Aí os jornalistas vão falar "vestido-morte não vende" [faz uma voz imitando uma mulher].

Essa voz parece aquela de quando você imita a Regina Guerreiro. — "Ah, filhinho, chega de blá-blá-blá. Ronaldo, ou melhor, Reinaldo, vestido da morte é demais, você passou dos limites" [imita a voz].

Reinaldo [risos], conta mais sobre esses caminhos. — São vários caminhos, mas dois, principalmente, formam uma bifurcação. Depois, pensei: "Hoje, existe resistência maior do que falar de poesia? Olhar para a obra política do Portinari ou a aspereza da obra do Graciliano Ramos e enxergar poesia é pouco?". Aliás, Graciliano e Portinari foram grandes amigos. Eu queria que tivesse o desenho, o traço dele, que para mim é uma coisa muito cara. E o olhar da criança para um mundo que passa à sua frente – foi isso a obra de Portinari, a vida inteira.

Cidade sonâmbula

INVERNO 2015 | *São Paulo Fashion Week*

Numa imagem icônica, as modelos entraram na passarela com todo o corpo maquiado de vermelho e ostentando um par extra de olhos pintados na testa. O tema foram as grandes cidades que perdem suas referências e ficam desmemoriadas. A trilha sonora foi tocada ao vivo por Cida Moreira.

O título da coleção veio do livro *Terra sonâmbula*, do Mia Couto. —— Mas eu poderia ter posto o nome de "O turista aprendiz", como poderia ter colocado em todos os meus outros desfiles. Todos eles. "O turista aprendiz na cidade sonâmbula", que era o primeiro nome, depois tirei, mas ficou para mim o conceito, "O turista aprendiz" é a saga. Porque eu aprendo.

Como o desfile foi recebido? — Optei por não ter o release impresso na sala de desfile. Por vários motivos: eu queria que as pessoas sentissem aquilo, claro que o convite já entregava muito do que as pessoas iam ver, comecei a soltar imagens [nas redes sociais] bem antes do desfile, a postar no Instagram, as pessoas iam vendo, tendo pistas. Abri o caderno de desenho muito tempo antes, coisa que os estilistas morrem de medo. Acho que, como o meu concorrente não está aqui, está no mundo – não é o que desfila na SPFW, mas os que estão no mundo, concorrentes perigosíssimos...

Quais são? — As marcas internacionais, que têm uma produção mais barata que a nossa, um apelo internacional maior, todas elas, Louis Vuitton, Prada.

E hoje as pessoas viajam muito mais. —— Além de essas marcas estarem abrindo muito por aqui. Os que antes eram os copiados estão aqui.

Voltando à sala de desfile sem o release: tem essa briga aí do jornalista contra blogueiro, eu não tenho nada contra blogueiro, tenho contra texto ruim. Eu vejo críticas que me fazem pensar "pelo amor de Deus, olha isso que essa pessoa está fazendo". Nestes quase 40 desfiles, nem preciso dizer que eu já tive críticas negativas, mas não me incomodo com crítica negativa, eu me incomodo com coisa mal escrita. Por exemplo, um jornalista, nem vou citar o nome, escreveu "a grande gafe foi a história da tinta vermelha: em tempos de crise hídrica, pintar as modelos de vermelho e depois ter que usar muita água para tirar a tinta". Aí você fala "Ronaldo, calma". Se você for checar os comentários, tem uma pessoa que escreveu assim "peraí, elas não iriam tomar banho neste dia?" [gargalhadas]. Mas tem uma coisa que achei mais chata, que foi ele tentar esvaziar o meu trabalho, quando coloca "quem está falando de urbanidade não pensar no colega que vai receber a modelo".

A proposta da marca se cumpre em mais um desfile, cumpriu o papel. Mas a coisa que me incomoda profundamente, inclusive no texto desse menino, é quando o establishment da moda tenta diminuir e esvaziar a voz dissonante. "Quem estava acostumado a coleções literárias, caipiras, deixa o Brasil rural para ser urbano." Quem fala isso não conhece o meu trabalho. Não viu "Giz", "China", a "Disneylândia", desfiles políticos como os que eu fiz.

Você acha que você ficou como irresponsável? —— Ele me colocou como sacana. O *Globo.com* colocou "modelos vermelhas atrasam desfile". Quando o Marcos me mostrou a maquiagem, eu falei primeiro "mas e para tirar?". Ele disse "Ronaldo, cada um com seu B.O. Isso é problema meu". E é sabido no meio o quanto o Marcos é responsável e perfeccionista, ele é virginiano, colocou lá atrás uma multidão de gente para ajudar a tirar a maquiagem.

Na matéria do *Globo.com*, você falou isso, "não queríamos atrasar o outro desfile e colocamos à disposição um batalhão de pessoas". Foi assim que entendi que foi você que providenciou essas pessoas. —— Não fui eu, foi o Marcos.

Quero dizer, sua marca. Quando fui ao banheiro olhar, não sabia que aquelas pessoas tinham sido providenciadas pela sua marca. —— O problema é que não poderia ter molhado. Fizemos o teste antes e até cronometramos. Teria que jogar sabonete líquido ou detergente neutro – isso orientado pela própria marca do produto –, no afã, os *bookers* e as próprias modelos usaram muita água, aí virou uma cera, as meninas muito branquinhas mesmo tirando toda a tinta, ficavam rosa, pelo ato de esfregar. Esse era um tipo de problema muito comum, mas a organização da São Paulo Fashion Week acabou com isso, porque já peguei modelo com cabelo de graxa. Acabou, porque ninguém mais faz isso. Eu nunca tinha feito isso com ninguém, acho sacanagem. Na correria de hoje, ainda não liguei, mas vou ligar para os estilistas que tiveram os desfiles atrasados . Eu ia até ligar no dia seguinte, mas pensei "ixi, o ódio vai estar tão grande". Mas, no geral, acho que, independentemente do contratempo, a moda precisa disso.

Lá fora acontece direto, passam piche na cabeça das meninas. As modelos falaram que foi o mais emocionante. Foi um preço que eu paguei? Foi. Foi um risco que eu corri? Foi. Mas, cara, a hora é essa. A coisa do cabelo, nada; a maquiagem, nada. Eu fico constrangido. Só falta falar na entrevista que a roupa é nada também, a passarela, nada. A desculpa é a crise. Quando comecei a desfilar estava no auge da inflação galopante, crise por crise, não é muito diferente agora. Acho que mais do que nunca, temos que propor diálogos da moda com outras frentes. Estou recebendo o contato de vários arquitetos, discutindo urbanismo, querendo o material do desfile para discutir dentro da faculdade de arquitetura.

Fala um pouco mais da receptividade da imprensa. —— A Lilian Pacce não foi ao desfile. Quando ela chegou ao backstage, as meninas [assessoras de imprensa Marcia Fonseca e Mercedes Tristão, da Namídia], fazendo o papel delas, foram abrindo um buraco para que a Lilian passasse. Aí ela me falou assim "ah, me fala do seu desfile, eu não vi nada, não sei de nada, não vi o desfile, estava com a Stella McCartney". Não precisava falar com quem ela estava, estava lá babando o ovo da estilista de fora. Falei "Ronaldo, conta até mil". Peguei o caderno, contei tudo, mostrei a coleção. Aí ela tirou o iPhone e falou "um vídeo de um minuto explicando sua coleção", quando eu comecei a falar, ela disse que acabou. Aí eu a abracei e falei com os outros jornalistas, apontando para ela. "Gente, com certeza, com a Stella McCartney ela não fez isso." Aí ela virou e falou "não fala mal dela". Eu falei "não estou falando mal dela, estou falando mal de você, porque, afinal de contas, eu fiquei esses meses todos fazendo a coleção, esperando para te mostrar. E a moda brasileira está precisando que a gente se una". Na verdade, todos os que estiveram lá foram ao evento da Stella e depois assistiram ao desfile. Como a Costanza, que me abraçou e disse alguma coisa como "você salva a pauta". A Lilian saiu assim, com aquele jeito dela, e uma hora depois ela tuitou: "Clique aqui e sabia por que os desfiles atrasaram". Quando abri a matéria eram as meninas molhadas e vermelhas, tentando tirar a tinta. Fiquei muito puto com essa história.

Ficou? Essa era uma das minhas perguntas. — Fiquei, mas passou. No dia seguinte, a Lilian ficou me mandando a crítica. No site dela, o texto foi assinado pelo Jorge Wakabara, ele é ótimo, até postei na minha página, ele começa falando que é uma falácia recorrente dizer que Ronaldo Fraga não faz moda, que ele faz arte. O texto dele é profissional, ele foi lá ver as coisas e escreveu.

Dá um conselho para quem está começando a carreira como designer de moda. — Não dê para o mercado aquilo que ele quer. Você tem que dar para o mercado aquilo que ele não sabe que quer. Essa coisa de agradar blogueiras e cadernos de moda com uma cartela de cores palatável e com uma coleção palatável, isso ninguém vai respeitar. Vai chegar o momento em que você não vai ter mais repertório para o seu canto da sereia. E o que você precisa como estilista é manter o canto da sereia. Manter as pessoas embriagadas por oito minutos não é fácil.

Agora que os vídeos do Instagram duram quinze segundos [em 2015], oito minutos viraram uma eternidade. — Você não pode deixar que decifrem seu canto da sereia. Quando acham que é por aqui, vá para o lado de lá. Esteja sempre contando uma nova história. Como aquele provérbio árabe que se relaciona também ao estilismo. Se você me conta uma história, nunca mais vou esquecer. Eu fico pensando nisso, quando vejo certos desfiles, esse coleguinha não vai ter argumento para continuar depois.

O cachorrinho que entrou primeiro, como parte de uma campanha de adoção de animais, fez sucesso. Explica como você cedeu espaço para essa campanha. ___ ONGs de tudo quanto existe sempre procuram o evento e os estilistas. Já fui procurado por ONG que é contra o uso de peles de animais – até já fiz uma estampa para isso. Já fui procurado por uma ONG de prevenção de trombose. E até assuntos que não têm muito a ver com a moda diretamente. No caso dessa ONG dos cachorros [Projeto Esperança Animal], os responsáveis não tinham feito contato comigo, procuraram o evento. Então, o Paulo Borges me disse que tinha uma proposta bacana, mas essas ações acontecem com estilistas, marcas e coleções que teriam a ver com um desfile seu – ele já conhecia o tema. Aí me ofereceu, concordei que tinha tudo a ver com a coleção e é uma causa que abraço, independentemente disso.

Uma camareira comentou comigo que seu backstage é dos mais calmos e que há outros muito estressantes. ___ Tem colegas muito pitizentos.

Depois que ela falou isso, e passei a prestar atenção, realmente, você parece muito calmo antes do desfile, também cumprimenta todo mundo que entra no backstage, um por um. Sempre foi assim? ___ Desde o começo foi assim, é uma marca minha, acho que o estilista, que é o cabeça do negócio, é o grande responsável pelo astral que vai imperar na equipe. O que tenho a meu favor é que, quando fico nervoso, começo a rir, a gargalhar. A maioria das pessoas não sabe disso, então acha que estou tranquilo. Além do mais, chegou naquele ponto ali, o que podia ser feito foi feito, eu fico vendo assim o último detalhe de virar a roupa ali – nem isso pude fazer dessa vez, tenho 10 graus de miopia e 4 de astigmatismo, meus óculos de sol quebraram e o outro ficou muito fraco, chegou este na hora, coloquei e pensei "tá ótimo", não imaginava que no escuro eu não enxergaria nada. Falei: "Ivana, você é que vai ver pra mim". Esse ver é um botão mal abotoado, um pequeno ajuste, que as pessoas não veem, detalhes que passam. Por exemplo, uma modelo que desfilou estava com uma saia longa, mas transpassada, quando ela caminhou chamou a atenção a perna que não estava pintada, se eu estivesse com os óculos normais, teria mandado pintar essa perna. Mas é uma ópera-bufa, não vou dizer que o desfile seja uma ópera-bufa, talvez o meu seja, acho que, nesse lugar, a moda continua sendo transformadora. Aliás, nem vou falar a moda, pode ser a culinária, a arquitetura, quando ela senta para bater papo com outras frentes, a transformação está aí, no olhar de quem está recebendo aquilo. Depois de tantos desfiles, isso foi uma coisa desenhada, construída, conquistada. As pessoas já esperam esse lugar do meu trabalho.

Também nos bastidores, houve polêmica se a luz ficaria mais ou menos forte, com as carinhas aparecendo mais fortes ou mais claras no chão, você falou que priorizaria quem estivesse lá para assistir. — Quem está em casa vai ver as fotos, os vídeos. A produção do evento me disse que os fotógrafos achariam ruim, porque a luz fraca atrapalharia o trabalho deles. Mas para quem está na sala de desfiles eu vou fazer o melhor que eu puder, minha maior preocupação é com quem está lá de corpo presente.

Acho supercurioso, já que a imagem que circula depois do desfile é muito importante para as marcas. — Eu lembro uma vez que a Heloisa Tolipan, que eu adoro, jornalista das antigas, que tem um texto analítico e crítico como poucos, na coleção do "Carne seca" disse que o cenário era maravilhoso, mas que a iluminação não deixou que a roupa aparecesse, ela não viu a roupa. Eu até brinquei com ela, "mas quem disse que você está aqui para ver a roupa? Roupa você pode ver na minha loja".

Se a pessoa não está no seu desfile para ver a roupa, ela está lá para quê? — Para sentir, para levar outras coisas. Isso vai variar de desfile para desfile, nessa coleção, pelo próprio tema, ela tem uma roupa que é real, concreta, eu estava falando da poesia insuspeita desse real. Queria provocar isso nas pessoas, o estranhamento da primeira, segunda, terceira até a quinta modelo vermelha e, a partir da sexta, torna-se normal, quer dizer, quantas coisas absurdas você vê no centro de uma cidade grande brasileira, sem nem se tocar. Isso eu sabia que iria acontecer. No entanto, as pessoas terminam o desfile achando

lindo, achando que é isso mesmo. Claro que também, esse momento, de oito minutos das pessoas sentadas ali são oito minutos que tenho para contar uma história. Esse período pode ser nada, como pode também ser uma eternidade, uma história que não acaba nunca. A maioria que eu tenho visto são histórias longas, que o pessoal reza para acabar logo.

A foto fica em segundo plano mesmo. — Não é a primeira vez que acontece. Em Pina, eu queria uma luz teatral. Quem fez foi o Maneco Quinderé, a roupa dava sombra, mas as pessoas entenderam que eu precisava daquilo. E um pouco de penumbra a mais não era problema. No backstage, a turma fica louca, ficam mais desesperados do que se a roupa fosse deles.

Você é profissional em deixar a turma louca. — É que eles estão muito acostumados a outro tipo de desfile, mais previsível.

E entre você e o Marcos, como foi a repercussão da história das meninas vermelhas? — Ele está sempre tenso, eu só fico rindo. Mas ele ficou desesperado mesmo foi com o "Futebol", quase que esse menino foi parar no hospital. Foi aquela bafonzeira sem fim.

A gente já falou das modelos vermelhas e da campanha da ONG, isso de algum jeito incomoda se a cobertura de imprensa fala mais de outros assuntos ligados ao desfile do que do conceito da coleção? — Não me incomoda, não. Parte da imprensa, seja de moda ou qualquer outra coisa, vive de factoides e esses são factoides que a alimentam. O que incomoda é quando o factoide é mal escrito. Não tem o menor problema o cara escrever o quão limpo ou sujo estava o pelo do cachorro, acho que é porque morro de inveja de quem escreve bem, morro de preguiça de jornalista preguiçoso.

Como surgiu a ideia de fazer a trilha ao vivo com a Cida Moreira? — A Cida é maravilhosa. A primeira vez que eu a vi foi em 1980, ela defendeu uma música, num prêmio. Uns dois anos atrás, eu estava à mesa com amigos, discutindo sobre novas cantoras e falando que, às vezes, dá a impressão de que saíram todas da mesma escola, todas afinadíssimas, perfeitas, sem risco e sem incômodo. Eu dei exemplo da Maria Bethânia, da Cida Moreira, aquela voz que rasga, que é única. Quando voltei pra casa pensei: "Cida Moreira, por onde andarás?". Fui ao Facebook, para minha surpresa, ela estava lá. Mandei um inbox pra ela, ela aceitou ser minha amiga e falei o tanto que a amava. Ela falou "cê tá é louco, quem te ama sou eu".

Fala do repertório escolhido. — Foi difícil selecionar as músicas. Há seis meses só ouço Cida. Eu fazia a seleção e mandava pra ela, quando fui ver o timing do desfile, seriam só três músicas. "Geni" era quatro estrofes e ela tocou só duas. Uma jornalista inglesa, do *The Guardian*, ficou enlouquecida com a versão da Cida para "Back to Black". Tudo o que ela canta é bonito, então, ela acabou cantando tudo o que eu pedi, até o tango no final. E ela tem umas coisas, ela não é estressada.

A Cida recitou sua frase: "Recife, que quer ter a cara de Fortaleza, que quer parecer Salvador, que quer parecer Belo Horizonte, que quer ter a cara da [avenida] Berrini. E São Paulo: verticalização sonâmbula". — A referência no Brasil é São Paulo. Onde achei que ia levar pedrada era nessas cidades que eu citei, por isso que eu disse: "Enfia Belo Horizonte no meio".

Vocês chegaram a ensaiar a trilha? — Ela falava "não precisa, vamos arrasar". A roupa mesmo ela só provou no camarim. Se não desse, o que ia vestir? Eu trouxe o vestido de volta para descer o decote, vou devolver agora pra ela usar. Eu disse que o vestido é dela, e ela perguntou se podia usar o vestido onde quisesse. Claro que falei sim. "É porque eu vou dar um show em novembro, com a presença do Chico Buarque sobre a obra do Mia Couto", ela contou.

Está tudo interligado. — Quando penso no tema, tenho até que tomar cuidado, porque vem tudo junto.

Quando foi que o livro virou tema? — Na verdade, o livro não é tema, como em toda coleção minha, entre as referências, há livros. Como há também um pronunciamento do Mia Couto, num congresso de segurança da ONU, falando do medo, o quanto o estimular medo nas pessoas gera negócios, o medo é um grande negócio. Há textos do Rubem Braga, do Drummond, falando de cinemas de Belo Horizonte. Tem a obra da Lygia Clark, não a obra, mas o pensamento dela. Pego esses fragmentos como fontes para alimentar e dar suporte. No caso do Mia Couto, ele traz questões sobre sua terra e a apropriação de sua terra que são muito caras ao nosso tempo. E toda vez que eu leio a obra dele, penso no Brasil, quem poderia falar do Brasil dessa maneira, são muitas questões universais.

Como foi a parceria com o grafiteiro Nilo Zack [cuja arte serviu de estampa para peças da coleção]? —— Desde que o Nilo começou a pintar em Belo Horizonte, o trabalho dele me chamou muito a atenção. Olhei para aquilo como uma poesia urbana resistente. Porque é tão fácil simplesmente jogar luz sobre o que está ruim, agora trazer poesia para um terreno árido, como a obra dele faz, não é tão comum. Esse é o problema de entrar numa história de uma coleção fechada, acaba sobrando muito pouco espaço de diálogo e de respiro. Um dia, vi uma matéria no jornal, em que ele falava do trabalho dele, de uma bolsa que tinha ganhado para estudar em Portugal. Achei tão bacana. E na história de Terra Sonâmbula, achei que coubesse. Entrei em contato com ele, quando liguei, ele chegou muito tímido e disse: "Deixa eu falar uma coisa?" – e ele é muito engraçado, você acha que ele vai dizer uma coisa, vai brigar, ele diz outra. Então ele contou: "Quando você me ligou eu tinha acabado de pedir seu telefone para uma pessoa, eu estava precisando falar com você". O Nilo queria falar comigo sobre um leilão do trabalho de artistas que vai ser organizado em algum momento, pra saber se eu toparia estar junto.

Quando vou falar com artistas vou com muita cautela, porque são pessoas com muito pudor em relação a onde entram suas obras. Do mesmo jeito que ele disse "meu negócio é não pedir permissão para fazer meu grafite", quase falei: "E as pessoas podem também não pedir permissão para usar sua imagem?". Brincadeira, né? Eu perguntei ao Zack o que ele acharia bacana e ele respondeu que, agora que o trabalho dele tinha passado a ser algo artístico, preferia que fosse pouca coisa, não uma produção em série. Acho que ele não tinha entendido qual era o meu negócio. Falei pra ele que ia fazer, então, só para o desfile e, num segundo momento, a gente poderia conversar de novo para saber se as peças iam ou não para a loja. Depois do dia do desfile ele mesmo me ligou, falando que achou tudo superlegal e que as pessoas estavam perguntando quando estaria na loja para comprar. Eu falei: "Ô Nilo, a gente pode até encomendar, mas você lembra que eu te falei que era só para o desfile?". Então, ele vem aqui. Vou aproveitar para orçar com ele, porque pensei em pedir pra ele grafitar a fachada inteira da loja. Ele falou: "Deixa eu fazer um retrato seu de palhaço".

E você curtiu a ideia? —— Acho que sim, vamos ver. Do jeito que já me jogam pedra, imagina eu de boca de palhaço gigante. No meio de tanta pedrada, nem vou sentir.

Agora que passou. Qual é o sentimento? —— Uma semana depois já começo a encher o saco de novo, porque o saco ficou esvaziado. No dia seguinte ao desfile, fico esvaziado e atropelado, é uma troca de energia que não é para fracos. A exposição não é para fracos. Sobre minha relação com a crítica, tenho uma amiga que fala que meu casco é duro. Mas eu respondo que eu coloco a bunda na janela, se você põe a bunda na janela, tem que estar preparado pra levar pedrada, ou você acha que vai receber só afago? Claro que o ser humano quer ser aceito, querido, quer que o que você faz receba uma boa crítica. Quer ser entendido. Não tem problema não ser entendido, mas a grosseria e a calhordice é que é ruim. Nesse meio, existe muita calhordice.

E qual a sensação no pós-desfile comparando, você já teve desfiles de intensa aceitação, por exemplo, "Giz". —— A aceitação funcionava para o jornal, a roupa que foi vista só vai chegar na loja em março, você vende a alma da marca, o universo da marca. Quando você pergunta sobre a repercussão do desfile lembrando a quantidade de marcas que teve nessa temporada de inverno – muita gente veio do Fashion Rio –, imagina o que é você não passar indiferente. Pra mim, se não passou indiferente está ótimo. Onde sinto isso é no aeroporto, no Rio, alguém disse "muito doido aquelas mulheres vermelhas". Cada um traz uma repercussão diferente, porque também todos falam de uma coisa diferente, nesse a imagem ficou muito forte. E o que na verdade nós somos ali é criadores de imagens, acima de qualquer coisa, então essa preocupação excessiva com a roupa real, que vai vestir o real e levá-lo à passarela, é muito útil.

Não é o desfile da roupa do Barro Preto [comércio popular de Belo Horizonte] que a pessoa vai comprar na hora. — Isso. Quando chegar a hora de ela comprar a coleção "Cidade sonâmbula", essa imagem já ficou velha. Quando fico vendo os jornalistas fazendo balanço da temporada, o comprimento midi, sobreposição isso e aquilo. É isso hoje, mas em março não vai ser mais. Pra mim, é patético. É desconfortável, sempre foi, e às vezes esse desconforto é maior, quando vejo que faço parte desse mundo caduco, dessa estrutura caduca, tento fazer de outras formas e de outro jeito, mas tem coisas maiores.

Então são vinte anos inconformados na SPFW. — O problema não é a São Paulo Fashion Week. O desconforto é com a estrutura da minha própria profissão. E talvez o que me mantenha fazendo isso e provocando isso nas pessoas é justamente o inconformismo. Agora, é legal quando você dá uma imagem para sua equipe, as camareiras, os fotógrafos, as modelos, as pessoas ali viram crianças. Pode-se fazer de um outro jeito. Ah, essa discussão sobre o outro desfile ter atrasado uma hora e meia. Uma hora e meia não é nada. O meu desfile já atrasou mais de uma hora, porque os desfiles anteriormente tinham acontecido fora da tenda, já começou atrasado, não foi só o meu desfile que atrasou. E outra coisa é que da mesma forma que os desfiles de escola de samba do Rio perderam a força depois que colocaram o cronômetro, muita gente diz que perdeu sua autenticidade, no desfile de moda não pode mais nada. Tem que aparecer um de vez em quando, quer saber, já sou veterano, se alguém pode fazer bagunça aqui são os veteranos.

No balanço da São Paulo Fashion Week, com as dez melhores e as dez piores coisas, o site Chic publicou: "Ronaldo Fraga e Marcos Costa, voltem para a realidade". — Mas as pessoas querem a realidade, ou querem sonhar numa sala de desfile?

No balanço da *Veja* a chamada era "vender é o verbo da moda". — Postei nos últimos dias um vídeo lindo do Yohji Yamamoto, muito verdadeiro.

Perguntam pra ele se ele tem dinheiro, se ele é rico. Nos EUA o adjetivo ser "famoso" está sempre conectado a ser "rico", mas ele não tem nada a ver com o mercado americano, ele acha que é um pouco conhecido no mercado europeu, nos EUA, não. Perguntaram o que o move e ele disse: "Continuar fazendo, porque tem pessoas que acreditam, buscam e entendem isso que eu faço". E é muito importante a nova geração de estilistas entender que o belo, o poético, o bem-cuidado estão entrando em extinção, então, é importante que se continue fazendo como ato de resistência. O desfile pra mim é um ato de resistência. Se eu acredito – e a vida toda eu disse isso – que é mais que um vetor econômico, eu lido com um vetor cultural, um vetor antropológico.

A fúria da sereia

VERÃO 2015/2016 | *São Paulo Fashion Week*

A cenografia viva levou 35 mulheres à passarela, com cauda de sereia e seios à mostra. Mulheres magras e gordas, brancas e negras, jovens e velhas, posicionadas entre pneus e com espelho em punho, voltado para a plateia. A autoestima e a idealização do corpo feminino na moda foi parte da reflexão do desfile que também contou com acessórios das artesãs Sereias da Penha, batizadas assim por Ronaldo.

No último desfile, conversamos muito sobre a iluminação, e em "A fúria da sereia" a luz também rendeu comentários dos fotógrafos. O que você achou da iluminação em cima das sereias? —— O que você achou?

Eu acho que poderia ter valorizado melhor a ideia. —— Vamos lá, o que aconteceu? Se fosse há dez anos, eu ficaria em pânico, prestaria atenção só no que não deu certo. Ivana ficou com raiva, brigou, mandou carta para a diretora do desfile [Roberta Marzolla]. Essa é a grande diferença de um desfile para um espetáculo de dança, em que você leva 30 apresentações para ficar pronto. O desfile é aquele momento e pronto, é aquela imagem que fica. Eu posso até repetir depois, mas é aquele que fica. A iluminação foi contratada, como normalmente é, com o preço que a pessoa passou, com tudo o que foi pedido. Só que os desfiles atrasaram. O Reinaldo Lourenço descoloriu as sobrancelhas de cada modelo, parece que gastou quinze minutos só para fazer isso em cada uma.

O que era uma tragédia anunciada, você me disse que o Alexandre Herchcovitch [cujo horário do desfile estava marcado para as 13h30] já

tinha se adiantado e mandado um e-mail, avisando que começaria às duas da tarde. — Só que ele não começou às duas da tarde, ele começou no horário em que o nosso deveria começar [15h]. E, no cruzamento das modelos, o Alexandre tinha 18 meninas do desfile do Reinaldo, e nós tínhamos 14 do desfile do Alexandre. Mas era com isso que eu menos me preocupava, porque não era um desfile de performance difícil para as modelos. Era aquilo que a Roberta falou, na fila já dava para explicar para as meninas. A grande questão eram as sereias e a afinação da luz. A luz não foi afinada. Não teve tempo. Quando a Roberta chegou, quando pôs os pés na Bienal, o Paulo Borges já tinha mandado abrir a sala de desfiles. Na passarela, ainda estávamos colocando os rabos de sereia, enquanto o pessoal chegava. Tive outro problema: comecei a posicionar as sereias, uma na frente, porque tinha o rabo diferente, outra mais jovem ao lado, depois uma outra mais velha. Uma sereia me puxou e falou: "Tira aquela velha lá da frente, porque eu quero ficar no lugar dela, senão, ninguém vai me ver" — essa sereia que disse isso era da mesma idade daquela com quem ela queria trocar. Eu saí de lá, fui ver as modelos sendo vestidas.

Tinham menos camareiras do que o necessário para vestir todas as sereias e modelos? — Não, o número era suficiente. As primeiras receberam o rabo com o seu nome direitinho, do jeito que a Dona Nilza havia mandado. Mas, no meio da escuridão, as camareiras enlouquecidas entregaram os rabos sem olhar os nomes. Então, havia sereia com um rabo em que caberiam duas pessoas como ela, mas para não perdê-lo ficou caladinha. Elas viam que a do lado estava com um rabo que não passava pelas coxas, acho que as que tinham conseguido se vestir, mesmo que com o rabo largo, ficavam com medo de trocar. A Patrícia Parenza, jornalista – que aceitou, porque me chama para as roubadas e aceito, então chamei e ela também aceitou –, disse que precisaria de uma peruca para usar na passarela. Ela estava com dificuldade de colocar o rabo, segundo ela, porque calça 41. Alguém cortou o fim da cauda e depois encaixou essa parte para ela colocar os pés. O Paulo Borges estava por ali, viu uma confusão e quis ajudar. Começou a empurrar o rabo e, quando levantou a cabeça, viu que era ela. Disse: "Criatura, o que você está fazendo aqui?". Ela desistiu na hora, voltou para o backstage, vestiu a roupa e foi para a plateia assistir ao desfile como jornalista.

Então, ela foi a dissidente? — Foi. Logo ela que o Paulo Borges viu. No dia seguinte, como várias sereias não levaram o rabo para casa, a Cidoca encontrou o dela e viu que servia perfeitamente. Na hora do desfile, o que deram para ela não servia. Se eu tivesse ficado vestindo as sereias, teria sido terrível. Mas estou falando tudo isso, porque quem não sabia o que acontecia nos bastidores elogiou demais a luz. Eu já tinha a história de a luz mais branca ser só do último pneu em diante e a luz azul ser sobre as sereias para preservar as mulheres. Tanto que se você vir as fotos das sereias ficaram todas azuladas. A luz sempre tem muita importância para o meu desfile, que é um espetáculo cênico. O que deu errado não foi a luz sobre elas – até poderia ser melhor, mas foi boa –, o problema foi o fundo. Estava lavado, branco demais.

E me fala um pouco mais da cenografia: os pneus, o piso com plástico-bolha [que forrava a passarela]. — O plástico foi uma ideia que o Paulo Waisberg deu, mas era para ser embolado nas laterais, quando vejo no vídeo e nas fotos, está tudo esticadinho. Pronto.

Do que você mais gostou? — Do "aaaaaah", na hora em que a cortina caiu. Não sei se o Marcelo [Belém, videomaker] pegou o momento. O Marcelo teve um problema, porque o assistente dele estava num lugar e o segurança pediu pra sair, e o rapaz saiu. Existe isso com a minha turma: talvez as pessoas sejam assim, porque eu também sou assim. Talvez nós tenhamos nos aproximado porque somos assim. Mas o pessoal não bate o pé. Nesse desfile especificamente, foi muito angustiante, porque, quando juntaram todas as sereias, elas me viam e me puxavam, como se dissessem "é meu, é meu, é mais meu amigo do que dela". Então, fiquei escondido no meio das araras de roupas, só de vez em quando pedia à Márcia, da Namídia, pra pedir uma aguinha pra mim. A Márcia ficava sem entender e me perguntava: "Por que você não vai?". Mas eu explicava: "É que elas me devoram, chamam pra conversar".

Tinha uma coisa divertida no backstage. Um clima relaxado, de algo não tão profissional, por causa da amizade.

E tem mais uma coisa que é o seguinte: não sei se vem com a maturidade, mas você se acostuma a deixar este espaçozinho para o acaso. E é o acaso que vai transformar tudo. Eu já sabia desde o início dessa coleção, desde a concepção visual, que seria no fio da navalha. Ou iria para um lado maravilhoso, ou para um lado que é uma merda. Sei lidar com isso, já fiz 40 desfiles. Mas e no caso dessas senhoras, que nunca participaram de um desfile antes? E se uma delas tivesse uma síncope? Por exemplo, a última que entrou, a que estava na frente com o rabo de cor diferente, estava com medo de um seio estar mais escuro, por causa da radioterapia. Eu disse que poderia ser maquiado, mas, na correria, não foi. Ficou combinado que, na hora que todo mundo se sentasse, ele passaria retocando as marcas de biquíni, por exemplo. Mas o Marcos estava enlouquecido. Ele falou: "Chefe, da próxima vez, traz 800 chineses, mas não traz 10 sereias".

Chegava uma sereia e ele passava um produto no cabelo, enquanto o produto secava, ele pegava outra. Mas não significava que a primeira estivesse pronta, ele ainda iria arrumar, depois de o produto secar. Enquanto isso, ela ia atrás de mim e falava: "Não estou parecendo comigo". Eu falava isso com o Marcos e ele respondia [imita uma voz nervosa tentando ser simpática: "Mas você não está pronta, né, boneca? Você não está pron-ta".

E, no último segundo, juntou todo mundo numa força-tarefa para tirar a pulseirinha dos bastidores dos pulsos. —— Sim. Esse tipo de coisa que se faz no ensaio. E já começou cedo, porque não estava previsto o treinamento da Polícia Militar, ali, naquele dia, embaixo de chuva. Ligaram dizendo que a sereia Dilene, que tem 81 anos, não conseguia andar de onde era permitido entrar o carro até os bastidores. Pedi para buscá-la, mas os carrinhos só funcionavam a partir de uma hora da tarde.

É sempre assim: se eu falar "não vai acontecer mais", não vai mesmo, porque não vai mais ter sereia. Mas tudo mais pode acontecer. Só vão mudar os problemas. Só acho que tenho que contratar uma produção executiva, achar essa pessoa, o profissional para cuidar dos problemas. Ele que vai cobrar a chegada disso e daquilo. Antigamente, quem fazia isso era a Roberta, mas ela ficou sobrecarregada. Não por culpa dela, mas porque os estilistas estão todos odiando desfilar na tenda, todos fazendo desfiles fora e o evento está permitindo que um desfile encavale no outro.

Eu tenho pouca energia, no dia seguinte estava indo pra Suíça.

A primeira ficou de costas para as outras, não viu como elas estavam todas exibidas. Se eu soubesse que aconteceria isso, eu teria colocado a Dilene lá na frente, porque ela estava uma Vênus de Milo maravilhosa. Tem coisinhas e motivos para enfiar a faca no peito e pensar que deu errado, deu errado, deu errado. Não deu errado, deu tudo certíssimo, eu vejo esse desfile e essa coleção, roupa, cenografia, proposta, como das mais redondas.

Ficou entre os dez mais, segundo o *FFW*. —— Não ligo tanto para essas listas. Mas, se comparar com "Cidade sonâmbula", tinha sido bacana, mas esse era mais, essa mágica. Não vazou nem um insta da história dos rabos. Alguém disse que deveria ter entregado o rabo antes, mas acho que teria vazado.

A maquiagem do Marcos, nas modelos, ficou muito bonita, com o delineador azul, com o olho puxado. —— Ele me desobedeceu, porque, quando fez o teste e me mandou, eu falei que estava lindo, mas essa coisa do olho puxado fica bonito em quem tem olho. Já vi muito puxado, em desfile, em modelo de olho pequeno, não fica tão bom. O olho desaparece. Quando vi, ele tinha feito em todas as modelos desse jeito. Também acho que o Marcos enlouqueceu com as sereias. Ele colocava a peruca em uma, aí a Cidoca falava que estava horrível, a pessoa voltava nele e pedia pra ele arrancar.

Você tem informações seguras de que ela fazia isso [risos]? —— Tenho, ela própria me contou. Elas têm a Cidoca como referência. Ele perguntou, no começo, quantas perucas eram necessárias, eu disse que eram 5, mas ele levou 10.

Uma das sereias queria entrar com algas na passarela. —— Sim. Quando ela mostrou para o Marcos, ele falou: "Amada, você está louca, acha que vai entrar na passarela com esses matos na cabeça?". Falei com ela: "Meu compromisso com você é que você fique linda, se você usar esses galhos, vai ficar parecendo o Gugu, da *Vila Sésamo*". Ela disse: "Ah, não, o Gugu, não". Então, eu pensei rápido e propus: "Leva os galhos e passa o tempo, durante o desfile, quebrando um por um". Só que, quando ela viu as outras exibidas, ela também largou os galhos. Acho que foi libertador pra todo mundo. A palavra é esta: libertação. Quando ouvi o "aaaah" da plateia, depois muita gente me falou que pareciam bonecos.

Li em várias críticas escritas em veículos diferentes que você surpreendeu outra vez. Ironicamente, é uma surpresa pela qual já se espera. — Muita gente disse que via as roupas e logo depois tentava prestar atenção nas sereias. E teve uma coisa, pra mim, que foi expor aos olhos do público e dos críticos o que muita gente considera feio, defeito. O peito mais caído, por exemplo. A primeira que entrou no backstage foi a Costanza e, quando ela me abraçou, disse que queria ter sido uma sereia. Falei que pensei em chamar, mas todo mundo ia olhar só pra ela. Ela disse: "Deixa eu te dizer, você é corajoso, esse foi um ato de coragem. A coleção está linda, mas é uma coragem fazer isso numa época em que ninguém faz nada". Modéstia às favas, não tenho dúvidas de que, daqui a dez, vinte anos, ninguém vai se lembrar da roupa que foi desfilada nessa estação, mas do desfile das sereias vai.

Eu quis conversar com todas elas no backstage, mas não quiseram dar entrevistas. — O combinado com elas era não falarem para ninguém.

Mas também achei interessante elas não quererem ser identificadas. — Uma coisa muito engraçada foi que eu não as vi tirando a roupa, então, quando entro e volto cumprimentando, elas ficavam se escondendo. Quer dizer, mostrou para o Brasil inteiro, mas esconde nessa hora.

Tenho uma amiga que não foi sereia e, depois, estávamos num jantar na casa dela e ela disse que achou uma falta de respeito não ter uma cortina que fechasse, ao final. Eu disse que não escondi de nenhuma delas que isso aconteceria. Falei: "Preparem-se, porque as pessoas vão voar em cima de vocês".

Ouvi você dizendo isso, nos bastidores. —— Pois é, falei que seriam muito fotografadas, mas que em vinte minutos o cenário teria que ser desmontado, então logo os seguranças retirariam as pessoas da sala. Se nunca vi uma sereia e vejo uma, claro que vou correr para fotografar. A maioria não se incomodou de ser fotografada, ao final do desfile.

Houve alguma reclamação? —— Não teve. Quando essa amiga falou disso, eu disse que tem tanta coisa para falar do desfile, falar do quanto foi libertador para quem fez, para quem participou, para quem assistiu, para quem viu em casa, que a gente poderia estar discutindo coisas muito mais interessantes do que a cortina que não fechou. Ela disse "ah, mas deveria ter previsto isso". Previ, mas sabe quanto era para ter uma cortina que vai e volta? 10 mil reais. Para colocar a roldana, não ia rolar. Elas estão agora todas me pedindo fotos, eles não tiraram fotos das sereias, só do grupo, cada uma quer fotos de si e quem tem é só o amigo de cada uma. A minha amiga falou "até o segurança estava fotografando". Mas acho isso pequeno demais, ele não poder fotografar. Olhei vários textos sobre os desfiles e em nenhum deles vi conotação feia, pornográfica ou abusiva quanto ao desfile. De nenhum jornalista.

Já em relação aos comentários dos leitores, a gente sabe que a internet é aquela terra de ninguém. —— Esses eu nem leio. Depois da história da peruca de Bombril, eu me prometi que nunca mais. E não leio.

As Sereias da Penha assistiram ao desfile. O que falaram da repercussão? —— Estão enlouquecidas, desvairadas. Parece que, na Paraíba, não se fala outra coisa. Todo dia tem alguma coisa na televisão. Teve uma coisa muito legal, porque o padre da Igreja da Penha celebrou uma missa em ação de graças pelo desfile. E todas foram, apesar de a maioria ser evangélica. Depois, o pastor fez também, e foi todo mundo. Estão emocionados. Mas eu não podia imaginar que isso fosse acontecer. Uma amiga minha de lá me perguntou [imita sotaque paraibano]: "Jure de pé junto: você imaginou que aconteceria todo esse reboliço depois do desfile?", eu disse que sim e ela respondeu: "Mentira". E, na verdade,

eu imaginava, sim. Porque estava falando de algo que todo mundo esconde e sobre o que evita pensar.

Quase todas as sereias que estavam na passarela têm um tipo de relacionamento com você. Quando eu perguntava sobre a experiência de participar de um desfile, elas queriam falar da amizade com você. — Quando, no início, a Roberta falou para olharmos casting numa agência, eu disse que não queria. Eu fazia questão de saber as histórias de cada uma ali, mesmo que não fosse dito e contado, eu sabia que pessoas ali estavam superando um corpo escondido há tanto tempo. Existe uma cumplicidade nessa ação, ao chamar essas comparsas para o meu cardume, essa alegria, essa confusão. Se fossem modelos de agência, elas ficariam no backstage silenciosas, seria uma coisa tranquila. Lembro também dos modelos de "Giz", a maioria não era agenciada, na época do desfile, e passou a ser depois. Acho muito legal.

Para mim, é transformador. Eu fico feliz de deixar para os meus filhos como lembrança e para uma nova geração que está começando a fazer moda. Para entenderem que o tempo nos pede ressignificação das coisas. Foi um desfile para ressignificar o corpo, a plástica perfeita. Há estilistas conhecidos por serem impecáveis em seus desfiles. Milimetricamente controlado, o passador, as camareiras, o casting. Tudo tenso. Tiram e põem modelos o tempo todo na prova de roupa. Estressam todo mundo. Pra mim, o essencial é fazer as roupas, as joias e ter as sereias lá.

Mas dessa vez houve mais do que um pequeno espaço para o imprevisto, não? — Não, eu não contava com isso. Sabia do atraso, mas não pensei que fosse além de uma hora de atraso. De mais a mais, alguém que tem aquela mancha vermelha no currículo não pode ficar dando piti e reclamando de atrasos.

De vez em quando, você fala que se pudesse, ficaria só desenhando. Talvez por que, nessa fase, não tem pepino ainda? — Na fase do desenho e da pesquisa, sou eu sozinho com meus fantasmas. Falei pra Ivana quantas sereias eu queria na passarela, e ela disse que não ia ficar bom.

Na exposição em comemoração aos 20 anos da SPFW, você posou ao lado da Laïs Pearson, que desfilou em "Tudo é risco de giz", e também com um dos bonecos do Giramundo, que eram parte do cenário desse desfile. — O Paulo Borges me ligou, falando que teria uma exposição do Bob Wolfenson, retratando relações de afeto que extrapolaram a moda nesses anos. Queria que fosse uma relação mais surpreendente do que alguém com quem estou trabalhando até hoje. Então, quis fazer com o boneco do Giramundo, do espetáculo *Giz*, e com a Laïs Pearson, que desfilou em "Tudo é risco de giz". Ainda tive a surpresa de, ao abrir a caixa e ver qual boneco o pessoal do Giramundo mandou, descobrir que era uma sereia.

Você teve notícias de Bethânia? — Nem abanou o cabelo.

Mas ela deve ter percebido que foi para ela. — Sim, eu já tinha mandado o recado para a Bia Lessa, em Búzios. Inclusive, são looks que desenhei para ela, como o crochê de fios dourados.

Qual o seu balanço dessa coleção que começou de um sofrer? — A história da Bethânia, ela é a sereia mesmo, as águas do Brasil são dela. É a mágica dela. Mas tem aquela coisa mesmo de poder abandonar você no fundo do mar, ela é sereia. Não caia no encanto dela, não. Eu caí.

Já estava em andamento o meu trabalho com as Sereias da Penha, eu estava envolto de sereias de todos os lados. A cooperativa se chamaria Escamando, mas eu pensei "deixa eu dar um jeito de tirar esse nome". Comecei a chamar todas de sereia e ficou Sereias da Penha. Eu não sabia a que aquilo iria me levar, porque fui contratado para uma consultoria, algo pequeno. Mas vi que o trabalho era tão sério, quis ir além.

Qual vai ser o próximo tema? — Algo em relação ao amor. Ainda é cedo para eu saber [junho de 2015].

Não sei se já te mostrei, mas uma senhorinha deixou lá na loja esta caixinha de presente pra mim, ela já era velhinha e disse que eram coisas preciosas da mãe dela, disse que viu uma entrevista minha e que isto tinha que ficar comigo. Tudo feito à mão. Calcinhas. Vê se a gente não tem que fazer isso em seda. Olha este azul [aponta para uma das peças íntimas]. É um azul-tempo.

Já tem nome? — Ainda não. É, pela primeira vez, sobre um sentimento. Tudo o que gira em torno do amor. Talvez "Amor aos pedaços". Como se eu dissesse: "Vou fazer um sapato sobre ciúme, um pé eternamente com ciúme do outro, peças de certos vestidos, são desejo. As várias faces do amor: o rompimento, a paixão. Ainda estou no começo.

Vamos começar pela música, que é o primeiro passo da sua criação. O que você está ouvindo? — Eu quero abrir, na minha cabeça é uma coisa, mas falo e a Ivana fica gongando. Já falei que depois da história das sereias, ela está sem ibope nenhum. Pensei em usar trilha de novela. Ela gosta do tema do desfile, mas não das músicas. Olha que maravilha esta música. [Começa a tocar "Skyline Pigeon", do Elton John]. Tive um primo que morreu afogado e, quando começa a tocar essa música, lembro de uma vez, quando ele era adolescente e chegou correndo em casa com um compacto dessa música. Ele se casou e foi passar a lua de mel em Cabo Frio, no início dos anos 1980. Depois, com um ano de casado, ele voltou com a mulher. O casal estava na praia, a mulher dele foi comprar água de coco e, quando voltou, não o viu na praia. Ela voltou ao apartamento, mas ele não estava lá também. Até o final da tarde, ele não chegou. Então, ela viu um corpo sendo retirado do mar, e era o do meu primo. Ele foi tentar salvar alguém e acabou se afogando. Quando escuto essa música, sempre lembro. Para a minha família ficou essa história.

Por que esse tema? — Estava com vontade de fazer uma coleção sobre nada, uma coleção sem história. Mas até uma coleção sem história tem história. O não-história, se calar, não falar, não contar, é história. A história está em tudo, sem ela nada existe. Nada existe sem enredo. Eu já vinha com isso. Ao mesmo tempo, sempre quando vou escolher um tema, quero algo que seja caro ao tempo que estamos vivendo. E estou muito preocupado com o que estamos passando – não só no Brasil, mas no mundo. Você viu a campanha da Miu Miu, com duas

Memórias de um estilista coração de galinha

meninas se beijando? Eu fiquei passado com aquilo, no Instagram da Miu Miu, as pessoas malhando, como se fossem evangélicos radicais daqui. Temos que falar de amor. Da emoção do amor.

As músicas românticas de novela têm a ver com o que se ouvia nas festinhas de quando eu era criança. Lembro de uma vizinha, uma senhora que era prostituta, no bairro Sagrada Família. Ela era mãe de adolescentes e nenhum dos vizinhos queria que seus filhos frequentassem a casa dela, mas os filhos dela frequentavam a minha casa. Um dia, ia ter uma festa na casa dessa vizinha e minha irmã disse que ia à missa com uma amiga. Mentiu, estava indo para a festa. O muro era baixo e a vizinha estava sentada no muro, à noite. Meu pai estava deitado, quando alguém perguntou onde estava minha irmã e outra pessoa respondeu que ela estava na casa da prostituta. Meu pai levantou do jeito que ele estava, com a tal bermuda cortada e bananeira na perna.

Que bananeira era essa? —— Espera que já conto. Ele foi correndo lá, aquela figuração, um metro e noventa, óculos Ray-Ban. Só que a dona era uma prostituta muito séria, quando apagavam a luz, ela passava e acendia, depois ia beber lá pra dentro da casa dela. Passava, via que estava apagada de novo e acendia. Na terceira vez, dizem que ela deu um soco na parede e falou "quero ver quem vai apagar essa porra dessa luz aqui agora, isso aqui é casa de respeito" [imita uma voz grossa]. Alguém avisou: "Rosilene, seu pai tá vindo aí te buscar". A Leninha correu para o quarto, quando meu pai entrou, foi bem na hora de trocar o disco, que era vinil, então, ela ouviu: "Fraga, você por aqui" – as mulheres todas eram loucas pelo meu pai. Ele só respondeu: "Vim buscar a minha filha". Depois falou para a Leninha: "Eu odeio mentira". Meu pai voltou pra casa, minha irmã logo atrás dele, acompanhada de uma amiga que também resolveu ir embora. Os meus irmãos mais velhos que também estavam na festa, o Roney e o Robson, seguiram meu pai, mas ele perguntou: "Por que vocês estão vindo atrás de mim? Homem pode" [gargalhada].

Ele bateu nela? —— Nunca bateu. Só não falou nada o final de semana inteiro. E Leninha chorava. Então, as músicas dessas festas eram a música da novela.

A fúria da sereia

Você quer saber o que era a bananeira na perna? Eu estudei no Helena Pena e, no segundo ano desse grupo, eu tive uma professora que era muito brava. Mas era brava mesmo, batia na gente, era dessas que pegava sua cabeça e batia no quadro. Lembro que ela cravava a unha aqui assim [na orelha], por causa dos famigerados cálculos orais. Comigo, ela fazia isso por causa da multiplicação de oito e de nove, tanto é que até hoje eu não sei. Se falar comigo "nove vezes sete", eu fico assim [cara de desconfiado].

Um dia, eu cheguei em casa com a orelha toda marcada e meu pai quis saber o que era. Ele perguntou e eu falei que não era nada, não. Ele perguntou de novo, eu disse "nada, não". Ele insistiu: "O que é isso na sua orelha? O que é que foi? Está apanhando na escola?". Eu falei que era a professora. Estávamos almoçando, lembro direitinho. Ele não falou mais nada. Ok. A escola era tipo aquelas dos anos 1940, tinha que cantar o hino antes de subir a escada para a sala de aula. No outro dia, quando já estava na fila subindo, olho e vejo meu pai entrando lá embaixo, com óculos Ray-Ban verdes, que ele sempre usava, a calça cortada. E, como ele teve reumatismo a vida inteira, por causa do futebol, indicaram para ele pegar o caule da bananeira, abrir e amarrar na perna. Então, ele tinha uma perna de bananeira.

Aparente? Vamos dissecar isso mais um pouco. ___ Você pega um caule põe aqui, outro e põe aqui [na parte de frente e na de trás da perna], faz duas talas e amarra com uma corda. E também estava usando uma sacola de couro dessas de retalho, lotada de coisas de sacolão – embora tivesse no nosso quintal, ele também comprava –, com abacate, bananas. Ele entrou com isso e eu pensei "meu Deus, o que meu pai está fazendo aqui?". Sentou todo mundo, a professora fechou a porta e começou a fazer a chamada. Eu escutei o barulho de alguém batendo e vi a maçaneta girando em câmera lenta. Era ele. Colocou a cara usando Ray-Ban, e falou assim: "Senhora mestra, boa tarde. Eu sou o pai do Ronaldo Moreira Fraga e estou precisando ter um papo com a senhora". Isso no meio da meninada toda, mais de 40 alunos. Ela perguntou se ele não queria marcar um horário, ele disse que não. "Não vou tomar muito o tempo da senhora, é rápido e urgente." Ela foi até lá e ele disse: "Eu já vinha reparando que ele chegava em casa machucado, eu pensei que fosse briga na escola, mas, para minha surpresa, ele disse que era coisa da senhora". Ela disse: "Sim, é um corretivo, porque ele anda muito mal nos cálculos orais". Ele respondeu: "Pelo que eu sei, ele vem para cá sem saber a matéria. Se está saindo daqui e voltando pra casa sem entender, alguém deveria estar apanhando no lugar dele". E eu pensava "agora é que ela vai acabar com minha orelha". Ele continuou: "Deixa eu lhe dizer que nenhum dos meus cinco filhos nunca apanhou. Gostaria que a senhora refletisse e, quando tiver algum problema, pode me chamar que eu vou ter o maior prazer em vir aqui". A professora ficou chocada. Ele deu um cacho de bananas para ela [gargalhada]. Abacate também. E ainda deu uma banana de presente para cada aluno da sala. Eu fiquei morrendo de vergonha. Os outros meninos falavam "nossa, queria que meu pai fosse assim, se ela reclamar de mim pra minha mãe ou meu pai, eu chego em casa e apanho de novo". Nunca mais esqueci isso e desde sempre contei isso para Ivana e para os meninos. Um dia, estava comprando sapato numa loja infantil no shopping – os meninos eram pequenos – e alguém gritou: "Ronaldo!". Era essa professora. Ela estava com uma amiga e veio correndo, desengonçada, igual um tamanduá. Falou: "Quando vejo você dando entrevistas e falando do seu trabalho, falando do Drummond, eu falo com os outros que tem participação minha nisso". Eu não podia acreditar. A Ivana estava pagando, no caixa, e eu gritei: "Ivana, olha esta daqui era a professora que me batia". Falei pra ela que conto isso pra todo mundo e perguntei se ela já tinha pensado que, se fosse hoje em dia, ela poderia ser presa. Ela rodopiou igual um pião e foi embora.

Quando sua mãe morreu, você era muito pequeno, mas você contou sobre a reação do seu pai, um pouco do que o seu irmão e você viam. Qual foi sua reação quando seu pai morreu e você era um pouco mais velho, com 11 anos? — Foi tudo muito rápido. Tanto o meu pai quanto minha mãe souberam que estavam doentes no início do ano e morreram no final do ano. Meu pai caiu da escada, quando estava chegando do trabalho, ele era muito alto e o quintal estava todo escuro. Tropeçou e caiu, machucou a perna e a perna não sarava. Foi ao médico e desco-briu a doença toda que ele tinha, uma xistosa [esquistossomose] que já tinha comido o baço dele, que ele tirou. Mas afetou o fígado e não teve jeito. Ele sofreu muito, a Leninha ficou cuidando dele e, nós, os mais novos, em casa.

Você e Rodrigo. — É. Eu nunca tinha tido uma festa de aniversário. Naquele ano, meu pai tinha me prometido que eu teria essa festa, ele já tinha comprado tudo: os pratinhos, as coisas de Walt Disney que usava para colocar nas garrafas de refrigerante, o saco de balões. Ele internado, ruim no CTI, perguntou: "Teve a festa de aniversário do Ronaldo?". A Leninha falou que sim, mas não teve. Claro. Por causa da doença, por causa da falta de dinheiro, tudo o que tinha era para tratar mais uma doença. Eu estava na casa da minha avó, mãe dele, ela tinha um jardim todo florido na frente, fui descer para ir à casa da minha tia e quis quebrar uma flor. Minha avó disse: "Não pega, porque vai precisar para levar para o enterro". Eu pensei: "Ai, meu Deus, eu nem vou perguntar o enterro de quem". Aí, cheguei na casa da minha tia, meus irmãos estavam lá e contaram para mim e para o Rodrigo, só que, quando eu estava andando pela rua, eu já sabia. Ele era tão bom. Bom é pouco, ele era muito especial. Muito, muito especial.

"Amor aos pedaços" já tem caderno [mais tarde, o nome final da coleção viria a ser "E por falar em amor"]? — Claro que não.

Está só desenhando no ar? — É. E eu quero ter um caderno especial. Vou desenhar em cima de páginas de livros, estou pegando uns livros de outras línguas, acho que vai dar um registro gráfico maravilhoso. Vou desenhar em cima dessas páginas e acho que vou também entremear com páginas em branco e papel vegetal.

[Três meses depois, em setembro de 2015, volto a conversar com Ronaldo sobre a coleção a ser desfilada em outubro]. Como está a coleção? — Ainda não tenho quase nada. O tema ainda é o amor, mas o caderno está nas primeiras páginas, sem nenhuma peça desenhada. A Ivana está brigando, porque disse que eu não priorizo o desfile, viajo muito, não recuso trabalho e o prazo está apertado.

Falta praticamente um mês para a próxima SPFW. — Você também veio aqui me atormentar?

[Risos] Você já se decidiu em relação à trilha? — Agora, estou pensando em colocar uma música instrumental, espécie de um tango. Ouve e diz se gosta [ele coloca a música para tocar, em seu telefone].
Gosta?

Gosto mais da ideia da trilha de novela. Mas a instrumental é sem erro. — A Ivana não gosta da música de novela. Mas eu prefiro também. Tenho pavor do que é sem erro, nunca gostei do que é mais seguro.

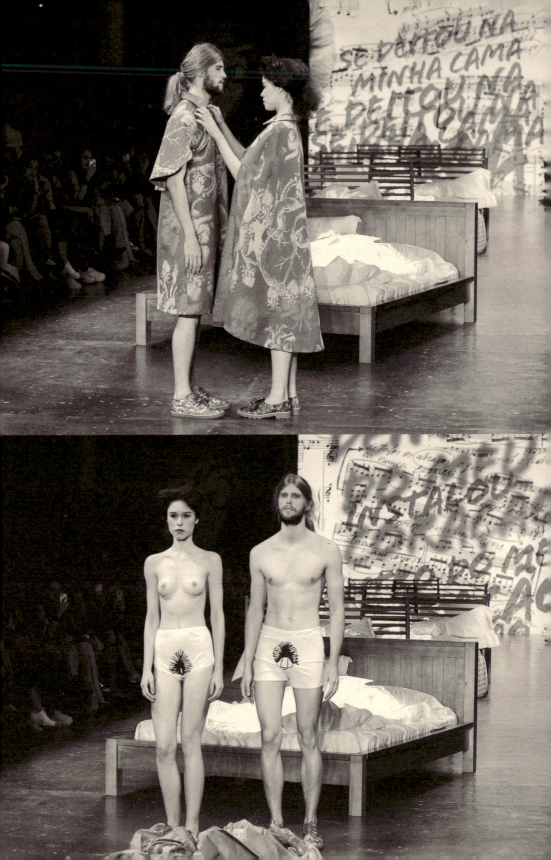

E por falar em amor

INVERNO 2016 | *São Paulo Fashion Week*

Camas espalhadas pela passarela compunham o cenário de um desfile cujo tema foi o amor. Corações humanos viraram estampas de uma coleção luxuosa, com tricôs, jacquards e vestidos de noite em tons de rosa, roxo e vermelho. Para abrir o desfile, um casal de modelos, um homem e uma mulher, trocou de roupas em frente à plateia, numa performance que agradou a crítica.

Você não tinha me contado sobre a cena inicial do casal de modelos trocando as roupas. Foi uma nudez bem romântica e ela fez muito sucesso. Aquela cena aconteceu exatamente como estava na sua cabeça?
— Essa cena rodou o mundo. Nada foi exatamente como estava na minha cabeça e tudo foi exatamente como estava na minha cabeça. Se você perguntar se foi pensado quando eu estava desenhando a roupa ou pensando na coleção, vou dizer que não. Na hora em que eu estava na prova de roupa, vendo as peças penduradas, estava ali o convite para ir para a cama. Se ele vestiu e foi para a cama, ou se ele saiu da cama e depois se trocou, isso é o que menos me interessa. As peças foram pensadas para servir tanto ao homem quanto à mulher. Está aí, de novo, a frase da Pina Bausch, que me marca: "Não me interessa o movimento das pessoas, mas o que movimenta as pessoas". O que movia, ali, era o amor e a paixão. O que os personagens vestiam era só sustentação para outra coisa. Independia de sexo ou gênero. Quando os modelos deitam na cama, estão falando de poliamor, é até uma coisa a mais. Enquanto o mundo está discutindo se é homo, bi e trans, eu penso "essa discussão é tão 1960".

Na volta dos modelos, todos estavam de mãos dadas. — A Roberta sempre faz a volta igual a entrada dos desfiles, então deitaram na cama com as roupas separadas por uma cartela de cor – o que foi uma coincidência. Na véspera, durante o ensaio, tive a ideia de colocar um homem e uma mulher trocando de roupa.

Foi um golpe de sorte? — Vou te contar qual é a minha religião. Acho que vou até abrir uma igreja e ser pastor dessa religião, que é o acaso. Deus está no acaso. E se você abre espaço para o acaso se manifestar, você vai ser surpreendido. Pode vir do erro. Programe até a página nove.

Com afinco. — Com trabalho árduo. A qualidade do tecido, da modelagem, do casting, da iluminação. Mas tem uma coisinha ali que vai ter. O refletor cai. Nesse desfile, podiam deitar na cama e ela desmontar. Podia uma modelo desmaiar.

Ou ser um par de modelos que casou perfeitamente. — Quando aconteceu aquilo ali, primeiro uma outra modelo não quis, porque não quis expor os seios. No tempo em que comecei, não tinha isso, não. Mesmo as tops desfilavam com os peitos de fora. Agora, tem essa coisa pudica. Não são todas que fazem isso. E tem uma coisa no Brasil, que é um problema com os seios. Pode ficar na praia, com aquele triangulozinho e a bunda toda de fora. Mas vai uma mãe amamentar o filho pra ver. Foi o que também aconteceu no desfile das sereias, como já contei, me surpreendi com o quanto é difícil as mulheres mostrarem isso.

A outra modelo que accitou trocar de roupa com o menino foi até a agência e, de lá, avisou que não tinham liberado. A Roberta, diretora do desfile, insistiu e convenceu a menina. Lógico que se fosse na década de 1990, eu ia querer colocá-los pelados. Mas com a roupa íntima, ficou uma libidinagem quase infantil – também já não se pode falar isso. Eu queria que as pessoas entendessem o sentido da coisa. Se aquilo fosse um desfile de escola de samba, os dois seriam a comissão de frente, explicando tudo o que as pessoas veriam. Se não tivesse o restante do desfile, aquilo ali explicaria.

Também tem uma síntese, na qual venho pensando de uns anos pra cá: que roupa explica toda a coleção? Antes, eu costumava fazer uma coleção imensa. Mas os dois trocando o jacquard de coração, essas peças trocando de corpo, do jeito como entraram, você não vê se é gay ou hétero. Estava falando de amor. "E por falar em amor", a roupa tem uma presença fortíssima, mas a história vinha da pele.

Essa imagem saiu na China, Itália, Alemanha. A gente pensa que essa caretice está rolando só no Brasil, mas esse tema tem que ser abordado no mundo todo.

A coleção teve o título provisório de "Amor aos pedaços", depois virou "E por falar em amor". Como foi a mudança? ⎯ Tem a ver com essa caretice toda. Falar de amor, agora mais do que nunca, é um ato de resistência.

Re-existência

VERÃO 2016/2017 | *São Paulo Fashion Week*

A crise dos refugiados serviu de tema para uma coleção na qual se destacou a influência africana, em máscaras, em padronagens e no trançado da cabeça das modelos. O barquinho no qual refugiados se lançam ao mar, na esperança de aportar num local mais seguro, foi uma imagem forte da coleção, sendo parte da animação projetada em telões e compondo algumas das estampas.

"Re-existência" tratou o tema dos refugiados. — Queria que o casting fosse meio a meio: 15 refugiados e 15 modelos. E que tivesse a cara de gente de qualquer lugar do mundo, de um jeito que você não tivesse certeza de quem era refugiado ou modelo – apesar de os corpos serem diferentes. Mas, como moramos num país muito organizado, o casting já tinha sido feito, com a ajuda de uma organização que incentiva a colocação profissional desses estrangeiros, só que a fiscalização do Ministério do Trabalho não permitiu que quem não tivesse vínculo empregatício fizesse o desfile. Por isso, de 15 o número de refugiados caiu para 6. O restante que já tinha provado roupa, inclusive, foi convidado e acompanhou da plateia.

Pensa num lugar longe em São Paulo. Eles moram mais longe que isso, sujeitos a todo tipo de violência. E quando perguntam o que eles estão achando, mesmo morando em lugares perigosos, eles dizem que aqui é uma paz. "Como em qualquer lugar, pode acontecer de tudo, mas de onde viemos a morte está sempre à espreita." Apesar disso, todos sentem saudade da comida de casa, dos amigos, da família, da infância. Muitos deixaram filhos no país de origem.

Nessa coleção, você usou o recurso do tiro nas costas de uma peça, como em "Rute Salomão". — A história ali era o fato de o refugiado ser só mais um. Eles não podem ir para a Europa, porque a Itália, a Alemanha e outros países estão se fechando. O Brasil tem recebido, mas há quem pense que não devia. Na Argentina, uma pesquisa recente revelou que mais de oitenta por cento da população é contra aceitar refugiados. Todo mundo esquece algumas lições que a história nos dá. A primeira é que a cultura é algo móvel, outra é que somos todos refugiados, viemos de uma mistura do mundo inteiro, e não dá pra falar de purismo. Falando de purismo agora me fez lembrar de algo que aconteceu ontem no Holocausto. Pessoas que têm um alvo nas costas. O mundo está vivendo essa perseguição imensa. Os campos de refugiados na França em que foram construídos muros e a imprensa foi impedida de entrar. Quando coloco o tiro nas costas quero lembrar disso.

Você me contou que a Costanza Pascolato disse que esse tema era muito sensível e que poderia ter virado um desfile de mau gosto. Mas as pessoas se emocionaram. — Ela mesma me disse que se emocionou. Estou falando da roupa do corpo, tudo o que aquelas pessoas têm ao entrar nos barquinhos e tentar a sorte no oceano, sem saber se vão ou não chegar do outro lado, se vão ou não ser aceitas em algum país ou em algum campo de transição. O que levam consigo são suas roupas e seus corpos.

O barquinho, no vídeo que vimos durante o desfile e em aplicações nas roupas, foi destaque. — É o estar à deriva. Quando veem esses barcos na imprensa, todos se sensibilizam. Mas é o tipo de história que, anos atrás, duraria uma semana. Hoje, é só no momento do jornal. Não passa uma hora e você já não pensa nisso mais. Eu ficava vendo aquilo. Quando comecei a aumentar as imagens dos refugiados nos barcos no tablet, pensei: "Quem são essas pessoas?". Passei a prestar atenção nas roupas. Uma listra, uma pequena flor. Estava ali a história.

A roupa enquanto casa, enquanto arma, enquanto registro, enquanto documento, enquanto história, enquanto memória. Quando me deparei com isso, vi que já era uma forma da moda se manifestar. Anos depois de essa pessoa passar por tudo isso, entrar pela Itália, ir para a Alemanha, arrumar um emprego, constituir uma família, lá na frente, ela abre a gaveta e tira a roupa da travessia de dentro dali. A roupa é tudo? Ela não é nada, mas é a única coisa que há ali de vínculo com sua cultura. É a expressão real "foi embora com a roupa do corpo".

Eu já tinha vontade de trazer a África para uma coleção. Todo mundo tem vontade de fazer coleção sobre a África ou a Amazônia. Mas tanta gente já fez tanta coisa linda, como o Yves Saint Laurent. Os próprios etíopes, com roupas tão lindas, que ninguém precisa mexer com isso. Mas há questões ligadas à roupa e à cultura, que vi que, com os refugiados, eu podia contar uma história. Sou meu pior crítico. Quando me convenço de que certo tema serve para uma coleção, vou em frente. No meio do caminho, posso reclamar e pensar que devia ter falado de outra coisa. Mas pago o preço por minhas escolhas, não tenho patrão. No mínimo, posso trazer esse assunto pra mesa de jantar da minha casa.

Estas pessoas invisíveis foram colocadas literalmente sob os holofotes. Como foi isso? — Eu não queria uma modelo fingindo ser refugiada. Os refugiados estão aqui, quis ir atrás deles.

Fala da trilha sonora. — Com vozes africanas cantando em português, eu queria um misto de familiaridade e de estranhamento. Teve também uma música em zulu e fechou com "Maurice a Paris", com o Maurício Tizumba, é lindo aquilo.

El día que me quieras

2017 | *São Paulo Fashion Week*

O casting inteiramente composto por mulheres trans foi o ponto central do desfile emblemático, em que a roupa, mais do que nunca, foi coadjuvante. Vestidos com forma exatamente igual – diferenciados apenas por estampas e aplicações – foram vistos na passarela como uma metáfora para tudo o que a sociedade tenta, em vão, igualar. O grande destaque foi o encerramento com pares dançando com rosto colado, enquanto usavam conjuntos de peças íntimas.

Vejo como uma tetralogia: "A fúria da sereia", "E por falar em amor", "Re-existência" e, por fim, "El día que me quieras" – não sei se pensa assim, com certeza não foi concebido assim, porque acompanhei o processo e a ordem em que as ideias surgiram. Mulheres de todas as idades e corpos na passarela; o amor contra o preconceito; a questão de identidade, nacionalidade e o deslocamento de pessoas; finalmente, a fluidez de gênero. Um atrás do outro. A humanidade chegou a um ponto em que não precisamos de compras. A história de querer ter uma roupa ou uma televisão nova, ainda tem uns buracos a serem tapados. Muita gente acha que essa tampa vem de coisas. Mas a verdade é que o que todo mundo quer, uns com mais outros com menos consciência, é ser autor da sua história. E é ser feliz, ser amado e ser aceito pelo outro. Os shoppings, esses templos de compra, cresceram nas cidades brasileiras, muitas delas sem praça, sem cinema. Montes Claros, no Norte de Minas, uma cidade grande da região, já teve vários cinemas de rua, hoje tem um e tem os dos shoppings – exatamente igual ao de Macapá ou de outra cidade. Esta coisa da tendência, quem fala não me

Memórias de um estilista coração de galinha

convence, no fundo, o que o outro quer é comprar uma coisa que não se compra, a aceitação. Todas as últimas coleções eram sobre aceitação, sobre o que não se compra.

Como veio a ideia? —— Aconteceu que eu estava lendo uma matéria com um dado que eu desconhecia, falando que o Brasil é o país que mais mata a comunidade LGBT no mundo. Falei "espera aí: um país com dimensões continentais, sim. Mas do mesmo jeito que acontece no interior do Pará acontece na avenida Paulista ou na avenida Atlântica". Antes ficava assim: "Ah, pus fogo no índio, mas pensei que fosse mendigo". Ou: "Não bati em mulher, não, hein, era só uma travesti". Quantas vezes, nesse sentido, os policiais "dão uma surra e soltam". Quanto mais eu lia, de novo, eu via a força da aceitação e do reforço do desejo. A história de que quem manda no meu corpo é a sociedade, a religião, a Câmara dos Deputados. Nesse desfile, eu não falei só de transfobia. Falei dos direitos das pessoas trans, das mulheres, do ser humano. O eu, a apropriação do ser. As meninas lembram do dia em que, pela primeira vez, saíram e compraram um vestido, uma sandália, uma maquiagem, primeiro par de brincos. Eu percebi o quanto isso falava. Isso era a roupa como a espada de Jorge.

A roupa que liberta, sobre a qual você falou desde suas primeiras coleções. —— A roupa que prende e outra roupa que liberta. A graça da roupa é isso aí. Tem gente que vive com a mesma roupa, amarrado à mesma imagem, a vida inteira. Uma tumba. E tem gente que se liberta pela construção e pela apropriação. Construir é feito, apropriar é outra coisa. A história dessa coleção foi isso. Lembro que cheguei em casa e fui falar com a Ivana. Ela disse: "Ah, não. Isso não dá coleção, não. Olha a confusão". Mudei de assunto. Um dia, eu estava no carro, à noite, e de repente tocou "Bandolins", do Oswaldo Montenegro. Baixei a música. Não sei se ele estava falando disso, mas quando ele canta, parece que está falando de alguém da noite que quer ser aceito. Se eu precisasse do release da coleção, já era aquela música.

Alguém twittou que eu ressignifiquei "Bandolins", como o filme *Aquarius* fez com a música "Hoje", do Taiguara. Parece que foi feita para isso. Um dia ainda quero perguntar ao Oswaldo. Ele compartilhou muitas coisas relacionadas ao desfile. Quando encontrei essa música, eu fui atrás das outras. "She", do Aznavour, veio depois. Teve a ver, porque a França sempre foi um lugar mítico para essas pessoas.

Uma das meninas cantou essa música inteirinha, durante o ensaio. No vídeo tem esse momento registrado. Ela cantou a música inteira, linda. Houve um tempo em que as trans sempre dublavam ou cantavam músicas francesas, do Aznavour, da Édith Piaf. Pessoas à margem da sociedade, apedrejadas pelo seu desejo, mas artistas.

E a locação? O teatro veio, porque eu não podia falar dessa história dentro de uma sala de desfile da São Paulo Fashion Week. Eu precisava do cheiro de um teatro, de sua história, de sua resistência. Eu precisava do palco. O que eu queria dizer ali é que o feminino tem várias faces, pode se manifestar de várias formas. Por isso, em cada vestido foi como se eu desenhasse em cima da roupa de uma boneca de papel. Como se eu desenhasse, no corpo delas, em *trompe-l'oeil* [traços que dão a impressão de a roupa ter três dimensões, como babados, por exemplo, são uma ilusão de ótica], o personagem que cada uma gostaria de ser.

Meses antes do desfile, você disse que seria um modelo de vestido e que teria a ver com as roupinhas de bonecas de papel. Mas, depois de pronto, a gente vê que há desenhos de babados em um modelo, de bolsos noutro. Engana mesmo o olhar. É o trompe-l'oeil. Eu queria que uma mesma roupa servisse a todas elas. A forma era a mesma para todo corpo, mas os detalhes desenhados mudavam completamente cada peça. A roupa ali foi o menos importante. O casting, a música, a história é que contava. É a mágica que um desfile de moda não pode perder nunca. Mesmo com a cobrança de vender e do fast fashion, a moda tem que transportar as pessoas para um outro lugar. Naqueles oito ou dez minutos. Achei que foi bacana, porque nenhum jornalista entrou no backstage, depois da apresentação, perguntando sobre tecidos, sobre costuras. Vários estavam emocionados.

Decidi na véspera que o release seria ouvido antes de o desfile começar, em vez de só visto. Gravei o release, para que as pessoas escutassem, para que entrasse nos ouvidos delas. Não queria correr o risco de ser um texto impresso, que poderia ser ignorado.

As modelos ficaram emocionadas, ouvindo, antes do ensaio, na véspera do desfile. — Elas não sabiam do que se tratava. Decidi manter sigilo sobre o desfile para todas as modelos, o máximo que pude. E, para a imprensa, o backstage ficou fechado. Os jornalistas só puderam conversar comigo depois do desfile. As meninas sabiam que teria um evento com desfile com mulheres trans, mas não sabiam que era para a São Paulo Fashion Week e pra mim. Aos poucos, na prova de roupa e no ensaio, foram dias, ou melhor, horas, em que entrei num filme sobre esse assunto.

Tinha, sim, algumas aceitas pelos pais. Uma delas estava acompanhada pela mãe, que foi a última pessoa a deixar o teatro, depois do ensaio, e me abraçou, chorando, falando que foi um presente pra ela. Uma das meninas, de BH, disse que comprou um vestido da minha coleção do Guimarães Rosa. Tinha uma maioria que não foi aceita pela família. E toda hora eu era bombardeado por aquelas histórias. Tanto é que, no final, eu desmonto. Mexeu muito comigo. Todas lindas pelas fotos, recebi imagens.

Mas, chegando na hora de colocar as calcinhas transparentes, vi que muitas, a maioria, não tinham feito cirurgia. Umas meninas lindas com pinto pendurado, eu olhei e levei um choque, com o feminino e masculino no corpo. Nesse momento eu pensei "Ronaldo Fraga, você me dá muito trabalho, não dou conta de você". Como em todos os desfiles, eu não queria que algo caísse no grotesco. Eu tinha esse compromisso com elas, e antes comigo mesmo, de que a imagem ficasse linda. Umas mais sabidas foram ensinar para as mais novas que tinha um jeito de esconder, de colocar com a fita adesiva.

Eu achava essencial tirar a roupa e vê-las dançando em duplas, só uma com a outra, como num fim de baile, que é o que realmente acontece. Uma segurando a outra. Tenho uma amiga que trabalha defendendo essas pessoas e ela diz que uma coisa é ver travestis na juventude, outra é na velhice. Muitas, abandonadas, sem ninguém. Quem dá o aparato são as outras. Eu sabia que tinha que pensar rápido. Pedi a Ivana para comprar calcinhas. No dia seguinte, a Ivana disse que não conseguiu 35 iguais. À uma e meia da tarde, ela me falou isso, e o desfile era às três. Ela pediu para eu esquecer isso e falar pras modelos dançarem com a roupa que desfilaram. Mas eu não queria. A imagem era essa, foi criado para ser assim, elas tinham que dançar de calcinha.

Eu não ia abrir mão. Chamei os fornecedores, um casal do Sul que tinha feito as roupas íntimas, e eu pedi para fazerem uma operação de guerra. Sem as calcinhas, o trabalho deles não tinha como aparecer. Eles ficaram com os olhos cheios de lágrimas. Saíram, e eu fiquei acompanhando pelo WhatsApp. "Não tem aqui, tem em tal lugar", "agora estamos no shopping tal", "agora em tal loja". A sala de desfile foi enchendo, todas as modelos estavam prontas e eles escreveram: "Achamos, estamos indo para o estacionamento". Nessa hora, a Roberta falou pra soltar o desfile. Começou o desfile, já tinham passado 15 looks, fomos distribuindo as calcinhas. Foi uma adrenalina, na tábua da beirada.

As meninas da Namídia [assessoras de imprensa] disseram que nunca tinham visto você expressar seus sentimentos com tanta intensidade como no fim daquele desfile. Foi um momento coletivo muito forte, a reação da plateia, o jeito como estava emocionada. — Tem coleções que estão na minha cabeça como se eu tivesse desfilado ontem, gera muita coisa. "El día que me quieras" é uma delas, com certeza. O impacto foi muito forte, não há registro de outro desfile só com trans, nesse formato, com essa abordagem. Mas, quando você está falando e pensando em fazer, você só olha para o risco. Deu certo? Ótimo. Mas poderia ter sido um desastre. Sempre escutei, desde o início: "Você não tem medo de jogar sua carreira no lixo?". Mas eu construí minha carreira assim, fazendo isso. E muito mais importante do que carreira, é pensar em mim enquanto um homem do meu tempo. Eu gostaria de ver os artistas do meu tempo, que eu venero, se mobilizando em relação ao desastre de Mariana. Só que pensei: "Cada um sabe o seu espaço de manobra, o importante é que eu use o meu espaço".

Sempre tem alguém para falar: "Lá vem o marketeiro". Hoje acho que, se alguém fala, nas redes sociais, vem uma turma e acaba com a pessoa. Um dia, alguém falou: "Mas refugiado vende? Trans vende?".

Que marketing é esse? Acorda, a história é outra. Eu nunca levantei essa defesa por mim mesmo. Mas eu é que sei o que é ficar vários dias para colocar uma narrativa de pé, o quanto dá trabalho e é caro.

Eu não tenho esse perfil da figuração, da manada, que vai ser – não quero ofender, é um jeito de falar – o bancário, o dentista, o funcionário da repartição pública. Se estou onde estou, se caí nesse lugar, tenho que ter um compromisso, no mínimo, comigo mesmo. E, quando vieram os filhos, virou também um compromisso com eles.

Neste desfile, os dois estavam sentados bem na minha frente. ⸺ Geralmente, eles não vão. "El día que me quieras" foi um dos poucos desfiles que fiz questão que os dois assistissem. Essa é uma discussão que vou levar para o café da manhã e o jantar na minha casa.

A cobertura da imprensa tratou o desfile como um ato político. ⸺ Acho que tem coisas. Ali talvez eu tenha visto um ponto de maturidade minha e maturidade também de quem acompanha o meu trabalho. Houve outros desfiles, por exemplo, "Corpo cru", que não tinha modelos, mas a imprensa da época insistia em procurar a roupa ali. Em "El día que me quieras", ninguém, exatamente ninguém, me perguntou sobre cor e sobre forma. O jeito de escrever, o lugar da moda, ali vi que já estava em outro lugar. O sentir era outro. Durante muito tempo, as pessoas diziam: "A moda dita, a moda dita, a moda dita, a moda dita". E eu dizia: "Gente, a moda não dita, ela é reflexo das nossas ditaduras". Ela é reflexo das nossas repressões, desejos contidos e incontidos. Durante esse desfile, tive a lembrança de tudo isso, fui ao túnel do tempo, no início.

Há algumas pedras fundamentais que você vai colocando em sua trajetória, pavimentando o caminho. Uma delas é do adolescente que eu fui, no momento do Brasil em que eu estava. No começo, havia muito idealismo, eu achava que a moda podia mudar o mundo. Eu me agarrei àquela coisa do Mario Quintana: "Livros não mudam o mundo, quem muda o mundo são as pessoas. Os livros só mudam as pessoas". Depois eu já achava que não muda é nada.

E hoje em dia o que você acha? ⸺ Eu não faço as coisas para mudar o mundo. Eu faço para descobrir um jeito de estar no mundo. O seu ofício é uma forma de você não enlouquecer, justificar sua existência, seu tempo. A Gal Costa [falecida em 2022] outro dia estava falando disso, que a música foi uma forma de ela não enlouquecer, porque a vida é algo árduo. Com o tempo, eu fui vendo meu trabalho como criador, não só como criador na moda e não só num desfile.

Se você for pensar, as coisas não mudam, o que mudam são as pessoas instrumentalizadas ou fortalecidas pelo desejo da criação em várias frentes, que podem ser gastronomia, moda etc.

Existem dois caminhos: tentar reforçar o status quo ou refutá-lo. Não existe neutralidade, porque ela também reforça o status quo.

Você viu a forma como a mídia cobriu o desfile "El día" e comparou à cobertura de "Corpo cru", chamando a atenção para além da roupa. Vemos que castings diversos, que eram exceção absoluta, passaram a estar na passarela de mais marcas. Você sente nisso sua contribuição?
— Uai… acho que é o momento do mundo, não sou eu. Não tenho a pretensão de dizer que eu influenciei isso ou aquilo. A minha criação serviu para eu encontrar um lugar confortável no mundo. E quando você faz isso, você ajuda o outro a trilhar este caminho. É um caminho de muita coragem. Alguém pode dizer: você está procurando conforto no mundo desse jeito? Lidando com essas questões? Que conforto é esse? Pode parecer uma incongruência, pela minha formação, a pessoa que eu sou. Eu fui um adolescente político, eu me tornei um homem político, sou um ser político. Vou estar sempre em queda de braço com os buracos do meu tempo, até o último dia de vida.

Nova pausa. *Pela segunda vez, Ronaldo deixou de desfilar na São Paulo Fashion Week. Ele aproveitou exatamente os dias da temporada número 43 do evento, em março de 2017, para fazer uma viagem à Israel, da qual sairia a inspiração para a coleção "Colina da primavera", desfilada em outubro de 2018, na SPFWN46.*

A próxima temporada você pulou. Foi a segunda vez em que sua marca não participou, a anterior foi aquela da carta "a moda acabou", de 2011.
— "El día que me quieras" foi um desfile muito forte. E houve uma nova mudança no calendário. A data adiantou, era preciso fazer uma

força-tarefa para produzir uma coleção de transição, como eles estavam chamando. Eu não sabia se queria fazer uma coleção de transição. Coincidiu com o convite que recebi do Ministério do Turismo de Israel para conhecer o país. Tive um álibi perfeito.

Queria uma comparação sua entre a pausa na SPFW, em 2017 e em 2011. — Acho que tem várias histórias. Tem o momento em que eu disse que a moda tinha acabado e fui rechaçado, apedrejado, mas era verdade. Ela acabou ali, do jeito como a gente fazia, total que ela acabou. O desfile deixou de ser a única vitrine. Hoje a marca não precisa estar desfilando. Daquele desfile que eu não fiz para cá, houve tanta coisa que eu fiz, o desfile passou a ser só uma coisa a mais.

Que outras comparações são possíveis entre os dois momentos? — Também a maturidade. Porque, depois que você faz alguma coisa, nunca mais vai ter o mesmo impacto. E, por fim, da outra vez, quando mudei a cartinha, foi uma comoção. Tinha outros estilistas que deixaram de desfilar uma coleção, mas não gerava isso, porque teve a ilustração com o casal agradecendo. E se eu já não seguia calendário nacional de lançamentos, hoje em dia menos ainda. Eu fui para outro lugar.

Você disse que o desfile passou a ser mais uma coisa que você faz. Quero falar dessas muitas outras atividades, além da moda. Queria me aprofundar na história da direção criativa. O livro do Drummond [*Moda, roupa e tempo: Drummond selecionado e ilustrado por Ronaldo Fraga, de 2004*] foi um marco como sua incursão para além da moda, já como estilista conhecido? — Tem uma história que é bem interessante. Minas tem dois grandes nomes na história da moda, que são Zuzu Angel e Alceu Penna, com trabalhos muito distintos, mas nascidos na mesma cidade, Curvelo. E eu não sabia que eu tinha sido influenciado pelos dois. A Zuzu, sim, como já contei, foi meu primeiro contato com a moda. Mais adiante, cheguei às Garotas do Alceu e, depois, a outros trabalhos. Alceu foi um revolucionário, foi diretor de arte, quando nem existia essa carreira. O cara fez capa de disco infantil, cenário do Cassino da Urca, figurinos inúmeros e até a concepção artística da Carmen Miranda.

Quando ele estava morando em Nova York e colaborava na revista *Esquire*, a Carmen Miranda e o Bando da Lua chegaram à cidade, ninguém falava inglês. Colocaram o Alceu em contato com a turma e, assistindo um ensaio dela, foi o Alceu quem deu o toque de ela usar mais as mãos. A Carmen era muito pequena e precisava chamar a atenção no palco – curiosamente, a Elis Regina faria isso também, mais tarde, não sei se tem ligação, mas as duas como pequenas notáveis usaram esse recurso. Alceu também sugeriu o uso da cabeça e da plataforma, isso é muito mais que um trabalho estilístico. Depois, há pouco li uma biografia recentemente lançada sobre ele, vi quanta coisa havia em comum, mas fiquei calado. Um dia, a família dele, as sobrinhas, estavam montando uma exposição e escrevendo sobre ele, então recebi um recado da família Penna dizendo que, na moda brasileira, quando veem alguém próximo do Alceu, sou eu.

Começou na infância. Eu era o menino que fazia tapetes de Corpus Christi, era o menino que chamavam para fazer a roupa do Judas, que seria queimada. Era o menino que dava palpites na decoração da Festa Junina. Que estava envolvido no teatro da igreja. A roupa já era parte de um complexo, de um suporte, de uma história muito maior. Já era pra ser assim. Foi natural. Quando você pergunta qual foi a primeira vez que fiz um trabalho nessa direção, eu não sei. Há trabalhos marcantes.

Vamos falar deles, então. —— Antes do livro do Drummond, teve o figurino do espetáculo *Santagustin*, do Grupo Corpo [2002]. Todo mundo sabe que a figurinista do Corpo é a Freusa [Zechmeister], sempre foi a figurinista do Corpo e é maravilhosa. Mas, por um xabu de última hora, ela não pôde fazer. Fui chamado de última hora, faltavam uns 45 dias para a estreia. Fiquei surpreso, o Corpo era e ainda é uma pedra preciosa da cultura de Minas. Eu nunca tinha feito balé nessa forma gigante e lembro que tinha a Alessandra Mattana, que pra mim era modelo, mas estava despontando como grande destaque do Corpo. Fui conversar com a Alessandra, ela disse: "Primeiro de tudo, tem que ser preto, tem que ser escuro, porque nós, bailarinos, por mais magros que sejamos, sempre achamos que a luz engorda". Ah, tá certo.

Foi rosa e verde. —— Pink e limão! Aquele clima de Santo Agostinho, um santo profano, um santo do amor, tinha que ter clima de festa. E mais: clima de festa popular brasileira. Tinha que pensar no Nordeste brasileiro, a trilha era do Tom Zé.

Foi assim que vocês se conheceram. —— Então, teve essa história. E teve o livro do Drummond, a coleção do Drummond, e isso se repetiu em várias outras, eu sentava para jantar e só falava disso, "vocês não sabem o que eu descobri sobre o Drummond". Era o amigo biógrafo, alguns gostavam, mas outros deviam achar um saco, eu só falava daquilo. E a nossa casa no [bairro] Floresta tinha mesmo esse clima de sarau. E tem os acasos, que Deus está nos acasos, nessa época eu recebi um livro raríssimo com várias crônicas do Drummond publicadas sob o pseudônimo de Antônio Crispim, no *Diário de Minas*. Caiu nas minhas mãos, enquanto eu estava fazendo uma coleção sobre ele, enviado por alguém que nem sabia disso. Pensei: "Por que não publicar um livro que fale do Drummond falando de tempo, de moda, roupa e tempo".

Lembro que na época da coleção do Drummond, tinha jornalista que falava que ele não tinha nada a ver com a moda, era taciturno, poeta velho, a moda pede o novo, pede a batida eletrônica. Fiz o livro, fiz a exposição, primeira exposição criada a partir de uma coleção minha, foi em Ipatinga, no Centro Cultural Usiminas, depois veio para Belo Horizonte. Depois viria a exposição da Nara, do Guimarães Rosa, Athos Bulcão, a do Rio São Francisco, que foi a grande exposição, e a do Portinari.

A do Rio São Francisco [Rio São Francisco Navegado por Ronaldo Fraga, 2011] foi grande, e eu não sabia o que estava fazendo. Sabe quando você é jovem e acha tudo fácil? Eu quero fazer uma exposição e levar para 10 capitais brasileiras – nem sei como cheguei a esse número –, principalmente no Nordeste, e, depois, quero que ela fique montada de forma permanente num memorial ao Velho Chico – o que não existe.

Mandei o projeto para a Lei Rouanet e, como contei, só foi aprovado quando tirei as palavras moda e estilista, substituindo por artista. Acho interessante, porque isso foi aprovado por um governo que estava fazendo a transposição do Rio São Francisco [Governo Lula, em 2010], e eu era extremamente crítico, publicamente crítico à forma como a transposição estava sendo feita, e mesmo assim o projeto da exposição foi aprovado. Agora, se a gente compara essa situação ao que estamos vivendo no país hoje...

Tive aprovação na Lei Rouanet para captar 2,6 milhões. Consegui captar 600 mil, completei do meu bolso com mais 600, o que me quebrou, imagina isso há quase dez anos. Não consegui fazer as dez capitais como eu queria. Mas a exposição do tamanho gigante esteve em Belo Horizonte, Rio, São Paulo e Recife. No formato compacto foi a Pirapora, Montes Claros e Ipatinga.

Não tinha noção do tamanho da coisa, e só foi crescendo. "Ah, as roupas têm que ficar num deserto de sal grosso, e me falavam, vamos colocar três metros de sal." E eu respondia: "Está louco? Que três metros de sal? Você tem noção do que está acontecendo com o Rio São Francisco?". Tem que ser gigante esse espaço. Eram caminhões e caminhões para levar o sal até o Palácio das Artes. Foi a quarta exposição mais visitada no Palácio, até então. Não sei se continua em quarto lugar.

No Rio de Janeiro, foi no Palácio Capanema, não tinha ar-condicionado, as pessoas suavam. Uma vez me disseram que o Pedro Bial estava lá encharcado. Tinha gente pensando que era parte do conceito, o calor do Rio.

A exposição do rio foi a principal? —— O ápice foi Rio São Francisco, teve a coleção, o livro, a exposição multimídia. Numa parte interativa da exposição, as pessoas abraçavam um vestido de "Águas e mágoas", do Drummond era ouvida, na voz da Bethânia. Quando entramos em contato com Bethânia, ela ainda não o conhecia e depois ele entra em "Bethânia e as palavras". Eu não conhecia o Wagner Moura, mas ali nasceu uma amizade, por causa dessa ciranda amorosa em volta do São Francisco, o Rio que mais desperta o afeto dos brasileiros.

O Wagner fez uma coisa tão linda. Ele comprou tanto a ideia. Wagner Moura foi criado em Rodelas, uma cidade do interior da Bahia, onde, na época do Regime Militar, resolveram que iam fazer uma hidrelétrica. Uma cidade colonial, com construções coloniais, que seria inundada e, por isso, levariam as pessoas para o outro lado, a outra margem do rio. A TV Cultura fez uma matéria nessa cidade, com as últimas famílias indo embora. Quando chegaram lá, os líderes comunitários eram os pais do Wagner Moura. Eles fizeram um bolo em forma de maquete de Rodelas, uma pracinha da cidade. Na matéria você vê os fícus sendo arrancados e colocados em kombis, para tentarem replantar do lado de lá – coisa que nunca conseguiram. A última cena é a de um menino de 9 anos, que brincava, e entrevistaram esse menino, que falava alguma coisa assim: "Mainha, nossa casa é aqui junto do rio, não quero sair, não". O menino era o Wagner.

Eu assisti o vídeo bilhões de vezes e viro uma poça d'água com essa história. A mulher do Wagner [a fotógrafa Sandra Delgado] resgatou essas imagens. O Wagner voltou a Rodelas, com o filho de 5 anos e o pai, que veio a falecer naquele ano, três gerações olhando o rio, que nunca gerou a energia que os militares disseram que geraria. Uma cidade que não existia mais, onde quando a água baixa dá para ver a torre da igreja que foi submersa. Imagens do que era e do que deixou de ser. Uma instalação linda, com o vídeo dele gigante, chão de espelho e casinhas quebradas, que mandei fazer no Jequitinhonha, refletidas no que era o rio.

Quando eu rezo – e sou extremamente religioso, meu santo é o Santo Acaso – eu peço "Santo Acaso, me faça um instrumento de transformação. Por mais que me doa, por mais que eu tenha que cortar na carne, por mais que tenha que cortar meu braço. Enquanto eu estiver nessa existência, que eu seja um instrumento de transformação".

Parte dessa exposição do Rio São Francisco foi para a Holanda, num festival de arte contemporânea, fui recebido pelo rei e pela rainha, na época. Eu não acreditava quando via as imagens na praça onde foi montada, as ilustrações das lendas do rio, que eu fiz. Foi lindo, mas é tudo tão rápido na vida que, quando você vai sorver, o tempo já passou. Também, se você for se agarrar àquilo que você fez, você fica no "fez" e não faz mais. Se você se agarrar ao que fez, não continua fazendo.

Fazer aquele trabalho, pra mim, foi lavar a alma em relação à memória afetiva do meu pai. Como já te contei, o adulto criativo que eu viria a ser foi por causa do meu pai e das histórias que ele contava do rio. Com a exposição, eu pude entregar isso tudo de volta para o meu pai.

E isso tudo sem a limitação da roupa. —— Na última década, a gente viveu muito isso. Tive que responder para a [jornalista] Camila Yahn, ela perguntou a alguns profissionais sobre qual foi o marco da moda nesta década. Eu falei da questão de um passo à frente com *upcycling* e sustentabilidade, a morte do Karl Lagerfeld e, com ele, o fim do estilista como uma figura suprema, dando lugar a estúdios criativos e trabalho de equipe, diversidade como uma macrotendência, agora a moda tem que dialogar com a filosofia, a ciência, enfim. A rua de um novo jeito. Tivemos a rua, nos anos 1990, mas como algo glamourizado.

Tinha ainda o certo e o errado, nas revistas de moda, julgando o que se via na rua.

Nesta década, abriu-se para o tenebroso, a margem chegando ao centro, o que nunca se viu na passarela, chegou: o gordo, o sem perna, o albino, o refugiado. Então, quando parei para responder sobre isso não queria olhar para meu próprio umbigo, claro, não era sobre meu trabalho. Mas pensei que, quando eu disse que a moda tinha acabado, lá no início da década, que a moda estava farta de ter que dormir, deitar, transar, levantar com a roupa, ela precisava de mais. A moda é mais. Se você pega esta toalha de mesa ou uma folha de bananeira, você faz moda. Então, a discussão não é sobre a roupa só.

No Rio São Francisco, falavam "e esse sensor que vai ficar dentro da roupa e, quando abraçada, a pessoa vai conseguir ouvir a voz da Bethânia? Imagina que vai ficar dois meses em São Paulo, o que vai virar essa roupa?". Eu faço outra roupa, não tem problema. O importante é abraçarem e ouvirem. Eu costumava ficar escondido, de longe. Eram 35 looks e 35 pessoas ficavam abraçadas, ouvindo a poesia, enquanto muitas outras esperavam para ter essa experiência. As malas dos caixeiros viajantes, com uma curadoria de conteúdo audiovisual feita no Rio. Acho que meu pai ia adorar.

Com essa emoção, cheguei ao lugar que eu não esperava. Volta e meia em algum lugar improvável, pessoas de todas as idades falavam da exposição do Rio.

O livro *Caderno de roupas, memórias e croquis* também virou exposição [homônima, em 2012]. —— Sim. E depois dessa, a última foi a do Portinari [Recosturando Portinari, 2014].

E você tem planos de fazer novas exposições? — Nunca tive planos para nada, né? Fiz agora esta instalação na Art Basel Miami [2019] e adorei fazer.

Ironia, já que para realizar sua maior exposição, teve que abrir mão do título de estilista para conseguir o incentivo cultural. Agora, você, por ser estilista, ocupa um espaço como artista. — A maior ironia foi antes, quando recebi a Comenda da Ordem e do Mérito, em 2007, quando a moda não era reconhecida como cultura.

Outro caminho paralelo à, ou em interseções com, a moda é sua criação para espetáculos. Em *Santagustin*, você fez o figurino e, de lá pra cá [dezembro de 2019], fez também cenários, envolveu-se com teatro e ópera, ganhou um Prêmio Shell [2018, pelo figurino de *A visita da velha senhora*]. Queria saber como o processo de criação se compara ao das coleções de moda. — O meu processo para criar é o mesmo. Se comparar com o processo da moda tradicional, talvez não. Mas se você pensar em contar uma história, criar um contexto e elementos para os olhos viajarem, o que eu faço nos meus desfiles é o que eu faço nas peças, na ópera, em quermesse, se for o caso.

Como é o desafio de fazer isso para um grupo? Nós sabemos que você é uma pessoa centralizadora nos desfiles. Você até já me disse aquela frase: "A pessoa pode fazer qualquer coisa...". — ...desde que seja o que eu quero. Mas essa frase é mais antiga, hoje eu não sou mais assim. Não sei se mudei tanto, mas é um desafio você escutar o diretor, o ator e entender a angústia deles, que é outro timing. Na peça *A visita da velha senhora* [2017], eu fiz o cenário, figurino e projeto gráfico. Nunca tinha feito cenário para teatro, e era uma peça que iria viajar muito. Então, é diferente do desfile que você faz e acabou. Tinha que montar e desmontar, tinha que viajar pelo país, considerando o custo de se deslocar pelo Brasil. Eu não sou da filosofia do nada, uma mesa no palco, só com um copinho em cima. E gosto do resultado: a estrutura dos vagões, eles trocando de roupa ali. Apresentei os croquis. Como sempre, eu estava envolvido com trilhões de coisas, levo a roupa para ser provada e eles super confiaram em mim, porque já tinham o cenário pronto e adoraram. Só foram provar faltando uma semana para a estreia.

Lembro disso. Fui ao ateliê, na época em que vocês estavam refazendo. — Quando eles vestiram, deu tudo errado. Eles não se encontraram na roupa, ela era moderna demais, não combinava com o cenário. A peça tinha ido para um caminho mais realista, o figurino não era. Foi aquela coisa constrangedora, você via na cara dos atores que eles não tinham gostado e, quando terminou a prova, cada um foi para seu camarim.

Como você se sente, como um profissional consagrado em seu campo, quando passa por essa situação de vulnerabilidade? — Eu tenho trilhões de defeitos. Trilhões. Mas sou humilde nessa relação de trabalho de entender o outro. Quando terminou a prova, talvez um outro estilista brigaria pela sua criação, mas eu vi que estava uma merda. O [Luiz] Villaça, marido da Denise Fraga [atriz principal da peça], que é o diretor, me chamou para a sala solenemente. Quando ele fechou a porta, eu já disse "ficou uma merda". E ele respondeu "nós temos um problema". Estava a Denise trancada no camarim chorando, ela foi a pessoa que me procurou e me escolheu. Ele disse que não queria conversar, que já era tarde.

No outro dia, cinco da manhã acordei e fui para o aeroporto. Eles me ligaram às oito da manhã, perguntando por que eu não tinha ido ao ensaio, e eu disse que estava fazendo outro figurino.

Um figurino premiado. — Fiz uma operação de guerra.

E nessa peça, especialmente, a roupa é essencial para contar a história de como os personagens estão enriquecendo, à medida em que vão sendo comprados. — Hoje estou com um problema, eu estou virando aquele bonequinho do jornal *O Globo*, que quando não gosta deita e ronca. Uma inveja que eu tenho de alguma profissão, é da de roteirista. Eu queria fazer roteiros para cinema. Quando começo a ver muitas falhas no roteiro, sem querer, eu deito e durmo. Ronco. Outro dia eu fui numa peça, estava na quarta fileira, comecei a roncar, a plateia toda

El día que me quieras

olhava para trás, porque tinha um ator que descia e subia entre a fileira de cadeiras. E eu acho que os atores me viram dormir. Até comecei um tratamento agora, mas é um sinal de que daqui pra frente vai ser assim. Se eu não gosto, durmo. E, às vezes, não é a história, é o figurino, o cenário, não estão investindo nada em teatro, por falta de recursos, mas os olhos precisam viajar. Eu sou da formação da cultura por meio da escola de samba. Não dá, esse minimalismo não dá.

Quando o figurino que eu fiz não agradou, pensei que o produtor arrumaria alguém para correr por São Paulo em busca de roupas, em muitos casos isso acontece. Mas não, eu quis refazer tudo, tudo. Voltei para BH, arrumei um batalhão, chamei ex-funcionários, tinha umas 60 pessoas trabalhando. A Denise chorava, e eu falando que ia dar tudo certo. Não foi só o figurino, personagem dela tinha uma perna mecânica de ouro, que foi feita com couro metalizado. Eu fiz cada peça de um lugar diferente, no meu prazer de buscar o que há de melhor em cada lugar do Brasil, não mandei produzir tudo em São Paulo, o que seria mais fácil. A fábrica enviou o sapato e a perna mecânica, tudo de um mesmo pé. Ficou faltando para o outro lado. Ela ficou desesperada. A empresa refez, mas chegou na tábua da beirada. O produtor falou para mim que, para o ator, pode faltar a roupa, mas o sapato é a coisa mais séria. Que a Denise fica usando o sapato muito tempo antes de a temporada começar.

Naquele dia que ela estava chorando ao telefone, eu falei com ela que o figurino ganharia um prêmio. Fui de máquina em máquina, fazendo um vídeo com as costureiras, cada uma mandando uma mensagem pra ela. Claro, no meu íntimo, o meu fígado tinha virado uma gelatina. Mas eu gosto desta adrenalina, da força de trabalho, chegou o figurino, provaram e deu tudo certo, gostaram. Tudo o que falaram do cenário e do figurino foram coisas muito bem-ditas.

Agora, você está concorrendo ao Shell de novo. — Eu tinha concorrido, há trezentos anos, com *Passatempo* [2002], da coreógrafa Renata Melo. Pra mim, foi uma vitória. Agora, *Nastácia* concorre, em cenário e figurino [ambos assinados por Ronaldo], ao Shell e ao Prêmio Cesgranrio. A direção de Miwa Yanagizawa também concorre aos dois prêmios. E a peça ainda foi nomeada em outras categorias, no Rio.

E você está feliz fazendo isso? — Demais. Claro, quando entro para fazer, quero fazer benfeito. Para *Nastácia*, nem quis saber quanto tinha de dinheiro, fui procurar os tecidos que precisava usar.

A moda é sua carreira, o carro-chefe, então... — Não sei.

Pelo menos para quem vê de fora, parece que é.

Então, qual é sua motivação para fazer cenografia e figurino de teatro? Parece que tem um ônus do estresse, por exemplo. — Não tem a grana que rola com a moda. Neste ano de 2019, especialmente, foi um ano em que fui ao encontro da minha essência. Fui duramente, cortando na pele, em busca da minha infância, minha adolescência, minha formação. Essa coisa do teatro da igreja, isso era mágico, foi o que levei para os meus desfiles. Agora, eu vi que não tenho que ficar num lugar, a minha casa não tem que estar fincada em lugar algum. O que me chamarem para fazer e o que estiver dentro da minha vocação das artes visuais, da narrativa pela imagem, eu vou fazer.

E qual lugar a moda ocupa agora, no universo de Ronaldo Fraga? — A moda perdeu um pouco a graça, ela ficou sem graça, ela sempre foi meio chata, eu acho. A moda exige distância, você precisa de distância para ver.

Sim. Mas quando você se distancia e percebe como ela apreendeu o espírito do tempo, é impressionante. — Mas no dia a dia, é chato. Quando está vivendo, pensando se tá vendendo, o Natal, a coleção nova, papapapapá, não faz o menor sentido diante do tempo que estamos vivendo, num mundo em guerra.

Mas, Ronaldo, isso não é por causa da rotina: se você fosse um cenógrafo em tempo integral que fizesse moda esporadicamente, não seria assim? — Mais ou menos. Estou falando porque minha formação foi para a moda, então vou falar dela. É um vetor, não digo que muito mais poderoso, mas muito mais ligado ao consumo. Existe uma cobrança econômica, na moda, que não acomete um cenógrafo, por exemplo.

As pauladas que eu levei por trazer para a moda questões que, a princípio, não deveriam estar ali, como, por exemplo, a dos refugiados, é algo que as pessoas entenderiam perfeitamente, "ah, vai tratar disso no teatro".

A peruca de Bombril, se estivesse num palco do teatro, se estivesse numa exposição de arte contemporânea, tranquilo. Na moda, não é lugar pra isso. Tem mais gesso, tem um gesso de cada profissão. A moda é engessada naquele lugar, a referência é anglo-saxônica, a beleza é esta, a forma é esta, o glamour é este, não é para tratar de assuntos espinhentos.

Entendi, o teatro é mais propício a temas contemporâneos. Na moda, não é esperado ou tolerado que se quebre o encanto. — Não era. Não era. Mas, quando analiso esta última década [a primeira do século XXI], vejo que a moda, pela primeira vez, olhou para questões espinhentas, sim. Ela tem a ver com isso, sim. Estou falando da moda em âmbito mundial. No Brasil, as coisas são muito lentas, demoram. Mas começamos a ver. Até hoje, o desfile "El día que me quieras", até hoje e acho que para sempre vou ficar pensando: "De onde você tirou coragem para fazer aquilo?" Quando não fiz essa última São Paulo Fashion Week, fui ver as imagens, e percebi que é como um "tem que ter". Agora tem que ter uma trans, tem que ter um sem perna. E tem que ter mesmo. Claro que, se for discutir, eu vou dizer: mas tem que ser belo. Você não vai colocar a coisa como um freak show – que é o que alguns fizeram. Algumas imagens que não emocionavam, não.

De vida criativa, também queria saber das vezes em que seu trabalho foi exposto, não só desfilado, em outros países. — A exposição do Rio São Francisco foi parar em Berlim, foi para Amsterdá, onde fui recebido pelos reis da Holanda – o que não vem ao caso. "Carne seca" foi para Londres e Bolonha, China também foi para o Design Museum, de Londres.

Tem mais. — Eu não lembro direito.

Voltando à pausa de março de 2017 na SPFW, a gente foi para Israel, exatamente na mesma semana dos desfiles. — Em Israel, fui ao encontro de uma semente plantada no início da São Paulo Fashion Week, com a coleção "Rute Salomão", por apreço à tradição judaica e tudo o que ela suscita. Fiz a pesquisa, com livros, filmes, quando chego a Israel pela primeira vez, vejo bairros pelos quais eu já tinha passeado, por causa da coleção. Tinha Mea Shearim e as músicas todas. De modo que eu pensei que, se algum dia fizesse alguma coisa relacionada a esse tema de novo, não conseguiria. Mas lá foi muito legal, porque visitamos escolas, galerias de arte, um projeto muito bacana do Ministério do Turismo de Israel, que conseguiu mostrar as várias faces de um Estado, sem doutrinar ninguém, com liberdade total.

Você falando isso me lembrou de quando fizemos a reunião com eles, você colocou algo mais ou menos assim: "Preciso avisar que eu não estou aqui nesta idade, nesta altura da minha carreira, para chegar lá e ser chapa-branca". — Eu pago um preço por ter minha ficha criminal exposta. Então, quando alguém me chama para um trabalho, para qualquer coisa, já sabe o que pode vir dali.

Estamos tratando com um rebelde. — E não tem nenhum problema negociar a manobra. Você topa fazer isso? Nisso, a gente pode vir até aqui: está disposto? Um exemplo foi quando eu fui para o Pará. A Fundação Vale ficou uns dois anos tentando marcar um café, e eu me esquivava, não queria fazer nada com a Vale, pelo histórico com as mineradoras, e isso ainda antes do que ocorreu em Mariana. Quando eu conheci a Fundação, era um núcleo dentro da Vale tentando humanizar aquele entorno, de pessoas que estavam ali levando o trabalho muito a sério. As pessoas falam muito de desconstruir preconceitos, mas, neste caminho, elas se tornam muito preconceituosas.

As praias desertas continuam esperando por nós dois

2017/2018 | *São Paulo Fashion Week*

Com sua primeira coleção totalmente dedicada à moda praia, Ronaldo teve o Parque Ibirapuera como locação para um desfile leve, ao som de Pixinguinha, em tons de rosa, preto e branco, com formas vintage e casting diverso, que incluiu amputados em posição de destaque. A praia como local mais democrático do país foi a inspiração.

Quando você voltou da pausa, voltou de Israel, o desfile seguinte [agosto de 2017], me parece um parêntese. Seu primeiro desfile de moda praia, no Ibirapuera. — A história de "El día que me quieras" tinha sido muito densa, mexeu demais comigo. Então eu quis fazer algo, pelo amor de Deus, dias frescos. Vamos para a praia, vamos transformar o país numa praia solar e democrática. Então eu pesquisei sobre como a moda praia chegou aqui, quando o brasileiro começou a deixar de usar a praia só para fins medicinais e começou a frequentá-la como lazer. No Rio de Janeiro foi entre o final da década de 1910 e início de 1920. Mais uma vez, a elite chega, quer tirar os marrons que já estavam ali, usava-se muito delimitar espaços com corda e tentava-se muito repetir aqui os costumes dos balneários franceses, da Côte d'Azur, cabanas listradas etc. A grande loja da época era o Parque Royal, no Rio, e todo figurino vendido em Paris podia ser comprado também no Rio para ir à praia. Roupas inimagináveis, com o corpo todo coberto.

Então pensei, se eu revelar outros corpos, que ainda hoje não são revelados, se existe um local democrático no Brasil, é a praia, e, ainda assim, atualmente é que se começa a ver corpos que até bem pouco tempo não se via.

Acho que isso se aplica especialmente às "praias da moda", porque parece que há outros lugares, praias mais marginais, como Guarapari ou Rio das Ostras, onde as pessoas se sentem mais à vontade com seus corpos. Como quando fizeram aquela praia artificial no Rio… O Piscinão de Ramos, para deixar o povo lá. Praia da moda não é considerado local para pessoas com deficiência física, obeso, idoso, trans, travesti. Idoso é em Copacabana, ponto. Não vem inventar de ir a outro lugar, não. Travestis e trans? Ipanema, num certo perímetro. Eu quis transformar o Ibirapuera nessa praia.

E às duas da tarde, num calor, e com aquela luz que, como li em alguma das resenhas sobre o desfile, mostra realmente o corpo como ele é. Não é aquela luz bonita e controlada de uma sala de desfile, que pode embelezar os modelos. — Um calor. Eu coloquei as espreguiçadeiras para o público sentar. Eu quis fazer isso, era um desejo antigo. Assim foi.

Beachwear, você fez pontualmente e depois não voltou a isso. Depois desse desfile, eu fiquei – e talvez mais pessoas tenham ficado – com a expectativa de que você faria moda praia periodicamente, a partir de então. — Eu acho que é o seguinte: eu faço o que eu tenho vontade, quando eu tenho vontade. Um dia, tive vontade de fazer o infantil, foi um grande sucesso por anos, depois parei, um dia talvez eu volte. A beachwear também fez sucesso, feita em parceria com uma marca de Santa Catarina, supertecnológica. Mas na sequência veio a questão política e as pessoas envolvidas com essa marca eram muito bolsonaristas, então, por uma questão ética e política, eu não quis continuar. Nós tínhamos nos tornado amigos, e eu achava absurdo alguém votar num candidato que fazia ode a torturador. Minha roupa não podia ser feita ali.

Você trouxe uma banda de Minas para São Paulo para tocar a trilha ao vivo. — É uma velha mania que eu tenho e que me dá muito trabalho. Digo que não vou fazer de novo, mas sempre faço. Como no figurino da Denise Fraga [*A visita da velha senhora*, 2017], fiz o chapéu com uma artesã do Ceará, o sapato com uma marca de Santa Catarina etc. Mesma coisa, trazer uma banda toda de BH, quando tinha aqui [em

São Paulo]. Mas os vi tocar em Belo Horizonte, gostei dos meninos e morro de medo de as coisas acabarem.

Então, você quer estimular o que acha bom. — Eles estavam vestidos de preto e branco, tocaram Pixinguinha. Foi lindo, valeu.

Nesta temporada, saíram matérias dizendo que muitas marcas escolheram castings diversos para suas passarelas. Em relação ao seu, a *Folha de S.Paulo* colocou assim: "A escolha não parece estranha nem falsa, já que o estilista sempre faz castings diversos para suas apresentações". Não sei se foi uma provocação da autora [Giuliana Mesquita] a outras marcas que, só agora, começaram a ter diversidade na passarela. Será que outros foram na onda porque isso começou a ser apreciado? Mas eu pergunto: mesmo se sim, ainda não é melhor você ver mais diversidade na passarela? — Claro que sim. Melhor desse jeito. A única coisa que acho perigosa é: se entra na moda, depois sai. Se entra na moda, sai. Falar em sustentabilidade, já foi mais forte. Sustentabilidade, diversidade, Brasil profundo não podem ser uma tendência. E se você prestar atenção, muitas marcas que usaram isso como mote em suas últimas coleções acabaram apoiando este projeto fascista de poder.

Vamos voltar às peças da coleção de moda praia, que você fez porque quis. — No beachwear, coloquei algo que acho bonito e que eu também uso, que é a roupa que a pessoa pode ir à praia, entrar na água, depois ir a uma festa. Algo que revelasse o corpo, mas não expusesse tanto.

É bem anos 1920. Romântico, até nas cores. — É bem essa época, a cartela é de duas cores só: rosa-pó e preto. E ela tem por trás muita tecnologia, por exemplo, a costura sem linha e agulha, infusionada, a costura do futuro, que costura à quente, já usada no esporte. A roupa continua com o caimento perfeito por muito mais tempo, o acabamento é perfeito, não fica um franzido. A estampa era de colagem de tecidos, sobrepostos também com esse tipo de costura.

Surgiu ali um item de desejo, que foram as cadeiras. — Sim. Gosto muito dessa história de colocar as pessoas como parte do cenário. Ali foi isso. O céu azul e o público sentado em espreguiçadeiras eram o meu cenário. Claro, naquela velha mania de andar no fio da navalha, poderia cair uma chuva e para onde iria esse desfile? Não sei o que iria acontecer, mas deu certo. E mais uma vez, a farra no backstage, com modelos profissionais, e os outros misturados. Em cada casting tem uma figuraça e, nesse, foi a Dona Judith. Escutei a história dela na CBN, num programa em que eles falam nos novos velhos, ela estava contando uns casos no ar, eu parei o carro. Fiquei tão interessado, guardei o nome e "quero a Dona Judith".

Ou seja, não dava para saber como ela era fisicamente. — Não, eu só quis saber da história dela.

Conta essa história. — Sim, deixa eu te contar o caso de Juju, até achei que já tivesse contado essa história pra você. Resumindo: ela foi casada há 50 anos e, quando o marido morreu, entrou em depressão. E ela falava assim: "O casamento foi uma bosta. Eu era uma escrava dele e fiquei deprimida, não queria saber de mais nada". Os filhos juntaram e falaram pra ela fazer alguma coisa, mas ela não queria, até que concordou em ir a Gramado. "Deve ser bonito aquilo lá" [imita a voz dela]. Pagaram a passagem para a mãe, ela foi. No primeiro dia, gostou, depois começou a achar chato. Estava sentada numa pizzaria, ouviu alguém falando sobre pegar um ônibus para fazer compras no Paraguai. "Aqui, tem lugar nesse ônibus? Quero ir também."

Se estava ruim em Gramado, pior ainda foi no Paraguai. Achou as lojas feias, tudo feio. Quando parou um motoqueiro todo tatuado, numa Harley-Davidson. A Dona Judith perguntou se ele sabia o que tinha de bom para fazer por ali. "Olha, tia, no hotel onde estou ficando, a turma é ótima." Chegou lá, tinha um tatuando, ela gostou. Empolgou e resolveu ficar. Perguntou quanto era a tatuagem e era de graça para quem estava hospedado. Fez uma, foi a primeira, depois fez um monte. "Gostei da história da tatuagem, mas fiquei com medo de os meus filhos encherem o saco, porque são todos mais velhos que eu." O rapaz da moto a chamou para ir à Argentina. "Fui de carona. Nessa época, eu ainda não era uma musa da Harley-Davidson, como sou hoje." Os filhos já estavam preocupados, procurando a polícia. "Quando voltei para casa, vi quem era a verdadeira Judith. Hoje em dia, me chamam para falar, para ir às festas. E você acha que são os velhos que ficam perto? Não, os jovens é que grudam em mim." O entrevistador perguntou se ela namora. E ela respondeu: "Mais ou menos, porque, agora que sou livre, tenho medo de aparecer uma gravidez indesejada". Ela tem 83 anos! Eu pensei: "Preciso ir atrás dessa Dona Judith". Depois, vi que em vários programas sobre a nova terceira idade, ela é uma referência. Consegui localizar, ela mora em Santo André e veio para o desfile.

As mudas para um verão que virá

2019 | *São Paulo Fashion Week*

O crime ambiental de Mariana, em Minas Gerais, foi relembrado neste desfile. O ponto alto da coleção foram os bordados, fruto da parceria entre Ronaldo e bordadeiras da região de Barra Longa, uma das localidades devastadas pelo rompimento da barragem do Fundão, em 2015. A abertura foi feita pela jornalista e atriz Marília Gabriela.

Como chegou a Mariana? —— Tem uma coisa em mim que, quando desejo muito um determinado lugar, país, situação, quando falo "nossa, vontade de fazer um trabalho neste lugar", passam alguns dias e o convite aparece. Você acredita? Tem sido assim, tenho vários exemplos disso. Pensei em Mariana e, de repente, recebi um telefonema de pessoas que trabalharam com as Sereias da Penha, quando ainda não eram as Sereias da Penha, as meninas que faziam artesanato com escamas de peixe, em João Pessoa. Elas me convidaram para um bate-papo com as meninas de Mariana, bordadeiras, que conheciam um tipo de bordado que chegou àquela região no século 19 para adornar paramentos religiosos e que depois migrou, no início do século 20, para enxovais, depois caiu em desuso, a partir da década de 1980, e terminou em panos de prato. Eram bordados grandiosos, um tipo específico de richelieu. Quando cheguei em Barra Longa, distrito de Mariana, vi uma cidade que já foi parcialmente reconstruída, cerca de 90%, mas que tinha sido praticamente toda coberta pela lama. Conversando com as meninas, não precisava de muito esforço, até o silêncio delas era algo cortante. Percebi que o negócio ali não era reforçar essa tragédia. A tragédia já estava marcada para sempre. Aos poucos, com intimidade, elas começaram a verbalizar que o que elas queriam era, justamente, virar a página, reconstruir a vida, caso isso fosse possível. Foi muito marcante esse lugar, porque é quando você está diante de uma situação e pensa: como posso ser útil, o que posso efetivamente fazer. E eu estava de frente para elas.

Elas contam que esse recomeço se deu a partir da lembrança que você instigou. __ Algumas trouxeram a toalha de mesa, um pano de prato, uma cortina. Outras foram e voltaram com as mãos abanando, disseram que aquilo que era o pano delas estava só na memória, porque a lama tinha levado. Então propus: me conta como era esse pano, a cor, o bordado, o desenho. Cada uma começou a falar. Foi algo muito emocionante, porque quando elas começaram a falar, os bordados começaram a aparecer ali na frente da gente. Tão curioso, começou a criar forma, imaginando tudo. Quando aconteceu, pensei: "Ronaldo, é desse lugar que a gente vai falar". Por exemplo, uma delas estava com princípio de Alzheimer – hoje está em estágio avançado – e estava ensinando os pontos para as pessoas, porque sabia que em breve não iria se lembrar. Ela tinha perdido na lama uma camisolinha de batizado que tinha batizado uma bisavó, o pai, os filhos e não conseguiu salvar. Disse que imaginava onde deveria estar, talvez lá no Espírito Santo. Eu brinquei e falei: "Não, ela está aqui, na sua memória. E está na hora de a gente fazer uma outra camisolinha bordada para você deixar para os batizados daqueles que virão". Então, essa coisa de para os que virão deu nome à coleção "Para um verão que virá". "As mudas" vieram na sequência, por causa das mudas de roupa que foram embora silenciosamente. Aliás, que foram silenciadas, né? As mudas do desejo de mudança. As mudas caladas para sempre.

Falei "então, vamos mudar de assunto, vamos falar dos jardins que a lama levou". Se pudessem salvar uma planta, que planta seria, alguma que no dia do rompimento da barragem estivesse maravilhosa, vigorosa. Aí cada uma foi falando, e eu fui desenhando. Algumas plantas eu não sabia como eram, elas me corrigiam, "não é assim, não". Aprendi muito sobre plantas com elas. Distribuí os desenhos e pedi para elas voltarem para casa e bordarem. Naquela hora eu disse "muda tudo, Ronaldo, é isso que você vai levar para a São Paulo Fashion Week".

É preciso tirar essas meninas desse lugar e levá-las a outro lugar. Deixei de fazer a coleção Memória das Pedras, em que eu iria falar sobre a memória sobre o branco, algo que me marcou muito em Israel inteiro, mas pendurei, porque precisava falar das mudas para um verão que virá. E comecei a fazer a coleção com as bordadeiras de Barra Longa.

As pessoas me perguntam muito sobre a criação, não só desta coleção, mas de todas. Toda criação tem um fio, é um novelo muito embolado, e você tem que achar um ponto. Às vezes você acha por um acaso, um assunto, uma poesia, uma frase, uma situação, uma música. E essa eu achei nessa situação com as meninas. Puxei o fio e, com ele, vieram as formas, os tecidos. Foi um trabalho enlouquecedor, é relativamente longe de Belo Horizonte.

A Marília Gabriela abriu o desfile. — Houve um convite, numa conversa por acaso, com a Marília Gabriela. Eu falei que um dia queria que ela estivesse na passarela, ela respondeu "vamos agora", e achei que tinha tudo a ver, importante cruzar esses universos. E a Marília é uma amiga e uma profissional conhecida por todos por sua ética, elegância, beleza, inteligência. Ali ela não estava desfilando, estava se posicionando, além de tudo, era a Marília Gabriela atriz e cidadã. Foi muito bem.

Como em toda performance de desfile, nunca penso antes. Tenho o cenário, as músicas, as modelos. No dia do desfile eu penso no que vai ser feito. Troco ideias com a Roberta Mazzola, ou ela me traz as ideias. Hoje a gente já tem a integração de tantos desfiles, por isso que é legal permitir a maturação dos parceiros, ter essas pessoas ao seu lado, para ser deles também os desfiles e a longa história que a gente conta. Eu queria muito a Marília, não a celebridade, ali – claro que é difícil desassociar. Mas ali era a atriz. Falei com ela para agir como uma atingida pela lama, que ela incorporou pouco antes de entrar e foi brilhante. A ideia de todas deitarem na lama veio da Roberta. Ela disse "pensei em todas as modelos deitarem na lama, mas acho que pode ser uma ideia muito louca". Eu amei, e sentamos o pau.

De novo, houve um trabalho seu com um grupo de artesãs. — Ali não era uma cooperativa, era um grupo de mulheres querendo resistir, recriar. Faziam diferentes tipos de bordado, em diferentes lugares, não tinha uma sede, não tinha uma organização. Sugeri que, no início, como houve as Sereias da Penha, que fosse as Aranhas da Barra, mas não pegou. Ninguém chamava uma à outra de aranha, piracema do estilista. Aí colou as Meninas da Barra. E hoje elas estão se organizando de forma fluida, que acho interessante.

Lembrando que fui convidado para estar com elas por meio de um projeto da Fundação Renova, que é a fundação ligada à mineradora [Vale]. Como aconteceu lá no Pará, num primeiro momento tive um preconceito, mas por ter vivido essa história no Pará, eu pensava que por trás da inundação existiam pessoas. Se esse foi o convite que veio, vá lá. Fomos para o desfile e nem em um minuto foi cerceado. Na cenografia, eu pus a lama. Tinha que ter a lama, não existia outra cenografia possível. Por mais que eu estivesse falando de enxergar poesia em terreno árido, essa lama entrou nas nossas casas, na nossa vida, na nossa história. Por mais que a gente limpe e reconstrua, essa lama vai ficar aqui para sempre.

Eu fiz exatamente o que eu queria. Unir essas pontas, criar mais essa ópera. No ano passado, fiz uma ópera, em Belém, depois queria falar sobre ela, foi a primeira vez que fiz uma ópera na vida e não vi muita diferença para fazer um desfile.

Você deu às artesãs liberdade, como Athos Bulcão? — Acho que não. Elas não tiveram muita liberdade, porque o traço era meu, o desenho era meu e as cores eram direcionadas. Dei a mão a elas, para que fossem por um caminho que para mim parecia muito simples, como você as viu falando naquele outro dia ali, mas para elas uma simples mudança de cor era saltar num abismo antes intransponível, é curioso isso. Demos a mão para atravessar a lama.

Fala da música. — A trilha foi toda com repertório do Milton Nascimento, menos a música de abertura, que é uma música do [José Miguel] Wisnik e do Caetano, cantada pela Lívia Nestrovski e pelo Fred Ferreira, que é uma dupla maravilhosa da nova geração da música brasileira, os dois sozinhos valem para uma orquestra, quase. As músicas compostas pelo Milton há vinte, trinta anos parecem estar falando da lama de agora. E a interpretação dela foi algo cortante, que entrava no coração de cada um.

Mais uma vez, a trilha teve muita importância, também a abertura com a Marília, a luz, o cenário, as modelos. O sangue aqui não era vermelho como no desfile de "Rute Salomão". Aqui, tinha cor de lama.

Qual era o material daquela lama? Com o efeito da luz, ficou parecendo muito real. —— Era uma lona pintada da cor da lama. A luz reforçou essa história. E tem uma cena muito curiosa no final, quando as modelos caíam no chão e gerou um "ah" na plateia, como se as roupas fossem sujar de lama. Foi interessante esse impacto.

E houve polêmica. —— A gente pode falar que foi mais um desfile com repercussão internacional imediata em jornais da Europa e do Japão, sobre a moda estar falando da maior tragédia ambiental do Brasil, de uma forma superelogiosa. Mas teve uma frente, especialmente vinda de Belo Horizonte, que me colocou como oportunista, por eu estar ganhando e vendendo roupa em cima de sofrimento alheio, que as pessoas perderam tudo e o estilista vai lá para ganhar mídia e vender. Até parece que tragédias vendem roupa no Brasil. As pessoas vivem na manchete, amando odiar e odiando amar. Esquerda, direita, pedrada para todos os lados. As pessoas não queriam entender ou não liam sobre o que ficou, o legado. E principalmente escutar as bordadeiras. Às vezes penso que é um problema de comunicação meu, às vezes penso que é um problema meu de fazer algo na moda que ela em geral não faz e não deveria fazer. Eu me lembro que no desfile da Zuzu Angel, a Erika Palomino colocou que a moda nunca tinha falado antes da tortura no Brasil. Mas esse não foi último nem o primeiro desfile com pedradas.

As peças de roupa pareciam telas para a aplicação dos bordados, que foram os protagonistas do desfile. —— A coleção foi cem por cento feita de linho, achei que ele responde melhor a esse tipo de bordado. Usei um único tecido nas cores preto, marfim, verde e terra. São basicamente essas cores.

Como você se sente, depois que vai embora desses lugares com histórias tão difíceis? Lembro que, quando eu estava fazendo a pesquisa para o meu livro no Complexo do Alemão [*A voz do Alemão*, 2013], sempre que

voltava para BH era sofrido, eu ficava comparando a minha vida e os lugares que eu frequentava com a violência que os meus entrevistados e amigos do Complexo enfrentavam. ⸺ No início do meu trabalho era mais difícil, era mais sofrido, eu voltava pra casa trazendo as questões daquele lugar, depois foi aliviando. Mas lembro de uma vez em que eu estava interessado pelo Pará, fazendo o "O turista aprendiz" na terra do Grão-Pará". Era outro mundo, outro planeta, outro país, como já te contei, um lugar sem lei, com outros princípios. Lembro que voltei de lá uma vez e eu tinha um jantar promovido por uma montadora de carros daqui de Minas, esse jantar era para 20 pessoas – eles faziam esses jantares de confraternização, eu já tinha sido convidado várias vezes e não tinha ido, era importante comparecer dessa vez. Cheguei no aeroporto, corri em casa e fui. À mesa, tinha um deputado, que graças a Deus eu nem lembro o nome, a maioria tinha perfil de direita. Na época, Gaby Amarantos estava no auge e foram falar alguma coisa dela, que ela tinha cantado num programa de TV, debochando dela. Eu estava com o Pará correndo vivo nas minhas veias e já era amigo da Gaby, peguei uma briga nessa mesa. Foi um climão, foi foda. Enfim, eu tento ser fino, mas a turma não colabora. Quando a gente pensa que não é possível vir uma elite pior que a outra, vem. Falei com ele, que ele era um exemplo disso. Falei "você não conhece o Brasil, nem tem obrigação de conhecer, mas no desconhecimento é grosseiro, debochado, e quem é você para chegar aos pés da Gaby Amarantos, e quem é você para chegar aos pés da cultura paraense".

Colina da primavera

2019 | *São Paulo Fashion Week*

"Colina da primavera" é a tradução para o português do nome hebraico "Tel Aviv". Foi numa viagem a essa cidade que Ronaldo se inspirou, ao conhecer um café onde judeus e árabes ganham desconto na conta, se sentarem juntos à mesa. Assim, ele armou um banquete, com comida, bebida, dança, itens da liturgia judaica e muçulmana e criações feitas cem por cento em jeans.

Queria saber no que esta coleção se aproxima e se distancia da coleção "Rute Salomão". ⎯ A diferença entre os dois? "Rute Salomão" era romance. Era um romance de novela das seis, vai. Nem vou dizer que o momento era outro, porque tinha acontecido a Segunda Intifada, mas a gente estava no ápice da globalização. As pedras não tinham parado de voar ainda. Israel era uma cultura muito distante. E tinha algo ali quase folclórico. Falava também de intolerância, talvez tenha falado das mesmas coisas que estiveram na "Colina da primavera". Foi muito curioso que, na viagem, obviamente, você está em Israel, o que te puxa? A história, o tempo, tempo, tempo, tempo, tempo, tempo, tempo, tempo, tempo. Seja no passado ou no futuro. E justamente o presente chamou a minha atenção, que foi este café em Tel Aviv em que dão cinquenta por cento de desconto na conta, quando um judeu e um palestino ou árabe-israelense sentam juntos. Isso é agora, é resistência agora. É poder falar de amor agora. Era o que eu queria, desde "Rute Salomão". E isso eu nunca perdi. Nunca saiu da minha memória, até perfume esse dia tem, teve e vai permanecer em mim. É o cheiro das laranjeiras em flor, em Tel Aviv.

Ter ido a Mea Shearim foi uma coisa tão engraçada. Foi familiar. Quando fiz a primeira coleção foi com filmes, fotos, então, era como se eu já tivesse estado naqueles becos, visto aquelas pessoas, sentido aqueles cheiros, o clima. Foi muito engraçado. Nada foi tão surpreendente, porque eu já tinha me surpreendido na pesquisa, anos antes.

A similaridade é falar de resistência, tolerância, amor, das diferenças à mesa, no caso de "Colina da primavera", e à cama, em "Rute Salomão". Mas "Rute Salomão" era uma sessão da tarde, o contexto era muito diferente no Brasil. Aquela história de abrir esse desfile com os beijos, se eu tivesse feito em 2001, talvez tivesse chocado menos do que agora, às vésperas da eleição, com a extrema direita no ar. O que mudou mais que tudo fui eu mesmo. Talvez eu tenha ficado mais áspero, eu era mais ingênuo quando fiz "Rute Salomão".

Este desfile, todos, aliás, eu sempre vi como síntese. Sempre fiz sem saber se iria dar conta de fazer o próximo, era minha forma de driblar a morte, como se fazendo, eu ganhasse mais um fôlego, mais meses de vida para terminar e entregar a história. Em "Colina da primavera" estão todos os outros, "Rute Salomão", "Zuzu Angel" obviamente está ali, estão todos ali. E de uma forma, o que me deu alegria, ele é universal, talvez o mais universal que eu já tenha feito. Ele era de todo lugar e de lugar nenhum, falava de todos os países e de país algum específico. Tinha um olhar de brasileiro sem falar de brasilidades. Eu gostei do resultado final. O seu país, a sua cultura e o seu povo serão as lentes através das quais você enxergará o mundo.

Por falar em extrema direita, a campanha de Bolsonaro foi baseada no voto evangélico neopentecostal, que tem fiéis muito apaixonados por Israel. Você tomou algum cuidado especial para fazer o desfile inspirado em Tel Aviv bem às vésperas daquela eleição? —— Quando estive em Israel, foi [em março de 2017] bem antes de a eleição e a companha tomarem corpo no Brasil. Mas, obviamente, eu pensei muito quando vi os símbolos israelenses tremulando entre a extrema direita no Brasil. Cheguei a pensar, sim. Mas a história, o ponto, que foi aquele certo café em Tel Aviv e que nos dava ali uma aula de forma muito clara e leve de tolerância, me fez pensar: este é o lugar. Foi o que eu vi lá. Tel Aviv é uma cidade, e a mágica de Israel, na verdade, está justamente aí. Você pode ir

da Idade Média ao século XX, de uma esquina para outra. Principalmente em relação aos costumes. Nas experiências vividas em Tel Aviv, o circuito de artes plásticas, as pessoas, o quanto são afetuosas, a vida à margem da questão política. Em "Rute Salomão" não usei símbolos religiosos escancaradamente, a história era outra. Em "Colina da primavera", construí uma narrativa em que convidava todos, independentemente do partido, a colocar as armas no chão. A abertura do desfile falava disso, com dois modelos amputados entrando, como se estivessem voltando da guerra, numa guerra em que todos perdem.

Conta da trilha sonora. Ela revisitou "Rute Salomão"? —— Eu amo tanto a trilha de "Rute Salomão", que poderia ter repetido sem o menor problema. Tem as Barry Sisters cantando "My Way", que é lindo. Mas, dessa vez, coloquei outros cantores judeus cantando músicas originalmente de outras línguas, a abertura é o "Deixe-me ir" do Cartola, cantado com um sotaque carregado. Tem [Édith] Piaf. Sempre com judeus cantando, acho lindos os sotaques, adoro. Lembro do desfile da Nara no Japão, com as japonesas cantando bossa nova. Adoro.

Houve a autorreferência do sangue nas peças. Você já pensou em como esse recurso tem sido usado novamente, de algumas coleções para cá? —— Essa história do sangue. Eu não tenho nenhuma dúvida de que roupa fala, roupa fala, roupa canta, roupa voa, roupa alimenta, roupa senta para conversar, refresca sua memória, te faz esquecer e roupa sofre. As marcas do corpo, o sangue, aquilo que a carne está sofrendo e que a roupa toma, acho isso mágico. No início da minha carreira, lembro que, quando eu morava em Londres, era novidade para mim, não era tão comum no Brasil, qualquer livraria em que eu entrava tinha livros de fotojornalismo de guerra, e eu amava ficar olhando as marcas que o corpo deixava nas roupas. Então foi, sim, algo que incluí em mais de uma coleção.

Fala um pouco mais do beijo inicial [entre dois homens, um usando keffiyeh – lenço tradicional palestino – e outro usando talit – xale da liturgia judaica]. Quando teve a ideia? Os modelos toparam no ato? —— Ele causa aquele "ah", que eu busco provocar na plateia, que apareceu em "Noel Rosa", em "A fúria da sereia" e, dessa vez, também com o beijo dos rapazes. Quando pega a plateia de surpresa. A respiração foi em uníssono, fez tremular os cabides no backstage.

Aquela criança correndo em volta da mesa... aquilo foi lindo demais. Também queria saber sobre essa ideia. — O desfile "Giz" já tinha isso, dois tempos, tempo e contratempo, quando coloco anciãos e crianças no meio da passarela. Então, a criança cumpria um papel de contrafluxo, tudo que havia de errado num mundo caduco, e a marca de que o novo sempre vem. Por mais guerras que estejamos vivendo, o novo virá sempre. A criança ali era um alento, ele, o Enzo [Paschoalin], cumpriu um papel muito importante.

E o casting? — Já fiz casting de tudo quanto é jeito, nem vejo mais tanta diferença. Mas, se em "Rute Salomão" os rostos eram de judeus, dessa vez eu quis o casting bem brasileiro, e, no brasileiro, há o judeu, o árabe, o palestino. Estavam todos ali.

A mesa de banquete, o fato de todo mundo ter comido e bebido, depois também dançado, de verdade, foi o ponto alto. — A cenografia foi feita pela Ivana e pela Agnes [Farkasvölgyi, chef], mais até pela Ivana.

Quando eu preparei essa mesa, foi como se fosse uma festa na minha casa. Por exemplo, as laranjas, poderia ter pegado qualquer uma, mas eram da pérsia. As tâmaras também eram importadas. Com esse preciosismo, ficou um cenário caro. Não sei se era preciso, mas era isso que eu queria, nos mínimos detalhes. Eu me lembro da Ivana, às duas horas da manhã na Ceagesp, e eu dando as coordenadas, a gente trocando as mensagens. As velas, os livros, as comidas. Eu queria que as pessoas se fartassem, como fizeram. Não sobrou uma laranja para contar história. E a comida, eu misturei o maravilhoso Z Deli, restaurante judaico tradicional de São Paulo, e a comida do Raful, da querida Dona Emília, que, aliás, desfilou, ela é a senhora que dá o beijo, na passarela, no início. Esse é um desfile que talvez, no futuro, na curva do tempo, esse e o da China tenham sido os que eu beirei a perfeição do que eu queria. E o que os dois têm em comum? A cenografia era viva, era gente comendo, olha que coincidência: primeiro chineses, depois árabes e judeus. E eu gosto muito das duas coleções.

Numa declaração à *Folha de S.Paulo* após o desfile, você disse que "A guerra, na verdade, acontece aqui no Brasil, onde negros, travestis e gays morrem todos os dias". Eu percebo que depois deste desfile, com a campanha eleitoral e a vitória do Bolsonaro, marcou uma nova fase da sua militância. Para mim, foi quando, para usar uma palavra sua, você ficou "mais áspero". Concorda? "Colina da primavera" falava de conflito – entre israelenses e palestinos, mas não só –, porém, era doce, era muito afetivo. O desfile seguinte já tinha menos esse elemento da doçura. ⸺ Ali, naquela mesa, todos sentaram, comeram. Foi engraçado, porque recebi mensagem de pessoas da esquerda e de pessoas de direita me dando os parabéns, ambos falando que eu estava falando ali em defesa deles. Obviamente, eu sou da esquerda – nem se trata disso, esse governo [Bolsonaro] é uma aberração, nunca escondi meu posicionamento. Agora, a aspereza veio, justamente, porque, até ali, eu não sabia que essa figura seria eleita [o desfile foi no dia 23 de outubro de 2018, cinco dias antes do segundo turno da eleição presidencial]. Quando ele é eleito, é como se muito da minha esperança, o "otimista só de raiva" deu lugar só à raiva? Não sei, talvez. Mas deu lugar a algo de urgente, estamos em guerra. Estamos vendo um país ser destruído, esfarelado, desmontado, e, se tem uma coisa que eu nunca fui diante da vida, é um ser passivo. Fiquei áspero, sim, porque nesse momento alegria, otimismo são sinônimos de cinismo diante da tragédia que nos rodeia.

Acho que tem algo a ver com a maturidade, a perda de uma certa ingenuidade – não sei se a palavra é ingenuidade. Eu acreditava no início que a moda poderia salvar o mundo, que o ofício com paixão, muita paixão, poderia salvar o mundo. Mas não tem nada disso, a moda nunca poderia salvar o mundo. A moda ou o ofício da pessoa, quando muito, é uma forma de fazer com que alguém encontre um lugar nesse mundo. Foi o que meu ofício me deu: me ajudou a encontrar o meu lugar nesse mundo. E isso não é pouco.

Guerra e paz

2019 | *São Paulo Fashion Week*

Ronaldo imaginou quais tipos de violência seriam retratadas por Candido Portinari num *Guerra e paz* contemporâneo. A perseguição contra a comunidade LGBTQI+ e o extermínio de nossa fauna nativa foram alguns dos temas de esculturas que compuseram a cabeça das modelos. Uma peça com o rosto de Marielle Franco, vereadora carioca cujo assassinato, em 2018, ainda não foi elucidado, reforçou o teor político do desfile, que coincide com o aprofundamento cada vez mais visível do posicionamento do estilista como militante pelos direitos humanos e contra o Governo de Jair Bolsonaro.

Você voltou a Portinari. —— Eu fico chocado com a maioria dos brasileiros não conhece o que foi a força de Portinari e seu legado. Portinari foi parte daquela turma de modernistas que forjaram o Brasil moderno, que andaram por lugares onde ninguém tinha estado antes. Foi o primeiro dos grandes a levar o negro à sala de jantar da elite branca, com sua arte. Ele recebeu prêmio como artista de toda a América Latina que mais pintou negros em sua obra. O Brasil profundo é representado por Portinari. Deveria ser estudado desde o primário. Em relação à forma como ele retratou as mazelas do povo brasileiro, o viés político de seu trabalho, também não vejo precedentes, entre os grandes do mundo, aliás. O João, filho do Portinari, conseguiu arrancar o quadro da sede da ONU para ser restaurado no Brasil. O quadro foi exposto em Belo Horizonte, Rio e São Paulo, em exposições lindas e emocionantes. Depois em Paris, onde uma jornalista francesa perguntou ao João "então, eu posso dizer que Portinari é o Picasso brasileiro?". Ele falou assim "contanto que você diga que Picasso é o Portinari espanhol". Eu sou apaixonado por Portinari, desde que comecei a ler a respeito, fiquei aficionado e não parei mais. Sabe a coleção do Rio São Francisco? Eu já falei isso, que as coleções entram em mim para não sair nunca mais, mas alguns personagens viram íntimos. Eu me sento para conversar com Portinari sempre. Sento à mesa com ele, Drummond e Mário de Andrade e, sempre a gente passa para uma cachacinha, com o Graciliano Ramos.

Falar dele agora é falar de um verdadeiro mito do Brasil, lançar luz sobre um dos verdadeiros mitos do Brasil, da força do Brasil, do Brasil profundo, do Brasil que eu amo.

Um artista que pintou, de forma eloquente, seu posicionamento político, tanto que foi exilado pelo Governo Vargas – e morou um tempo no Uruguai, a mãe dele era de lá. Este exercício de, se Portinari estivesse vivo, como ele pintaria o *Guerra e paz* hoje? Que mazelas ele retrataria ali? O fundo delas é o mesmo, a fonte é a mesma, mas ganharia novas tintas. Essas tintas que eu quis colocar no desfile.

Contudo, também repito que o papel do designer é olhar a semente num terreno árido. E o olhar da criança permite isso. O desfile foi o misto. Tem a coisa do protesto, do manifesto, das pessoas indo pra rua para defender os direitos humanos, ao mesmo tempo tem aquela trilha linda das meninas do "A quatro vozes em trio", com a mãe, as luzinhas de casamento de negros, o café torrado, o cheiro de café torrado, na sala do desfile.

Como você chegou ao "Quatro vozes em trio"? — Eu sou um devoto ardoroso de um santo, que é o Santo Acaso. É muito legal quando se lançam as pedras de um objeto de pesquisa, tudo vai conspirando e te levando a encontrar as peças do quebra-cabeça. Foi assim com a trilha. Já tinha pensado na trilha, mas, de repente, alguém me enviou um vídeo de umas mulheres lindas, num clipe preto e branco, cantando "Iolanda", do Chico Buarque. Fiquei louco com aquilo, era a voz do cafezal, era a voz do Brasil profundo. Coloquei as assessoras loucas para descobrir de onde eram aquelas meninas. Isso, de manhã. De tarde, elas já me passaram o contato. Liguei para as cantoras, começamos a conversar, quando falei em Portinari, ouvi "peraí, calma. Calma, se não o meu coração não aguenta". Elas são do Sul de Minas e os pais trabalhavam numa lavoura de café. O pai delas ouviu uma voz que cantava na lavoura, mas parava sempre que o trabalho do dia terminava. Essa voz, obviamente, vinha de alguém que trabalhava lá, como ele. Um dia, ele não resistiu, saiu do pé de café e foi correndo em direção àquela voz. Seis meses depois, ele estava casado com a dona daquela voz e os dois tiveram 10 filhos. A linda Dona Sebastiana estava no desfile, cantando. Essa história, para mim, é uma tela do Portinari. Elas me mandaram fotos do casamento, era casamento de negro. Não quis nem saber, tinha que ser essas meninas. Elas têm 25 anos de carreira, passei pelo repertório delas e selecionei as músicas que diziam o que eu queria que o desfile dissesse. Elas cantando "Ninguém ouviu um soluçar de dor", a música ["Canto das três raças"] que foi eternizada na voz da Clara Nunes.

Foi uma participação de extrema importância, como a música tem sempre, naquele caso elas eram o casamento dos negros, dos colonos, elas eram a festa como resistência contra a guerra. Para cada música, quando os filhos eram bebês, a Dona Sebastiana criava uma canção de ninar. E abro com uma canção de ninar, que era do que eu precisava, como se ela colocasse toda a plateia – era o que eu queria –, nesse momento de nervos à flor da pele, de pernas amputadas, de ideias amputadas, de falta de oxigênio, de ar tóxico, que todos se sentissem no colo de uma mãe negra que teve 10 filhos, foi mãe de leite de 30, lá na fazenda. Não tinha como ser de outra forma. E ali nasceu uma amizade que eu sei que é para sempre, com as meninas do "Quatro vozes em trio".

As cabeças foram a grande imagem do desfile. Como foram criadas?
Tive a ideia, comecei a desenhar. Queria o contraste desse tempo guerra e paz, pensei que fosse gerar polêmica, gerar confusão, mas elas ganharam status de instalação de arte. Mais adiante, fiz o desfile em Miami e em Cartagena e em todos os lugares, o que as pessoas esperavam? As cabeças. Acho que se não tivesse as roupas elas nem se importariam. Liguei para o Marcos Costa, esse meu virginiano fiel escudeiro, e ele baixou na 25 de Março, encontrou o chapéu militar por lá. A referência era "chapéu Bolsonaro", e, curiosamente, as mães voltando a comprar esses capacetes, para vestir crianças como militares – tristes tempos.

A princípio, eram para ser 10 cabeças. Mas todo dia eu mandava mais uma mensagem para o Marcos, "tem que ter o chifre de veado", "tem que ter a bandeira tal". "Precisa colocar a Bíblia." E o Marcos disse: "A Bíblia não ponho, não ponho, não ponho, vai dar muita confusão". Então, resolvemos colocar os livros das ciências humanas num dos capacetes. Até o momento final, eu queria que não se repetissem as cabeças. Eu tinha, primeiro, 30 modelos, mas depois pulamos para 40, na prova de roupa. Fui falar para o meu irmãozinho querido, ele já tinha pensado nisso, de surpresa deixou 10 cabeças adiantadas, caso a gente precisasse.

Ao lado das cabeças, em destaque na cobertura da imprensa, esteve o bordado com a imagem da Marielle Franco. Depois do desfile, isso gerou polêmica com a família dela, a irmã, Anielle Franco, questionou o fato de a família não ter sido consultada sobre o uso da imagem. — Na verdade, as pessoas que estão ali na sala de desfile, elas veem todo o contexto do desfile, elas entendem o desfile. Acompanham o trabalho, em vez do pessoal de casa, que vê a moda em geral, aquela que ganha muito dinheiro, e me coloca ali no meio. Foi como em "Futebol", uma militante provocou a irmã da Marielle falando que um estilista "branco, hétero e rico", ixi, errou tudo! Que esse estilista tinha usado a imagem da Marielle para vender roupa. E a família já vinha sendo penalizada por ver essa história de camisetas da China com a cara da Marielle em todos os cantos, nas praias do Rio. Eu dou a mão à palmatória.

Eu errei, no sentido de que, Marielle, sim, é uma causa e vai ser para sempre, as causas que ela defendia. É o nosso Martin Luther King, é o nosso Mandela. Mas não temos ainda distanciamento histórico para colocá-la assim. Há a família, a viúva, a irmã, os pais, tem a filha. Então, eu fui leviano nisso. E até essa coisa de pedir a permissão, eu sempre vejo a imagem por todos os lados. E ainda é a camisa bordada que sempre fica pronta na última hora e nem vai para a loja depois. Os tênis, que foram pintados, são da Mari Junqueira, que pintou para ela mesma. Esse tênis estava no backstage, deu o problema com uma sandália, ela tirou do pé e os tênis foram para a passarela. Volto a dizer que, se a moda está abrindo debate, essa causa suscita muita coisa. Mas o debate tem que se manter civilizado, não ser um debate de ódio.

No outro dia cedo liguei para a irmã da Marielle, a Anielle, conversamos e ela perguntou o que eu queria que ela fizesse. Eu disse que só queria pedir desculpas. Ela disse que não, que o país chegou a esse ponto por causa de fake news, mentira, a impressão que virou verdade. Ela decidiu se manifestar publicamente [num post do Instagram, Anielle agradeceu Ronaldo por sua empatia e sensibilidade], porque, antes, havia gravado um vídeo, no auge da provocação da outra, falou que a família não sabia de nada, que era um absurdo. Depois disse: "Olha, Ronaldo, só fui assistir ao desfile depois de já ter gravado. Quando vi o desfile achei que Marielle estava alinhada com aquilo". Eu falei que as peças não seriam produzidas para serem comercializadas, e que eu poderia fazer com que fossem incineradas. Ela disse "não, mande para minha mãe, que está montando um memorial para a Marielle, e ela adorou as peças".

Aí, quando isso se tornou público, no corredor polonês do Twitter, escreveram "o quê? E ele ainda vai mandar para a mãe o rosto da filha manchado de sangue". Os tiros estavam na coleção inteira, tem o negro, o mestiço, o índio, a mulher, o gay. Reforço, mesmo assim, o mea-culpa, acho que, no caso do negro, já ficou há muito nesse lugar. É a hora de evocarmos as negras rainhas, como, por exemplo, a Elza Soares e a própria Marielle. Obviamente, eu não faria de novo dessa mesma forma. Errei. E foi uma pena, porque tanta discussão em torno disso e a polêmica deixou as discussões importantes em segundo plano. Mais para frente, eu decido não desfilar outra coleção, para continuar trabalhando *Guerra e paz*. Ela vai entrando em pílulas na loja. Já desfilei três vezes com ela e acho importante levar *Guerra e paz*, do Portinari, para os quatro cantos do mundo.

A cartela de cores alegres contrastava com as cabeças dramáticas. ——
Uma coisa também que para mim foi muito bacana, foi o exercício de imaginar como ele pintaria o *Guerra e paz* hoje. Lembrando que os dois painéis do *Guerra e paz* ele pintou em 1956, foi um governo brasileiro, na época do JK, para a ONU. Na guerra, ele coloca os retirantes nordestinos fugindo da seca e da fome, os políticos-hiena, a morte do filho no colo da mãe, tragédias brasileiras. Na paz, ele coloca os casamentos de negros, a farra, a festa, brincadeiras de crianças, a

ciranda. Acho que continuaria tudo isso, mas que, hoje, ele carregaria mais a tinta nessas histórias todas.

Da obra, da obra mesmo do Portinari, aparece nas cores: o eterno laranja, amarelo, turquesa e cobalto, um azul-Portinari estava ali presente. Agora, a roupa de festa? Eu nunca deixei de fazer. Tudo o que eu faço é roupa de festa. Não da festa do casamento na Igreja de Lourdes, do bordado, mas são roupas das festas a qualquer hora e qualquer momento. Não faço uma roupa nada, roupas mudinhas. Comecei fazendo roupas de festa, em Minas, e essa tradição está em mim. Muito mais do que uma roupa para um momento específico, é o "se arrumar para ir", então é isso.

Agora, toda a história da cenografia também foi muito importante, eu queria as luzinhas da festa de colonos de Brodowski, com 350 quilos de grãos de café torrado, na passarela, cheiro de café. E a vida é assim, feita de guerra e paz, essas duas costuras, essas duas tecituras, foi o que eu procurei colocar ali.

Esta coleção foi desfilada fora. — O desfile de "Guerra e paz" foi para Miami [maio de 2019] e Cartagena [outubro de 2019]. Em Cartagena, num convento de 1650. Aquilo foi maravilhoso. Eu tinha preguiça de Miami, mas sempre vai ter um espaço, em qualquer lugar, para a resistência. E em Miami vi mais ou menos isso. Este ano bosta [2019] que nós vivemos, se eu for falar da minha vida, foi maravilhoso, mas em geral, que ano bosta.

Conta a trajetória internacional do "Guerra e paz". — Houve o desfile de São Paulo, aquela confusão toda do bordado da Marielle, tirei a peça da Marielle para desfilar em Miami – eu me arrependo, mas tirei. Em Cartagena, foi um encontro de indústria criativa da América Latina, todos os países estavam representados lá. Eles sugeriram convidar uma chefe de cozinha do meu estado. Queriam alguém que pudesse, com os ingredientes de lá, apresentar seu trabalho. Desde o início, lá atrás no meu trabalho, eu refutava essa coisa do estilista mineiro. Sempre batalhei pelo lugar do estilista brasileiro e, hoje, sou um estilista brasileiro e ponto. E carrego em mim referências de trabalhos que fiz em Pernambuco, na Paraíba, no Pará, no Pantanal, no Rio Grande do Sul, foi isso que eu quis construir. Quando disseram que tinha que ser um chef do meu estado, respondi que, no Brasil, a chef cujo trabalho mais está alinhado à minha visão de mundo é a Neka Menna Barreto. Gaúcha, que mora em São Paulo, absurda em relação à pesquisa. Já era pelo vegano e pelo orgânico antes de isso estar na moda. Falei que era ela. Só que Neka é muito ocupada, muito louca, como eu, mas, ao contrário de mim, não é alguém muito dado às redes sociais. Liguei pra ela, se fosse só mensagem, achei que nunca fosse responder. Ela respondeu: "Guri, topo demais". E ela fez uma feijoada vegana, com os ingredientes de lá. Foi uma coisa maravilhosa, porque ela foi contando o que tinha feito e, antes de tudo, foi um banquete para os olhos. Faço parte de um grupo de artistas do Festival da Serrinha (BA), já fizemos ocupações em vários locais, como em Marajó. Em todo lugar, ela chega sem nada, só cozinha, a partir dos ingredientes locais. Em Cartagena, ela mostrou um ingrediente, disse que era supernutritivo e, além do mais, depois de comer, a gente faria xixi pink.

E fez mesmo? — Sim. E eu ficava de olho para ver se o tradutor diria tudo direitinho, como ela falou. Ele não disse, mas todo mundo riu. Dava para entender. Outra fala incrível dela: "A vida é feita de escolhas. Eu optei por usar linho, cânhamo, algodão, porque, se não tiver comida, como minha roupa. Pense cada um de vocês, olhem para a roupa de vocês, vocês comeriam a roupa que estão usando?". Achei isso demais.

Conta do desfile por lá. — Aquela coisa de novo do Santo Acaso. Preparam uma locação para mim, que era uma igreja, nos jardins dos fundos de um convento centenário. A igreja com o pé-direito altíssimo. Eu falei: "Candinho, Candinho, você como artista comunista, olha onde viemos parar". Nesse desfile eu mudei a trilha, coloquei toda com Mercedes Sosa.

Por quê? — Acho que a música aproxima. A música brasileira tem essa aproximação com música inglesa, mas lembrei daquela outra história, da Pina Bausch, de quando ela mudou a música na estreia, os bailarinos

estavam preparados para uma trilha, mas ela colocou outra. Então, quis outra música.

Tinha Mercedes Sosa antes também. — Mas só no final. As pessoas choraram, em Cartagena.

As cabeças foram mantidas? — Consegui levar 10 cabeças variadas. Lá, perguntei: "onde é a China aqui?". Comprei e montei o restante, com as coisas de lá.

Bem Pina, mesmo. Essa incursão pela cidade. — Sim. Achei em uma loja infantil com coisas chinesas, fac-símiles de notas de dólar e da moeda local. Misturei, ficou aquele tanto de nota, com dinheiro caindo. No final, quando terminou, as modelos estavam emocionadas e jornalistas sérias, no outro dia falaram "isso, sim, é moda". Teve uma cobrança em relação aos desfiles de moda que eles têm visto, porque, isso que estamos vivendo no Brasil, em intensidade maior ou menor, é problema da América Latina. Cada um tem que se manifestar, no âmbito público ou no âmbito privado.

E chegamos a uma pergunta, que eu quero muito fazer. Você tem uma presença forte nas redes sociais, com destaque para o Instagram, que, por sua própria natureza imagética, tem tudo a ver com sua carreira como designer, artista visual. Durante anos, não sei se desde o princípio, mas durante muito tempo e desde que me lembro, sua descrição na bio era "otimista só de raiva". Há pouco tempo, isso mudou para "posto sobre o que me assombra e o que me alumbra". Eu entendi que você não consegue mais ser otimista, nem só de raiva. Mas não sei se é bem isso, me conta você. — Essa pergunta é muito boa. A história me lembra a frase do Ariano Suassuna: "Não sou nem otimista, nem pessimista. Os otimistas são ingênuos, e os pessimistas amargos. Sou um realista esperançoso. Sou um homem da esperança". Uma frase ótima para alguém que viveu tanto o Brasil. A questão não é otimismo ou pessimismo, mas manter um realismo esperançoso. O otimista só de raiva era achar que o cenário está tétrico, mas vai dar certo. Vai dar certo. Mas você vai envelhecendo, graças a Deus – eu estou amando tanto a idade que eu tenho hoje. Termino este ano com tanto orgulho de mim. Qual orgulho? Pela coragem: não é para fazer festa, mas você faz. Não é para reclamar, mas reclama. Tudo o que me alumbra e tudo o que me incomoda é o que me move.

O que te alumbra? — As surpresas. Este ano de 2019, do ponto de vista coletivo, teve tudo de ruim. Eu paguei todo o preço pelas minhas escolhas, mas eu fiz tudo o que eu queria. O Minas Trend, por exemplo. Eles me chamaram de volta e foram duas edições de sucesso.

Sendo que a primeira delas foi exatamente na noite em que o Bolsonaro venceu a eleição [28 de outubro de 2018]. — Foi o dia da banda das trans, The Pulso in Chamas, cantando "Divino maravilhoso", uma hecatombe. A presidência da Fiemg, os bolsonaristas da moda, eles estavam de pé aplaudindo e dançando. No segundo, você já estava vendo para onde a coisa iria. E lá estava a Zélia Duncan cantado "Cais", com Jaques Morelenbaum. O desfile era uma palafita sobre o fundo azul, um brejo. Eu achei que estava falando da lama [da tragédia da ruptura da barragem da Vale, em Brumadinho, em janeiro de 2019], mas já era sobre o óleo que viria [em agosto de 2019, um grande vazamento de petróleo atingiu 2 mil quilômetros da costa brasileira, a partir do Nordeste]. As modelos andavam sobre a palafita fincada nesse brejo escuro. Pus uma animação de falsa alegria, em que tubarões nadavam na Pampulha e, quando ampliava, eram capivaras vestidas com barbatanas. Sempre faço meu trabalho como se fosse o último, as pessoas não acreditam na morte, mas eu acredito. Eu nasci com ela. Vivi com ela. Acordo, deito com a morte e ela está ali, sinto a baforada dela.

Naquele desfile, não seria a Zélia, mas a Elza Soares, eles já tinham um cachê aprovado para o artista, de uns 90 mil reais. A Elza seria 60 mil. Estava tudo certo, tudo ok. Eu viajei a São Paulo e me ligaram falando que a Elza tinha caído. Respondi: "Caiu, gente, machucou?". "Não, a artista não vai mais ser a Elza". Quis saber o motivo. "Ah, é porque a mulher do presidente da Fiemg não gosta da Elza Soares, não sei quem não gosta da Elza Soares. Falaram que ela não tinha nada a ver com moda, por ser uma figura grotesca. A pessoa que cuida de moda dentro da Fiemg foi me falando isso, e meu sangue foi talhando. Eu disse: "Este evento não pode falar para este lugar, tem que falar para o país e para o mundo. A moda não é mais – e há muito tempo deixou de ser – o tailleurzinho ajustado de cor marfim, que foi a noção de chique". Depois, encontrei com ela, e a figura estava vestindo um tailleurzinho chique. Minha defesa da Elza foi muito fervorosa, sou bélico nesse lugar. Ela falou: "Se você conseguir trazer x expositores, vai ser a Elza". Eu consegui e, mesmo assim, não deixaram. Sugeriram dois outros nomes, que não precisa falar. Não quis. Tinha que pensar rápido, pensei: Ronaldo, pensa rápido, uma mulher forte, com postura política. Zélia Duncan cantando Milton Nascimento, com o grande músico Jaques Morelenbaum! Pronto. Os medíocres, os rasos, não percebem a obra do Milton Nascimento como política. Toparam.

Eu sou amigo da Zélia, amo a Zélia. Ela tem uma voz. E me desculpem os homens, mas a voz da música brasileira é feminina. É aquela pessoa em que ética e estética estão no mesmo lugar. Ela é forte, não canta qualquer merda. E estava ali com o Jaques! Dar isso para uma plateia num desfile de moda, esses dois! O cenário tinha a carcaça de um navio naufragado. Essa noite, a gente vive em guerra, então às vezes a gente não entende muito, mas no meio de tudo ainda tive que pensar no que ia usar. Com que roupa eu vou? Eu tinha um linho. Adoro tecidos em extinção, e eu tinha lá uns cinco metros de um linho que não é mais produzido no Brasil. Fiz a roupa inteira com ele, até aí tudo bem. Quando chego no evento, a roupa era vermelha. Eu estava todo de vermelho com a barba branca, Papai Noel. Mas até aí também tudo bem. Quando entro, está o presidente da Fiemg acompanhado da Anna Marina [colunista], do jornal *Estado de Minas*, com aquela acidez que não termina nunca. Nossa, mas a acidez dela nunca termina – coloca isso aí no livro. Com aquela voz de não sei o quê, de uma Minas que acredita num poder que já foi, falou assim: "Seu petista".

Você já disse que nunca foi petista. —— Nunca fui. Pensei, vou te dar o troco. E falei: "Sua bolsonarista".

[Gargalhadas.] —— O que pra mim era isso, algo pra rir, não foi bem assim. Eu vi e pensei: "Ronaldo, está decretado o fim de sua época nesse evento". Mas não foi só isso. Vinha do meu Instagram. Antes, me disseram, alguém falou que os conselheiros comentaram que estava pegando mal eu me posicionar contra o Bolsonaro, que seria bom me chamarem a atenção. E me disseram que o presidente perguntou se os conselheiros falariam comigo, porque isso não estava no meu contrato. Ele teve um lampejo de sanidade. Houve o desfile e Anna Marina falou: "Nossa, que desfile triste" [imita uma voz feminina]. "Desfile não pode ser pra baixo assim, não."

Ivana virou pra mim e disse que também achou triste. E eu falei "mas, gente, vocês acham que estamos vivendo tempos alegres? Vocês queriam o quê?". Por isso também eu briguei. Estamos em tempos duros, bicudos, e a moda reflete o tempo. No dia seguinte, foi a coletiva de imprensa. A noite do desfile foi quando policiais militares deram 80 tiros no carro de uma família no Rio [8 de abril de 2019, o músico Evaldo dos Santos Rosa morreu fuzilado]. Cheguei em casa, tinha 80 tiros, tinha o naufrágio, tinha a Elza, tinha a Anna Marina. Tinha também uma roupa de poá, que foi presente do estilista Célio [Dias], da LED. Eu olhei praquela roupa de manhã. Pensei: "80 tiros". Joguei uma tinta vermelha, queimei as costas. Um tiro aqui, com sangue escorrendo [aponta para as costas]. Fui recebido por todo mundo de frente, a imprensa, o presidente da Fiemg, o presidente da Abit. Ele falou que finalmente o Brasil tinha entrado nos eixos. De que país ele estava falando? Os jornalistas olhavam para ele e para mim, para ele e para mim. As cabecinhas assim. Igual jogo de tênis. Quando chegou minha vez de falar, foi quando eu acho que eles viram as minhas costas. Sem querer ser deselegante – e eu não fui –, só disse que imaginava que eles tinham entendido o significado da noite anterior, daquele navio, daquela grande cantora, um dos nossos maiores músicos, que era da banda do Tom Jobim, cantando um repertório do maior de todos os tempos dessa Minas Gerais. Nesse momento em que a cultura está sendo demonizada e que a moda se finge de morta, faz papel de muda, é bom que ela acorde, porque sem a cultura, moda não existe. Sem cultura, a moda é China, é roupa, é produção. Falei tudo isso. Normal, sentei. Até pensei "que bom que essa coletiva é de manhã, e fui bem elegante". O fulano da Fiemg fala algo assim: "Vou fazer um desafio aqui para o estilista Ronaldo

Fraga, na frente de todo mundo, que o próximo Minas Trend tenha como tema a mineração. Porque estão demonizando as mineradoras do estado. Sem as mineradoras, nós não poderíamos tomar água, vocês não teriam seus carros". Eu não estava acreditando.

E isso meses depois de Brumadinho. —— Claro que eu lembrei do meu avô Hermógenes, pai da minha mãe, que adora comprar, na época do Natal, os papéis de presente ou as caixas mais maravilhosas, cagava na caixa, punha um laço de presente, colocava num ponto de ônibus e ficava de longe olhando. Eu, pequenininho, ficava ouvindo ele contar, "hoje uma mulher de salto parecia atrasada para o trabalho, mas, mesmo assim, levou a caixa para casa". Fiquei pensando que falta de tempo a minha, que não pude enviar um presente desse para aquele presidente naquela manhã. Houve um almoço, ele me chamou e disse que a história era séria, perguntou se tinha a ver. "Não, não tem. Mas se você quiser fazer alguma coisa nesse sentido, aquele último espaço da feira, que nunca vende e não dá em nada, fica fechado, pega aquelas duas ruas e oferece de graça à indústria criativa das áreas atingidas". Isso é o mínimo que podia ser feito. Ali eu vi que o estilista tinha ido para o saco.

Depois de duas semanas, uma pessoa deles foi até mim para avisar que eu estava fora, eu falei que queria saber a razão, porque eu tinha feito mais do que o contrato previa e ainda tinha uma edição combinada. Essa pessoa me disse para eu fazer o que achasse meu direito em relação a isso, mas preferi deixar de lado, porque as pessoas passam e as instituições ficam. Insisti em saber o motivo e era postura política. O que aconteceu foi que, na próxima edição, jornalistas próximos, que me conhecem há anos, receberam o convite e viram que a identidade visual, o tema e tudo mais não tinha a ver comigo. Ligaram para confirmar se eu estava fora, eu disse que sim, expliquei o porquê, falei tudo. E não saiu uma nota em lugar algum. Fiquei triste. Pessoas que têm redes sociais, que têm blogs, preferiram se omitir. Não publicaram uma linha.

Você sente uma censura? —— Sim. Uma censura econômica e de vários níveis. Chegaram na próxima edição, foi algo chapa-branca, cortaram "trezentos por cento" de verba. Fim de feira da moda mineira e brasileira.

Isso ocorreu aqui em Minas Gerais. Quero saber se também fora daqui você percebe uma resposta negativa ao seu posicionamento político. Por exemplo, há diferença em relação a patrocínios? — Claro. Eu não saía no estado de Santa Catarina. A maior parte do meu trabalho sempre foi em Pernambuco e Santa Catarina. Em Santa Catarina, não pus mais os pés.

É o estado mais bolsonarista do Brasil [dos 10 municípios onde Bolsonaro foi mais votado no primeiro turno, 8 são catarinenses]. — A mãe de um amigo meu mora no litoral e vai sempre a Brusque comprar roupa. Ela é amiga do dono de uma grande confecção e, na parede, tinha foto dele com um monte de gente da moda, inclusive uma comigo. Ela apontou "olha, o amigo do meu filho". E diz que ele arrancou a foto. Falou que já tinha que ter tirado aquilo dali, porque o véio da Havan passou uma lista, vários nomes numa lista de desafetos.

Isso é verdade? — Juro, adoro.

[Risos.] Mas que orgulho ser amiga de alguém que é perseguido pelo dono da Havan. — E agora eu estou fazendo força é para ser bloqueado pelo Carluxo [Carlos Bolsonaro, filho de Jair Bolsonaro e vereador do Rio de Janeiro]. Tenho trabalhado muito por isso. Mas na lista do véio da Havan eu já estou. Dizem que ele mandou não fazerem negócio com algumas pessoas, inclusive comigo.

Será que vão censurar nosso livro? — Vão nada. Agora, eu já tenho uma palestra marcada em Jaraguá do Sul, onde a Miriam Leitão foi censurada, numa feira literária [em julho de 2019]. Leitãozão foi censurada, agora eu vou, porque acho que estão desencantadas com Bolsonaro ou porque há um movimento jovem de resistência também.

E há outros casos. Um delegado de polícia daqui de Belo Horizonte, que frequentava o Grande Hotel [espaço dedicado à moda, ao design e à cultura, aberto por Ronaldo em Belo Horizonte, em 2016, o qual abriga a loja de sua marca, além de outras lojas, restaurantes e oferta de peças de designers com curadoria feita pelo estilista]. Um cara legal, eu gostava dele, na época da campanha do Bolsonaro, alguém me chamou a atenção para ver o que estava rolando nas redes. Era uma mensagem dessa figura. Ameaças nunca pararam de chegar, desde a eleição. O Grande Hotel mesmo está num bairro que é reduto bolsonarista, no último Baile Perfumado, vieram músicos de Pernambuco, uma ciranda e um grupo de pífanos. Todos foram para a rua, a ciranda, aquela coisa toda, multidão. Puxaram um "Lula livre", e de algum prédio vizinho mandaram um foguete para baixo, em direção às pessoas. Imagina? Tinha tanta gente ali, crianças e velhos.

Tudo isso dito, não dá para ser mais otimista só de raiva. —— Não. Nem bobo a gente pode ser mais. Nem ingênuo.

Você já me disse o que te alumbra. E o que te assombra? —— Nossa mãe, eu ando assombrado por tanta coisa. Isso eu vou falar depois, tenho que parar e pensar.

Como jornalista, fui muito acostumada a fazer tudo para ontem. Nunca poderia imaginar uma entrevista de cinco anos. —— Um bate-papo de cinco anos.

E eu me sinto muito diferente de quando começamos. E acho que você também mudou muito. O Brasil também. Está tudo tão diferente. Estou só falando mesmo, isso não entra no livro. —— Mas acho que deveria entrar. A minha vida mudou, a sua vida mudou. O meu casamento acabou. Minhas relações de amor foram repensadas. Você, até mesmo pela sua idade, viveu algo que eu já tinha vivido, que é a presença da morte. Acho que o grande desafio, a grande questão é a gente entender o que é curto e não tem jeito. E o que pode ser largo. Definitivamente, a vida é curta. Quando você está instrumentalizado para poder resolver, para olhar pra ela frente a frente, aí ela acaba. O desafio é "enlarguecer", abrir horizontes, você amplia com linguagem, com amigos. Eu brinquei há pouco, falei que tenho poucas invejas, mas se tem uma coisa que eu invejo é um roteiro bem escrito. Nessa coisa do roteiro bem escrito, acho que minha vida é bem isso. Nada é simples. Tem gente demais, tem história demais. Mas foi a forma que eu encontrei e como acredito que a existência pode ser larga. Este livro, por exemplo, fala de questões do que deu certo, do que deu errado, do que inspirou. De cada coleção mesmo, que significa "senta aqui para eu te contar uma história". No tempo que a gente vive, da solidão do celular, contar uma história é algo largo. Para quem conta e, mais ainda, para quem escuta. Eu encontrei esse lugar de escuta na passarela e, por mais que eu, desde o início, viva uma queda de braço com a moda – desde lá atrás quando eu tinha vergonha de contar para os meus amigos que eu estava fazendo aula de desenho de moda junto a velhinhas e travestis. O país estava em guerra, quem podia ficar pensando em modelito? Quando eu olho isso, eu falo "Ronaldo, você forjou esse personagem de uma forma interessante". Eu trouxe para a minha vida pessoal. Eu me pergunto: você está gostando do que você está fazendo, você está gostando do que está vivendo? Você está bem aí? Esse é o personagem certo? E é isso que talvez tenha sido o meu maior ganho, porque foi isso que me deu e me dá coragem de colocar a última peça lá em cima e pensar "não era o que eu queria, destrói, desmonta, começa de novo".

Nestes cinco anos, muita coisa mudou, envelhecemos, deixamos de ser aqueles otimistas, mesmo que só de raiva, eu nunca vi uma diferença de idade entre mim e você, por mais que ela exista, eu nunca pensei nisso. Terminamos mais jovens também. Estamos mais instrumentalizados. Nesses cinco anos, meu casamento, da forma como ele era, acabou. Começou de outro jeito, continua uma relação amorosa. É isso, você entender o que a vida dá para você, ressignificar as histórias de amor. Se você perguntar, em toda coleção, do que eu falava, o que eu buscava, eu estava falando de amor mesmo, o tempo inteiro. Teve a coleção "E por falar em amor", naquele momento eu me apaixonei por alguém que por acaso é um rapaz e foi uma hecatombe, foi uma evidência de um casamento feliz que eu tive, um casamento que, se eu voltasse no tempo, teria feito tudo exatamente da mesma forma, o que eu construí, eu não teria construído se não fosse por esses encontros, pelos amigos que eu tive, pelos filhos que eu tive, pela companheira que eu tive. A felicidade é você e suas circunstâncias. Não dá para a gente fazer papel de morto. E a moda me ajuda a me renovar a cada coleção. Outra coisa que me ajudou nesse percurso inteiro foi entender a diferença entre trabalho e ofício. Trabalho é o que você faz para pagar as contas. Ofício é o que você faz com letra maiúscula. E nesse fazer, você comunica, você se coloca, você se transforma, você transforma o outro também. Foi isso que eu procurei.

Tempos atrás você teve um sonho e me mandou uma mensagem dizendo que sonhou com a última pergunta e a última resposta do livro. Eu vou fazer a pergunta, não sei se você vai falar a resposta do sonho. Com as minhas palavras: se tem algo que eu aprendi, é que o ponto de partida para a criação dos seus desfiles é encontrar a trilha sonora certa. Se tivesse que escolher uma música para a trilha da sua vida, qual seria? — A música para mim foi sempre o acolhimento, o que me dava suporte. Eu falo com turma em formação: procure o som. Se você tem o som, trazer a cor e a forma é mais fácil. Se você está em silêncio, levar cor e forma é mais difícil, porque corre-se o risco de criar algo mudo. Ainda mais na cultura barulhenta que é a brasileira, no melhor sentido, de batuque dos negros, canto dos índios, reza dos brancos. Eu sou pelo som. Se eu tinha a música de um desfile, eu tinha tudo. Houve músicas muito boas. Lembro na coleção "Grande sertão", o Edu da Gaita tocando na gaita a música "Disparada", até que entra a voz do Riobaldo "Prepare o seu coração / Pras coisas / Que eu vou contar". Acho aquilo lindo. Mas, se você diz "Ronaldo, tem que ser uma música só", é a música de um grupo que eu acho que foi uma referência para a minha geração inteira, numa época em que velhos, crianças, conservadores, progressistas, todo mundo corria para a TV para ver o Ney Matogrosso, ao lado de João Ricardo e Gérson Conrad, todos maquiados. Detalhe: nenhum menino era recriminado por se maquiar como o Ney, porque parecia coisa de gay. Não, era o Secos & Molhados. Deles é a música: "Sangue Latino". Eu quero que minha morte seja muito musical e que bebam muito, para ajudar a chorar. Eu preciso das carpideiras contratadas no meu enterro. E que todas as versões de "Sangue Latino" estejam lá.

Zuzu vive!

2020 | *São Paulo Fashion Week*

Em meio à pandemia do novo coronavírus, a SPFW comemorou 25 anos, numa temporada com formato inédito: os desfiles foram simultaneamente projetados em prédios da cidade e transmitidos pela internet. Pela segunda vez, Zuzu Angel foi tema da coleção de Ronaldo Fraga. Encerrando a semana de moda, a apresentação de Ronaldo contou com uma videoarte na qual o estilista conta para Zuzu como está o Brasil de 2020 e uma apresentação ao vivo de Cida Moreira.

A gente imaginou que fosse lançar o livro em 2020. A última entrevista foi em novembro de 2019, já com o objetivo de lançar no ano seguinte. Veio a pandemia, adiamos o livro, no primeiro semestre não houve São Paulo Fashion Week e no segundo semestre houve num formato muito diferente, com fashion films sendo projetados em diferentes pontos de São Paulo.

Uma das coisas que mais gosto no seu backstage é de acompanhar você e [o maquiador] Marcos Costa, porque parece mesmo um filme de comédia de costumes. E, uma hora, no hotel, já antes da entrada ao vivo, ele falou assim: "Ah, não, gente, todo mundo fez um fashion film, ficou pronto com muita antecedência, na hora era só mandar para a equipe da SPFW, eles projetam no prédio e acabou. Mas o Ronaldo, não. Quer um piano no heliponto do prédio, com cabelo voando". Então, me conta como foi a proposta que você recebeu para o fashion film e como foi que complicou tudo.

Primeiro, a ideia da coleção. Quando foi para fazer essa história, em plena pandemia, lembrei que o centenário da Zuzu Angel vai ser em 2021 [no dia 5 de junho]. E também vinte anos desde o desfile, que foi um marco na minha carreira e na história do evento, "Quem matou Zuzu Angel?" [2001]. Aquilo me levou no tempo, lá atrás, quando ela foi assassinada, em 1976, e nos anos 1980, quando o meu primeiro contato com a moda foi por meio da história dela contada pelo Zuenir Ventura, e 2001, quando fiz o desfile, que foi uma comoção geral, a técnica, as modelos, todo mundo chorava. Acreditávamos ali que o Brasil estava virando uma página da sua história. Tinha a Comissão da Verdade, a Ditadura Militar parecia passado, "ditadura nunca mais", "tortura nunca mais". E vinte anos depois, o cheiro de enxofre está no ar. E pior: é um tempo em que os brasileiros estão tomados pela apatia, o que reforça o mal dos nascidos nessa terra, que é a falta de memória, nós somos desmemoriados. Então, pensei que realmente era hora de falar com a Zuzu, na esteira do Café com o Ex-tilista [série de lives, no Instagram], que comecei na pandemia, cheguei a gravar 65. Todo dia, eu recebia um grande brasileiro, que já tinha partido daqui para a outra. O pessoal falava "ah, Ronaldo está conversando com os mortos", mas, não. Mortos somos nós, eu converso com os bem vivos, com a obra deles aqui.

Quando tive que pensar no que fazer para esta Fashion Week, não quis fazer fashion film – aliás, detesto fashion film. Para mim ele é velho, parece um clipe de modelo indo pra lá e pra cá, não é o caso de reforçar essa história. Num mundo sob escombros, as fórmulas antigas não servem para nada. Nos resta catar os caquinhos e trazermos outro mundo, reinventar um novo tempo. Resolvi chamar a Zuzu para jantar. Por que não um café da manhã? Porque os tempos são obscuros, é noite. Eu estava mudando para um apartamento dos anos 1950, um espaço bem amplo, no Centro de Belo Horizonte. Centrão mesmo. O apartamento estava sem móveis ainda, cheio de caixas, e quando comecei a arrumar, um livro caiu e, de dentro dele, o santinho da missa de sétimo dia da Zuzu Angel, essa preciosidade que alguém me enviou anos atrás. Os desenhos dessa coleção eu fiz na biografia da Zuzu. Quando vi o santinho, aquilo foi a Zuzu avisando que viria, ela estaria aqui.

Foi uma piada, porque foi gravado à noite. Os cafés da manhã, eu fazia só com o celular. Mas na gravação do vídeo para a Fashion Week, veio uma equipe para a minha casa, umas 10 pessoas, tinha grua, tinha tudo. Quando abri a porta, tive que repetir a cena da abertura da porta muitas vezes. Eu estava com o dedão do pé quebrado, andando de muletas, quando fui sentar na mesa, para Zuzu sentar, mandaram eu puxar a cadeira de novo, num outro ângulo. Aquilo foi me irritando. Falei: "Chega. A Zuzu tá irritadíssima". Comecei a falar de verdade, e eles continuaram gravando. O vídeo acabou saindo de uma tomada só, nesse desabafo. Depois foram acrescentadas ao vídeo as imagens da cidade em chamas, o sangue escorrendo, enquanto eu, constrangido, dava notícias do Brasil para a Zuzu, ao mesmo tempo tentando convencer a ela e a mim mesmo que ela e Stuart [o filho da costureira, também assassinado pela ditadura militar] não morreram em vão. Zuzus são várias. Marielles, Mirtes, Stuarts, são Mateus, crianças negras, que morrem todos os dias, desaparecem todos os dias. Dar de cara com essa vida real me pegou bastante.

Houve a crítica de uma jornalista de moda que questionou a que aquela semana de moda estava se prestando, já que não tinha comprador, a roupa vai vender para quem? Gente, ela é uma grande jornalista, mas ela não entendeu nada. Nunca entendeu o amplo espectro de atuação da moda, que ela não é só a venda, mas, principalmente, o diálogo cara a cara com este tempo que estamos vivendo.

Aí veio a ideia de, no dia da projeção, num mundo maravilhoso, ter a Cida Moreira, no alto de um prédio, em São Paulo. Para mim, uma grande interpretação é a da Cida para a música "Angélica", que o Chico Buarque fez pra Zuzu. Quando ele fala da escuridão do mar, na música, seria esse mar das grandes cidades. No caso, foi o do Ibirapuera. O Paulo Borges comprou a minha ideia, e fomos fazer toda essa movimentação para termos a Cida Moreira entrando ao vivo, no final. Quando comecei a assistir os desfiles, as pessoas faziam vídeos de poucos minutos. Eu sentava para assistir e achava longuíssimos. O meu era curta-metragem, quinze ou dezesseis minutos. Curta-metragem. Para que simplificar, se você pode complicar?

Também falei, "ah, no dia do desfile é só soltar o vídeo e estar lá". Tenho um amigo que mora em São Paulo e me falou de um lugar de drinks muito bons, na Barra Funda. Fomos até lá, bebi, bebi, quando saímos, tinha uma Scania parada, ele subiu e pediu para eu fazer a foto. Ele ligou o caminhão e falou "tira foto". Depois pediu ajuda para desligar, eu falei que era só girar a chave, mas a chave estava na mão dele. Saímos correndo. Cheguei ao hotel, estavam Marcos Costa e Cida Moreira se estranhando, porque ali os dois precisavam de um afago, de um cuidado, as minhas estrelas. A Cida estava com problema no joelho. Falei que tinha elevador até lá em cima, mas tinha só até o último andar e, de lá para o heliponto, só escada. Não sabia. Tivemos que carregá-la, a Cida gritando. Foi no meio dessa história aí essa fala do Marcos, o imprevisível está sempre nos rondando, a gente nunca sabe o que vai ser, nem ele sabe. O acaso, o imprevisível, o risco.

E teve também o piano. —— Foi muito emocionante pra mim, porque, quando subi, lá de cima dava para ver o prédio da Bienal e voltei no tempo, nas primeiras São Paulo Fashion Week e no Phytoervas Fashion, quando eu ia de ônibus para São Paulo, com amigos ajudando a carregar peças da coleção, cenário, numa época em que ninguém facilitava. Anos depois, eu ainda estava ali, eu me senti um ancião, fechando o evento, também com uma anciã, a Cida. E o que eu estava mostrando ali era o que sempre quis mostrar no meu trabalho, numas vezes me fiz entender, noutras não, mas sempre foi a vontade de dialogar com o tempo de agora.

A coleção não é um relançamento, mas revisitou o que foi desfilado em 2001? —— Sim. Aliás, vou te falar que não revisitou nada. As peças foram feitas com renda renascença do Cariri.

Não foi a primeira vez que você trabalhou com elas. —— Reencontrei as meninas dez anos depois. Tinha feito há dez anos com elas a coleção "O turista aprendiz" em Pernambuco. Foi muito mágico o reencontro com as meninas de Monteiro (PB).

Continuam sendo as mesmas senhoras na cooperativa? —— Algumas faleceram, outras viraram evangélicas, mas a maioria estava ali firme, todas muito emocionadas com o trabalho e eu fiquei muito emocionado com o reencontro também. O espírito da Zuzu estava ali.

Mas também teve um reencontro com as meninas de Mariana. —— Sim, esse foi mais recente, com as meninas de Barra Longa ["As mudas",

2018]. Incluí esses dois projetos de mulheres, pensando que em cada uma delas a Zuzu estava. Gravei um vídeo que pedi para as meninas falarem o nome, colocando o sobrenome Angel, por exemplo "meu nome é Maria José Angel". Algumas tinham dificuldade de falar, então escrevi para que lessem, e uma delas me contou que não sabia ler. Adoro esse vídeo, porque Zuzu resiste e vai resistir em quem lute pela liberdade e tem em seu ofício uma forma de fazer isso.

E, como você sempre diz, a Zuzu também valorizava os materiais nacionais. ___ Ela foi a primeira estilista a valorizar o que o Brasil produzia. Os estilistas da época viravam a cara, eles queriam saber dos tecidos importados, quando isso era muito difícil de conseguir. E naquele tempo, o Brasil ainda produzia um linho de qualidade. E Zuzu acreditava que, além de ter o Brasil como inspiração, era importante usar o que o Brasil produz. Por isso que acho até injusto, de certa forma, colocar a Zuzu somente nesse lugar da estilista que morreu por denunciar a tortura do filho numa coleção de moda. Para mim, ela está no panteão dos heróis do país. Tem uma frase dela, no auge da repressão, assim: "Eu não me perdoo, onde eu estava, há seis anos bordando passarinho em roupa de madame, sem saber o que o país já estava passando". Foi aí que ela passou a bordar os canhões e o chumbo. O sangue. Mas com muita poesia. A maior estilista que o Brasil já teve – no sentido amplo da palavra – foi a Zuzu Angel. Se tivesse nascido na Inglaterra, na França, na Itália, teria sido reverenciada em museus. Na história da moda do mundo, antes dela, ninguém fez o que Zuzu fez.

Inclusive, tem gente que me pergunta se eu não tenho medo. Todo dia eu converso com Zuzu e digo, eu falo para ela: "Os seus assassinos, os seus algozes, estão no poder".

Essa parte é muito forte. Nos bastidores, quando isso foi dito, tinha pouca gente assistindo o vídeo junto, por causa da pandemia, mas esse momento causou uma reação geral de espanto.

E eu trouxe para a mesa [do vídeo], é parte do projeto.

Depois do desfile "As mudas", o projeto se expandiu e chegou a 13 cidades atingidas pela tragédia de Mariana, com 275 famílias. Acho que cheguei – não vou falar ao ápice, mas – onde sempre desejei estar como designer: pensar na moda além da roupa. Aquilo que eu sempre dizia, "a moda está cansada da roupa, a moda está cansada da roupa". Então, eu pude chegar numa cidade e tive que pensar no mel, porque é o que ela produz, num outro lugar uma rosquinha seca que é a única produção de um núcleo, de um povoado. Tive que criar uma história com elas para esse produto, criamos uma embalagem. É um projeto que é um sucesso. E tudo o que estava na mesa, pratos, jogo americano, vinho – um licor de uva –, os candelabros, tudo foi produzido em Mariana e é do projeto Minha Casa em Mim, que tem sido um sucesso comercial.

Teve notícias dessas amigas durante a pandemia? — Sim. A Fundação Renova falou para parar e voltar depois da pandemia, mas fiz uma força-tarefa, porque não podia perder essas mulheres. A Mirian Rocha [da Associação de Cultura Gerais – ACG] encabeçou o projeto. As meninas tiveram que correr atrás, para muitas delas, até então, o contato que tinham com a internet era por meio de um celular antigo. Às vezes, 15, 16 mulheres se reuniam na frente de um celular, para acompanhar nossas aulas remotas.

E elas vendem online? — Vendem online, pelo Instagram e pelo site delas. É sucesso.

E a repercussão da exibição do filme e o happening da Cida Moreira? — A repercussão da imprensa foi muito bacana e tem também a repercussão dos moradores do meu prédio. Nós gravamos de dez da noite às quatro da manhã. Eu colocava a música bem alta, Dalva de Oliveira cantando "Bandeira branca". Depois as pessoas começaram a me cercar no elevador, no sacolão da esquina, falando que entenderam as músicas de madrugada, que gostaram do vídeo.

Precisamos falar mais dessa trilha. — "Bandeira branca" é uma música muito marcante do desfile de 2001, acho que na volta das modelos. Em 2001 foi música de Carnaval da Banda do Canecão, as pessoas ficavam dançando e de repente entrava o Arnaldo Antunes, ficava só o surdo e ele declamando "Bandeira branca". Você vê no vídeo com a Regina Guerreiro batendo palmas para as músicas de Carnaval e, quando entra o surdo, é como se a plateia caísse na real. Parecido com a hora em que a Zuzu fala que ela caiu na real, abandonando os passarinhos e entendendo o que realmente estava acontecendo no Brasil, a plateia caiu na real, quando mudou o tom da música.

Eu queria usar "Bandeira branca" de novo, só que é tudo novo. Eu precisava pagar o direito autoral, se não cai, na hora em que é transmitido pelo YouTube, mas eu não achava a editora a quem pertencia a música para fazer o pagamento, porque ela é tão antiga. Só consegui a do Chico Buarque no último momento. Pagamos "Construção" dele e "Angélica" é do Chico e do Miltinho, do MPB4, e não localizavam ele. E o valor, se um cobrasse mais, o valor maior era o que valeria. O desfile foi num domingo, e as editoras só trabalhavam até a tábua da beirada da sexta à tarde. Ia ficar sem música. Mas deu tudo certo.

Deu muito certo. Foi lindo. — E aquele final do drone seguindo em Belo Horizonte, na Augusto de Lima, onde moro, e depois ele entrando em São Paulo. Ou seja, as cidades, a história que estamos vivendo, é uma coisa só. Rompendo a história de um apartamento para todos. Eu me sentia, à luz de velas, gravando o vídeo, na reunião num aparelho da época da ditadura, tendo que me esconder. Estamos num tempo de escuridão. Estão tentando impor o medo, para que falemos baixo.

Mas você continua gritando. — Ah, eu não sei falar de outro jeito.

Acho que eu tenho o espírito de anarquista, graças a Deus. Misturado a uma tendência terrorista, se preciso for. Se preciso for. Você tem que acordar todo dia, mesmo nesse tempo tão difícil, e agradecer — não sei a quem, tem gente que chama de Deus, tem gente que diz que ao anjo — por você estar neste momento da história. Se você está aqui, é aqui que tinha que estar. E pedir a lucidez para entender qual o seu papel.

Hoje é exatamente dia 16 [de março de 2021]. Ano passado, foi exatamente esse o dia em que a terra parou para nós, quando as pessoas deixaram de ir aos escritórios para trabalhar de casa. Um ano depois, estamos na pior parte da pandemia, com a média móvel de mil mortos

por dia. Quando começou a pandemia, a gente fazia essas previsões, o que vai mudar em nós e no mundo. Queria saber das suas previsões, o que realmente aconteceu, existiu alguma transformação, para o bem ou para o mal? __ Acho que de imediato eu e muita gente tínhamos um olhar complacente sobre tudo. É o seu lado bom: "É a oportunidade que nos está sendo dada de inventar um mundo melhor". De a gente buscar outros sentidos. À medida que a pandemia foi avançando, nós percebemos que não estávamos errados de tudo, mas essa mudança é individual. Ela não é do coletivo. Muito pelo contrário: acho que muitos dos cacoetes que a humanidade arrasta por décadas e séculos, quanto à relação com o coletivo, chegou num ponto crítico.

No caso do Brasil, as fraturas que já existiam de outras guerras em curso, agora estão jorrando sangue, que entra na porta da sua casa. Quando eu estava conversando com a Zuzu, e o sangue subia até a mesa. É isso, não dá para ignorar.

Sempre convivemos com uma presença inviabilizada da vida e da morte juntas, agora elas se fizeram presentes. Elas têm nome, voz, cheiro, elas dançam na sua sala de visita. Então, deitar e acordar com a queda de braço entre a vida e a morte, é algo que, sobretudo nesse momento, um ano depois, não dá para ignorar.

As animações, as intervenções deram ao vídeo o caráter de sonho, também tinham as roupas em 3D. Me conta sobre isso.

As roupas já estavam prontas, mas, de novo, eu não achava que o foco principal agora era a roupa. Você pode dizer "ah, para você nunca foi". Mas agora ainda menos. Nós não precisamos de 20 entre 30 coisas que achávamos que precisávamos. Então, eu fico constrangido de, nesse tempo, ver pessoas que ainda estão agarradas a coisas. O mundo na berlinda, o fio da navalha, a morte cada vez mais perto.

Outro dia eu vivi uma coisa que me marcou muito. Era um sonho antigo, desde que eu morava em Londres, pensava que, se eu voltasse para o Brasil, moraria no centro de uma grande cidade. As pessoas fogem, mas eu queria morar no Centro de São Paulo ou de Belo Horizonte. Outro dia eu estava cuidando da cachorra do meu namorado, eu tinha uma reunião online, precisava comprar alguma coisa para fazer o almoço para a minha diarista, era uma coisa corrida. E de repente, quando cheguei no sacolão, tinha uma senhorinha, na verdade "senhorona", alta, ela estava encostada no caixa, passando mal. Eu quis saber o que estava acontecendo, alguém disse que tinha mandado chamar uma amiga dela. Ela estava despencando. Uma senhora que podia ser sua avó, minha tia, cabelo todo branquinho. Chamei o rapaz do sacolão, eu com a cachorra pendurada, as minhas compras, para nós dois pegarmos a senhora e sentar numa cadeira. Na hora que nos aproximamos dela, as outras pessoas no sacolão, incluindo outros idosos, começaram a gritar "não pega nela, porque ela está infectada". Fiquei horrorizado. Vi aquilo e chamamos o Samu, eles só traziam se alguém fosse junto. Eu pensei como faria para ir com a cachorra, mas depois falei que alguém do sacolão tinha que ir, porque ela passou mal lá dentro.

Voltei para casa passado pensando naquilo. E outra coisa que me marcou é que foi um ano em que envelhecemos. Fiquei uma noite pensando nisso, na velhice, no desamparo, na solidão, nesse ponto em que o risco iminente da morte tira o pior das pessoas. No outro dia fui lá saber o que tinha acontecido, a velhinha tinha desmaiado de desnutrição.

E poucos dias depois aconteceu uma outra história. Vinha um casal, do nada, caminhando, eu vi pela janela. Ela devia ter uns 35 anos e ele, uns 60. De repente, parece que ele teve um ataque cardíaco. Começou a sentir alguma coisa e caiu no canteiro central da Augusto de Lima. O Samu demorou a chegar, o policial ficou fazendo massagem cardíaca. Chegou o Samu, desce um, desce outro, dá choque, de repente, falou que não tinha jeito mais. Aí a mulher começou a gritar "não leva o pai da minha filha". Embrulharam o homem num saco prata, ela ficou sozinha no telefone. Eu pensei "vou descer e chamá-la para vir para cá". Aí eu pensei: "Covid, desce ou não desce?". Quando vi, o Uber dela passou, e ela foi embora.

Eu não queria a vida real? Eu tive a vida real. No condomínio não existia isso.

O que você faz também é da ordem do sonho, quando compramos uma roupa, também sonhamos em ser feliz dentro da roupa, em ficar bonita dentro da roupa. Atualmente, a realidade se impõe muito. A audiência dos telejornais, por exemplo, está batendo recordes. Qual o efeito disso

para você em relação à beleza, ou ao que eu estou chamando de sonho? Você se sente sugado por isso, ou tem jeito de dosar? __ Tem, primeiro que eu falo que a arte tem o poder, e às vezes a moda, de enxergar poesia no terreno árido. Não adianta você reforçar a desgraceira que aí está. Isso todo mundo está vendo. Você tem que sinalizar as saídas do labirinto, ou, pelo menos, as formas de driblar o minotauro. E os minotauros são muitos. E, às vezes, o caminho é se jogar no chão e fazer papel de morto para ele passar por cima. O minotauro não quer atacar quem está morto, quer matar quem está vivo. Precisamos driblar, até achar o fio de Ariadne. E a moda pode fazer esse papel do fio de Ariadne. Cada um vai tecer sua forma de escapar desse lugar, ou até de reinventar esse labirinto interno. Esse labirinto é forjado, ele vem das suas escolhas, do personagem que você escolhe, dos amigos que você tem, da sua visão de mundo. Como você mora, come, veste. Então é esse lugar que, para mim, ainda a moda é uma chama de transformação. Mas a história do glamour, do rico, isso já envelheceu e ficou naquele mundo em escombros. Vão tentar levar adiante. Você pode falar que a moda se reinventou após a Segunda Guerra Mundial vendendo o sonho do look Dior. Sim, talvez a gente vá por esse caminho. Existem as apostas: cansamos de vestir pijama, cansamos do branco e do cinza; pode ser que surja um grande desejo de cor. Mas independentemente da cartela, da forma, o importante é o papel que a moda vai ocupar na sua via. Que buraco ela vai ajudar a tapar. É por aí.

O que lembro, tenho.
GUIMARÃES ROSA

Ah, minhas histórias são muito comuns e não acrescentariam nada na vida de ninguém... Por acaso as contei através da moda, e isso despertou a atenção da imprensa. Mas, se eu tivesse escolhido outra profissão, sem os holofotes da mídia, teria feito do mesmo jeito. Há figuras e histórias melhores que as minhas para você registrar num livro.

"Uai, mas não é você que sempre nos disse, através da moda, que as histórias mais emocionantes nascem dos absurdos do homem comum?"

Foi com esse argumento que a jornalista Sabrina Abreu me convenceu a publicar as histórias por trás das minhas coleções. Por nove anos nos encontramos. No início, regularmente, nas manhãs de domingo e, mais tarde, através de WhatsApp e e-mails, revirando e organizando as estantes e os baús da minha memória. Em pouco tempo, Sabrina virou uma assombração escafandrista, revirando e organizando os móveis empilhados, empoeirados e cobertos por lençóis brancos na casa da minha memória.

A morte nunca me assombrou tanto quanto o risco da perda da memória ainda em vida. Muito desse medo é por acreditar que o meu ofício, canal de diálogo com o meu tempo, nada mais é do que um acordo tácito entre a memória real e a memória inventada. Inventando moda com as minhas memórias, tentei desenhar para mim mesmo um país possível e mais divertido.

"Talvez criar não seja mais do que se lembrar profundamente", como bem disse o poeta Rainer Maria Rilke.

Para Ludovico e Graciliano, todas as histórias vividas e contadas neste livro.

Ronaldo Fraga

CRÉDITOS DE IMAGENS

P. 1 a 8 | Arquivo Ronaldo Fraga

P. 10 e 11 | Arquivo Ronaldo Fraga

P. 13 | Arquivo Ronaldo Fraga

P. 15 a 17 | Arquivo Ronaldo Fraga

P. 18 e 19 | Nino Andrés

P. 20 | Pintura de Miro Dantas

P. 34 | Márcio Rodrigues

P. 68 | Eu amo coração de galinha – Arquivo Ronaldo Fraga

P. 71 | Eu amo coração de galinha – Nino Andrés

P. 74 | Álbum de família – Jaques Faing

P. 83 | Em nome do Bispo – Claudia Guimarães

P. 90 e 94 | O império do falso na bacia das almas – Arquivo Ronaldo Fraga

P. 98 | O vendedor de milagres – Nino Andrés

P. 100 | A roupa – Claudia Guimarães

P. 105 | A roupa – Arquivo Ronaldo Fraga

P. 108 | Bibelôs – Arquivo Ronaldo Fraga

P. 111 | Células de Louise – Nino Andrés

P. 114 | A carta – Nino Andrés

P. 123 | Rute Salomão – Fernando Lousa

P. 126 e 127 | Rute Salomão – Arquivo Ronaldo Fraga

P. 132 | Quem matou Zuzu Angel? – Nino Andrés

P. 137 | Quem matou Zuzu Angel? – Arquivo Ronaldo Fraga

P. 141 | Corpo cru – Agência Fotosite

P. 148 | Cordeiro de Deus – Claudia Guimarães

P. 157 | As viagens de Gulliver – Agência Fotosite

P. 162 | Costela de Adão – Arquivo Ronaldo Fraga

P. 167 | Costela de Adão – Agência Fotosite

P. 174 | Quantas noites não durmo – Agência Fotosite

P. 181 | São Zé – Agência Fotosite

P. 186 | Todo mundo e ninguém – Agência Fotosite

P. 194 | Descosturando Nilza – Agência Fotosite

P. 202 | Festa no céu – Fernanda Calfat

P. 207 | A cobra ri – Agência Fotosite

P. 212 | A China de Ronaldo Fraga – Fernanda Calfat

P. 218 | Nara Leão ilustrada por Ronaldo Fraga – Agência Fotosite

P. 225 | Loja de tecidos – Agência Fotosite

P. 228 | Rio São – Agência Fotosite

P. 235 | Tudo é risco de giz – Agência Fotosite

P. 244 | Disneylândia – Agência Fotosite

P. 250 | Pina Bausch – Arquivo Ronaldo Fraga

P. 255 | Pina Bausch – Agência Fotosite

P. 257 | O turista aprendiz – Agência Fotosite

P. 268 | Athos do início ao fim – Agência Fotosite

P. 277 | O cronista do Brasil – Agência Fotosite

P. 284 | Pausa (ou "a moda acabou") – Arquivo Ronaldo Fraga

P. 295 | O turista aprendiz na terra do Grão-Pará – Agência Fotosite

P. 304 | O fim do cem fim – Agência Fotosite

P. 315 | Futebol – Agência Fotosite

P. 326 | Carne seca – Agência Fotosite

P. 336 | O caderno secreto de Candido Portinari – Agência Fotosite

P. 345 | Cidade sonâmbula – Agência Fotosite

P. 351 | Cidade sonâmbula – Arquivo Ronaldo Fraga

P. 359 | A fúria da sereia – Agência Fotosite

P. 368 | E por falar em amor – Agência Fotosite

P. 371 | E por falar em amor – Arquivo Ronaldo Fraga

P. 373 | Re-existência – Agência Fotosite

P. 375 | Re-existência – Arquivo Ronaldo Fraga

P. 381 | El día que me quieras – Agência Fotosite

P. 396 | As praias desertas continuam esperando por nós dois – Agência Fotosite

P. 401 | As praias desertas continuam esperando por nós dois – Arquivo Ronaldo Fraga

P. 404 | As mudas para um verão que virá – Agência Fotosite

P. 411 | Colina da primavera – Agência Fotosite

P. 422 | Guerra e paz – Agência Fotosite

P. 432 e 443 | Zuzu vive! – Marcelo Belém

Este livro foi composto com tipografia Adobe Garamond Pro
e impresso em papel Off-White 80g/m² na Formato Artes Gráficas.